KB041486

아리스토텔레스의 악어

그림으로 읽는 철학사

이 책은 Michel Onfray의 *Le crocodile d'Aristote: Une histoire de la philosophie par la peinture* (Editions Albin Michel - Paris, 2019)를 완역한 것이다.

아리스토텔레스의 악어

그림으로 읽는 철학사

미셸 옹프레 지음
변광배, 김중현 옮김

펴낸이 | 이숙
펴낸곳 | 도서출판 서광사
출판등록일 | 1977. 6. 30.
출판등록번호 | 제 406-2006-000010호

(10881) 경기도 파주시 회동길 77-12 (문발동)
대표전화 (031) 955-4331 팩시밀리 (031) 955-4336
E-mail: phil6161@chol.com
http://www.seokwangsa.co.kr | http://www.seokwangsa.kr

Original Title: **LE CROCODILE D'ARISTOTE**
— Une histoire de la philosophie par la peinture

제1판 제1쇄 펴낸날 — 2022년 12월 30일

ISBN 978-89-306-0237-2 03160

아리스토텔레스의 악어

그림으로 읽는 철학사

미셸 옹프레 지음

변광배, 김중현 옮김

서광사

차례

살로몬 코닝크, 〈펼쳐진 책 앞의 철학자〉, 루브르 박물관, 파리.

악마는 디테일 속에 있다

서론

그림은 침묵으로 말하기에 그 말을 정확히 듣기 위해서는 눈이 필요하다.

예를 들면, 고등학교 3학년용의 거의 모든 철학 개론서에서 볼 수 있는 그림으로 〈명상하는 철학자〉라는 제목으로 알려진 렘브란트의 그 유명한 작품은 '명상하는 어느 철학자의 그림'이 결코 아닌, '아들의 귀환을 기다리는 토빗*과 안나'라는 성서의 한 주제를 묘사(이 네덜란드 화가에게는 이런 그림이 여럿 있다)하는 그림이다.

이 작품은 최고의 작가 혹은 철학자, 현대 정신

* 종종 토비야로 잘못 번역되지만 아니다. 토빗은 아들 토비야의 아버지다. 그러므로 아내 안나와 함께 자신의 아들 토비야가 돌아오기만을 기다리는 사람은 바로 토빗(구약 성서의 책 이름이기도 한)이며 눈먼 토빗을 치료한 사람은 바로 토비야다.

렘브란트 작, 〈명상하는 철학자〉로 오랫동안 불리어 오지만, 사실은 〈아들의 귀환을 기다리는 토빗과 안나〉이다. 루브르 박물관, 파리

분석학자들에 의해 인용되고 분석되고 해석되고 철저히 검토되었다. 그런데 '그 감상자들이 보았던 것'은 대개 '제목이 말하고 있던 것', 따라서 그 그림의 장식틀에 새겨진 단어들이지 '그 그림이 보여 주었던 것'이 전혀 아니다. 그것은 마치 보아야 할 것이 '보이기도 전에, 심지어는 보일 수 있기도 전에' 말해지는 것과 같다.

그런데 세월이 흐르면서 모든 작품이 그 제목과 함께 존속하지는 못했다. 분명히, 오랜 세월 속에서 살아남은 작품이라면 그 주제와 참된 의미가 남았을 것이다! 그러나 그 작품들 중 많은 것은 부모 없는 고아이다. 화가의 이름을 모르거나, 묘사된 주제의 참된 의미를 모르거나, 심지어는 화가와 주제를 잘못 추정함으로써 오류를 범하기까지 한다...

예를 들어, 렘브란트의 유명한 그림에서 멀거니 허공을 응시하는 철학자는 자신을 치유해 줄 아들을 기다리는 맹인 토빗을 잊게 했던 것이다.

렘브란트의 작품에서, 우측 하단을 보면 한 여인이 벽난로의 불을 뒤적거리고 있다. 그런데 벽쪽에 앉아 있는 그 인물이 철학자라면 이 부인은 그의 아내이거나 아니면 그의 하녀여야 하는데, 그 시기에는 양쪽 다일 수 있다. 그러므로 그는 결혼한 사색가인 것이다. 그것은 '아내 크산티페에게서 머리에 물세례를 받는 소크라테스' 같은 작품이나 '창녀 필리스가 올라타 앉아 있는 아리스토텔레스' 같은 작품처럼 철학적인 그림의 주제에는 알맞을 것이다. 그림에서 이 철학자는 결혼을 했든, 아니면 하녀의 도움을 받든 평범한 한 남자일 것이다...

그렇지만 성서의 입장에서 보면, 그것은 더 이상 결혼한 한 철학자나 하녀의 도움을 받는 한 철학자에 관한 그림이 아니라, 예언자 토빗과 그의 아내 안나에 관한 그림인 것이다...

렘브란트의 그림에서 두 손을 깍지 끼고 있는 소위 이 '철학자'는 책들을 제쳐 두고 바닥의 다른

루카 조르다노 작, 〈소크라테스의 목에 물을 붓는 크산티페〉, 마라노 디 카스테나조, 몰리나리 소장

에티엔 조라 작으로 간주되는 〈아리스토텔레스와 캄파스페〉 디종 미술박물관

따라서 그것은
명상 속에서의
멍한 응시라기보다는
그냥 멍한 시선이다.

곳을 물끄러미 바라보고 있다. 철학자로서의 이 인물에 대한 '비종교적인 설명'을 택하는 그림 해석은, 참된 사유는 해석해야 할 책의 문제, 아니면 철저히 검토하고 분석해야 할 해석에 대한 해석의 문제라기보다는 명상의 문제, 정말 멍하게 보일 수 있는 성찰적 시선을 보통 동반하는 마음 속 깊은 곳에서의 자신과 자신 사이의 문제라는 메시지를 보낸다.

그러나 '구약 성서의 설명'을 택하는 경우, 자기 자신 속으로 향하여 철학적 진실을 발견하면서 명상에 빠져 있는 철학자의 그 성찰적 시선은 그럴듯한 가설이 못 된다... 왜냐하면 성서는, 토빗이 맹인이라는 점을 분명히 말해 주고 있기 때문이다! 따라서 그것은 명상 속에서의 멍한 응시라기보다는 그냥 멍한 시선이다. 왜냐하면 볼 수 있는 해부학적인 능력을 상실했기 때문이다. 토빗이 책상 위에 펼쳐진 큰 책들을 제쳐 두고 그 책상을 외면하고 있는 것은, 그가 진리는 세계를 말하는 책들 속에 있지 않고 세계 자체 속에 있기에 내면세계로부터 시작할 필요가 있다고—일찍이 데카르트 같은 철학자처럼—생각해서가 아니라, 그저 실명하여 책을 읽지 못하기 때문이다.

『토빗기』[1]를 읽어 보자. 다음과 같은 사실을 알게 될 것이다. 즉 토빗은 납탈리 지파의 유대인으로 니네베로 유배되어 경건한 생활을 이어 가던 중 새똥이 눈에 떨어졌고 제때 의사의 치료를 받지 못해 시력을 잃는다. 토빗은 자신이 충분히 독실하지 못했기 때문이라 생각한다. 그리하여 그는 기도를 한다. 머지않아 목숨을 잃을 거라 생각한 그는 전에 가바엘에게 빌려준 준 돈을 받아오도록 그의 아들을 보낸다. 길을 가던 도중, 청년의 모습을 한 천사가 그를 하천으로 안내하고, 그곳에서 그들은 물고기 한 마리를 낚는다. 안내자의 조언에 따라 그는 물고기의 쓸개와 염통과 간을 따로 잘 간수한다. 『토빗기』에는 이렇게 적혀 있다. "쓸개로 각막 백반에 걸린 눈을 비비고 그것에 입김을 내불어라. 그러면 나을 것이다."(『토빗기』 6장 8절) 더 명확히 말하자면, 렘브란트는 그 천사가 토비야에게 한 다음의 말을 묘사하고 있는 것이다. "우리가 너의 아버지를 어떻게 남겨두고 떠나왔는지 너는 알고 있겠지."(『토빗기』 11장 2절) 그러므로 그의 그림은 아버지가 아들을 기다리는 그림이다. 달리 말하면, '신앙을 갖고 절망하지 않은 자에게 천사가 가져다줄 치유에 대한 기대를 그린 그림'인 것이다. 메시지는 분명히 호교론적으로, 렘브란트는 가톨릭교도들의 대신덕(對神德)인 희망을 그렸다. 토빗은 역경에도 불구하고 믿음을 가졌기에, 그의 아들은 꾸어 준 돈을 받고 아버지의 집으로 돌아와, 적합한 약으로 병을 치료해 주었던 것이다. 신에게 실망하지 않고 신을 믿는 자에게는 항상 모든 것이 해피엔딩이다.

이제 우리는 계단 아래에서 명상하는 한 철학자라는 제목이 초래한 추정과는 멀리 있다... 플라톤의 이데아의 천국으로 인도하는 상승 변증법의 상징으로 소개된 그 유명한 나선형 계단은 이제 토빗과 안나의 집에서 한 층에서 다른 층으로 이동하는 단순한 수단이 된다... 허공에 잠긴 시선은 사고의 분출을 기대하면서 사유하는 자의 시선이 전혀 아닌, 아들의 귀환을 기다리는 맹인 아버지의 시선인 것이다. 그 아들은 천사가 인도하고 있기에 그를 치유시켜 줄 것이다. 종교적인 주제에 대한 무지는 종교적 색채가 없는 장면에 대한 부정확한 해석을 낳는다. 이 예로부터 어떤 교훈을 얻어야 하는가? 모든 그림은 올바로 이해하기 위한 해독이 요구된다는 것이 그것이다. 이것은 물론 팔리스의 이치[2]이다. 그런데 그 이치는 진리가 사라진 우리 시대에는 반복해서 말할 가치가 있다.

구상화(具象畫)에서 하나의 이미지는 하나의 텍스트를 설명하며, 하나의 텍스트는 대개 그 자체로 하나의 생각이 아니면 적어도 하나의 교훈인 한 문장으로 축소된다. 그림으로 그려진 텍스트에 대한 무지 상태에서 주제를 이해하지 못할 경우, 그림을 감상하는 사람은 그 그림이 전하는 메시지를 보지도 이해하지도 못한다. 그는 비껴갈 뿐이다. 그런데 그가 진짜 의미를 모르면서 얼버무리며 잘못된 해석을 꾸며내지 않는다면 그건 그렇게 심각한 일이 아닐지도 모른다. 무의미를 두려워하는 지성은 이따금 훨씬 더한 무의미를 야기한다.

신화 그림을 이해하는 것과 종교화를 이해하는 것, 나아가 역사화를 해독하는 것은 그림 감상자가 보아야 할 것을 이미 알 경우에만 가능하거나 생각해 볼 수 있는 일이다. 그렇지 않을 경우 그는 이미지의 도움만으로는 그것을 간파하지 못할 것이다. 이미지는, 이미 알고 있을 때 기억하기 위해서든 아니면 모르고 있을 때 배우는 사람이 더 잘 기억할 수 있게 가르쳐 주는 자의 지도 아래 배우기 위해서든, 하나의 메모판인 것이다.

구전의 시대에는 기억력이 대단했다. 문자는 그 역량을 많이 약화시켰다. 책에서—아니면 오늘날에는 웹에서—찾을 수 있는 것은 더 이상 배우지 않기 때문이다. 고대에는 『일리아드』와 『오디세이아』, 아니면 『아이네이아스』[3]를 암기하여 알 수 있었다. 마찬가지로 몇몇 이슬람교도들은 『쿠란』을 통째로 암기했다. 무엇이 됐든 오늘날 누가 암기를 하는가? 기억력은 사라져 가고 있다. 따라서 지식도 그 기억력과 함께 사라져 가고 있다.

신화나 성서, 역사에서 가져온 이미지는 그것들을 몰랐던 사람에게는 아무것도 가르쳐 주지 않는다.

그림 감상자가 알고 있을 때 그가 보는 것은 의외의 것의 발견이기보다는 다시 보기(되찾기)인 것이다. 그가 모르고 있을 때에는 아주 간단하다. 이를테면 그가 아무것도 보지 못하면, 그는 찌꺼기나 껍데기, 표면 등 그저 지엽말단의 것 이외의 것은 발견할 수 없다. 그가 보는 것의 의미는 결코 알지 못한다.

실제로 파푸아 뉴기니의 숲에서 벌거벗은 채 사는, 기독교에 대해 아무것도 모르는 사람이 예수의 수난에 대해 무엇을 이해할 수 있겠는가? 마찬가지로, 오비디우스의 『변신 이야기』의 이야기들을 모르는 오늘날의 젊은이가 황소가 에우로페를 취하는 장면[4]에 대해 무엇을 이해할 수 있을 것인가? 유럽의 기독교도들과 터키의 이슬람교도들 사이에 벌어진 그 싸움의 지정학적인 쟁점을 전혀 모르고서 티치아노의 〈레판토 전투[5]의 우화〉를 파푸아 사람이든 젊은이든 누가 이해할 수 있을 것인가? 마찬가지로, 마홍웨(Mahongwé)족의 성유물함과 도곤족의 가면, 또는 바울레족의 입상에 대해 서양의 감상자들이 무엇을 이해할 수 있겠는가? 거기에 담긴 신화적인 이야기들을 전혀 알지 못한다면 말이다.

신화나 성서, 역사에서 가져온 이미지는 그것들을 아직 몰랐던 사람에게는 아무것도 가르쳐 주지 않는다. 오히려 그것은 다른 역할을 떠맡는다. 이를테면 왕실과 왕족과 추기경과 교황의 대저택들, 수도원과 교회 같은 종교 건물들, 기념관들의 벽면을 장식하는 역할 말이다. 다른 수단들을 통해 종교 관련 작품들이 어떻게 성경 속 역사와 교리 교육을 탐구하는지 우리는 잘 알고 있다. 우리는 그 작품들에서 예술은 항상 한 문명의 신화들을 구체화하는 기회를 제공해 준다는 것을 깨닫는다.

예를 들어, 우리가 다음 그림을 어떤 특산물을 시식하는 그림이라고 경솔하게 말할 때, 관능적인 세 여인이 그의 뒤에 있음에도, 풍요의 뿔이 자연에서 가장 아름다운 과일과 채소들을 그의 발아래에 잔뜩 놓아 두었음에도 얼굴을 찌푸리는 것 같은—긴 머리카락과 희끗희끗한 수염과 물렁물렁한 근육을 가진—나이 든 한 남자에 대한 이 그림은 그렇다면 뭘 의미할 수 있는가? 저 불편해하는 사람은 누구인가? 그는 왜 불편해하는가? 이 미의 3여신은 무엇인가? 그녀들은 가까이 숨어 있는—그중 하나는 우연인 것처럼 그녀들에게 사과 하나를 건네주는—두 목신과 무엇을 교환하고 있는가? 혹은, 뒤로 물러나 의심하듯 그 장면을 바라보며 생각에 잠긴 세 남자는 무엇인가?

또, 늘어놓은 채소 속 저 원숭이들은 거기에서 뭘 하고 있는가? 물론 이 질문 각각에 대한 답변이 있다. 그런데 이 그림의 제목이 〈채식주의를 설교하는 피타고라스〉로 1618년에서 1620년 사이 루벤스가 그린 그림이라는 것을 알고 있을 때, 이 그림을 '더 잘' 이해할 것인가? 답변은 물론 '그렇다'이다. 이처럼 우리는 그림을 감상하면서 '우리가 보는 것은 곧 그 그림의 장식틀의 단어들이 우리에게 이야기하는 것'이라는 것을 알게 된다! 그림은 언어기표(signifiant verbal)의 기의(signifié)로 기능한다. 그런 의미에서 종교적인 그림조차도 항상 비종교적 아이콘(도상, 圖像)이다.

그림의 장식틀의 단어들은 의미를 각인한다. 그런데 마찬가지로 그 단어들은 그 작품에 수반

페테르 파울 루벤스 작, 〈채식주의를 설교하는 피타고라스〉
영국 햄프턴 코트 궁전 왕실 소장

되는 담론들을 밀봉한다. 사실, 그 장식틀을 이해하기 위해서는 피타고라스가 누구인지와, 채식주의와 그의 관계를 아는 것이 더 낫다. 그것은 그의 철학에 대한 지식을 전제로 한다. 그런데 어떤 한 철학 전체를 어떻게 단순하게 한 점으로 축소할 것인가? 마치 히바로족[6]이 그들의 머리를 축소시키듯이 말이다. 화가들에게는 모든 것을, 못해도 가급적 많은 것을 최소한의 형상을 들여서 이야기하는 것이 중요하다. 최고의 효율을 위해서 말이다. 하나의 이미지가 한 세계관을 집약하는 것이 이상적이다. 요컨대 바로 그때 작품의 총체성을 포함하는 일화, 물건, 사물, 디테일이 등장한다. "악마는 디테일 속에 있다"는 표현이 그 완전한 의미를 갖게 되는 것은 바로 그때이다.

예술가는 따라서 체계의 아날로공(analogon)[7]을 발견해야 한다. '아날로공'이란 무엇인가? 이 말은 현상학의 어휘이다. 후설에게 빚진 용어인데, 이어 사르트르가 이 용어를 상상적인 것과 상상력에 대한 그의 연구에서 많이 사용했다. 순전히 전문적인 용법에서 벗어나 그것은 '등가물(équivalent)'을 의미한다. 요컨대 여기에서 아날로공은 모든 것을 이야기하는 것과 동등한 사물이다. 바로 이것이 회화적 환유라는 이름이다. 작품의 핵심, 작품의 의미, 작품의 진원은 디테일 속에 있다고 해도 과언이 아니다.

예를 들면, 루벤스의 피타고라스에 관한 그림에서는 '채소'가 그렇고, 아리스토텔레스와 필리스에 관한 그림에서는 '말타기'가 그렇고, 소크라테스와 크산티페 관련 그림에서는 '물 항아리'가 그렇다. 뿐만 아니라 고대 철학자의 이야기를 화폭에 옮길 때에는 아낙사고라스의 '기름등잔', 데모크리토스의 '웃음', 헤라클레이토스의 '눈물', 소크라테스의 '독배', 디오게네스의 '등불'과 '술통', '사발'이 그렇고, 플라톤의 '동굴', 프로타고라스의 '나뭇단', 아리스토텔레스의 '악어', 세네카의 '냄비', 마르쿠스 아우렐리우스의 '빵', 아우구스티누스의 '조가비'가 그렇다. 여기까지가 고대 철학의 경계이다.

하나의 철학 체계, 한 문장, 하나의 생각, 하나의 아날로공, 하나의 아이콘, 하나의 물건 등 이런 것들이 바로 그림이 허락하는 축소인 것이다. 이 축소는 사물의 의미가 명확히 설명된다는 필요충분조건 하에서는 대단히 효과적인 것으로 확인된다. 이어서 역순으로, 즉 사물에서 체계로 작업을 할 필요가 있다. 상승 변증법, 그다음에 하강 변증법, 그리고 또 반복...

그림의 이해는 전승(transmission)과 함께만 생각할 수 있다. 이 진실은 구상예술 외에도 특히 추상예술을 포함하여, 이어 설치예술과 마르셀 뒤샹 이후의 예술까지 모든 예술 작품에 적용된다. 레오나르도 다 빈치는 그림은 'cosa mentale', 즉 '정신적인 것'이라고 했는데, 그의 말이 옳았다. 그러나 그는 그림이 어느 정도까지 정신적인 것인지는 아직 알지 못했는데, 그럴 수밖에 없다. 이 정신적인 것은 기독교의 초월적 종교심에 기초한, 비종교적인 내재적 영성의 기회를 제공한다. 알레고리와 상징, 은유, 환유, 그리고 이미지는 제신(諸神)과 하느님이 없는 세계에서 어느 것이나 기도인 것이다.

---

1 히브리 성서(구약 성서)를 그리스어로 옮긴 번역본인 『70인역』 중 한 권으로 총 14장으로 구성되어 있다. 이스라엘 납달리 지파 사람인 토빗과 그의 아들 토비야의 일대기이다. 로마 가톨릭과 정교회에서는 구약 성서의 제2경전으로 인정하지만 개신교와 유대교에서는 외경으로 분류한다.

2 이 표현은 1470년에 태어나 1525년에 죽은, 라 팔리스(La Palice)의 후작 자크 드 샤반(Jacques de Chabannes)과 관련된 표현으로, 너무 분명해서 웃음이 나올 정도로 확실한 진리라는 의미다.

3 트로이가 그리스와의 전쟁에서 패배하자 그곳을 빠져나온 아이네이아스가 초자연적인 인도를 받아 새로운 장소를 찾아내 라비니움이라는 영광스러운 도시를 건설했다는 전설을 기록한 책.

4 제우스가 황소로 변신해 에우로페를 납치하는 장면.

5 1571년 베네치아 공화국, 스페인 왕국, 제노바 공화국, 사보이 공국 등이 연합한 신성 동맹 함대와 오스만 제국이 그리스의 레판토 부근 파트레만에서 벌인 해전. 오스만이 참패했다.

6 페루 북부와 에콰도르 동부 아마존 밀림에 사는 인디언들. 이들은 사람의 머리를 오렌지 크기만 하게 줄이는 기술로 유명하다.

7 사르트르는 예술작품을 두 개의 대상이 겹쳐 있는 것으로 본다. 물질적 대상(objet matériel)과 상상의 대상(objet imagé)—비실재적 대상(objet irréel), 상상적 대상(objet imaginaire), 미학적 대상(objet esthétique), 미학적 감상의 대상(objet d'appréciation esthétique)—이 그것이다. 아날로공은 그중 물질적 대상을 가리키며, 이것은 상상의 대상을 드러내기 위한 구체적 물질이다. 예컨대 한 폭의 그림은 캔버스, 물감, 액자 등과 같은 구체적 대상들로 구성되어 있다. 하지만 그것들이 우리에게 직접적으로 미학적 감흥을 불러일으키지 않는다. 하지만 미학적 감흥을 불러일으키는 대상, 곧 예술작품의 출현은 이와 같은 물질적 대상을 통해서만 가능하다. 이처럼 물질적 대상과 미학적 대상은 '유사'하다. 그로부터 '아날로공' 개념이 도출된다. 이 개념은 '유사물질', '유사표상물', '유동대리물' 등으로 번역된다.

■ 일러두기

본문 중에 '*' 기호로 표시한 각주는 원저자의 것이고, 숫자로 표시한 미주는 옮긴이들의 것이다.

1

피타고라스의 물고기

(BC 580년경-BC 495년경)

사람들은 보통 철학이 기원전 7세기 그리스에서 소크라테스 이전 철학자들과 함께 시작된다고 말한다. 틀렸다…

소크라테스 이전 사상가들이라는 개념은 논리적으로 당연히 소크라테스보다 앞서 살았던 철학자들을 떠올리게 한다. 그러나 생년월일을 비교해 보면, 몇몇 철학자는 그들의 후배로 여겨지는 이들보다 오래 살았다는 것을 알게 된다. 예컨대, '소크라테스 이전 철학자'인 데모크리토스는 소크라테스보다 10년쯤 뒤에 태어나 소크라테스보다 30년 더 오래 살았다…

도대체 사람들은 어떤 이유에서 그 '소크라테스 이전의 철학자'라는 개념을 사용하는가? 그것은 소크라테스와 플라톤 짝이 신과 그리스도 짝의 메아리처럼 지배적인 철학의 역사 속에 자리하고 있기 때문이다. 그 반향은 만물의 아버지인 이상주의자 플라톤과 그의 예언자 소크라테스를 생각하게 한다. 소크라테스는 책 한 권 쓰지 않았지만 그의 말의 권위는 전적이며, 그는 아테네의 민주주의에 의하여 변증법적 이성에 대한 자신의 신념을 위해 상징적으로 십자가를 지고 죽는다. 물론 잘 알듯이, 그는 독당근즙을 마시고 죽는다…

관례적으로 이 동일한 범주 속에 분류된 철학자들은 지적·정신적으로 이질적이다. 이를테면 한쪽 사람들은 원자의 진리를 믿으며, 다른 한쪽 사람들은 이데아의 실재를 믿는다. 한쪽은 물이 만물의 근원이라 주장하며, 다른 한쪽은 불이 만물의 근원이라 주장한다. 반면 또 다른 한쪽은 그것이 공기라 주장하며, 파르메니데스[1]는 구(球)에 집착하며, 헤라클레이토스는 강에 매료된다…

다음으로, 철학은 그리스에서 시작되지 않는다. 철학은 그리스에서 계속될 뿐이다. 철학은 기원전 8세기 그리스인들 이전에, 예컨대 칼데아[2]의 마술사들이나 인도의 나체 고행자들, 페르시아의 조로아스터교 교도들, 페니키아의 엘레우시스 사제들, 아시리아와 바빌로니아의 성직자들에게서 이미 존재했기 때문이다… 피타고라스는 "이방인들의(barbares)[3] 모든 비교(秘敎)를 공부했다"고 디오게네스 라에르티오스[4]는 말한다. 그는 이집트로 가서 그 나라의 언어를 배웠다. 그러므로 그의 그리스 철학은 당시에 소위 이방인들의, 즉 유럽 밖의 뿌리를 지니고 있었다.

인도의 나체 고행자들은 힌두교의 나체 현자들이다. 동양의 지혜들은 피타고라스의 세계관 구축에 중요하다. 그에 따르면, 죽을 때 비물질적인 영혼이 육체라는 거죽을 떠나 다른 몸체 속에서 환

살바토르 로사 작, 〈피타고라스와 어부〉
베를린 미술관, 베를린

생한다는 생각을 옹호하기 때문이다. 환생한 몸체는 물론 한 인간일 수도 있고 동물일 수도 있다. "전승에 의하면 최초로 그가 영혼의 윤회를 발견했다. 그 영혼은 명운의 정지에 따라 원을 그리면서 한 존재로부터 다른 존재로 옮겨가 그 존재에 달라붙는다"고 디오게네스 라에르티오스는 『유명한 철학자들의 생애와 사상』에 기록하고 있다.

이 생각은 후에 플라톤의 『파이돈』에서 자세히 설명된다. 그 뒤 이 생각은 기독교도들 사이에서 성공을 거두는데, 그들은 유형체 속에 묻힌 비물질적 영혼, 죽음을 면할 수 없는 육체에 대한 영혼의 불멸, 영광의 신체 속에서의 그 영혼의 '사후의(post mortem)' 운명처럼 피타고라스와 플라톤의 이원론적인 이야기를 활용할 것이다.

피타고라스의 세계관에서 보면, 그의 아버지의 영혼은 한 고양이나 개, 수탉, 또는 물고기의 몸체에 환생할 수 있다.

바로 그것이 피타고라스가 자신의 제자들에게 육류 위주의 모든 식사를 삼갈 것을 권유했던 이유이다. 이를테면 사람들은 자기 할아버지를 게걸스럽게 먹으면서 돼지갈비를 먹고 있다고 생각한다... 다시 디오게네스 라에르티오스의 말을 인용해 보자. "어느 날, 한 사람이 길을 걷다가 개 주인이 자신의 개를 학대하고 있는 것을 보았다. 그는 동정심에 사로잡혀서 그에게 이렇게 이야기했다고 한다. '그만. 그만 때려요. 그 개는 내 친구였던 한 인간의 영혼이기 때문이오. 그 울음소리를 듣고 그 친구라는 것을 알게 되었소.'"(VIII, 36)*

살바토르 로사[5]는 플루타르코스의 『식탁에서의 화제』의 다음 구절을 화폭에 옮긴다. "사람들의 말에 의하면, 피타고라스는 어느 날 한 어부의 어망을 사서 그 속의 물고기를 모두 풀어주었다. […] 그는 마치 포로로 잡힌 그의 친구와 친척들의 몸값을 그가 지불했던 것처럼 물고기들의 몸

* 인용한 책들은 이 책 끝에 함께 적어놓았다.

값을 지불했다. 이 철학자들의 온화함과 인정은 우리에게 그들이 바다동물을 삼가는 것은 오히려 정의를 훈련하기 위한 것이었다는 생각을 하게 한다. 왜냐하면 물고기들은 우리에게 어떠한 고통도 주지 않으며, 심지어는 그렇게 할 수조차도 없는 데 반해, 다른 모든 인간들은 인간에게 정의를 무너뜨리는 계기들을 제공하기 때문이다." 이 철학자는 물고기들에게 자유를 돌려주기 위해 그것들을 산 것이다.

피타고라스학파 사람들이 물고기들을 살려주는 데는 환생(윤회)과 영적인 훈련 이외에도 다른 이유가 있었다. 즉 그들에게 침묵은 중요한 미덕으로 여겨졌기 때문에 그들은 침묵의 동물인 물고기들을 높이 샀다. 그 학파에 입회하는 모든 철학자는 침묵의 입문 시간을 가져야 했다. 왜냐하면 신들은 자기 자신을 이야기하기 위해 말을 하지 않고 자신들의 피조물들 속에 자신들을 나타내기 때문이다.

화가 살바토르 로사는 풍자가이자 논쟁가로서 기억을 역사에 남겼는데, 그 주제에 대한 그의 처리는 이렇다. 즉 한 어부를 멀리 장면 뒤쪽으로 제쳐 두는 반면, 전경에 12명의 남자를 적절히 배치하고 있다. 피타고라스는 포함되어 있지 않다. 이를테면 우리는 그리스도와 그의 열두 제자에 대한 명백한 조형적 인용을 마주하고 있는 것이다.

이 인용은 도치된 것으로, 일종의 역(逆)인용이다. 왜냐하면 예수와 그의 제자들은 물고기를 잡아 물에서 건져 올리기 때문이다. 이를테면 그 표식으로 박해받는 초기 기독교도들에 대한 식별과 묵인의 기회로 삼았던 바로 그 물고기, 그러니까 그리스어로 '익투스(Ichtus)[6]'와 '크레스토스(Chrestos)[7]' 사이의 동음이의에 기초한 묵인의 표시의 물고기와 관련이 있다. 익투스는 실제로 Iesum Christus Theou Uliou Soter의 이합체(離合體)시[8]로, 프랑스어로는 이렇게 번역된다. Jésus-Christ, Fils de Dieu, Sauveur(예수 그리스도, 하느님의 아들, 구세주). 예수의 물고기들은 그리스도의 초기 제자들을 의미한다.

로자는 바로 그 상징체계를 다시 사용하면서 뒤바꿔 놓는다. 즉 예수와 기독교도들이 물고기 애호가가 되는 반면, 피타고라스와 그의 열두 제자들은 물고기를 풀어 주어 그것들에게 자유를 돌려준다.

하지만 가면을 좋아했던 그 화가로서는 그것이 또한 그리스도와 동일시된 피타고라스가 자신을 신격화하기보다 예수를 다른 현인들 중의 한 현인의 신분으로 되돌려 놓게 함을 의미하는 방식일 수도 있다. 피타고라스는 더 성스러워지지 않을 것이지만 예수는 지금 여기에서 소박한 현인으로 대중들의 격찬을 받을 것이다.

---

1 Parménide d'Élée(BC 510년경-BC 450년경): 고대 그리스 철학자로, 존재자는 불생불멸하고 완전무결하며 부동(不動)의 것이며, 완전한 구체(球體)라고도 주장했다.

2 구약 성서에 자주 언급되는 곳으로, 바빌로니아 남부, 아라비아사막과 유프라테스강 삼각주 사이의 지역을 가리킨다.

3 고대 그리스·로마인, 기독교도의 입장에서 볼 때 이방인(외국인)을 가리킨다.

4 Diogène Laërce(출생과 사망 연도 미상): BC 3세기에 활동한 그리스의 저술가이다.

5 Salvator Rosa(1615-1673): 이탈리아의 풍자 시인이자 화가, 음악가, 배우이다. 그는 자신이 쓴 희곡을 무대에 올리면서 스스로 코비엘로(Coviello)의 가면을 쓰고 한 인물을 연기하기도 했다.

6 그리스어로 물고기를 의미한다. 따라서 물고기 표식은 초기 기독교도들이 박해를 피하여 은밀한 신앙고백으로 서로를 알아보기 위해 사용했다. 이후 십자가와 함께 기독교의 상징 중 하나로 자리 잡았다.

7 χρηστός(chrestos)는 그리스어로 '성유 부음을 받아 축복을 받은 사람', 즉 그리스도를 의미한다.

8 acrostic: 각 줄의 첫 글자를 붙이면 그 시의 주요 단어나 작가의 이름이 되는 시를 일컫는다.

2

아낙사고라스의 기름등잔

(BC 500년경-BC 428)

화가가 철학적 주제를 선택해서 자신의 그림을 그릴 때면 그는 대체로 하나의 텍스트를 그린다. 하나의 텍스트나 그 텍스트의 한 문장, 또는 그 텍스트의 묘사 중의 한 순간을 그는 자세히 그린다. 하나의 개념을 그리는 것은 어려운 일이기에 화가로서는 그가 그리려는 철학자의 사상 전체가 집약되는 그 개념을 알려 줄 한 사물을 그릴 필요가 있다. 소위 철학적인 그림 속에서 보아야 할 것은 그 철학을 요약하는 사물인 것이다. 아낙사고라스에게 그것은 기름등잔이다. 그 이유는 무엇인가?

먼저, 이오니아의 클라조메나이에서 태어난 아낙사고라스에 대해 몇 마디 해 보자. 『유명한 철학자들의 생애와 사상』에서 디오게네스 라에르티오스는 이렇게 우리에게 전한다. "그는 가문과 부유함으로 유명했지만, 위대한 영혼으로 더욱더 유명했다. 그가 자신의 유산을 친척들에게 나눠줘 버렸다는 것이 그 증거이다."(II, 7) 그는 30년 동안 아테네에서 후학을 양성하는데, 그 제자들로는 특히 비극 작가 에우리피데스[1]와 정치가 페리클레스[2]가 있다. 사람들은 그가 소크라테스(BC 469-BC 399년경)와 동시대인임에도 불구하고 소크라테스 이전의 철학자로 분류한다.

정치에 신경 쓰지 않는다고 지적을 받을 때마다 그는 하늘을 가리키면서 자신은 그런 문제들에 관심을 가지고 있다—물론이다, 그는 다른 사람보다 더 그랬다—고 말하곤 했다. 예컨대, 그는 자연철학과 우주의 이해만이 참된 정치를 가능케 한다고 주장했다. 그런데 그에게 참된 정치란 사물들에서 얻을 수 있는 지식을 통해 바로 그 사물들의 질서에 복종하는 것이다.

그는 정신, 지성, 이성, 에너지(힘)—그리스어로 누스(Noûs)—이 만물의 근원, 즉 우주의 제1원인이라고 생각했다. 그로부터 그는 '정신'이라는 별명을 얻게 되었다!... 그는 이렇게 썼다. "사물들은 무질서 상태에 있었다. 뜻밖의 지성은 그것들을 체계적인 세계로 만들었다. 그래서 그것은 지성이라는 이름을 부여받았다."(II, 6)

다음과 같은 매우 현대식 표현은 그로부터 유래한다. "어떤 사물도 생겨나거나 소멸되지 않는다. 그러나 이미 존재하는 사물들은 서로 조합되고 다시 분리된다." 우리는 18세기에 라부아지에가 그 생각을 한껏 빛나게 했다는 것을 알고 있다. '존재하는 것은 태어나거나 소멸하는 것이 아니라 변화한다'는 관점에 따른 세계에 대한 이런

장샤를 니케즈 페랭 작, 〈아낙사고라스에 대한 페리클레스의 우정〉
지로데 박물관, 몽타르지

해석으로 아낙사고라스는 변증법적인 철학자가 된다. 변증법적인 철학자에 따르면, 운동은 존재하는 모든 것의 본성이다. 그에게는 분명코 하나의 순수한 관념이나 하나의 추상적 원리의 부동은 있을 수 없다.

우주론에 대해서도 그는 합리주의적인 정신으로 천체는 지구에서 떨어져 나간 불타는 덩어리일 뿐이지 신이 아니라고 주장했다. 그의 또 다른 현대적 특징은 이런 것이다… 모두가 신학적인 관점에서 생각하고, 존재하는 모든 것 뒤에는 존재하지 않는 세계가 있다고 말할 때, 아낙사고라스는, 우주는 신이 없는 하나의 질서이기에 전혀 초월적이 아닌 오로지 내재적인 방식으로 그것을 읽어 낼 필요가 있다고 주장하는 철학자로서 사물들을 논한다. 이를테면 우주 공간 내에서조차 이 세계밖에 없으며, 실세계 너머의 어떤 것도 우주의 원인을 제공할 수 없다는 것이다.

신들을 끌어들이지 않고, 실세계 너머로부터의 도움 없이 세계를 설명하는 그의 가르침은 신을 모독한 죄로 그를 법정에 서게 했다. 그가 목숨을 구한 것은 제자 페리클레스 덕분이었다. 그는 간신히 벌금형을 받고 람프사코스로 추방되었다.

그렇다면 왜 기름등잔인가?

플루타르코스의 (『영웅전』을) 읽어 보자. "페리클레스는 부자였으며, 가난한 사람들을 아주 많이 도와주었다. 사람들의 말에 의하면, 그가 공무에 여념이 없는 동안 이미 늙어 그와 모든 사람들로부터 잊힌 채 아주 궁핍한 생활을 하던 아낙사고라스는 굶어 죽을 결심을 하고 외투를 뒤집어쓰고 있었다. 페리클레스가 그 소식을 들었다. 그는 즉시 황망히 달려와서 살아갈 것을 애원했다. 그는 스승에게 이렇게 말했다. '저는 선생님을 위해 슬퍼하는 것이 아니라 저 자신을 위해 슬퍼하는 것입니다. 저의 통치에 너무도 소중한 조언자를 잃을 것이기 때문입니다.' 아낙사고라스는 얼굴을 내밀고는 이렇게 말했다. '페리클레스, 등잔이 필요한 사람은 등잔에 기름을 붓는 법이오.'"(「페리클레스의 생애」, 16)

여기에서도 또한 아낙사고라스는 천상의 개념들이 아닌 현실에 관심을 갖는, 실용주의적이며 현실적인 철학자의 모습을 보여 준다. 우정은—플라톤이 그 주제에 대해 언급하는 대화 『뤼시스』[3]에서 말하듯이 그저 한 순수한 개념도 아니며, 이후 아리스토텔레스가 『니코마코스 윤리학』에서 말하듯이 그것의 성격이나 가능한 조건에 대한 성찰의 기회도 더더욱 아닌—증표들을 요구하는 하나의 덕행인 것이다. 우정의 증표가 없는 우정은 있을 수 없다.

바로 그것이 벗은 외투를 지팡이와 함께 땅바닥에 버려둔 채 지쳐 빠진 아낙사고라스를 양팔을 벌려 맞이하는 자줏빛 옷차림의 페리클레스에 초점을 맞추고 있는 이 그림이 보여 주고 있는 것이다. 아낙사고라스는 흙으로 빚은 그 유명한 등잔을 그에게 가리킨다. 물론 그것은 프리메이슨단의 언어로 헛된 약속(parole perdue)을 뜻하는 잘려 나간 돌기둥 위에 놓여 있다. 그 철학자가 정치가에게 가리키는 것은 바로 그 등잔이다. 왜냐하면 그것이 자신의 과오로 전락하고 몰락했지만 참된 지혜의 실천을 통해 개선함으로써 속죄할 수 있는 인간의 표시인 그 돌기둥 위에 놓여 있기 때문이다. 아낙사고라스는, 그의 이름을 한 세기에 각인시켰으며, 파르테논 신전을 포함하여 아테네의 아크로폴리스 언덕 위의 많은 건물들을

> 아낙사고라스는
> 얼굴을 내밀고는
> 이렇게 말했다.
> "페리클레스,
> 등잔이 필요한 사람은
> 등잔에 기름을
> 붓는 법이오."

건축한 그 사람에게 이렇게 말한다. 즉, 그가 아주 유명한 정치인이라 해도 소용없다. 결국 그는 미덕을 더욱 실천할 일이지 말로만 그치지 말 것을 권고하는 현명한 스승의 학생임에는 변함이 없다고 말이다. 그것은 정치인들에 대한 철학자들의 오랜 윤리적 가르침인 것이다.

---

1 Euripide(BC 480년경–BC 406년): 아이스킬로스, 소포클레스와 함께 고대 아테네에서 활동한 3대 비극 시인 가운데 한 사람.

2 Périclès(BC 495–BC 425): 고대 그리스 아테네의 정치가이자 웅변가, 장군. BC 5세기 후반, 아테네 민주주의와 아테네 제국을 개화시켜 아테네를 그리스의 정치적·문화적 중심지로 만들었다. 아크로폴리스에 파르테논 신전을 비롯한 건축물을 지었다.

3 *Lysis*: 플라톤의 '소크라테스 대화편'에 속하는 작품으로, 소크라테스가 등장하여 덕(德)에 대한 정의(定義)와 관련된 대화를 진행한다.

3

데모크리토스의 지구의(儀)

(BC 460년경-BC 370)

화폭 속에는 헤라클레이토스와 데모크리토스가 함께 그려져 있다. 물론 그들은 삶뿐 아니라 사상사에서 따로따로 존재한다. 하지만 화폭에서 전자는 울고 있고 후자는 웃고 있는데, 그들은 둘 다 상징적인 철학자들이다. 헤라클레이토스는 세상을 향해 눈물을 흘리고 있는데, 그에게 세상은 거짓과 비열함과 냉혹함과 파렴치로 가득 차 있는 곳이기 때문이다. 하지만 데모크리토스는 같은 이유들로 웃고 있는데, 그는 세상을 있는 그대로 보았지만 그 세상에 만족하기 때문이다. 바로 그것이 둘 모두 지구의(儀)와 함께 묘사된 이유이다. 지구상의 어디에서든 헤라클레이토스에게는 눈물 흘려야 할 이유가 있는 반면, 데모크리토스에게는 껄껄대고 웃어야 할 이유가 있는 것이다. 그런데 왜 만족감보다 오히려 비통인가? 아니면, 왜 그 반대인가?

디오게네스 라에르티오스는 에페소스 출신의 헤라클레이토스(BC 544년경-BC 480년경)에 대해, 그는 교만하고 "오만하며 사람을 멸시했다"고 말한다. 그는 헤라클레이토스의 인격에 대해 부정적인 평가를 계속한다. 헤라클레이토스는 호메로스에 대해 그는 추방되어 채찍질을 받아 마땅하다고 주장한다. 그에게는 아무나 비판하는 기질이 있다. 그는 사람들과 함께 있는 것을 피했으며, 아이들을 더 좋아해 그들과 오슬레 놀이를 즐겼다. 그는 어느 누구의 제자도 아니며, 모든 것을 알고 싶어 하지만 누구에게도 신세 지고 싶어 하지 않는다. 그는 아무도 이해하지 못하도록 일부러 난해하게 글을 쓴다. 그리하여 그는 난해한 헤라클레이토스라는 별명까지 얻는다. 이번에는 테오크리토스가 한 말인데, 그에 의하면 헤라클레이토스는 우울증으로 고통스러워했다. "결국 그는 극도의 인간 혐오자가 되어 먼 산속에 숨어들어 풀과 식물을 뜯어 먹으며 산다."(IX, 3) 그는 다리우스 왕에게 이렇게 쓴다. "지구상의 인간들은 하나같이 진리와 정의를 멀리합니다. 그들은 탐욕과 허영에만 관심을 쏟습니다. 그런 만큼 그들의 영혼은 어리석고 악독합니다."(IX, 13) 바로 이것이 그 애통함의 눈물을 정당화하는 인간혐오적인 기질인 것이다.

루벤스는, 기도를 하려는 듯 깍지 낀 튼튼한 두 손과 함께 허리띠에 그리스어로 된 그의 이름을 공공연히 드러내고 있는 모습으로 헤라클레이토스를 묘사하고 있다. 흘겨보는 그의 시선은 침울하며, 입은 삐쭉거리는 모습이다. 그는 화폭에서는 오른편에 있지만, 장면에서는 왼편에 있

페테르 파울 루벤스 작, 〈헤라클레이토스와 데모크리토스〉
국립 조각 박물관, 바야돌리드

다. 따라서 흉조 쪽—sinistra(왼손, 슬쩍 감추는 손)—에 있는 것이다. 기독교가 이 제스처를 신에게 올리는 기도의 표시로 삼기 전, 깍지 낀 양손은 죄수가 간청하는 사면의 요구를 의미했었다. 루벤스는 이 그림에서 깍지 낀 손의 고대적 의미와 기독교적 의미를 혼합하여 헤라클레이토스를 세상 사람들에게 부정적인 태도에 사로잡히는 것을 멈추도록 간청하는 상황에 있게 한다. 따라서 이 표시는 "자비를 베푸소서!"와 같은 어떤 것을 의미할 것이다. 헤라클레이토스는 이렇게 생각한다. 즉, 불이 우주를 지배하며, 우리는 같은 강물에 두 번 발을 담글 수 없으며, 다시 말해 모든 것이 운동이기에 움직이지 않는 것은 아무것도 없으며, 모든 생명체는 운명의 결정에 완전히 굴복하며, 대립물들의 적대(그 적대의 해결에 의해 현재 존재하는 것이 생성된다)는 변천을 가능케 하며, 우주는 하나여서 한정적이며, 그 우주는 영원히 반복된다. 그는 '절망의 철학자'인 것이다.

반면 압데라 출신의 데모크리토스로 말하자면, 그는 '환희의 철학자'이다. 이른바 소크라테스 이전의 사상가들 중 그는 우리에게 가장 많은 조각글을 남긴 철학자이다. 그에게 모든 것은 허공에서 원자들의 결합으로 귀착된다. 그러므로 그는 원자론과 유물론을 구체화하고 있다. 플라톤(그에게 물질은 신에 대한 모독이다)이 데모크리토스의 모든 저작을 불태우고자 했던 것은 무리가 아니다. 피타고라스학파 동료들의 저지로 그는 자신의 많은 저작에 데모크리토스를 하나도 인용하지 않는 것으로 만족했다.

데모크리토스의 철학은 무엇인가?

디오게네스 라에르티오스의 설명에 의하면 이렇다. 데모크리토스에게 "최고의 선은 행복, 또는 '에우튀미아(euthymie)[1]'이다."(IX, 44). 이것은 그것에 대해 사람들이 잘못 알고 있는 것과는 반대로 기쁨(plaisir)과는 아주 다른, 영혼이 평안

이 책망의 손짓은 무엇을 의미하는가?

하고 안정되어서 어떠한 두려움이나 불합리한 집착, 또는 애착에 의해 동요하지 않는 태도이다. 그는 그런 태도를 여러 가지 단어를 사용하지만, 특히 'bonne humeur(흐뭇한 기분)'라는 명사를 사용한다. 아마 이해하고 있을 것이다. 혼자든, 아니면 걸핏하면 우는 그의 다른 짝과 함께든 데모크리토스의 모든 초상화에서 그와 하나를 이루는 것이 바로 그 '흐뭇한 기분'이라는 것을 말이다.

루벤스는 얼굴을 숙이고 있는 그를 수염이 있는 관대한 그리스도 같은 사람처럼 형상화하고 있다. 그의 오른손은 지구의 위에 놓여 있으며, 왼손 집게손가락은 헤라클레이토스를 가리키고 있다. 이 책망의 손짓은 무엇을 의미하는가?

칼뱅주의 가정에서 태어난 루벤스는 반(反)종교개혁의 화가가 되었을 정도로 가톨릭교회로 개종했다. 눈물을 흘리는 헤라클레이토스를 가리키는 이 집게손가락은 가톨릭적인 손짓이다. 그것은 영적 태만의 죄(acédie)를, 이를테면 믿음과 사랑과 함께 기독교 대신덕의 하나인 희망의 결핍을 비난한다. 루벤스의 이 그림은 헤라클레이토스처럼 세상에 절망하거나 세상을 한탄하지 말고 데모크리토스처럼—그리고 서로를 존중하는 모든 선량한 가톨릭 신자들처럼—세상을 사랑하라고 가르치고 있다. 이 세상은 신의 창조물이기 때문이다...

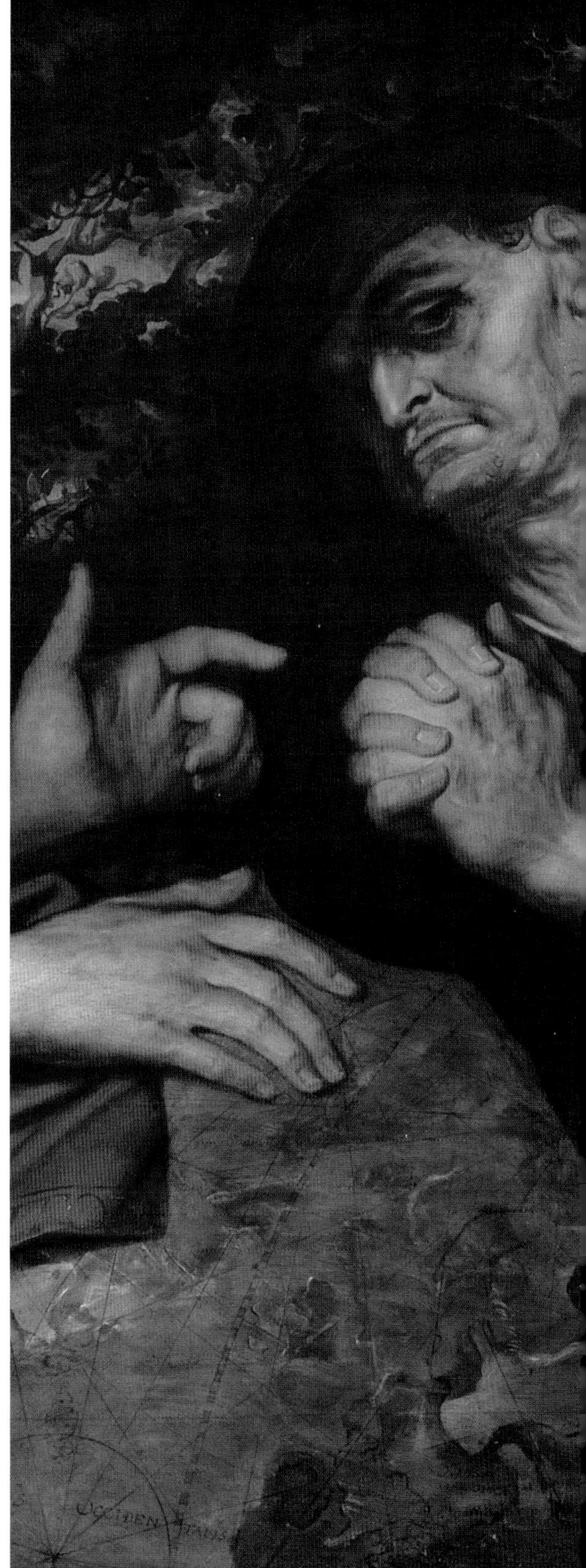

---

1 euthymie: 그리스어 eu는 bien(좋은), heureux(행복한)를 뜻하고 thymia는 âme(영혼), cœur(마음)를 의미하며, 데모크리토스의 윤리적 사상의 중심 개념이다. 그는 이 개념을 침착함이나 태연함, 고요한 감정에 상응하는 이상적인 기분 상태로 소개한다.

4

크산티페의 물 항아리

(BC 5세기)

크산티페 자신은 철학자가 아니지만 철학자의 아내여서, 아마도 조금은 아니 많이 철학자일 필요가 있었을 것이다.

소크라테스는 추남이어서 얼굴은 흉측한 사티로스 같지만 내면에는 더없는 아름다움이 숨겨져 있다고, 사람들은 보통 이야기한다. 울퉁불퉁하고 거친 껍질이지만 살 속에 아주 아름다운 진주가 들어 있을 수 있는 진주조개처럼, 이 철학자는 그와 가까이했던 모든 이에게 현자 스승으로 통했는데, 이런 일이야말로 상상할 수 있는 바로 그 모든 숨겨진 아름다움의 증거들이라 할 만하다. 그 자신은 아무것도 쓰지 않았는데, 그것은 그의 가르침이 대화 상대자에게 '이유를 따지기도 전에' 확신하는 것들을 의심해 보도록 대화로 상대자를 동요시키는 데 있었기 때문이다. 사람들은 그와 대화를 나누기 전에는 알고 있다고 믿지만 그와 대화를 나누면서 그들은 자신이 아는 것이 점점 더 적어지는 것을 깨닫게 되며, 대화를 마치고 난 뒤에는 더 이상 아무것도 아는 것이 없다는 것을 알게 된다. 전부 다시 시작해야 하는 것이다…

산파 어머니와 조각가 아버지 사이에서 태어난 그는 자신이 그의 어머니와 같은 일을 한다고 말하기 좋아했다. 왜냐하면 그는 정신들을 그 배아 상태에서 분만시키기 때문이다. 사람들은 정신을 분만시키는 기술을 소크라테스의 산파술[1]이라 부른다.

디오게네스 라에르티오스는 이렇게 쓴다. "아리스토텔레스에게는 두 아내가 있었다고 했다. 한 사람은 크산티페로, 그녀에게서 람프로클레스라는 아들 하나를 두었으며, 다른 한 사람은 의인 아리스티데스[2]의 딸 미르토로, 그는 그녀와 지참금 없이 결혼했는데 그녀에게서 소프로니코스와 메넥세노스라는 두 명의 아들을 두었다. 어떤 저자들은 미르토가 첫 번째 아내였다고 말하기도 하고 또 다른 어떤 저자들은 그가 두 여인과 한꺼번에 결혼했다고 말하기도 한다." 어쨌든 소크라테스는 결혼을 하여 처자가 있는 몸이었는데, 그것은 철학자의 삶과는 상충되는 것 같아 보인다.

왜냐하면 철학적인 삶을 이야기하는 사람은 지혜와 평정, 고요함과 연구, 평온과 평안을 이야기하기 때문이다. 그런데 하물며 아내가 하나도 아닌 둘에다가 아이도 셋인 그로서는 마음의 평화가 깨질 기회가 그만큼 많을 것이다.

이 그림은 첫 아내 크산티페가 항아리 물을 그의 머리에 붓는 동안 공모자인 둘째 아내가 그를

『아리스토텔레스의 악어』 정오표

쪽	단, 행	현재 내용	수정 내용
28	오른쪽, 5	"아리스토텔레스에게는 두 아내가 있었다고 했다.	"아리스토텔레스는 소크라테스에게 두 아내가 있었다고 말했다.

블로멘달 작, 〈소크라테스와 그의 두 아내, 그리고 알키비아데스〉
미술 박물관, 스트라스부르

놀리고 있는 장면을 그렸다. 소크라테스는 땅바닥에 주저앉아 석재에 팔꿈치를 괴고 태평스럽게 쉬고 있다. 석재에는 처음에는 델포이 신탁소에 적혀 있었지만 소크라테스에 의해 유명해진 "너 자신을 알라"라는 금언이 그리스어로 새겨져 있다.

소크라테스는 태연히 앉아 있지만 그 사이에도 사랑하는 마음에 어쩔 줄 몰라 하며 미남 청년 알키비아데스를 바라보고 있다. 길게 털을 땋은 우수한 품종의 개와 함께 외출 나온 그 시대의 세련된 멋쟁이인 이 청년은 자신의 두 아내를 아랑곳하지 않는 소크라테스의 얼굴을 돌리게 만들어, 그 철학자는 그 잘생긴 곱슬머리 금발 청년에게만 관심을 갖는다.

바로 이것이 블로멘달이 묘사하는 디오게네스 라에르티오스의 구문이다. "그의 아내 크산티페는 어느 날 그에게 욕설을 퍼붓는 것으로 양이 차지 않아 그에게 물을 쏟아부었다. 그러자 소크라테스는 이렇게 말했다. '이리 큰 천둥이 치는데 비가 쏟아지리라 내가 예상하지 못했겠는가?' 알키비아데스가 그녀의 푸념을 들으면서 정말 지독하다고 불평하자 소크라테스는 그에게 이렇게 대꾸했다. '하지만 난 거위들이 울어대는 소리를 계속 듣는 것처럼 익숙해져 있다네. 자네도 자네 집 거위들이 우는 소리는 잘 참아내지 않는가?' 그러자 알키비아데스는 이렇게 대답했다. '거위들은 알과 새끼라도 낳아 주잖아요.' 그러자 소크라테스가 이렇게 대꾸했다. '내 아내는 내게 애를 만들어 준다네.'" 그는 이런 말을 덧붙였다. 지독한 아내와 사는 것은 밖에서 언짢은 동료들, 즉 타인과 함께 사는 법을 연습시켜 주기에 철학적 연습이기도 하다고. 소크라테스에 대해 언급하면서 디오게네스 라에르티오스는 이렇게 쓴다. "사람들은 자주 그에게 결혼을 해야 하는지 물었다. 그는 이렇게 대답해 주었다. '하든 안 하든 후회할 거요.'" 그는 자신의 경험에서 말해 주었던 것이다...

자신의 두 아내를

아랑곳하지 않는

소크라테스는

그 잘생긴

곱슬머리 금발 청년에게만

관심을 갖는다.

이 그림은 자신이 훨씬 더 연장자이기에 '아는 것이 많은 어른 동성애자'와 — 성 관련 분야를 포함하여 그가 모든 분야를 가르쳐 주는 — '아는 것이 적은 청소년 동성애자'를 가정하는 그리스식 사랑을 가르쳐 준다. 이 철학자는 두 아내가 그에게 말싸움을 걸어올 때 블라우스 아래 드러나 보이는 예쁜 젖가슴에는 조금도 신경 쓰지 않는다.

『향연』에는 이런 말이 쓰여 있다. 즉 미남 청년의 아름다운 몸에 대한 사랑은 미의 개념, 즉 미 그 자체에 이르는 확실한 방법이라고 말이다. 순수한 관념에 도달하여 그 관념에 이르게 해 주는 걸로 여겨지는 아름다운 개념적 매개체들을 좀 향유할 때까지, 소크라테스가 중간에 여러 번 멈춰 설 줄 알았다고 생각하지 말라는 법은 없을 것이다...

---

1 본문에서 설명하는 것처럼, 대화 상대자에게 질문을 계속하여 무지를 깨닫게 한 다음에 진리를 체득하게 하는 방법을 가리킨다.

2 Aristide d'Athènes(출생과 사망 연도 미상): BC 5세기에 활동한 아테네의 정치가이자 장군.

5

소크라테스의 독배

(BC 469년경-BC 399)

소크라테스는 크산티페와 미르토의 남편만이 아니다. 그는 또한 고대와 서양을 상징하는 철학자로, 철학의 제1인자로 성공을 거둔다. 죽기 몇 시간 전에 자신의 감방에서 「아폴론 예찬」(『파이돈』, 60d)이라는 시를 짓지만, 아무것도 글로 적지 않았다. 그는 말했으며, 비꼬았다. 뿐만 아니라 대화 상대자에게 진리를 인식하도록 오류와 착각을 버리게 하기 위해 동요시키는 방식 같은 반어법도 그의 작품이다. 그는 지식에 관해서는 아무것도 아는 것이 없으며, 일부러 악한 사람은 아무도 없으며, 철학은 자기 자신을 아는 데 있으며, 철학하는 것은 죽는 법을 배우는 것이라 했다. 그는 수업료를 받고 수사학과 소피스트 논법을 가르치는 소피스트 철학자들과는 달리 무료로 자유롭게 가르쳤다. 또 그는 자신의 소신을 위해 죽는데, 그것은 그를 신화적인 인물로 만드는 데 크게 기여했다.

우리가 소크라테스에 대해 아는 것들은 다른 길을 통해서 얻은 것들이다. 훌륭한 제자인 플라톤은 그의 대화편들에서 그를 플라톤화하며, 크세노폰[1]도 마찬가지이다. 반면 아리스토파네스는 그의 희극들에서 그를 조롱하고, 비꼬는 그를 비꼰다.

디오게네스 라에르티오스의 다음의 글은 아마도 소크라테스에 대해 가장 정확하게 말해 주는 글일 것이다. "그는 처세술에 대해 장황하게 설교한다."(II, 2) 실제로 소크라테스는 견유학파의 창시자인 시노페 출신의 디오게네스나 키레네학파[2]의 창시자인 키레네 출신의 아리스티포스처럼 자신의 인생을 숙고하고 자신의 사고를 실천하는 사람이었다. 그는 검소함과 미덕과 용기, 절제와 초연함을 가르쳤으며, 실제로 자신도 검소했고 덕성스러웠으며 용기 있고 절제하며 초연했다. 그는 어떠한 부정도 저지르면 안 된다고 말했는데, 그 자신 또한 어떠한 부정을 저지르지 않았다.

우리가 보았듯이 그는 얼굴은 못났지만, 신체는 보통이 아니었다. 모두가 고주망태가 되도록 술을 마시는 연회에서 그는 늘 멀쩡했으며 정신도 맑았다. 그와 함께 마셨던 사람들은 그가 끄떡없이 상쾌한 기분으로 떠오르는 해를 바라보는 모습을 발견하곤 했다. 포티다이아 전투[3]에서 그는 용감한 모습을 보여 주었으며, 젊은이들과 미소년들을 좋아했지만 플라톤의 말처럼 그들의 매력에 현혹되지 않을 줄 알았다. 물론, 다른 곳에서 말하고 있는 것처럼 항상 그런 것은 아니었다. 세계와 사람들과 사물의 기운과 교합하는 무당처럼, 그는 해서는 안 되는 것을, 따라서 해야 하는

자크루이 다비드 작, 〈소크라테스의 죽음〉
메트로폴리탄 미술관, 뉴욕

것이 무엇인지를 자신에게 알려주는 목소리를 듣는다고 말하곤 했다. 검소하고 인내심이 강하며 명상적이고 용감하며 의지가 강하고 영감을 받은 소크라테스는 현자를 상징하는 인물이다.

플라톤은 자신의 많은 사상을 소크라테스의 것으로 돌리지만 그를 섬기기보다 이용한다. 플라톤화된 소크라테스는, 어둠에 묻힌 그 역사적 인물을 침해하는, 전혀 새롭게 창조된 인물이다. 둘 다 기지 넘치는 사람이었다고 종종 언급되는 디오게네스와 아리스티포스처럼 그는 '자기 자신의 생활의 대가', 달리 말하면 자신의 지식으로 돈벌이를 하는 소피스트 철학자나 교사와는 반대되는 사람이었던 것 같다. 소피스트 철학자는 지식을 선동적인 담화의 노예로 만든다. 선동적인 담화는 그의 마음에 들어야 하고, 사람들의 마음을 사로잡아야 한다. 진리는 별로 중요하지 않다. 그에게는 그럴싸함만으로 충분하다. 그 선생은 다른 사람들의 지혜는 가르치면서 자신의 생활에서 그것을 실천할 의무는 없다고 생각한다. 반면 소크라테스는 진리를 섬긴다. 그는 담화를 진리에 이르는 길로 삼는다. 그리고 그는 진리에 따라 살며, 진리에 따라 살도록 권한다. 그는 실존적인 철학자이다. 그가 권력자들과 유력인사들, 그리고 정치인들의 기분을 상하게 했을 수 있다는 건 무리가 아니다. 그렇기 때문에 무신론과 가짜 신들에 대한 선전 활동, 그리고 젊은이들을 타락시킨다는 구실로 그를 기소한다. 법정은 그에게 사형을 선고한다.

플라톤은 그의 『소크라테스의 변론』과 『파이돈』에서 그 재판에 대해 이야기한다. 다비드는 그 마지막 대화편의 끝 장면을 화폭에 옮겼다. 그것은 노예가 독약, 즉 독당근즙이 든 잔을 가지고 오는 순간이다. 소크라테스는 두려움에 떨지 않고 독배를 받아 쥔다. 그러고는 비꼬는 조로 신에게 헌주하자고 제안한다. 그것은 그 독배가 이 사람 저 사람으로 전해지는 것을 전제로 한다. 그 말을 곧이곧대로 받아들인 노예는 분량이 딱 한 사람만을 위한 것이어서 모두에게는 충분하지 않을 거라고 말한다... "알고 있다네." 소크라테스는 그 어느 때보다 빈정대며 말한다. 그러고는 다시 이렇게 덧붙인다. "적어도 나의 이 이승에서 저승으로의 거주지 변경에 운명이 호의적이도록 신들에게 기도드리는 것은 허락되어 있다고, 아니 의무적이기도 하다고 나는 생각한다네. 그러니 나의 기도는 그것이네. 그대로 이루어지기를!"(『파이돈』, 117c)

오른쪽에서 왼쪽으로, 즉 긍정적인 쪽에서 부정적인 쪽으로 읽히는 화폭의 중앙에 독배가 있다. 모든 제자가 애통해하고 있다. 한 제자는 눈물을 흘리고, 다른 제자는 손으로 이마를 감싸 쥐고 있으며, 또 다른 제자는 벽에 몸을 기대고 있고, 다른 한 제자는 등을 돌리고 깊은 생각에 빠져 있다. 그가 바로 플라톤인데, 하지만 소크라테스가 죽은 날(BC 399년) 그는 거기에 있지 않았다. 한쪽에서는 하늘을 향해 두 손을 들어 올리고, 다른

쪽에서는 눈살을 찌푸린다. 쇠사슬과 족쇄가 글이 쓰인 두루마리와 함께 바닥에 널브러져 있다. 벽에는 부득이하게 철창, 감방, 감옥을 떠올리게 하는 쇠고리 하나가 걸려 있다. 그 고리에 죄수의 포승을 동여매어 죄수를 고문할 수 있었다. 그의 제자들은 그 철학자에게 탈출 계획을 제안했다. 물론 그는 거절했다. 그것을 허락하는 일은 죄악이었던 것이다...

소크라테스는 수평으로 편 손으로 독당근즙을 받아든다. 그것은 이승의 세계로, 인간들의 불의의 세계, 자유롭게 자신을 표현한다는 이유로 한 철학자를 단죄하는 아테네 민주주의의 세계인 것이다. 소크라테스는 민주주의 정체(政體)를 전혀 좋아하지 않았고 그보다 귀족 정체를 선호했다. 잔을 받는 동시에 그는 하늘을 향해 팔을 든 채 수직으로 세운 손의 집게손가락으로 저승의 세계를 가리키고 있다. 그처럼 소크라테스는 인간적인, 너무나 인간적인 독배와, 기독교에 의해 천사와 신의 세계가 된 하늘 사이의 접합점 역할을 한다.

이 그림은 호교론적이며 기독교적이다. 다비드가 1787년에 그린 그림이니, 프랑스 대혁명 전야로 왕정주의와 가톨릭의 시대였지만 어떤 체제하에서도 그는 그런 식으로 그렸을 것이다. 그의 그림은 교화적이다. 이 그림은 죽기 전 하늘이 기다리고 있는 상황임에도 평온한 마음을 잃지 않는 한 사람을 보여 주고 있기 때문이다. 다비드는 이 작품으로 어떤 대가를 기대한다. 플라톤화된 소크라테스는 자기 자신을 빼앗겼다. 기독교화된 그는 더욱더 자기 자신을 빼앗겼다. 교부들 이외에, 긴 세월이 지나면서 그는 속인들과 프랑스 혁명기의 과격 공화파들, 제2차 세계 대전의 레지스탕스 조직원들, 모라스, 프리메이슨 단원들, 영화, 그리고 비디오 게임들에 의해 복원된다... 철학자 자신들이 행한 해석들에 관해서는 말할 것도 없다. 각자가 소크라테스를 자기 식의 인물로 만들 것이다. 다양한 해석이 허락되는 것이 신화의 특징이기 때문이다.

죽음의 문턱에서 소크라테스는 여전히 냉소적이고 담대하며, 고결하고 절제하며 초연한... 그러면서 철학할 기회를 놓치지 않았던 그의 모습 그대로라는 것을 우리는 인정할 수 있을 것이다. 그는 올바른 사람(un homme congruent)이었는데, 나는 그것이 철학적인 한 인생의 확실한 표지가 아닌가 한다.

---

1 Xénophon(BC 431-BC 350): 그리스의 역사가.

2 BC 3세기 전환기에 활동한 그리스 도덕 철학의 한 유파. 쾌락이야말로 최고의 선이라고 주장했다.

3 소크라테스는 제2차 펠로폰네소스 전쟁(BC 431-BC 404) 때 3년간 포티다이아 전투에 보병으로 참전했다. 그때 귀족 청년 알키비아데스를 구했다. 알키비아데스는 후에 장군으로 전쟁을 지휘했다. 그는 적의 공격에서 그의 목숨을 구해 준 소크라테스에게 감사를 표했다.

6

플라톤의 밧줄

(BC 428년경–BC 347년경)

'동굴의 알레고리'는 서양 철학에서 '필수로 알아야 할 것'이다. 플라톤의 전집 속에는 아주 많은 대화편이 있다. 『국가』는 그 두툼한 전집의 뛰어난 작품들 가운데 하나인데, 동굴의 알레고리는 그 작품의 핵심이다. 이 알레고리는 제7권(514a–541b)에 실려 있다. 이 알레고리는 이미지의 형태로 플라톤의 사상 전체를 묘사하는데, 그 이야기는 다음과 같다.

몇 사람이 어릴 때부터 한 동굴 속에 갇혀 있다. 그들은 끈으로 묶여 있다. 갇힌 자들은 속박되었기 때문에 그들의 뒤에서 일어나는 일을 보지 못한다. 그런데 그들 뒤쪽에는 등불 하나가 빛을 비추고 있는데, 낮은 벽이 그들을 갈라놓아서 그들은 그것을 보지 못한다. 벽 뒤에서 몇 사람은 인형을 들고 있고, 어떤 사람들은 말을 하고 있고, 또 어떤 사람들은 침묵을 지키고 있다. 그러므로 갇힌 사람들은 그 인형들을 보지는 못하지만, 등불에 의해 그들이 마주 보는 내벽 면에 투영된 인형의 그림자들은 볼 수 있다. 따라서 그들은 그림자를 진짜 인형으로 여기지만, 그것은 사물의 실재가 아니다. 감금된 사람들 중 어떤 한 사람이 풀려나면 그는 처음에는 밝은 불빛에 눈이 부실 것이다. 그 뒤에도 여전히, 그는 인형들인 참 진리들을 가짜로 여기고, 그 인형의 그림자들을 진짜로 여길 것이다. 만일 그가 동굴에서 나와 지면으로 올라오면 햇빛에 눈이 부셔 못 보게 되어 그에게 보이는 것을 아무것도 알아보지 못할 것이다. 그 새로운 상황에 익숙해지려면 시간이 필요할 것이어서, 그는 처음에는 그림자들이나 수면에 비친 모습들에 만족해야 할 것이다. 그 다음, 밤이 되면 그는 천체들, 이를테면 별, 하늘, 은하수, 달을 알아보는 것에서부터 시작할 수 있을 것이다. 그러다가 어느 날 그는 태양이 무엇이며, 현실 세계의 생성에 그것이 어떤 역할을 하는지를 이해할 수 있을 것이다. 한번 세상 물정을 알게 되면, 그는 그의 옛 동굴 동료들을 불쌍히 여길 것이다. 만일 이 사람이 동굴 속으로 다시 내려가면 이번에는 어두워서 보지 못할 것이다. 불행한 그의 동료들은 그를 조롱할 것이다. 만일 그들을 해방시켜 주려는 생각을 했다면 그는 아마도 그들에 의해 죽임을 당할지도 모른다.

이 알레고리는 무엇을 의미하는가?

'속박되어 있는 사람들'은 참된 철학을 배우지 못한 모든 사람들로, 그들은 자신들이 오감으로

콕시우스 작, 〈동굴의 알레고리〉
샤르트뢰즈 미술관, 두에

그들은
인형들의
그림자를 보고
그 그림자를
진리라 믿는다.
왜냐하면 그들은
참 진리를 알지
못하기 때문이다.

지각하는 세계를 진짜로 여긴다. 이를테면 그들은 인형들의 그림자를 보고 그 그림자를 진리라 믿는다. 왜냐하면 그들은 투영된 그 그림자를 발생시키는 참 진리를 알지 못하기 때문이다.

따라서 '그림자들'은 오로지 감각들에 의해 주어진 환영(가상, 假像)들인 것이다. '인형들'은 이상적인 진리들로, 진짜로 존재하기 위해 그것들의 감각적인 투영이 필요 없는 완전한 이데아들이다. 비록 그 인형들이 동굴 내벽면에 그림자로 투영되지 않을지라도, 따라서 그것들이 지각되지 않을지라도 그래도 그것들은 존재할 것이다. 그러므로 진리는 그것들의 현상이 아닌 그것들의 본질 속에 있는 것이다. 보이지는 않지만 그럼에도 그것들은 존재한다. 진리는 실제로 존재하기 위해 감각적으로 포착될 필요가 없다. 진짜 존재를 그것의 투영된 그림자 속에 복제시키는 '등불'은 만물의 원리이다. 존재하는 것들과 가시적인 그 허구들을 분리하는 '벽'은 한쪽에는 아는 사람들, 즉 철학자들이, 다른 한쪽에는 알지 못하는 사람들, 즉 다른 사람들, 이를테면 다른 사람들 모두가 있도록 하는 분리 장벽인 것이다. 플라톤은 권력은 실제로 철학자의 소관이며, 민중은 철학자에게 복종해야 한다고 말한다. '밧줄들'은 감각적인, 감각론적인, 육체적인, 유물론적인 구속들로서 이데아의 대상들에 대한 순수한 정신적인 이해를 방해한다. 플라톤은 단언하기를, 철학자는 초연한 자세로 자신의 구속 상태 속에서 상승 변증법을 자유롭게 실행하는 사람으로, 그 상승 변증법은 그에게 사물들의 실제 본성이 무엇인지를 알 수 있게 해 준다고 한다. 평범한 사람들이 진리라고 생각하는 것은 환영에 불과하다. 감각에 의해서가 아닌, 지성(이것의 비물질적인 실체는 그 완전한 이데아들과 성질이 같다)에 의해 이해된 것만이 진리인 것이다. 우리에게 보이는 것은 환영이며, 우리가 이해하는 것만이 진짜이다. 우리의 감각으로 지각하는 감각적인 현실 세계는 허구일 뿐이다. 참 진리는 오로지 지성에 의해서만 이해할 수 있다.

기독교 세계에서 늘 그렇듯이, 16세기 중반에 콕시우스[1]가 그린 이 작품은 가톨릭의 알레고리이다. 역설적이게도 이 그림은 플라톤의 알레고리를 왜곡하여, 그의 상징적인 표현을 능가한다. 어떻게 그러한가? 동굴 속에 갇힌 자는 8명이고, 작품 구성은 보란 듯이 원형이다. 이 수수께끼의 열쇠는 다음과 같다.

초기 기독교 저자들, 예를 들면 제롬(히에로니무스)[2]이나 아우구스티누스 같은 교부 저자들은, 제7일, 일곱째 날의 휴일(이 경우 일요일)과 제8일, 여덟 번째 날의 (참된) 두 번째 안식일을 대립시킨다. 이 여덟 번째 날은 상징적으로 세례를 통한 부활, 즉 영생의 획득을 의미한다. 이것이 바로 가톨릭 종교 고고학에서 세례당이나 세례반이 보통 8각형인 이유다. 8이라는 수는 한 현실에서 다른 현실로의 이동을 의미한다. 8이라는 수는 한 현실에서 다른 현실로의 이동을 의미한다.

그러므로 콕시우스의 그림은 8각형의 구성을

통해 기독교는 오감이 아닌, 오직 지성에 의해서만 보이는 진리를 가르친다는 점을 환기시키고 있다. 영생은 갇힌 자들을 어둠 속에 붙들어 두는 구속과 굴레로부터의 해방인 것이다. 물질적인 육체는 하나의 감옥이며, 비물질적인 영혼은 진리에 이르는 길이다. 진리와 생명인 빛을 이해하는 것은 구원의 수단을 소유하는 것이다.

플라톤이 이 기독교적인 신화에 동의할지는 확신할 수 없지만, 그의 작업은 그 신화의 구축에 크게 이용되었다. 무엇보다 과소평가된 가시적인 세계와 과대평가된 관념 세계라는 두 세계에 대한 개념과 참된 이해의 장애물로 여겨지는 물질적인 육체에 대한 개념, 마지막으로 완전한 이데아(이 완전한 이데아의 세계는 아주 오랫동안 성직자들에게만 국한되었다)와 접촉할 수 있는 특권을 가진 자에게 민중은 복종할 필요가 있다는 권유와 함께 말이다.

---

1 Michiel Coxcie(1499-1592): 벨기에 출신의 화가로, 초상화와 종교적 장면을 묘사한 그림을 많이 남겼다.

2 Jérôme(Eusebius Hieronymus, 347년경-419/420): 라틴 교부들 중 가장 학식이 높은 인물로 평가받으며, 성서와 금욕주의, 수도원주의, 신학에 대해 쓴 수많은 저서는 중세 초기에 깊은 영향을 끼친다. 라틴어 번역 성서 『불가타』로 유명하다.

7

디오게네스의 등불

(BC 413년경-BC 327년경)

이 작품은 1688년 무렵에 그려졌다. 따라서 바로크 미술이다. 두 주인공, 즉 모피 모자에 가죽으로 안을 댄 외투 차림의 플라톤과 검은색 성직자 모자에 일종의 승복을 걸친 디오게네스는 이 그림이 그려진 세기의 복장이지 고대 그리스의 치장은 아니다. 플라톤이 입은 외투 색과 피륙의 짜임새, 그리고 장식물들은 정치, 혹은 종교 권력자의 것들이다. 반면 디오게네스의 그것들은 청빈 서약과 정결 서약, 그리고 순종 서약을 한 수사의 것들이다. 수사와 마주한 원로원 의원이나 추기경의 모습인 것이다.

서로에게는 전혀 눈길을 주고 있지 않지만 둘 모두 증인으로 삼기 위해 그림 감상자, 즉 우리를 바라보고 있다. 각자 집게손가락으로 한 가지 것을, 즉 플라톤은 'Causa causarum miserere'라는 라틴어 단어들이 보이는 책을, 디오게네스는 켜진 등불을 들고 상대방을 가리키고 있다.

플라톤은 현실과 반대되는 이데아의 철학자, 감각 세계에 반대되는 관념 세계의 사상가, 철학과 권력의 동반 관계 옹호론자, 성공한 철학자인 데모크리토스를 질투하는 지식인이다. 정반대로, 디오게네스는 이데아에 반대되는 현실의 철학자, 관념 세계에 반대되는 감각 세계의 사상가, 권력과 철학 간의 대립의 실천가이다. 그들은 서로 상반되는 두 사람이지만 지금까지 서로 상반되는 두 세계관이기도 하다. 권력에 비판적인 철학자 대(對) 권력에 우호적인 철학자. 승복 대 자줏빛 외투와 모피 모자. 그들은 그렇게 대립적이었다.

플라톤이 가리키는 책 속의 이 단어들은 무슨 뜻인가? 그것은 키케로[1]가 죽기 전에 마지막으로 한 말이다. "Causa causarum, miserere mei; non ignorabi me mortalem genuisse.(신이시여, 저에게 자비를 베푸소서. 저는 죽음을 면할 수 없다는 것을 늘 알고 있었습니다.)" 플라톤과 키케로는 살았던 세기가 많이 떨어져 있지만, 따라서 키케로가 플라톤을 인용할 수 있었지만(물론 그 반대는 있을 수 없다) 『파르메니데스』[2]의 저자는 키케로주의자가 된다...

그런데 이 라틴어 인용은... 가톨릭적이다! 따라서 비역사성이 충분히 가능해진다. 플라톤의 생애는 기원전 5세기와 4세기에 걸쳐 있으며, 키케로의 생애는 기원전 2세기와 1세기에 걸쳐 있다. 그렇기에 바로크 예술가에 의해 그려진 키케로화된 플라톤은 기독교화된 플라톤에게 유리한 진술을 한다. 즉 플라톤은 플라톤 자신보다 더 플라톤주의자이며, 나아가 신플라톤주의자인 것이

마티아 프레티 작, 〈플라톤과 디오게네스〉
카피톨리노 박물관, 로마

다... 따라서 이 그림에서 플라톤은 플라톤이기보다 '플라톤주의'이다.

그러면 디오게네스는 어떤가? 그 역시 '디오게네스주의', 이를테면 말의 고대적 의미, 즉 역사적 의미로 볼 때 견유주의이다. 이 등불은 무엇을 의미하는가? 그것은 디오게네스가 가지고 있었던 설득적이고 교훈적이며 기상천외하고 교육적인 철학하기 방식을 이미지로 보여 준다.

'문화가 지배하는 곳일지언정 자연이 통치해야 한다'는 것을 근엄하고 현학적으로 가르치는 대신 그는 공공장소에서 수음행위를 하면서, 자신의 그 행위는 문화적으로 모두가 하면서도 안 하는 척 숨기고 부인하는 것을 자연스럽게 보여 주는 문제라고 덧붙인다.

'참된 권력은 자기 자신에 대한 권력이지 세상에 대한 권력이 아니다'라는 생각을 주장하려고, 항아리 속에서 살고 있는 그를 만나러 일부러 찾아온 알렉산드로스에게 이렇게 말한다. 들어줄 테니 원하는 것이 뭐냐고 물으니 대답하건대 그늘이 지니 대왕이 할 수 있는 최선의 일은 태양에서 비켜 서 주는 것이라고 말이다.

마찬가지로 '궁핍은 모든 지혜의 예비 과정'이니, 우리가 가진 것은 우리가 그것을 소유하는 것보다 더 우리를 소유하기에 가진 것을 모두 처분해야 한다는 것을 보여 주려고 그는 소유를 지팡이와 외투, 사발 등 사소한 물건들로 한정한다. 그런데 그 철학자는 어느 날 한 아이와 샘에서 마주치게 되는데, 그 애가 두 손으로 물을 마시는 것을 보고는 그 애가 자기보다 더 가진 것이 없으니 자기보다 더 나은 철학자를 찾았다고 생각하고는 자신이 가진 사발을 내던져 버린다...*

그리고 또 초보 철학자에게 '인간은 선하지도 관대하지도 않다'는 생각에 익숙해져야 한다는 것을 가르치려고 그는 스스로 조각상에 적선을 하면서 인생의 길을 가르친다. 그 행동은, 그 조각상으로부터 얻는 것이 아무것도 없는 것처럼, 부의 분배를 요구하는 자에게 사람들은 매정한 거절 외에 아무것도 내밀지 않을 것이라는 생각에 익숙해져야 한다는 것을 보여 주려는 것이다...**

* 마트베이 이바노비치 푸치노프, 〈디오게네스와 알렉산드로스〉, 러시아 국립박물관, 상트페테르부르크. 가에타노 간돌피, 〈알렉산드로스와 디오게네스〉, 인디애나 국립미술관, 인디애나폴리스. 니콜라앙드레 몽시오, 〈디오게네스〉, 루앙 미술관, 루앙. 장바티스트 르뇨, 〈알렉산드로스의 방문을 받은 디오게네스〉, 에콜 데 보자르, 파리. 클로드 세벵, 〈알렉산드로스와 디오게네스〉, 오귀스탱 미술관, 툴루즈. 미술가들은 디오게네스 라에르티오스의 다음 구절을 그리고 있다. "크라네이온(운동경기장)에서 날씨가 맑은 오후 1시경에 알렉산드로스가 그를 찾아와 이렇게 말했다. '원하는 것을 말해 보시오. 들어주겠소.' 그러자 그는 이렇게 대꾸했다. '나의 태양에서 비켜 서 주시오!'"(VI, 38)

** 장베르나르 레스투, 〈조각상에게 적선을 요구하는 디오게네스〉, 오귀스탱 미술관, 툴루즈.

등불을 든
철학자가
말하는 것은 곧
그가 플라톤의
이상적인 인간, 즉
인간의 이데아를 찾고 있는데
그것이 '이상적이기에'
가는 곳 어디에서도
찾을 수가 없다는 것이다.

그러면 등불은 무슨 의미인가?

플라톤은 현실적이고 구체적인, 만질 수 있고 감각적인, 지각할 수 있고 가시적인, 손으로 만질 수 있고 분명한 인간보다는 오히려 인간 이데아, 관념적인 인간, 개념 범주에 따른 인간, 이데아 천국의 인간을 가르친다. 그런데 디오게네스가 그의 등불로 조롱하는 것은 바로 그 이상주의적인 연막(煙幕)이다.

디오게네스 라에르티오스는 시노페 출신의 디오게네스에 대해 이렇게 쓴다. "그는 대낮에 등불을 들고 다니면서 이런 말을 되풀이했다. '사람을 찾고 있소.'"(VI, 41) 이 그림에서 마티아 프레티[3]가 그리고 있는 것은 바로 이것이다.

그 견유학자를 얼간이로 보이게 하면서 악평하고자 하는 이 그림에 대한 잘못된 해석은 디오게네스의 소크라테스식 반어법을 이해할 능력이 없음을 증명한다. 등불을 든 철학자가 말하는 것은 곧 그가 플라톤의 이상적인 인간, 즉 인간 이데아를 찾고 있는데, 그것이 '이상적이기에' 가는 곳 어디에도 찾을 수가 없다는 것이다. 완전한 이데아처럼 있지 않는 것, 또는 존재하지 않는 것은 찾아낼 수 없다. 따라서 존재하지 않는다. 등불은 그 사실을 증명한다. 그러니 그 등불은 계몽주의 철학의 한 계보에 대한 증표인 것이다.

---

1 Cicéron(BC 106–BC 43): 로마 시대의 정치가이자 웅변가, 문학가, 철학자로, 가장 위대한 로마의 웅변가이자 수사학의 혁신자로 인정받고 있다. 로마의 내전 때 공화정의 원칙을 지키려고 애썼으나 결국 실패했다.

2 플라톤의 대화편 가운데 하나로, 파르메니데스(BC 515경–미상)의 생각을 다루고 있다.

3 Mattia Preti(Calabrese, 1613–1699): 이탈리아의 바로크 화가.

8

프로타고라스의 나뭇단

(BC 490년경–BC 420년경)

아울루스 겔리우스[1]는 그의 『아티카의 밤』에서 유명한 철학자인 데모크리토스와 당시 짐꾼이던 프로타고라스가 압데라 근처에서 만난 일화를 전한다. 데모크리토스는 프로타고라스가 거추장스런 나뭇단을 어깨에 너무 수월하게 지고 가는 것을 보고 놀란다. 실제로, 짐은 무겁지만 끈으로 아주 영리하게 묶어 능숙하게 무게를 분배함으로써 운반이 용이했다. 데모크리토스는 누가 그리 천진난만하게 나뭇단을 묶었는지 그에게 묻는다. 프로타고라스는 자기 자신이라고 대답한다. 확인시키려, 프로타고라스는 묻는 사람의 요청에 즉각 나뭇단을 풀고는 다시 묶는다. 데모크리토스는 그 장면에서 진짜 기하학 문제의 아주 간편한 해법을 목격한다. 살바토르 로사는 아마도 "아니, 도대체 누가 이 나뭇단을 이렇게 잘 묶을 수 있단 말인가? 왜 이런 방법인가?"라고 말하는 그 원자론 철학자의 놀라움을 그리고 있을 것이다.

아울루스 겔리우스는 이렇게 쓴다. "그 무식자의 영리함과 재주에 크게 감탄하여 데모크리토스는 그에게 이렇게 말한다. '이보게 젊은이, 자네는 아주 훌륭한 재능을 갖고 있으니 나와 함께 더 중요하고 더 유익한 일에 몰두해 봐도 되겠네.' 그리고는 그 철학자는 젊은이를 자신의 집으로 데리고 가 곁에 잡아 두고는 그에게 필요한 모든 것을 대 주면서 철학뿐 아니라 후일 그가 명성을 얻게 해 줄 수단들을 가르쳐 준다. 그렇지만 프로타고라스의 철학은 성실한 진리 탐구의 목적이 아니었다는 것을 말해 둘 필요가 있겠다. 그 반대로 그는 소피스트들 중 가장 유명한 논쟁자였다. 실제로 그는 매년 자신에게 상당한 수업료를 지불하는 그의 제자들에게 언어의 미묘함을 어떻게 잘 이용하면 가장 불리한 소송이 가장 유리한 소송으로 둔갑하는지를 가르쳐 주겠다고 약속했던 것이다."(V, 3) 이 이야기는 디오게네스 라에르티오스의 『유명한 철학자들의 생애와 사상』(IX, 42)과 나우크라티스 출신의 아테나이오스[2]의 『소피스트들의 향연』(VIII)에도 마찬가지로 기록되어 있다.

프로타고라스는 유명한 소피스트였다. 소피스트들은 한 학파를 조직하여 때로는 아주 비싼 수업료를 지불할 만큼 부유한 계급의 사람들을 끌

살바토르 로사 작, 〈데모크리토스와 프로타고라스〉
에르미타주 박물관, 상트페테르부르크

407.

어들였는데, 고르기아스와 히피아스, 프로디코스, 안티폰, 칼리클레스 같은 소피스트 교사들이 있었다. 그들이 가르치는 것은 담화와 웅변술의 '형식들'을 숙달하기 위해서였으며 '내용'은 감안하지 않았다. 그러므로 그들은 진리에는 관심이 없이 말로 마음을 사로잡기 위해 말 잘하는 법을 가르치는 변증술 교사들이었다.

프로타고라스는 "인간은 만물의 척도다"라고 주장한 것으로 유명하다. 이 주장은 상대주의·관점주의의 신앙고백이라 할 만한데, 그에 반해 플라톤은 이데아, 바로 그 이데아만이 만물의 척도라고 믿었다.

철학적 전통은 플라톤의 뒤를 따라 일제히 소피스트들을 정치적인 적수로 탈바꿈시켰다. 그들은 귀족들 편보다는, 이런 표현을 사용할 수 있다면, 부유한 부르주아들 편이었기 때문이다. 철학적인 전통은 그들을 금전욕이 심한 사람들로 탈바꿈시켰다. 그런데 플라톤이 자신의 재산으로 먹고 살 수 있었던 것과는 달리 평민 계급 출신의 그들로서는 그것이 하나의 삶의 방식이었다는 것은 말하지 않는다. 철학적 전통은, 그들이 인간은 만물의 척도라는 바로 그 설득력 있는 생각을 가르쳤음에도, 귀에 못이 박히도록 그들이 신념이 없는 사람들이라고 주장한다.

살바토르 로사의 이 그림은 철학적인 자화상 같은 것일 수도 있다. 살바토르 로사는 실제로 행실이 좋지 않은 사내로 살았다. 어렸을 때 그는 떠돌이 불한당들과 세월을 보낸다. 그는 통속적인 장면들을 그려 저가에 판다. 그러다가 로마의 한 추기경이 제공한 숙소에서 살면서 그의 교회를 위해 그림을 하나 그리는데, 그 그림이 바로 〈성 토마스의 의심〉이다. 그는 철학을 좋아하여 그것과 관련된 많은 주제의 그림들, 즉 〈무덤들 사이의 데모크리토스〉, 〈소크라테스의 죽음〉, 〈피타고라스와 어부들〉, 〈지하세계에서 나타나는 피타고라스〉, 〈한 철학자의 초상〉, 두 점의 〈자신의 사발을 내던져 버리는 디오게네스〉, 〈플라톤의 아카데미에서 토론하는 철학자들〉, 그리고 이 〈데모크리토스와 프로타고라스〉를 그린다. 그는 희곡들도 창작하는데, 사육제 기간 동안 자기 자신이 연기하기도 한다. 그는 그 희곡들에서 로마의 상류 사회를 조롱하여 베르니니 지안[3]의 악감을 사고, 후원자들이나 힘 있는 자들과 사이가 틀어진다. 그리하여 그는 피렌체로 떠나 그곳에서 '당한 자들의 학파'를 만든다. 나폴리로 돌아온 그는 '죽음의 부대'라 불리는 민병대에 들어가, 스페인 왕실에 저항하며 민중을 봉기시키는 마사니엘로의 혁명적인 민중 반란에 적극적으로 동조한다.

스페인 군대가 진군해 오자 그는 몇몇 불한당들과 아부루초 지방으로 숨어든다. 그는 풍자 작품들을 출판하여 모두에 대항하여 총을 빼 겨눈다. 그는 자기 자신에 대한 것을 포함하여 일련의 풍자적인 초상화를 준비하던 중 사망한다... 그는 주문을 받아 그림을 그리지 않고 순전히 기분에 따랐다. 그는 작업을 시작하기 전 그림 값을 정하는 것을 거절했다. 그는 자기 방식대로의 디오게네스였던 것이다...

나는 그의 가상적인 자화상을 이렇게 써 본다. 즉 불량소년의 그 삶은 오늘날 무정부주의자나 절대자유주의자에 대해 말할 수 있는 그런 삶이었다. 데모크리토스의 유물론적이며 원자론적인, 프로타고라스의 상대주의적이며 관점주의적인, 디오게네스의 견유학적이며 절대자유주의적인, 소크라테스의 풍자적이며 반체제적인 계보의 사람, 아니면 종교적인 주제를 그릴 때 신을 의심하는 성 토마스 같은 사람. 그는 철학자들을 이용하여 인물을 생생하게 묘사하는데, 그가 그렇게 할 수 있었던 이유를 쉽게 이해할 수 있는 바로 그런 사람인 것이다.

스트라스부르 박물관에 있는 그의 〈자화상〉은 목신이나 사티로스의 수염의 얼굴에 덥수룩한 머리, 검은 염소의 갈기를 세운 모습을 보여 준다. 생각에 잠긴 멍한 시선이지만, 초상화를 감상하는 사람에게는 후원자든 힘 있는 자든, 추기경이든 군주든 누구와도 타협하지 않겠다고 단호하게 결심한 것처럼 보인다.

> "이보게 젊은이,
> 자네는 아주 훌륭한 재능을
> 갖고 있으니
> 나와 함께 더 중요하고
> 더 유익한 일에
> 몰두해 봐도 되겠네."
>
> 데모크리토스

그의 그림은 시기상으로는 푸생[4]이 살았던 위대한 세기[5]와 같은 시대의 그림이지만 분위기상으로는 낭만주의 시대의 그림 같다. 그의 화폭들에서 하늘은 위협적이고, 바위들은 폐허지의 잔해처럼 보이며, 마녀들도 출몰하는가 하면 지하세계도 소환된다. 프로타고라스와 데모크리토스를 대면시키는 이 장면을 바라보노라면 하늘에는 신들이 없고 위협이 가득 차 있는 모습이다.

---

1 Aulu-Gelle(출생과 사망 연도 미상): 2세기에 활동했던 고대 로마의 작가로, 그의 『아티카의 밤』은 그의 시대의 지식과 학문을 알 수 있는 중요한 자료이다.

2 Athénée(출생과 사망 연도 미상): 3세기경의 고대 로마의 문법학사.

3 Le Bernin(Gian Lorenzo Bernini, 1598-1680): 이탈리아 출신의 바로크 예술가, 조각가.

4 Nicolas Poussin(1594년경-1665): 17세기 바로크 시기에 회화에서 고전주의를 이끌었던 프랑스 출신의 화가.

5 프랑스 17세기, 즉 루이 14세가 통치하던 시기를 가리킨다.

9

아리스토텔레스의 악어

(BC 385년경-BC 322)

〈아테네 학당〉에서 라파엘로[1]는 백과사전적인 거대한 벽화 속에 모든 엘리트 철학자들을 망라한다. 그는 그 웅장한 작품 중앙에 집게손가락으로 하늘을 가리키고 있는 플라톤을 위치시키며, 그 곁에 손바닥으로 땅을 가리키고 있는 아리스토텔레스를 배치한다. 그것은 하나의 표현 방식으로, 전자는 그의 '이상주의 철학'으로 이데아의 천국을 통해서만 보는 반면 후자는 그의 '실험적 지혜'로 현실에서 출발하여—세상에 대한 관찰과 분석, 묘사, 그리고 계보의 작업인 사실적인 철학 작업을 했지만—그 현실에서 결코 떠나지 않는다는 것을 말해 준다.

아리스토텔레스는 박식한 사람이다. 그는 윤리학과 정치학, 논리학과 기상학, 시학과 수사학, 물리학과 형이상학, 경제학과 광학, 역학과 음악 등 모든 주제에 대해 책을 썼다.

그런데 그는 『동물지』와 함께 동물학 개론서들도 저술했다. 디오게네스 라에르티오스는 그의 『유명한 철학자들의 생애와 사상』에서 이렇게 쓴다. "그는 그의 자연사 개론서들에서 아주 사소한 것까지도 설명할 정도로 원인을 설명하는 것에 마음을 썼다. 이것은 왜 그의 자연사 관련 서술이 많은지를 설명해 준다."(V, 32) 실제로 그는 『동물의 신체 부위들』, 『동물의 행동』, 『동물의 이동』, 『동물의 생식』도 썼다.

이 저술들에서 아리스토텔레스는 수많은 실례 중에서도 왜 물고기는 고환이 없으며, 뱀이나 연체동물, 갑각류는 어떻게 교미를 하며, 씨앗은 어떤 식으로 구성되어 있으며, 흑인의 정액은 흰색인지, 배아는 어떻게 자라며, 부리나 맥각은 무엇으로 구성되어 있으며, 암노새는 왜 생식력이 없으며, 계란의 노른자는 무엇으로 되어 있는지, 바다 개구리의 알은 무엇과 닮았으며, 족제비는 입으로 새끼를 낳는지, 하이에나는 자웅동체인지, 오징어의 자궁은 어떤 모습이며 애벌레들은 어떻게 영양분을 섭취하는지(그것은 거대한 동물들의 발생을 설명해 줄 것이다), 그리고 쌍둥이가 되는 원인은 무엇인지 등등을 비롯하여 수많은 질문들을 던지는데, 이에 대한 답변의 결과물들은 이후 수천 년 동안 백과사전적 박물학 대전을 이룬다.

아리스토텔레스는 관찰하고, 관찰한 것을 묘사하고 숙고한다. 플라톤과는 반대로 그는 항상 감각적이고 지각할 수 있는 현실에서 출발하여, 철학적인 고찰을 통해 결론을 도출해낸다.

플라톤은 악어를 한 번도 보지 않고도 그에 대

장바티스트 드 샹파뉴 작, 〈아리스토텔레스에게 낯선 동물들을 가져오게 하는 알렉산드로스〉
베르사유 궁정

해 오랫동안 논할 수 있을 것이다! 그는 '악어성'과 악어 개념에 대해 아주 유식하게 말할 것이며, 주옥같은 개념들을 쉬지도 않고 아주 화려하게 늘어놓을 것인데, 그의 장광설을 듣고 나면 사람들은 악어에 대해서보다는 플라톤과 플라톤 철학에 대해 더 많이 배웠을 것이다...

그 대신, 아리스토텔레스는 다음과 같이 악어가 어떻게 생겼는지에 대한 설명에서부터 시작한다. 그것은 수생동물임에도 발이 있고, 두 턱 중 위쪽 턱만 움직이며, 옆구리에 달린 사지는 앞으로 굽히며, 다른 붉은 혈액 난생(卵生) 네발짐승들과는 달리 감각기관도 유방도 외부 생식기도 없다. 귀는 없이 이도(耳道)만 있다. 그것은 혀도 없고 털도 없으며 판 같은 단단한 비늘로 덮인 꺼칠꺼칠한 몸체를 가지고 있다. 그것은 눈에 각막백반이 없으며, 옆을 바라보거나 자신이 보고 싶은 것을 볼 수 있도록 눈을 원형으로 움직일 수 있다. 그것은 해부학적인 관점의 과(科)는 이루지 않지만 독립적인 개체 종에 속한다. 그것은 혈액이 있는 동물이며, 따라서 간과—아주 작지만—비장을 가지고 있다. 그것은 단순한 위(胃)를 하나 가지고 있으며, 땅속에 흰색 알을 낳아 60일 동안 품는다. 그것은 작은 알에 비해 아주 큰 동물을 낳으며, 물 밖에서 아주 오랫동안 살 수 있다. 그것은 또 가장 춥고 가장 더운 몇 달 동안 아무것도 먹지 않고 몸을 숨긴다. 그것은 새들이 이빨을 청소하도록 내버려 두며, 그렇게 하는 데 필요한 시간 동안 입을 벌리고 있다. 그것은 먹을 필요가 없을 때에는, 예를 들면 "어떤 곳에서는 성직자들과 평화롭게 지내는데, 그들이 밥을 주기 때문이다."(609a)

그런 식으로 아리스토텔레스는 존재하는 것에 대한 하나의 전면적인 묘사 방법인 '현상학'을 발명한다. 그는 바라보고, 분석하고, 조사하고, 관찰하고, (축적된 지식의 총체가 한 사람의 능력을 넘어서기에) 아마도 책을 읽고, 그다음에 그는 묘사한다. 어떤 면에서는 그는 '실험적 방법'도 발명하는데, 그것은 특별한 경우를 관찰하고 또 다른 특별한 경우들을 재관찰하여, 그 다양한 경우들 속에서 반복되는 것들이나 불변의 것들에서 결론을 도출해 내어, 최종적으로 보편적인 법칙을 세우는 데 있다.

그는
바라보고, 분석하고,
조사하고, 관찰하고,
아마도 책을 읽고,
그다음에 그는
묘사한다.

장바티스트 드 샹파뉴[2]는 이 작품을 통해 무슨 말을 하려는 것인가? 이 예술가는 종교적인 주제의 그림을 다수 그렸다. 이 그림이 포함되어 있기도 한 베르사유 궁전의 한 갤러리[3]의 장식도 그의 작품이다. 얀센파의 인물들 중 아주 유명한 그의 삼촌 필리프 드 샹파뉴를 통해 그 작업을 하게 되었는데, 그의 삼촌은 그를 궁중 장식 작업에 참여시켜 주었다.

장바티스트 드 샹파뉴는 이 그림에서 아리스토텔레스에 대해 별로 배려하지 않는다. 그 철학자가 물론 있지만 화폭의 왼쪽에 위치시킨 반면, 중심부를 차지하는 사람은 알렉산드로스이다. 노예들이 악어뿐만 아니라 오리 한 마리를 가져오고 있으며, 전경의 바닥에는 머리가 큰 물고기 한 마리와 큰 갑각류 한 마리가 누워 있다. 이 그림의 주인공은 바로 알렉산드로스, 즉 사상가가 자연주의 철학자로서 작업을 행할 수 있도록 해 주는 군주인 것이다. 하긴 아리스토텔레스가 손에 뾰족한 필기구를 쥐고 그의 책상에 앉아 있기는 하다. 그는 쓸 준비를 하고 있는데, 선 채로 경멸하듯이 그를 째려보는 알렉산드로스의 구술을 받아 적으려는 것 같아 보인다. 알렉산드로스는 한 손으로는 그가 가져오게 한 악어를 가리키고 있으며, 다른 한 손으로는—무엇을 해야 할지 군주에게 간청하여 묻는 듯한 느낌을 주는—아리스토텔레스에게 "쓰시오"라고 명령하는 것 같다...

이 그림은 한 편의 궁중화이거나 아니면 아첨꾼의 그림이다. 이 작품에서 아리스토텔레스는 알렉산드로스에게 루이 14세에게 장바티스트 드 샹파뉴, 즉 후원자의 너그러움 덕택에 작업을 할 수 있는, 군주의 신하와 같기 때문이다.

---

1 Raphaël(Raffaello Sanzio, 1483-1520): 르네상스 시대의 이탈리아 화가이자 건축가. 레오나르도 다빈치, 미켈란젤로와 함께 르네상스 예술을 대표하는 3대 거장 중의 한 사람.

2 Jean-Baptiste de Champaigne(1631-1681): 프랑스의 화가. 궁중 장식 작업에 몸담고 있던 그의 삼촌 필리프 드 샹파뉴의 소개로 그 역시 궁중 장식 작업에 참여했다. 1674년부터는 베르사유 궁전의 장식에도 참여한다.

3 '머큐리방(Salon de Mercure)'을 가리킨다. 왕비의 기도실도 그가 장식했다.

10

에피쿠로스의 두개골

(BC 341–BC 270)

필리프 드 샹파뉴의 넋이 나를 용서해 주기를 바라는데, 나는 화가가 바로크 시대가 한창일 때 이 그림을 그렸기에 에피쿠로스와 에피쿠로스주의에 대해 한순간도 생각해 보지 않았다는 것을 안다! 이 예술가는 엄격한 얀센주의의 화가로, 성 아우구스티누스, 생시랑 사제,[1] 앙젤리크 아르노,[2] 화가의 딸 카트린 드 생트 쉬잔,[3] 앙투안 생글랭 등 위대한 세기의 아우구스티누스적 모험의 주인공들을 그린 유명한 초상화들을 그렸다... 따라서 이 작품은 얀센주의의 가장 순수한 정신에 합치하는 바니타스(vanitas)화[4]이기에, 고대의 철학보다는 『코헬렛(전도서)』(1장 2절)의 "헛되고 헛되며 헛되고 헛되니 모든 것이 헛되도다"를 더 참조한 것이다.

그렇다면 어떤 이유에서 이 작품을 불러내는 것인가?

서양미술사에서 하나의 구멍을 메우고, 하나의 수수께끼를 극복하기 위해서이다. 놀랍고 차마 믿을 수 없는 일이지만 내가 알기로는 에피쿠로스나 고대 에피쿠로스파의 학자, 또는 정원의 철학자[5]의 제자들을 묘사한 그림이 단 한 점도 없으며, 캄파니아의 철학 공동체에 대해 이야기하는 작품 또한 단 한 점도 존재하지 않기 때문이다. 뿐만 아니라 『사물의 본성에 관하여』의 저자인 에피쿠로스학파의 루크레티우스[6]를 주제로 한 작품도 아예 존재하지 않는다. 이 점은 지구상에 존재하는 모든 회화 작품에서도 마찬가지이다...

성 아우구스티누스의 초상화는 온갖 장소와 온갖 상황 속의 그를 묘사하는 그림을 5권으로 망라한 학술적인 저서까지 있을 정도로 많다.* 그런데 에피쿠로스의 초상화는 단 하나도 존재하지 않는다는 것을 환기시키는 데는 '단 한 줄이면 족하다!'

더 정확히 말하면, 그에 대해서는 라파엘로의 그 엄청난 규모의 〈아테네 학당〉 속에 상상의 초상화가 존재하는데, 목에 화환을 두르고 털이 없이 살이 찐 모습으로 묘사되어 있다. 그 반면에 조각가는 그를 수염이 있는 긴 얼굴로 묘사한다.

* 잔 쿠르셀, 피에르 쿠르셀, 『성 아우구스티누스의 초상』, 파리, 아우구스티누스 연구: vol. 1. 『14세기의 작품군(群)』, 1965, 253 p., vol. 2. 『15세기의 작품군』, 1969, 369 p., vol. 3. 『16세기와 17세기 작품군』, 1972, 372 p., vol. 4. 『18세기의 작품군』, 1. 독일, 1980, 217 p., vol. 5. 『17세기 작품군(제2부)과 18세기의 작품군』, 1991, 206 p.

필리프 드 샹파뉴 작, 〈덧없음 또는 인생의 알레고리〉
테세 박물관, 르 망

어떤 기이한 이유에서인가?

에피쿠로스는 신화적이고 철학적이며 종교적이고 정신적인 모든 미신을 금지하는 유물론적이고 원자론적인 그의 사상 때문에, 몇 세기 동안 기독교의 온갖 저항을 불러일으킨 사상가이다. 물질이래야 고작 허공에서 떨어지는 원자들밖에 없으며, 자연학이 현실과 세계를 철저히 파헤쳐 보고 나면 어떤 형이상학이건 불가능하다는 것이 드러난다. 따라서 그런 체계로는 신과 비가시적 세계들(arrière-mondes)이나 벌과 보상을 창조해 내는 것은 어려운 일이다. 더욱이 제병 속의 그리스도 몸의 이야기나 백포도주가 가득한 술잔 속의 그의 피에 관한 이야기에 동의하지 못한다.

몇 세기 동안 에피쿠로스학파의 계보는 내가 반(反)철학사라고 명명한 것들, 즉 원자론, 유물론, 관능주의, 무신론으로 이어진다. 그런데 그 사상의 주인공들의 초상화는 거의 찾아볼 수 없다. 레우키포스[7]에 대한 것은 전혀 없으며, 데모크리토스도 헤라클레이토스와 비교해서 그려지는데, 후자의 비관적인 눈물에 대해 전자의 유쾌한 웃음의 두 세계관을 비교하기 위해서다. 에피쿠로스와 루크레티우스의 초상화는 아예 찾아볼 수 없다.

이것은 놀라운 일이 아니다. 왜냐하면 예전부터 오늘에 이르기까지 예술은 지배적인 위치에 있는 사람들에 의해 그 위치에 있는 사람들, 즉 군주와 제후들, 추기경들과 교황들, 은행가들과 부르주아들을 위해 행해지기 때문이다. 다시 말해 그림을 주문하고 그림 값을 현금으로 지불하는 것은 바로 그들이기 때문이다. 그러니 그들로서는 그들의 세계를 파괴하려고 애쓰는 사상을 장려할 아무런 이유가 없는 것이다.

회화를 통해 보는 서양 철학사에 없는 그 얼굴과 신체를 형상화해 보기 위해 나는 필리프 드 샹파뉴의 그 유명한 바니타스화를 택했다. 『코헬렛』을 익살맞게 흉내 내어 보자면, 이 공허는 헛되고 헛되며 모든 것이 헛되다라고까지 말할 수 있을 것 같다...

사람들은 습관적으로 적어도 이런 것들, 즉 사물들이 놓인 작업대와 튤립의 왼쪽 꽃잎 위의 파리 한 마리, 그리고 그림자와 빛과 반사된 모습들의 역할은 잊은 채 이 유명한 바니타스화를 구성하는 사물들의 '정태적인 묘사'만을 행한다. 나는, 물론 정물화이지만 이 그림에서 정말 생생하게 드러나는 이 작품의 '동태적인 묘사'를 제시해 보고자 한다.

거의 죽음과 같은 정적 상태의 이 그림에 귀 기울여 보면 두 가지 것이 들려올 것이다.

먼저, 하나는 다가올 미래를 가리키는 윗부분과 가 버린 시간을 가리키는 아랫부분이 서로 붙어 있도록 수직으로 받쳐 주는 각목 하나가 적절히 가리고 있어서 모래가 흘러내리는 것이 그려져 있지는 않지만, 모래시계의 위쪽 유리구에서 아래쪽 유리구로 떨어지는 모래의 스르르 흘러내리는 소리. 위쪽의 미래와 아래쪽의 과거, 두 시간의 접합점은 검은 나무 고리에 의해 가려져 있다. 현재를 가리키는 접합부의 고리 역시 토러스로 가려져 있어 보이지 않는다.

다음으로, 작은 꽃병 안쪽으로 휘어지는 튤립의 왼편 꽃잎을 틀림없이 떠나 버리고 말 파리의 날개가 부르르 내는 소리. 튤립이 휘어지는 것은 꽃병 속의 물이 꽃에 아름다움과 힘을 공급해 주는 흙 속의 생명력을 대신해 주기에 충분치 못하면서, 그 아름다움과 힘이 지속되었던 시간만 대체해 주기 때문이다. 실제로 만물의 질서 속에서는 시간의 작용이 이런 순간 저런 순간에 느껴진다. 튤립이 휘어지는 것은 엔트로피의 표시로, 그 현상은 무를 향한 퇴화이다.

이 파리는 공허 속의 한 공허이다. 그것은 실제로 해체의 도구로, 동물의 사체를 공격하여 해골로 만들어 버린다. 그것은 뼛속까지 영혼을 청소한다. 그것은 죽음으로 먹고 살며, 부패로부터 양

이 죽음은
곧 우리의 모습이다.
시간은
시들기 시작하는 튤립을
곧 이기고 말 것이다.

분을 취한다. 그리하여 그것은 엄연히 죽음의 작업과 따로 떼어서 생각할 수 없다. 더욱이 그것은 죽음의 표시 그 자체이기도 하다.

이 화폭에서 이 파리는 튤립의 붉고 노란 꽃잎의 접힌 가장자리에 그려져 있다. 그런데 이 튤립은 그저 단순한 꽃이 아니다. 꽃말로 튤립은 변하는 사랑을 의미한다. 하지만 역사적으로 보면, 네덜란드에서는 튤립의 알뿌리가 너무도 희귀해서 엄청난 투기까지 조장되었는데, 사람들에게 일확천금만큼이나 떠들썩한 파산을 안겨주었다. 그러므로 불꽃 튤립이라고도 불리는 붉고 노란 꽃잎을 가진 이 '셈페르 아우구스투스(Semper Augustus)'라는 품종의 튤립은 인간의 시도와 물건에 대한 투기, 존재를 방해하는 소유에 대한 집착의 헛됨을 표현한다.

동태적인 것의 양상들 가운데 하나는 단지 음향적인 것만이 아니라 시각적일 수도 있다. 예컨대, 이 튤립은—화가가 이 그림을 그리고 있는 방의—창문의 빛이 반사되는, 물이 가득 들어 있는 작고 둥근 우아한 항아리에 꽂혀 있다. 모래시계의 아래쪽 유리구의 볼록한 부분에도 반사된 사물이 하나 보인다. 햇빛에 따라 움직이는 이 반사된 사물들 역시 만물의 덧없음을 뜻하기 위한 것이다. 아주 작은 불순한 행위에도 파손의 위험이 도사리고 있는 존재(채색유리창)의 모습이 반사되고 있는 유리병도 마찬가지이다. 또한 가장자리에 끌 자국 모양의 홈들과, 역시 만물(그것들에는 가장 변질되지 않으며 가장 견고한 것들도 포함된다)의 취약함을 말해 주는 패인 자국들이 드러나 보이는 돌로 된 작업대 위의 꽃병 그림자도 마찬가지이다. 흰 바탕의 이 밝은 작업대는 공허의 표적들이 놓여 있는 고인들의 무덤 위 묘비의 아날로공과 꼭 닮았다. 점점 흐려지는 아주 불안정한 그림자는 그토록 단단하고 견고한 돌 역시 그랬던 것처럼 변화한다. 죽음을 제외한 모든 것이 죽기 때문이다.

화가는 모래시계와 튤립, 그리고 두개골 등 공허의 정태적인 표지를 최소한도로 줄였다. 하지만 그는 공허 속에 공허들을 격자 형태로 구조화하는 '동태적인 디테일'을 곳곳에 분산시켜 놓았다. 꽃잎 위의 파리 한 마리와 꽃병 위에 반사된 사물뿐 아니라, 북쪽을 마주보고 있을 때 왼편에서 빛이 들어오고 있다는 것을, 이를테면 빛이 서쪽에서 들어온다는 것을 증명해 주는 꽃병의 그림자와 두개골과 모래시계의 그림자, 마찬가지로 빛에 의해서 패인, 따라서 그림자로 얼룩진 파낸 자리들도 그렇다.

마지막으로, 죽음을 위엄 있게 위치시키기 위해 화폭 한가운데에 배치한 이 두개골은 정면에서 우리를 똑바로 바라보고 있다. 부분적으로 이빨이 없는 입은 침묵으로 우리에게 말을 걸고 있고, 휑하게 패인 눈구멍들은 말없이 우리를 뚫어지게 바라보고 있으며, 벌레들이 갉아먹은 개방된 코는 깊숙이 우리의 냄새를 들이마시고 있다. 이 죽음은 곧 우리의 모습이다. 모래시계에 의해 그 변함없는 흐름이 측정되는 시간은, 존재했지만 남은 것은 이제 뼈밖에 없는 한 인간의 눈처럼 잎들이 시들어가기 시작하는 튤립을 곧 이기고 말 것이다.

그런데 이 모든 것 속에서 에피쿠로스는 무엇

인가?

바로크 시대의 이 바니타스화는, 예컨대 에피쿠로스학파 철학 공동체들이 살았던 헤르쿨라네움 같은 베수비오산 기슭의 로마식 별장들에서 발견했을지도 모르는 것과 같은 그림이었을 수도 있다. 물이 흘러내리는 물시계 하나와 캄파니아 아칸더스 꽃가지 하나, 그리고 두개 골 하나가 호라티우스의 한 제자에 의해 벽의 장식물들 사이에 가까이 놓여 있었을지도 모른다. 로마 시대의 '메멘토 모리(너는 반드시 죽는다는 것을 기억하라)'가 『코헬렛』의 '헛되고 헛되니 모든 것이 헛되다'에 무난히 호응하며 가동되고 있다!

죽음이 지배하니, 필리프 드 샹파뉴는 기독교인들의 경건한 삶을 권유한다. 하지만 똑같은 사실에서 출발하여 에피쿠로스학파 학자는 물론 저승이 아닌 이승을 위해 자신의 시간을 유익하게 사용할 것을 권유하는 완전히 다른 결론에 이를 것이다. 이 그림은 에피쿠로스의 바로 이 점에 관해 철학적으로 상상해 보는 데 도움이 될 수 있다. 에피쿠로스의 철학은 두려움과 공포, 고통과 괴로움을 사유를 통해 박살내 버림으로써 해결하려 한다. 어떻게 하자는 것인가?

모든 '형이상학(métaphysique)', 즉 어원이 증언하듯이 '자연학 뒤에(après la physique)'[8] 무언가가 존재한다고 말하면서 부랴부랴 그 허구들의 디테일을 제공하는, 세계에 대한 온갖 개념을 금지하는 자연학을 통해서...

그러므로 지식은 종교들을 물러가게 하는 유일한 방법이다. 실제로 존재하고 있는 것을 보면 우리는 비가시적인 세계(arrière-monde), 즉 자연학이 완전히 설명할 수 있는 세계와 다른 세계를 생각해 내지 못한다. 실제로 형상들이 어떻든 신들이 거주하는 곳은 바로 그 보이지 않는 세계이다.

에피쿠로스의 자연학은 어떤 이야기를 하는가? 비 오듯 많은 원자들이 허공에서 서로 닿지 않은 채 수직으로 떨어져 내리다가 하나의 사선 운동(déclivité), 즉 '클리나멘(clinamen)'[9]에 의해 한 원자가 다른 원자와 만나 서로 달라붙음으로써 최초의 결집체가 만들어지는데, 이어 바로 이 최초의 결집체로 세계는 만들어졌던 것이다. 따라서 우리의 세계뿐만 아니라 (여러 세계로 이루어져 있는) 우주에는 원자들과 허공 외에는 아무것도 없다.

그의 철학은
두려움과 공포,
고통과 괴로움을
사유를 통해
해결하려 한다.

이상이 바로 원자론적 자연학에 관한 설명이다.

그러므로 중간계의 세계에 존재하는 신들을 포함하여 모든 것은 원자로 이루어져 있다. 신들도 마찬가지로 아주 미세한 원자들로 이루어져 있어서, 인간들에 대해서 인간들이 무엇인지, 어떻게 되어 가는지에 대해 아무 관심도 갖지 않는다. 그러니 신들을 두려워할 것이 전혀 없다. 신들은 인간과 아무런 관련이 없어서 상이나 벌칙, 이를테면 영원한 보상이나 벌에는 관심이 없다. 그들은 태연하며 불안의 부재, 즉 적절한 시혜를 가진 인간들이 원하고 이르고자 하는 중요한 하나의 목표인 아타락시아를 맛본다.

이상이 바로 이교 신학에 관한 설명이다.

세상에서 신들을 닮고 불안에서 벗어나 신들처럼 살기 위해서는 다음의 네 가지 치료(그리스어로는 '테트라파르마콘(tetrapharmacon)'이다), 즉 신들은 두려워하지 않아도 된다, 죽음은 고통이 아니다, 고통은 견딜 만하다, 행복은 얻을 수 있다는 치료를 실행할 필요가 있다.

우리는 위에서 왜, 어떻게 '신들을 두려워하지 않아도 되는지'를 보았다. 그들은 그들이 있는 곳에서 인간에 대해 염려하지 않기에 그들의 시선과 그들의 심판을 두려워해야 할 아무런 이유도 없다.

죽음은 고통이 아니다. 죽음이 왔을 때 우리는 더 이상 그 죽음 속에 있지 않으며, 우리가 살아 있을 때엔 죽음은 아직 오지 않았기 때문이다. 그러므로 죽음은 현실이기보다는 우리가 우리의 시간을 훌륭히 활용하면서 검토해 볼 수 있는 하나의 표상이다. 어떻게 검토한다는 말인가? 과거의 고통들을 기억함으로써 시간을 낭비하는 일을 피하거나, 아니면 발생 가능성이 있는 것에 대해 두려워하면서 시간을 버리거나, 둘 중 하나이다. 지금 현재를 살아야지 과거의 향수나 미래의 실현 문제로 현재를 불안하게 해서는 안 된다. 호라티우스는 이렇게 쓴다. "카르페 디엠(Carpe diem; 오늘부터 삶의 장미꽃을 따라. 오늘을 즐기라.)" 달리 말하면 이런 의미일 것이다. 현재의 순간을 강렬히 즐길 줄 알라. 현재의 순간은 다시 오지 않을 것이며, 잃어버린 모든 시간은 영원히 잃어버린 것이다.

에피쿠로스는 또한 '고통은 견딜 만하다'고 말한다. 실제로 그것이 너무 크고 견딜 수 없어서 우리의 목숨을 앗아가든지 그렇지 않든지 간에, 그 고통은 우리가 생각했던 만큼 크지는 않았다. 그러니 다르게 생각할 필요가 있다. 사실, 당시 사망률이 높았던 시기, 아동 사망률이 아주 높았던 시기, 살균과 소독법을 모르던 시기, 의약과 외과학이 초보적이던 시기, 치료 가능성이 별로 없어 곧 생명을 앗아가는 질병으로 고통을 간주하던 시기에 사람들은 오늘날과 다른 정신 상태로 생각한다. 어쨌든, 의지는 고통과 관련이 있어서 그 고통을 변화시키고자 하는 의지는 실존적인 효력이 없지는 않다. 그 점은 언제나 마찬가지이다.

끝으로, 네 가지 치료 중 마지막 것, 즉 '행복은 얻을 수 있다'는 것에 대해 이야기해 보자. 에피쿠로스는 행복을 아주 간단히 정의한다. 이를테면 행복은 불안의 부재라는 것이다. 그런데 불안이란 무엇인가? 갈증과 굶주림이다. 그러면 그 불안을 어떻게 하면 해소할 수 있는가? 갈증이 날 때에는 마시고 배가 고플 때에는 먹음으로써 해소할 수 있다. 그런데 오로지 갈증을 해소하고 굶주림만을 달래기 위해서는 물을 좀 마시고 별것 아닌 것으로 맛을 가미한 빵을 좀 먹으면 된다. 팔레르노 산 특급 포도주를 마시고 페트로니우스[10]의 연회의 기상천외한 요리들인 속을 채운 암퇘지의 젖통이 요리와 음부 요리를 게걸스럽게 먹는 것은 문제 밖의 일이다. 그저 갈증과 배고픔의 고통을 가능한 한 가장 간단한 방법으로 중단시키기만 하면 된다. 일단 이 욕구들이 채워지면 불안은 일단 없어진다. 아타락시아는 그때 때맞추어 나타난다.

에피쿠로스는 실제로 '자연적이며 피할 수 없는 욕구들'을 구별하는데, 그것들은 동물과 인간에게 공통적이어서 갈증과 굶주림은 해소되지 않을 경우 죽는다. 그리고 '자연적이지만 불가피하지는 않은' 욕구들이 있는데, 성욕이 그 한 예로 역시 동물과 인간에 공통적이지만 그 욕구를 채우지 못한다고 죽지는 않는다. 그리고 또 '자연적이지도 않고 불가피하지도 않는' 욕구들이 있는데, 그것들은 인간에게만 있는 것들로 가지려는 욕구, 즉 소유욕과 권세를 얻으려는 욕구, 재산과 부와 소유물을 축적하려는 욕구, 명성을 소유하려는 욕구 등이 그런 것들이다. 따라서 행복은 자연적이고 불가피한 욕구들의 만족 상태에만 있다. 그 욕구들을 상기해 보자. 갈증을 해소하기 위해 마시는 것과 허기를 달래기 위해 먹는 것을 말이다. 우리는 이보다 더 금욕주의자가 되지는 못한다... 수도사는 이 욕구들의 감식요법에 동의할 수 있을 것이다.

이상이 바로 에피쿠로스의 윤리학에 관한 설명이다.

따라서 원자론적 자연학은 쾌락주의 윤리학에 이르는 신 없는 신학이라는 결론이 도출된다. 이것이 바로 스스로에게는 닫혀 있지만 지극히 일관성 있는 한 체계이다. 앞서 보았듯이, 이상주의자 플라톤은 당대에 이미 유물론자 데모크리토스의 모든 책을 없애 버리고자 했다. 이것은 원자론적 사상이 이상주의적 사상에 대한 해독제로 얼마나 작용하는지 말해 준다.

그런데 기독교는 이상주의적인 사상이다. 우리는 이 종교와 잘 어울릴 수 있는 플라톤과 아리스토텔레스의 거의 모든 작품이 왜 지금까지 전해지고 있으며, 왜 수세기 동안 수도사들에 의해 정식으로 정서되었는지를 이해할 수 있을 것이다… 디오게네스 라에르티오스의 말에 따르면, 에피쿠로스는 3백 권 이상의 책을 썼지만 거의 다 없어졌다. 그의 것으로는 편지 세 통밖에 남아 있지 않은데 하나는 헤로도토스[11]에게 쓴 자연과 자연학에 관한 것이고, 다른 하나는 피토클레스[12]에게 쓴 천문학 관련 편지이다. 그리고 마지막 세 번째 편지는 메노이케우스[13]에게 보낸 것으로 윤리학에 관한 것이다. 바티칸 도서관에서 발견된, 사라진 작품들에서 발췌한 100여개의 금언들도 존재한다. 그런 이유에서 금언들을 엮은 그 책을 『바티칸의 금언들』이라고 한다.

몇 세기 후의 그의 유명한 제자 루크레티우스는 에피쿠로스주의에 깊은 영향을 받은 로마의 시인이었다. 그는 에피쿠로스의 그리스 금욕주의 철학을 라틴어로 더 실제적이고 덜 엄격한 6보격 시로 옮겼다. 이 시가 바로 『사물의 본성에 관하여』라는 엄청난 장편 서사시이다. 이 시는 14세기에 한 수도원에서 발견되는데, 기독교 체계 전체를 위태롭게 할 정도로 유럽의 지식인들을 달구었다.

서양 예술이 그와 같은 작품의 저자를 그림으로 그려 명성을 드높여 주려 하지 않았던 것은 당연하다.

---

1 l'abbé de Saint-Cyran(1581-1643): 프랑스의 사제이자 신학자로, 프랑스에 얀센주의를 확산시켰다.

2 Jacqueline Marie Angélique Arnaud(1591-1661): 포르루아얄 대수녀원의 원장이며, 대수녀원을 개혁한다.

3 Catherine de Sainte Suzanne(1636-1686): 필리프 드 샹파뉴의 딸로, 17세기 프랑스의 문예활동과 얀센주의의 중심지였던 파리의 포르루아얄 대수녀원의 수녀가 된다.

4 16-17세기에 허영과 헛됨을 상징하는 바니타스 정물화가 네덜란드와 벨기에, 프랑스에서 유행했다.

5 BC 360년 아테네에 호케포스('정원'이라는 의미)라는 이름의 학원을 세워 학생들을 가르친 데서 유래한 표현.

6 Lucrèce(출생과 사망 연도 미상): 고대 로마의 시인이자 철학자. 에피쿠로스의 사상과 철학을 다룬 장편 서사시 『사물의 본성에 관하여』로 유명한데, 그 작품에 에피쿠로스의 자연학이 가장 완벽하게 보존되어 있다.

7 Leucippe(BC 5세기경): 고대 그리스의 철학자. 원자론자(原子論者)로 데모크리토스가 그의 후계자이다.

8 접두어 meta는 after, beyond, behind의 뜻을 지닌다. 프랑스어 après는 영어의 after, behind의 뜻을 지닌다.

9 에피쿠로스와 루크레티우스 철학에서 원자의 일탈 운동을 가리킨다.

10 Pétrone(20-66): 고대 로마의 정치가이자 작가. 『사티리콘』의 저자로 이 작품은 문학사에서 등장한 첫 소설 중 하나로 꼽힌다. 『트리말키오의 향연』에서는 폭군 네로의 향연 및 당대의 향연의 모습을 묘사한다. 네로의 호사스런 향연에는 로마 제국의 많은 속국에서 가져온 진기한 음식들이 식탁에 올랐다고 한다.

11 Hérodote(BC 484년경-BC 420년경): 고대 그리스의 역사가. 『역사(*Historiae*)』(또는 『페르시아 전쟁사』)를 썼으며, 이 역사서는 고대에 창작된 최초의 위대한 이야기체 역사이다.

12 Pythoclès de Lampsaque(출생 연도 미상-278): 고대 그리스의 1세대 에피쿠로스학파 철학자.

13 Ménécée: 에피쿠로스의 제자.

11

세네카의 랜싯

(BC 4-65)

세네카의 죽음은 서양화의 전통적인 주제이다. 이 죽음은 고대의 몇몇 저자들에 의해 이야기되지만, 그 상황을 가장 상세히 말한 사람은 타키투스이다. 『연대기』에서 그는 실제로 그 위대한 순간을 이렇게 묘사한다. 그 철학자가 역모를 꾀했다는 것을 확신한 네로 황제는 세네카에게 자살을 명령한다. 그러기에 그 말의 전통적인 의미에서 자살, 즉 자유의사에 따라 스스로에 의해 스스로에게 가한 죽음이라기보다는, 사형, 즉 비록 스스로에 의해 가해지지만 비자발적인 죽음의 문제인 것이다. 세네카에게는 선택의 여지가 없었던 것은 사실이다. 그가 도주할 경우를 대비해 황제의 병사들이 로마 근처 그의 별장을 포위하고 있었던 것이다.

네로의 명령을 받은 세네카는 자신의 유언에 대한 수정을 허락해 줄 것을 요청한다. 백부장(百夫長)이 그에게 이 요청에 대한 거절의 소식을 전한다. 상관없다. 그러자 세네카는 자신의 친구들에게 "그에게 남은 유일한 것이지만 그 어떤 것보다도 값진 재산, 즉 그의 인생에 대한 초상"(XV, 62)만은 남기겠다고 말한다. 루카 조르다노[1]가 그리는 것은 바로 이 문장, 즉 그 철학자가 후세에 전하는 그의 인생에 대한 초상인 것이다. 이어 그는 이렇게 덧붙인다. "그들이 그것(그의 인생의 초상)에 대한 기억을 간직한다면 그들은 미덕의 이름으로 그들의 변치 않는 우정에 대한 보상을 얻게 될 것이다."

친구들이 눈물을 흘리자, 세네카는 그들이 스토아 철학의 가르침들을 잊었다고 나무란다. '한편으로는' 우리가 영향을 미칠 수 있는 것이 있기에 우리의 의사를 행사해야 할 필요가 있다면, '또 다른 한편으로는' 우리가 영향력을 미칠 수 없는 것이 있는데 그렇더라도 그것을 한탄하지 말고 지혜롭게 받아들일 필요가 있다. 네로가 자신의 스승이었던 사람에게 통고한 사형 선고. 그렇다! 세네카는 그에 대항하여 아무것도 할 수가 없다. 부당하고 포악한 것은 폭군의 본성이기 때문이다. 따라서 고귀한 정신으로 그것에 동의해야 한다. 그것은 '숙명'인 것이다.

죽을 각오를 굳게 하고 세네카는 자신의 아내를 안아주면서 잘 대처할 것을 부탁한다. 그는 그녀에게 "언제까지나 슬픔에 젖어 있기보다는 오히려 주어진 온전한 한 인생에 대해 성찰해 보면서 남편의 상실에 대한 명예로운 위안을 찾으려 노력해 볼 것"(XV, 63)을 부탁한다.

하지만 파울리나—그녀의 이름이다—는 함께

루카 조르다노 작, 〈세네카의 죽음〉
루브르 박물관, 파리

아는 사람들은 즉각, 정맥을 끊고 죽는 데는 시간이 별로 걸리지 않을 텐데 도대체 어떻게 네로가 신하에게 명하여 파울리나의 죽음을 금하고 그녀를 치료하게 할 수 있었을지 아주 의아스럽게 생각할 것이다. 어쨌든 그녀의 팔을 붕대로 감아 주어 피를 멈추게 한다. 그녀는 몇 년을 더 산다.

출혈에도 불구하고 죽지 않자, 세네카는 의사 친구를 불러 독당근즙을 가져다줄 것을 부탁한다. 그는 독약을 들이마신다. 하지만 그것도 효과가 없다... 마지막으로 그는 혈액 순환을 촉진하여 죽음을 빨리 맞이하기 위해 온탕으로 들어간다. 그는 가까이 있는 하인들에게 피를 튀기면서, 해방자 유피테르에게 헌주를 하는 일이라는 말을 빠뜨리지 않는다. 출혈과 독당근, 그리고 온탕도 충분하지 않자 그는 한증실로 들어간다. 그 안에서 그는 천천히 질식하여 마침내 사망한다.

죽으려 한다. 남편은 그녀를 말리지 못한다. 그들은 함께 팔목의 정맥을 끊는다. 타키투스의 묘사를 읽어보자. "노쇠로 약해지고 금욕(禁慾)으로 여윈 세네카는 피가 너무 천천히 흘러나와, 다리와 오금의 정맥들도 끊는다."(XV, 63) 루카 조르다노는 랜싯으로 그의 발등의 정맥을 찢는 한 사람을 등장시킨다.

이어 세네카는 아내에게 남편의 고통스러운 끝을 보지 못하도록 현장을 떠날 것을 권유한다. 화폭의 안쪽, 그곳을 떠나기 위해 계단을 올라가는 것은 파울리나일 수도 있고 그녀의 하녀들일 수도 있다.

죽음의 문턱에서 그는 비서들에게 지혜에 대한 그의 최후의 가르침을 필기해 둘 것을 권유한다. 화가는 두 제자를 그린다. 그 최후의 가르침은 출판이 되었다고, 타키투스는 말한다. 따라서 그는 그것을 참고는 하지만 인용할 필요까지는 없다고 생각한 것 같다. 유감스럽게도 그 가르침은 우리에게까지 전해지지 않았다.

이 그림은 교훈적이다. 죽음 앞에서 단정해야 한다는 것을 보여 주기 때문이다. 스토아학파 철학자들은 실제로 자살을 정당화했다. 하지만 그들은 방이 연기로 휩싸인다면 그저 그곳에서 빠져나가야 한다고 생각했다. 방이 정말 연기로 꽉 들어차야 했다. 스토아학파 철학자들은 사소한 이유로 자살하는 것을 권하지 않기 때문이다. 죽음이 이미 '거의 다가와' 있을 때에만 인간은 죽음을 앞서갈 자격이 주어지기 때문이다.

루카 조르다노는 그의 그림을 우측 상단에서 좌측 하단(불길한 쪽)으로 가로지르는 대각선 위에 구성한다. 세네카의 몸은 이 소실선(ligne de fuite)과 일치하는데, 그것은 느리게 변화하는 것에 대한 아주 효과적인 느낌을 준다. 철학자는 죽음으로 빠져들어 간다. 하지만 그는 지혜나 정신의 온전함을 잃지 않는다.

떠나려 하지 않는 그 생명의 마지막 몇 분 동안 그는 자신에게 일어나는 것에 대해 생각하면서 남은 자들에게 도움이 되도록 그 추이에 대한 성

철학자는
죽음으로 빠져들어 간다.
하지만 그는
지혜나 정신의 온전함을
잃지 않는다.

찰을 기록한다.

스토아철학은 줄곧 이렇게 가르친다. 고통은 사람들이 주장하는 것일 뿐이다. 의지는 그것이 별것 아니게 만들 수 있다. 왜냐하면 그것은 그 자체로 존재하는 것이 아니라, 우리가 그것에 대해 갖는 생각들로만 존재할 뿐이기 때문이다. 따라서 그것은 존재하지 않기에, 존재하지 않는다는 것을 인정하는 것으로 충분하다. 죽음은 두려워할 것이 없다. 왜냐하면 세네카가 『루킬리우스[2]에게 보낸 편지』에서 차용한 에피쿠로스의 견해를 되풀이하자면, 내가 있으면 그것은 없고 그것이 있으면 더 이상 나는 없기 때문이다. 마찬가지로 죽음은 불안과 공포의 원인이 아니다. 왜냐하면 죽음은 우리가 완전히 떠나지는 않는 우주(un grand Tout) 속에서 재구성되는 한 존재의 해체일 뿐이기 때문이다. "인내하라. 단념하라"는 스토아학파 철학자들의 표어였다. 세네카의 죽음은 그 존재론적 지혜의 실제적인 실천 가운데 하나였던 것이다.

---

1 Luca Giordano(1634-1705): 이탈리아 바로크 시대의 화가.

2 Lucilius(BC 180년경-BC 103년경): 로마의 작가로, 시적 풍자문이라는 장르를 창시했다고 평가된다.

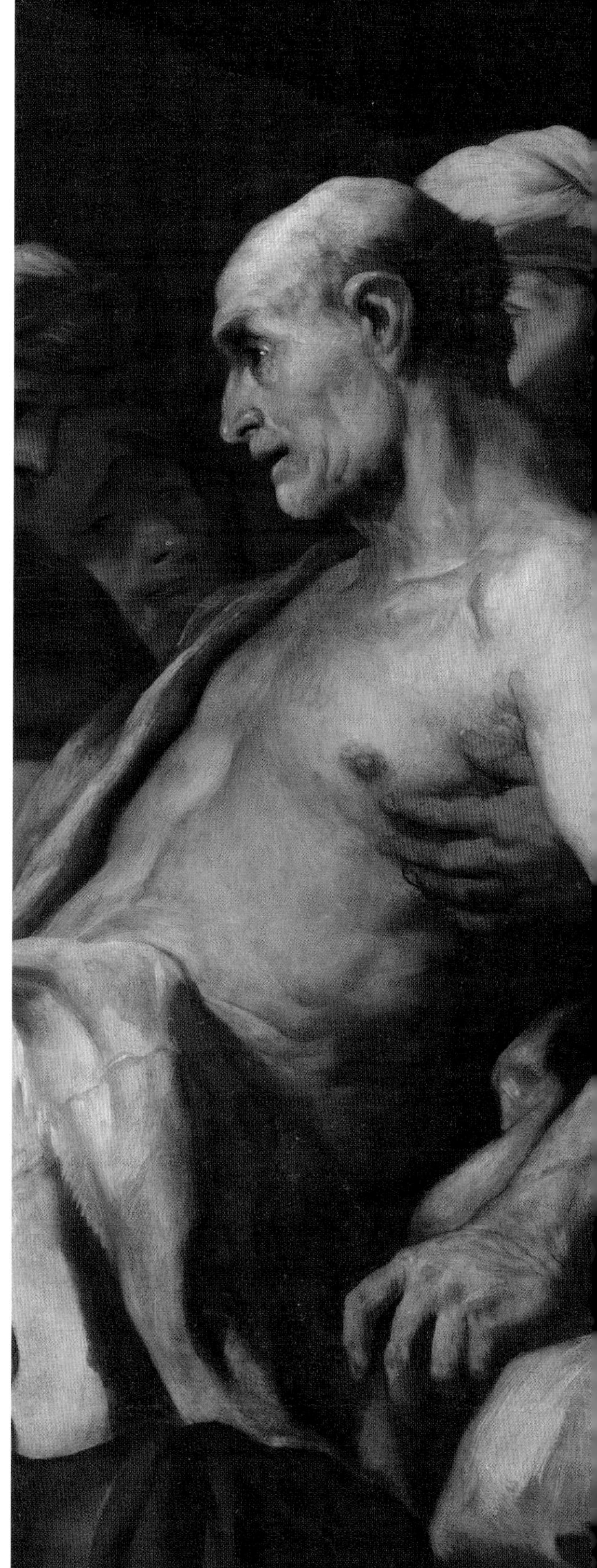

12

마르쿠스 아우렐리우스의 빵

(121–180)

마르쿠스 아우렐리우스[1]는 그가 통치하던 165년에서 190년 사이 로마를 휩쓰는 이른바 안토니누스의 페스트를 극복한다. 조제프마리 비앵[2]의 이 작품은, 마르쿠스 아우렐리우스가 원로원 의원들과 병사들을 동반하고 백성들에게 빵과 치료제를 나눠주게 했었을 그 역사적인 순간을 그린 것으로 여기는 것이 통례이다. 페스트와 분리하여 생각할 수 없는 기근과 관련된 빵이라 하자. 그런데, 페스트 치료제가 있어야 할 필요야 있었겠지만 그것이 정말 있었는지에 대해서는, 글쎄다. 게다가 당시 치료약이라고 알려졌던 것을 닮은 것이라고는 이 화폭에 보이지 않는다. 그 시대에 사람들은 사실 마른 풀을 이용하는 훈증요법으로 치료하는 데 그친다. 그런데 이 그림에는 그런 것도 전혀 없다...

요컨대, 그림에 등장한 모든 로마인들에게 굶주린 모습이라거나 페스트에 걸린 모습이라고는 전혀 안 보인다. 그 같은 경우 예상되는 것과는 정반대로 화폭 속의 두 아이는 볼이 통통하고 몸은 오동통하고 포동포동하게 살이 쪄 있기까지 하다. 그리고 다른 인물들의 안색은 생기가 있고 싱싱해서 페스트 환자의 밀랍색이나 핏기 없는 피부를 상기시키는 것이 전혀 없다.

그러니 우리는 오히려 이 그림이 『명상록』의 저자로 스토아 철학자이기도 했던 그 황제를 기독교도가 되게 할 수 있는 알레고리적인 추론과 관련된 문제라고 상상할 수 있을 것이다.

기독교도가 되게 하는 이유는 무엇인가?

영적으로는, 분명 이 장면은 『요한 복음서』(6장 11절)이 말해 주는 것과 같은 구체적이고 상징적인 빵을 나누어 주는 예수의 '역사(役事, 하느님이 일함, ministère)'를 빌린 것같이 보이기 때문이다. 정치적으로는, 이 그림이 궁전 장식을 위한 것이므로, 애덕과 자선, 그리고 정의라는 아주 기독교적인 동기에 기인한 그의 의무를 군주에게 환기시키는 일은 언제나 좋은 일이기 때문이다. 형식적으로는, 기독교 설화를 예술적으로 다루는 것에 익숙한 그 시대의 눈이 수태고지(受胎告知)와 성가정, 예언자의 권위, 성모의 죽음, 예수의 죽음에 대한 애도 등 신앙의 의무적 실천들을 알아봄으로써 만족을 주는 여러 모티프를 거기에서 발견하기 때문이다...

예컨대, 화폭의 오른쪽에 두 팔을 크게 벌린 채 하늘을 바라보고 있는 네 번째 사람을 부축하는 세 명의 무리는 '예수의 죽음에 대한 애도'의 형식을 따온 것처럼 보인다. 죽은 예수의 십자가 곁에

조제프마리 비앵 작, 〈빵과 약을 나눠주는 마르쿠스 아우렐리우스〉
피카르디 박물관, 아미앵

는 실제로 세 인물, 즉 그의 어머니 마리아와 글로파스의 아내이자 그의 어머니의 자매인 마리아, 그리고 막달라 마리아가 있었다. 그 세 사람, 즉 여자 같은 얼굴의 한 남자와 그의 아내일 수 있는 한 여인, 그리고 그의 딸일 수 있는 또 다른 한 여인의 선택은 '성가정'뿐 아니라 십자가형 이후(après-crucifixion)를, 이를테면 성서에서는 예수의 '권위(magistère)의 시작'을, 그리고 이 그림에서는 마르쿠스 아우렐리우스의 '권위의 시작'을 참조했을 수 있을 것이다.

마찬가지로 우리는 화폭의 왼쪽에 의식을 잃은 듯 땅바닥에 누워 있는—한 아이가 귀에다 대고 말을 하고 있는—한 여인에 대해, 날개 없는 그 아기천사를 통한 '복음의 수태고지'(구원자의 도래)와, 영적 생활의 또 다른 정점에서 구원자(sauver, 게다가 이 말은 예수(Jésus)의 어원이다)를 세상에 낳아 줌으로써 자신의 본분을 다하고 죽어 곧바로 하늘로 올라가는 성모 마리아의 죽음과의 조합이라고 생각할 수 있을 것이다.

따라서 인물들의 세 조(組), 즉 황제가 포함된 조, 비탄에 빠진 조, 종말론적 어머니의 조가 나타나는 이 그림은 기독교 신화의 중요한 세 순간, 즉 예수의 죽음의 애도, 수태고지, '마리아의 죽음'을 분명하게 인용하고 있다. 한 화폭 속에 결합된 이 세 요소는 스토아학파적인 삼위일체의 신비(즉 권위의 예고, 권위의 실천, 권위의 실현 후 죽음, 철학자 왕의 철학적 모험을 묶는 상징적인 삼각형 속의 전체)를 그림으로 구현할 수 있게 해 준다.

오른쪽 어깨에 브로치로 고정시킨 자줏빛 토가와 신발목이 높은 샌들, 장식된 가죽 갑옷, 허리에 찬 대검 등 로마의 황제는 '황제에 적합한' 복장을 하고 있다. 빵을 나눠 주는 사람들은 백부장의 투구를 과시하고 있다. 그들 중 한 명은 릭토르[3]의 속간(束杆)[4]까지 들고 있다. 로마 제국이 배경이기에, 게르만족과 스키타이족에 대한 자신의 승리를 기념하기 위해 마련한 마르쿠스 아우렐리우스의 기념탑이 있는 원경에 비추어 보아 이 장면은 포룸 로마눔(Forum romain)[5]에서 행해지고 있다고 추론할 수 있다. 전경의 오른쪽에 있는 두 원주는 마르쿠스 아우렐리우스의 양아버지[6]가 원했던 것으로 황제가 사망했을 때 철학자에 의해 그의 선량한 부모에게 다시 바쳐진 건물인 안토니누스-파우스티나의 신전과 관련된 것이라고 생각할 수 있게까지 한다. 화폭의 원경의 기념탑은 176년-192년 사이에 건축되었기에, 황제가 살아 있을 때 건축이 시작되어 180년 황제의 사망 이후에 끝났다. 역사를 고려하면 이 장면은 정확히 176년-180년 사이에 일어났을 것이다. 그런데 이 기념물은 완성되려면 12년이 필요할 것이어서, 예술가가 그의 주제를 현실에 부합하게끔 상상한 시기에는 끝날 수 없었다. 역사화는 역사적으로 실재하는 경우가 드물다. 왜냐하면 사람들은 역사화에 교육적이기를 매우 요구하는데, 그러기 위해 역사화는 알레고리와 상징들을 사용할 것을 요구하기 때문이다.

빵과 치료약을 나눠 주는 일 역시 은유적이며 상징적이다. 물론, 실제로 페스트에 걸렸을 때 진짜 빵과 약에 관한 문제일 수 있지만 실제적 현실 이상으로 알레고리적 진실에 관한 문제이기 때문이다. 이를테면 빵은 생명을 가능케 하는 것이고, 약은 아플 때 치료를 가능케 하는 것이기 때문이다.

그렇게 분배되는 것은 영적인 양식이며 자양분이다. 어떤 양식이며 자양분인가? 기독교에 그토록 주입했던 "인내하라. 단념하라"는 금언 같은 스토아 철학의 지혜의 양식으로, 이를테면 이런 것들이다. 즉, 이웃이 설령 냉혹했더라도 아니 무엇보다 지금 냉혹하더라도 그에게 온화하고 평화롭고 선량하게 대하라는 도덕적인 권유, 의지의 훈련을 통해 승화된 고통이 녹아든 처세술을 가능케 하는 실존적인 기술들, 어떤 상황에서든 운명에 순응하기와 순전히 필연인 자연에 자신을 내맡기기, 선량함과 자비와 온유함과 애덕 같은 몇몇 미덕의 실천으로 한정된 도덕 등. 그런데 이런 것들은 모두 『명상록』에서 찾아볼 수 있는 생각들로 초기 기독교에서 재활용되었다. 빵은 건강하게 살아가는 사람의 양식이다. 약은 아픈 사람의 양식이다. 이 두 경우에서, 한쪽은 물질적인 육체를 위해서 그리고 다른 한쪽은 비물질적인 영혼을 위해서 자양분이 많은 식량이 필요하다.

조제프마리 비앵은 그의 화폭에서 마르쿠스 아우렐리우스의 기념비 꼭대기를 잘라냈다. 당연하다... 처음에 이 기념비에는 숭배의 마음에서 철학자 황제의 청동상이 얹혀 있었다. 그런데 그것은 그렇게 너그럽지 못했던 시대인 중세에 파괴되어 버렸다... 교황 식스토 5세[7]는 그 자리에 레오나르도 다 사르차나[8]와 토마소 델라 포르타[9]의 작품인 성 바오로의 조각상을 설치케 했다. 화가로서는 자신이 그리려는 주제와 같은 시대, 따라서 기원후 2세기의 배경에 1589년의 작품(성 바오로의 조각상)이 있는 마르쿠스 아우렐리우스의 그림을 그리는 것이 어려웠던 것이다... 사실 알레고리적이고 상징적인 연대의 착오는 있을 수 있다. 그 문제는 서양화에서 법칙이기까지 하다. 하지만 적어도 그 시대의 교양 있는 사람들에게 너무 지나치게 눈에 띄는 역사적 연대 착오는 물론 곤란하다. 그런데 오늘날 누가 그것을 알아차릴 수 있을까?

이 모든 교육적인 가르침에도 불구하고, 아니 어쩌면 그 가르침 때문에 이 그림은 『1765년의 살롱』에서 이 작품에 대해 아주 좋지 않게 언급하는 디드로[10]에게도, 이 작품을 곧 떼어 내 버린 권력자에게도 마음에 들지 않았다. 그리하여 처음에 예상했던 것과는 다른 곳에 걸리게 되었으며, 이후 다시 미덕의 교훈이 자신에게 쓸모가 없었던 뒤 바리 부인[11]의 집에 걸렸다.

군주들은 지혜로운 교훈을 받아들이는 것을 결코 좋아하지 않는다.

나눠주는 일 역시 은유적이며 상징적이다.

---

1 Marc-Aurèle(121-180): 로마 제국의 6대 황제로, 로마 제국의 황금시대를 상징해 온 인물이다. 스토아 철학이 담긴 『명상록』을 남겼다. 기독교도가 그의 재위 기간에 그 전보다 많은 피를 흘렸지만 황제 그 자신은 결코 박해를 주도하지 않았다. 그는 기독교도를 좋아하지 않았다 한다.

2 Joseph-Marie Vien(1716-1809): 프랑스의 화가이자 조각가로, 신고전주의의 선구자.

3 고대 로마 시대 때 집정관의 앞장을 서서 길을 비키게 하는 것을 직무로 하던 관리.

4 도끼 둘레에 채찍을 다발로 엮은 것으로 집정관의 권위의 상징.

5 Forum Romanum: 고대 로마의 정치와 경제의 중심지였다. 개선식과 공공 연설, 선거 등 국가의 중대한 행사가 이곳에서 행해졌다.

6 하드리아누스 황제는 마르쿠스의 고모부인 티투스 아우렐리우스 안토니누스를 양자로 삼아 후에 자신의 뒤를 이어 황제에 즉위하도록 하고(나중에 안토니누스 피우스 황제가 된다), 대신에 안토니누스에게 콤모두스의 아들과 마르쿠스 두 청년을 양자로 삼으라고 명령했다. 따라서 자신의 고모부를 가리킨다.

7 le pape Sixte V(1521-1590): 227번째 가톨릭 교황으로, 1585년에 교황이 되었다.

8 Leonardo da Sarzana: 16세기에 활동한 이탈리아 르네상스 조각가.

9 Tommaso Della Porta(1686-1768): 이탈리아의 화가이자 조각가.

10 Denis Diderot(1713-1784): 프랑스 계몽주의 시대의 사상가로, 『백과사전』의 출판에 크게 기여했다. 『1765년의 살롱』은 프랑스 왕립 회화 아카데미가 2년마다 주최한 전시회 출품작들에 대한 평을 모은 책이다.

11 Mme du Barry(1743-1793): 프랑스 왕 루이 15세의 마지막 정부. 도덕적으로 평판이 나빴으며, 결국 1793년 파리 혁명재판소에서 반(反)혁명죄 선고를 받고 단두대에서 처형되었다.

13

아우구스티누스의 조가비

(354-430)

L. J.를 기념하며

아우구스티누스는 아마도 유럽의 성상집에 가장 자주 묘사되었던 철학자일 것이다. 위대한 예술가들이 이 주제를 다뤘다. 서양 예술에 등장한 그의 삶을 그린 에피소드는 더 이상 헤아릴 수가 없다.* 각각의 것은 전기적인 순간들을 참고하는데, 그것들은 모두 호교론적인 순간으로 변화되어 있다. 지오토[1]의 그림에서는, 밀라노의 한 집의 정원에서 공작 한 마리가 아우구스티누스를 엿보고 있는데 그 동물은 영원을 상징한다. 몬수 데시데리오[2]의 그림에서, 이름 모를 나라의 한 별장의 폐허는 교회의 교부가 회심한 후 떠난 이교 세계의 멸망을 나타낸다. 이어지는 여행으로 아우구스티누스의 다른 거주지들, 즉 타가스테, 카르타고, 밀라노, 로마, 히포 레기우스는 모두 철학자의 통과의례의 도정을 상징하는 단계들(출생, 학업, 개종, 도야, 사명, 성덕)을 나타낸다. 그의 서재는 그가 상당수의 책을 썼음을 상기시키는데, 그중에는 아주 장중하고 중요한 두 권의 저서 『참회록』과 『신국론』이 있다. 이 두 저서는 신약 성서보다 유대-기독교 문명을 구축하는 데 훨씬 더 기

* 다음과 같은 것들이다. 〈계시를 받은 사람〉(에스테반 무리요, 시애틀 미술관), 〈기도〉(호세 리베라, 마드리드 프라도 박물관), 〈명상〉(산드로 보티첼리, 피렌체의 오니산티 성당), 〈한 아이와 함께 폐허에서〉(몬수 데시데리오, 런던 국립미술관), 〈환시〉(카르파치오, 베네치아의 스쿠올라 디 산 조르지오 글리 시아보니), 〈다시 한 아이와 함께〉(마그나스코, 제노바의 스트라더누오바 미술관), 〈한 천사와 함께〉(루벤스, 프라하 국립박물관), 〈그의 개종 순간〉(프라 안젤리코, 셰르부르의 토마앙리 미술관), 〈그의 삼층관함과 함께〉(후안 데 보르고냐, 나폴리의 카포디몬테 국립박물관), 〈그의 독방에서〉(산드로 보티첼리, 피렌체의 우피치 미술관), 〈불구자들의 치유〉(틴토레, 비첸차의 키에리카티 성), 〈오스티아에서 하선하거나, 밀라노에 가기 위해 로마에서 승선하는, 혹은 수도사들에게 규칙을 가르쳐 주고 아기 예수와 이야기하는 타가스테의 스승에게 부모가 그의 아들을 부탁함〉(베노초 고촐리, 산 지미냐노의 산타고스티노 성당), 〈마리아 막달레나의 마음에 대해 쓰다〉(지오바니 카밀리오 사그레스타니, 피렌체의 산 프레디아노 인 체스텔로 성당), 〈사랑하는 어머니와 법열에 빠지다〉(아리 셰퍼, 런던 국립미술관과 파리 루브르 박물관), 〈이단자들과의 논쟁〉(마르코 카르디스코, 나폴리의 카포디몬테 국립박물관), 〈성 요한에게서 성 삼위일체의 신비를 배우다〉(르 코레조, 파르마의 복음전도자 성 요한 성당), 〈그의 어머니 모니카가 아들 학교 보내기〉(옥타비아노 넬리), 〈그의 어머니의 환시〉, 〈카르타고의 학생〉, 〈카르타고를 떠나 로마로 감〉, 〈오스티에 도착함〉, 〈밀라노에 도착함〉, 〈로마에서 가르침〉, 〈성 암브로시우스를 경청하며〉, 〈어머니의 방문〉, 〈세례를 받음〉, 〈아프리카로 돌아옴〉, 〈사제 수품〉, 〈주교〉, 〈설교〉, 〈그의 서재에서〉, 〈환시〉, 〈죽어가는 아우구스티누스〉(구비오의 산다고스티노 성당), 〈그의 어머니의 죽음〉... 서양 예술에서 아우구스티누스를 그린 그림에서는 모든 것이 선하다...

산드로 보티첼리 작, 〈성 아우구스티누스의 환시〉
우피치 미술관, 피렌체

여했는데, 『신국론』은 복음서들에서 그가 포착하는 '구멍들(공백들)'을 메워주고 있기 때문이다.

이를테면 그 책에서는 온유와 평화와 사랑의 예수가 관심을 갖지 않은 주제들, 즉 육신과 욕망과 기쁨과 관능성과 성생활을 더럽히는 것, 여인들의 평판을 떨어뜨리는 것, 원죄의 성적 측면을 부각시키는 것, 소위 정의로운 전쟁을 정당화시키는 것, 한 여인은 동시에 동정녀이면서 어머니일 수 있다는 것을 입증하는 것, 따라서 모든 여인에게 순결을 권유하는 것, 결과적으로 매춘을 사회의 필요악으로 용인하는 것, 허구적인 저세상을 위하여 이세상을 불신하는 것, 인간 나라의 실재에 이성적으로 전혀 증명할 수 없는 신국(神國) 가설을 대립시키는 것, 신권군주정을 세우고 왕을 지상에서 유일한 신의 대리자로 삼는 것, 사형의 법적 유효성을 인정하는 것, 요컨대 이교도 세계의 폐허 위에 가톨릭교회를 세우는 것 등이 다뤄지고 있기 때문이다.

많은 그림이 책과 철필, 삼층관, 주교의 홀장(笏杖), 공작, 성문, 꽃, 무화과나무, 배 등등의 상징체계에 대한 풍요로운 성찰의 기회를 제공한다. 나는 중세에 나타나는 한 알레고리를 명백하게 인용하는 한 장르로, 아우구스티누스를 아이와 함께 등장시키는 작품들 가운데 하나를 선택했다.

이것이 그 그림이다. 아우구스티누스는 바닷가를 걸으면서 성삼위일체의 신비에 대해 묵상한다. 그는, 해안에서 몇 미터 떨어진 곳에 구덩이를 하나 파고는 물을 채우려고 조가비를 들고 물을 뜨러 가는 한 아이를 발견한다. 철학자는 아이에게 바다는 너무도 넓고 구덩이는 너무도 작아서 그 작은 구덩이에 그 넓은 바다를 옮겨 붓지 못할 거라고 설명해 준다. 아이는 그 지적에 동의하면서 이렇게 덧붙인다. "당신이 당신의 인간 이성의 능력만으로 삼위일체의 신비의 심오함을 철저히 파헤치는 것보다 그 일이 제게는 더 쉬울 것 같아요." 그리고는 그 아이—이 아이는 천사였다고 말하기도 하고 아이 예수였다고 말하기도 한다—는 사라져 버린다...

이 일화가 진짜였느냐 하는 문제는 학자들에 의해 의문이 제기되었었다! 분명히, 신의 현현의 진실에 대한 믿음이 없는 한, 그것이 13세기부터 있어 온 한 알레고리임이 드러남에도 그 전기적인 정확성에 동의할 수는 없을 것이다.

전기에서는 거짓이지만 알레고리에서는 진실인 이 이야기는—따라서 철학에서는 의미가 있는데—이 이미지에 의해 압축된 아우구스티누스의 한 문장을 바탕으로 한다. 『신국론』, 그리고 『참회록』과 함께 철학자의 세 번째 중요한 저서로 간주되는 『삼위일체론』에서 실제로 이런 문장을 읽을 수 있다. "나는 하느님을 아는 이 경이로운 일이 나의 박약한 능력을 넘어서기에, 그 경지까지 오를 수 없다는 것을 고백한다."(XV, 27〔50〕)...

자신의 책에 구약 성서를 13276번, 그리고 신약 성서를 29540번 인용했다고 하는 이 사람이, 신을 아는 것은 일반적으로 인간의 박약한 능력을 넘어선다는 것과 개인적으로도 자기 자신의 박약한 능력을 넘어선다고 고백할 수 있었다는 것이 놀랍다.

그럴진대, 만일 신을 아는 일이 인간의 하찮은 지적 능력으로는 불가능하다면 오로지 신의 은총만을 떠올려 간청하거나 바랄 수밖에 없다.

아우구스티누스 학설에서부터 특히 토마스설과 몰리니즘,[3] 개신교, 얀센파의 교리, 그리고 정

"당신이
당신의 인간 이성의 능력만으로
삼위일체의 신비의 심오함을
철저히 파헤치는 것보다
그 일이 제게는
더 쉬울 것 같아요."

아우구스티누스

적주의[4]까지 몇 세기 동안 이 은총의 문제는 신학의 주요한 성찰의 대상이었다. 그것은 곧 사르트르의 실존주의에 이르기까지 자유와 자유의지, 결정론, 선택, 그리고 은총의 문제의 중요성을 말해 준다.

해변의 그 구덩이 속에 그 은총이 솟아나올 수 있는—그렇지 않을 수도 있는—한 심연이 있다...

---

1 Giotto di Bondone(1266–1337): 이탈리아의 화가이자 조각가, 건축가.

2 Monsù Desiderio: 16세기 말에 태어난 두 화가 프랑수아 드 노메(François de Nomé)와 디디에 바라(Didier Barra)의 가명이다. 그들은 함께 공동 작업을 했다.

3 스페인의 신학자 몰리나(Luis de Molina)가 신의 은총을 받기 위해서는 인간의 의지가 필요하다고 주장한 학설을 말한다.

4 외적인 활동을 배제하고 마음의 평온을 통해 신과의 합일을 추구하는, 17세기 신학자 몰리노스(Miguel de Molinos)에게서 비롯한 신비적인 그리스도교의 교리를 말한다.

14

토마스 아퀴나스의 잉크병

(1225년경–1247)

산드로 보티첼리는 이 그림에서 지성의 실행을 그리고 있다. 더 자세히 말하면 그는 가톨릭 지성의 실행을 그리고 있다. 성 토마스 아퀴나스는 목과 소매에 겨우 보이는 밝은색 얇은 명주옷과 꽉 끼고 어울리는 검은 제의로 이루어진 성 도미니크회의 복장 차림이다. 그는 헝겊 모자를 쓰고 있는데, 역시 검은색이며 그 위에 후광이 보인다. 그의 머리를 장식하는 이 후광은 빛의 발산을 의미한다. 이 빛은 물론 성스러움의 빛일 뿐만 아니라, 어원이 증명하듯이, 그의 작업 이전 시대에는 관계가 깊지도 연관되지도 않아 보이는 것을 연관짓는 기술인 지성의 빛이다. 이 단어(빛)가 'les Lumières(빛의 세기, 18세기)'라는 이름을 얻게 되기 이전에, 이 빛은 처음에 무지의 암흑과 대조되는 앎(인식)의 빛이었다. 하늘과 낙원은 천상의 빛을 발산하는 반면, 지옥은 어둠이고 암흑이다. 빛은 곧 생명이요, 어둠은 곧 죽음이다. 빛은 선을 일컬으며 어둠은 악을 일컫는다. 금이 귀중한 것은, 그것이 물론 희귀할 뿐만 아니라 결국에는 지상의 모든 생명의 원천인 햇빛인 바로 그 빛에 연결되기 때문이다. 따라서 토마스의 머리는 빛, 즉 성스러움과 지성, 따라서 금으로 둘러싸여 있는 것이다.

토마스의 몸은 곧 그의 머리와 다름없다. 수도회에 있는 그처럼 청빈과 순결, 그리고 복종 서약을 했던 사람에게는 자신의 머리 외에 필요한 것이 없다. 그의 몸은 위대한 두뇌이고, 그의 두뇌는 위대한 몸, 그의 위대한 몸이다.

그런데 그의 두뇌는 곧 그의 머리이고, 그의 머리는 곧 그의 얼굴이다. 살이 물렁물렁해진 얼굴은 쇠약해지기 시작하는 이목구비의 성인(成人)의 그것이다. 눈빛은 예리하지만, 그림을 감상하는 사람은 알 수 없는 다른 어떤 곳을 겨누고 있다. 그는 바라보고는 있지만 현실의 것은 아무것도 보고 있지 않을 수 있다. 왜냐하면 그는 감각적 현실 너머의 어떤 세계에 속한 것을 보고 있을지 모르기 때문이다.

토마스는 다른 곳, 즉 속세의 시시한 사물 하나를 응시하고 있을 수도 있다. 하지만 두뇌와 다름없는 그는 그가 훌륭하게 구체화하는 스콜라 철학의 작은 세계들의 벽돌들을 구성하는 이념과 관념, 그리고 개념들만을 보고 있을 것이다. 그는

산드로 보티첼리 작, 〈성 토마스 아퀴나스〉
아벡 재단, 리기스베르크

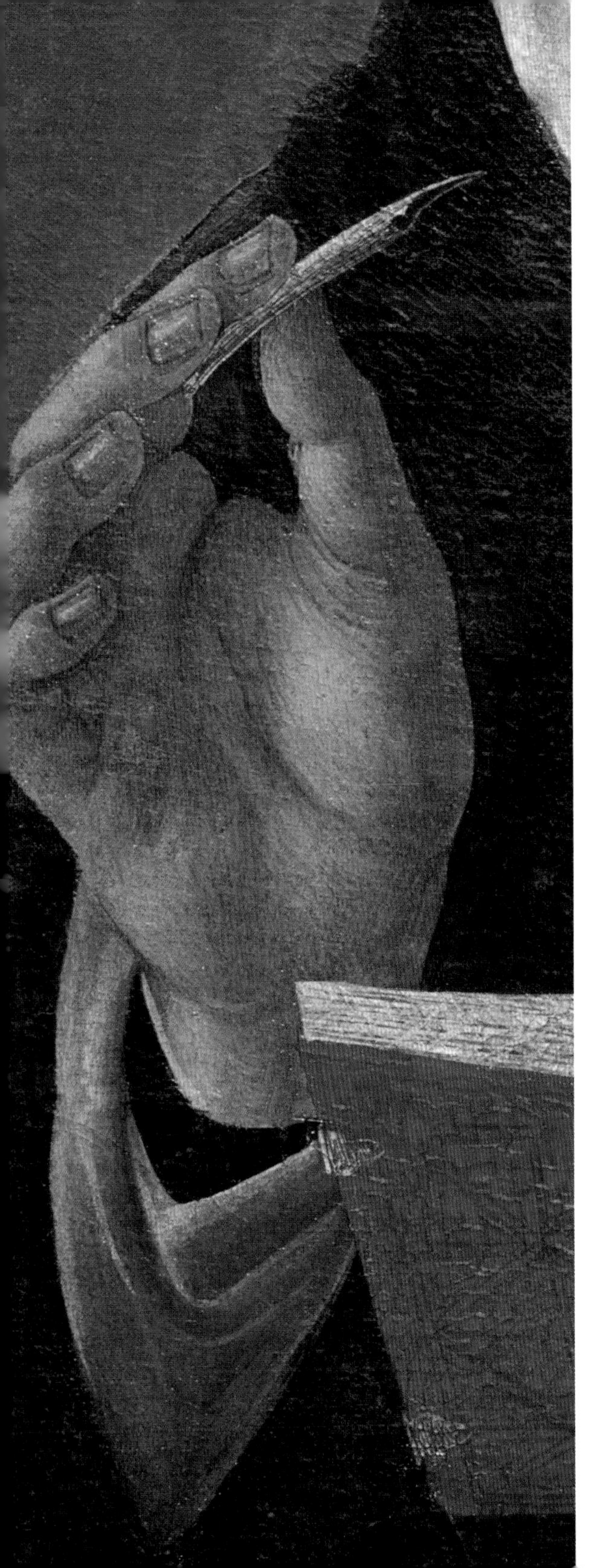

기독교의 진리는
이성이 할 수 있는 것
너머에 있음을 보여 주려고
그는 이성을 사용한다.

실체와 우연성, 본질과 실존, 형식과 속성, 현실태와 잠재태, 관계와 양태를 비롯한 수많은 다른 개념들을 볼 텐데, 그는 그것들을 가지고 거대한 한 작품을 집필한다. 둥근 천장과 반아치형의 걸침벽과 버팀벽, 첨탑, 리브, 원주 들을 가진 대성당처럼 건축된 그의 『신학대전』[1]은 플라톤의 이데아와 아리스토텔레스의 형이상학 이론에 기초하여 교회의 교리를 만들어 낸다. 역설적이게도, 그로서는 기독교의 진리는 이성이 할 수 있는 것 너머에 있다는 것을 보여 주는 것이 중요하다! 그럼에도 그는 이성을 포기하지 않고 그것을 아주 유용하게 사용한다.

아우구스티누스와 교부들, 이어 토마스 아퀴나스, 스콜라 철학과 함께 기독교는 하나의 체계가 되는데, 그렇게 될 경우 예수가 그의 신도들을 다시 만날 수 있을지, 신전의 상인들에게 채찍질을 가하는 장면을 재연할 수 있을지 사람들은 망설이게 된다. 단 한 사람도 선행의 길로 이끌 수 없는 그 수많은 추론들을 예수가 좋아했을지는 확신할 수 없다. 토마스는 성인(聖人)이 아닌 추론가들을 훈련시켜 만들어 낸다. 토마스 아퀴나스의 철학은 수사학과 소피스트의 논법에 능한 교사들을 훈련시켜 만들어 내는데, 그 모든 것 중 어느 것도 단 하나의 실존적인 선행을 만들어 내는 데 유용하지 않다.

보티첼리는, 그리스도가 태어난 지 천여 년이 지나 기독교는 잘 다듬어진 거위털 펜과 잉크가

기독교는
잘 다듬어진 거위털 펜과
잉크병, 종이의 문제가
되어 버렸다.

가득한 잉크병과 아주 반들반들한 종이의 문제가 되어 버려, 선행보다 주해에 주해만을 반복하는 책들을 더 많이 생산해 내고 있음을 보여 준다.

중세 시대 사람들의 영육을 지배하는 그 종교의 진리를 증명하기 위해, 이 세상에는 있지 않고 추론과 이성이 쌓아올린 자신의 책 더미 속에만 오로지 존재하는 세계로 향한 토마스의 찌푸린 시선. 예수의 삶을 본받으라는 실존적인 권유보다는 종이 위에 기록할 뛰어난 추론을 생산해 내기 위한 고민을 이야기해 주는 주름진 쭈글쭈글한 이마. 명상가의 침묵에서 오는 꼭 다문 입. 우리가 눈으로 보지 못하는 것을 보면서 두뇌가 생산해 낸 것을 막 책에 기록하려는 손. 이 교부는 철학은 신학의 시녀가 되어야 한다고 선언했다.

수세기 동안 철학은 바로 이 예속에 자신의 주권을 포기해 버렸다. 르네상스는 그 주권의 회복에 대한 이름일 것이다.

---

1 *Somme théologique*(1265–1273): 토마스 아퀴나스의 대표작으로, 그는 이 책에서 신의 존재에 대한 증명을 시도한다. 합리적인 추론으로도 신의 존재를 알아낼 수 있음을 보여 지성과 신앙의 조화를 꾀했다. 따라서 이 작품의 두 축은 신론과 인식론이다. 이 작품은 유신론의 바탕을 이루었을 뿐 아니라 서구 사상의 모든 분야에 큰 영향을 끼치게 된다.

15

마르실리오 피치노의 정원

(1433–1499)

고대 철학자들은 제자들이 있었으며, 철학을 하기 위해 모였던 학교가 있었다. 플라톤은 아카데미에서, 아리스토텔레스는 리케이온 학원에서, 스토아학파 철학자들은 회랑 학교에서 모였다. 견유학자들은 퀴노사르게스나 개들의 묘지에서 모였는데, 조롱조의 이 말은 그들이 이 네발짐승을 자신들의 철학—즉석에서 배설을 해결하기, 사람들 앞에서 먹고 마시고 잠자고 짝짓기하기, 짖어대기, 송곳니를 내보이며 방해자를 물어뜯기, 조각상에 오줌 싸지르기, 아무것도 준수하지 않기, 날것으로 먹기 등등—에 대한 실존적 모델로 삼았기 때문이다.

개에 대한 사랑이 디오게네스와 견유학자들의 반(反)플라톤주의 탓이라는 것을 아마 사람들은 이해하고 있을 것이다. 플라톤은 순수 이데아의 인간이며 동굴 알레고리의 철학자, 관념세계의 아름다움과 감각세계의 추함 간의 대립의 사상가, 유감스럽게도 변질되는 필멸의 육체 속에 강생한 변질되지 않는 불멸의 영혼의 신학자이다.

플라톤 철학은 기원전 387년에서 86년 사이 3세기 동안 지속된 그 아카데미 학교의 이력이다. 부유했기에 아마도 부유한 학생들을 두었을 플라톤은 실제로 한 철학 국가의 수장이었다. 이 아카데미 학교는 공동체의 철학적 장치의 기능을 했다. 고대에 철학은 개념을 만들어 내는 기술이 아니라 철학적 생활을 잘 해내는 기술이었기 때문이다.

아카데미는 아테네 교외의 한 넓은 터 위에 자리 잡았다. 그곳에는 아테네 여신의 성전과 제단들, 체육관, 도서관, 주거, 뮤즈 신들의 우두머리인 아폴론 조각상이 있다. 남녀 학생들—디오게네스 라에르티오스의 말에 따르면 여학생은 단 둘뿐이었다고 한다—이 그 학교에 모이는데, 아테네 사람들뿐 아니라 외국인들도 받아들인다. 표어는 "기하학을 모르는 사람은 이곳에 들어오지 말라"이다. 그곳에서는 한편으로는 모든 사람을 위한 대중적인 교육이 이루어지며, 다른 한편으로는 선택된 대중, 즉 엘리트들을 위한 교육이 이루어진다.

따라서 공개강좌는 모든 학생을 대상으로 행해졌으며, 비공식적이고 비밀스런 강좌도 동시에 행해졌는데, 그것은 주로 수학과 기하학에 기초하여 구두로 이루어졌다. 플라톤이 그의 집에서 구두로 행한 그 비공식적인 가르침에 대해서는 알려져 있지 않지만, 그의 생각에 비추어 보아 그것은 국가를 다스릴 수 있는 지적인 엘리트의 양

루이지 무시니 작, 〈메디치 궁전에서의 플라톤의 생일잔치〉
현대예술 화랑, 토리노

성에 목적이 있었다. 그것은, 철학자를 왕으로 만들기 위해 교육시키든 왕을 철학자가 되도록 교육시키든 둘 중의 하나를 전제로 하는 플라톤의 그 유명한 철인-왕 이론이다. 지식과 권력의 결합은 탁월한 것을 만들어 낼 것이기 때문이다.

플라톤의 저서 『국가』의 부제가 '정의에 관하여'였다는 사실과 그 그리스 철학자에게 정의는 오늘날 우리가 생각하는 것, 즉 평등하게 각자에게 돌아갈 것을 돌려주는 것이 아님을 기억하자. 플라톤의 정의는 각 사물이 우주의 질서에 따라 제 위치에 있는 것이다. 그러므로 이 정의는 불평등적이다. 사회는 그 꼭대기에 궁중에 거처하는 철인-왕, 또는 왕-철인이 있고, 그 아래에 병사와 전사로 이루어진 군인 계급이 있으며, 이 계급은 그 아래에 있는 노동자와 생산자, 육체노동자로 구성되는 하층 계급으로부터 상층 계급을 보호해야 한다. 이처럼 사회는 계급에 따라 정렬되어야 한다.*

역사상 여러 아카데미가 있었다. 첫 번째 것은 소위 '구(舊)아카데미(Ancienne Académie)'로 40년 동안 그곳에서 가르쳤던 플라톤을 알고 또 플라톤에게 엄격히 복종하는 사람들로 구성되어 있었다. 두 번째 것은 이른바 '중기 아카데미(Moyenne Académie)'로 오히려 피론주의적이었는데, 이를테면 피론[1]의 학설에 따라 회의주의적이었다. 세 번째 것은 소위 '신(新)아카데미(Nouvelle Académie)'로 카르네아데스[2]의 영향 아래 있었는데 이 아카데미는 소위 개연주의였다. 이 아카데미는 개연적인 것만을 오직 참된 것으로 간주한다는 점에서 플라톤주의적인 첫 번째 아카데미와 피론주의적인 두 번째 아카데미의 종합일 수가 있다. 네 번째 것은 소위 '오류가능주의 아카데미(Faillibiliste)'로 플라톤주의로 다시 돌아오지만, 당시 이 오류가능주의의 위력을 알고 있었던 스토아 철학과 절충하려고 노력한다. 다섯 번째 것은 이른바 '혼합주의 아카데미(Syncrétiste)'로 시초의 플라톤주의로 되돌아올 생각으로 오류가능주의적인 계획을 버리는 중세 플라톤주의(moyen-platonisme)를 창조한다.

로마의 장군 실라[3]가 기원전 86년 아테네를 점령함으로써 그리스가 로마의 지배를 받게 되자 로마는 철학 학교들을 폐쇄하고 학교 건물들을 파괴한다. 마르쿠스 아우렐리우스의 치하에서 신플라톤주의 학교가 176년에 문을 연다. 스토아 철학자 황제는 국비로 4개의 학원을 개교시키는데, 플라톤 철학 학원, 아리스토텔레스 철학 학원, 스토아 철학 학원, 마지막으로 에피쿠로스 철학 학원이 그것이다. 400년부터 하나의 아테네 학원이 존재하는데, 소위 여섯 번째 학교라고 할 수 있을 것이다... 이러한 장치는 기독교가 자신의 율법을 받아들이게 하고 교부들과 함께 개가를 올리는 529년까지 기능을 수행한다.

루이지 무시니의 과장된 스타일의 이 그림 〈메디치 궁전에서의 플라톤의 생일잔치〉는 소위 '신플라톤주의'일 수 있을 일곱 번째 아카데미의 극사실주의적인 사진으로 기능한다. 1459년, 코시모 데 메디치[4]는 플라톤과 신플라톤주의자들을 유럽에 소개하는 마르실리오 피치노를 중심으로 플라톤 아카데미를 설립한다. 플라톤의 이 철학 무대로의 귀환은 의미를 갖는다. 일반적으로는

* 철학자 알랭 바디우(Alain Badiou, 1937년 출생)는 로베스피에르주의와 마오쩌둥주의, 그리고 플라톤주의를 『플라톤의 국가』(2012)라는 한 권의 책 속에 동시에 가르치고 있는데 놀랄 일이 아니다. 그 책은 그 그리스 철학자가 원했던 귀족주의적 방향에서 플라톤의 텍스트를 자유롭게 해석하고 설명한 책이다. 수학자(질 아에리와 함께 2015년 플라마리옹 출판사에서 펴낸 『수학 예찬』을 볼 것)이기도 한 바디우의 이상적인 국가에서 철인왕의 역할을 할 자는 누구인가에 대해 생각해 본다. 고등사범학교에서 행한 그의 세미나는 플라톤의 아카데미의 논리적인 한 연속이다. 칼 포퍼는 『열린 사회와 그 적들』에서 어떤 종류의 관계가 전체주의와 함께 플라톤의 그 장치를 유지시켜 주는지를 보여 주었다.

스토아학파 철학자들과 함께, 그리고 개인적으로는 토마스 아퀴나스와 함께 승리를 구가하는 아리스토텔레스주의의 지배력에 대항할 수 있는 하나의 무기이기 때문이다. 신플라톤주의는, 난해한 어휘에 발목이 잡히고 엉터리 삼단논법이 가득한 담화의 함정에 빠져 있을 뿐만 아니라, 자칭 논리의 비상식적인 사용(이 모든 것은 가톨릭이라는 물고기를 괴상한 추론들의 독극물을 푼 욕조 속에 익사시키는 일이다)에 의해 방해를 받는 아리스토텔레스주의에 대한 항체의 역할을 한다.

여담 하나. 그 세계 전체를 익살스럽고 깔끔하며 풍자적이고 신랄한 몇 마디로 조롱하기 위해, 이성과 멋진 추론과 논리, 그리고 완벽한 논증의 외관은 갖추었지만 비상식적인 결론에 이르는 것을 조롱하기 위해 몽테뉴는 스콜라 철학자들이 남용했던 것들과 같은 엉터리 삼단논법을 하나 생각해 낸다.

햄은 물을 마시게 만든다.

그런데 물을 마시는 것은 갈증을 풀어 준다.

고로 햄은 갈증을 풀어 준다.

여담 끝.

마르실리오 피치노에 의해 부활된 플라톤은 신플라톤주의적인 플라톤이다. 신플라톤주의란 무엇인가? 그것은 몇몇 저술가들에 의해 행해진 해석이다. 그중에는 특히 플로티노스도 있는데, 그의 구술 작업은 제자 포르피리오스[5]에 의해 계획되어 『엔네아데스』(어원학적으로 '아홉씩 무리를 이루어'라는 뜻이다)라는 제목으로 출판되었다. 플로티노스[6]를 이어 제자들 중에 아주 열성적이고 주의 깊은 해석자들이 있었는데, 그들 중에는 프로클로스[7]와 이암블리코스[8]가 있다.

이 플라톤은 비(非)아리스토텔레스주의적인 신학으로 되돌아올 기회이다. 이를테면 '제1원리', 불변의 제1동인, 신의 이름은 여기에서 빛을 발하는 등불처럼 타오르는 '유일선(Un-Bien)'이다.

마찬가지로 이 플라톤은 플로티노스에게서는 '과정'이 된 플라톤의 상승변증법의 인용을 허락한다. 그것(상승변증법)은 하나의 본질에서 다른 본질로 변화하면서 가장 감각적인 사물들(사물들)에서 가장 관념적인 원리들(관념적인 것들의 원리)에 이르는 기술이다.

마지막으로, 포르피리오스가 「플로티노스의 생애」에서 한 말에 의하면 이 플라톤은, 그 제1원인과 자신의 비물질적인 영혼과의 합일—이 합일은 육체적이고 지적이며 철학적, 정신적인 금욕 덕분에 이루어진다—에 이르렀을 때 플로티노스가 말한 법열을 인용함으로써 '신비주의 신학'을 가능하게 한다.

새로운 신, 합일에 이르기 위한 방법, 실현할 하나의 목표. 신플라톤주의는 개념들에 대해 끝없이 이야기하는 기술이라기보다는 철학적인 삶이 가능하도록 개념들을 토론하는 기술이다. 신플라톤주의는 실존주의적인 기투(企投)로 이어지기에, 순수하게 개념적인 투기로 요약되지 않는다.

마르실리오 피치노는 많은 저자들 가운데 플라톤과 플로티노스, 포르피리오스, 이암블리코스, 헤르메스 트리스메기스투스[9]를 라틴어로 번역했다. 그는 플라톤의 『향연』을 주해했으며, 『영혼의 불멸성에 관한 플라톤주의 신학』을 출판했다. 그의 사상은 문예의 후원으로 아주 유명한 코시모 데 메디치의 지지와 옹호를 받은 메디치가의 신플라톤주의를 가능하게 했다.

무시니의 그림은 하나의 정원이다. 원경의 나무 두 그루는 선악 지식의 나무와 원초적 낙원의 생명의 나무를 원용한 것이다. 그런데 이 정원은 플라톤의 아카데미 학교의 정원이기도 하다. 전자, 즉 원초적 낙원은 후자, 즉 플라톤의 아카데미 학원의 정원에 철학적으로 겹쳐진다. 따라서 이 정원에는 낙원이 있다. 뒤의 배경은 르네상스식이다. 심오한 지식을 전수받은 자들의 세계와 문외한들의 세계 사이의 통로를 의미하는 정문의 박공에는 문장학의 용어집 속에 묘사되어 있는 것처럼 메디치가의 문장(紋章)—황금빛 백합 세 송이의 청색 방패 문양의 장식이 있는 칠보 원형 무늬 하나, 입술 모양으로 벌어진 백합들의 칠보 원형 무늬 다섯 개가 맨 위에 하나, 가운데에 2개, 그리고 맨 아래에 하나가 새겨져 있다—이 보인다.

따라서 신과 성서의 낙원, 플라톤과 플라톤의 아카데미 학교, 마르실리오 피치노와 메디치가의 아카데미 학원 사이에는 관련이 있다. 철학자는 서서 왼손으로 플라톤처럼 관념 세계의 하늘을 가리키고 있지만, 이 세상의 최고봉인 그 철학자(플라톤)보다 더 신 같은 존재, 즉 자줏빛 외투 차림으로 의자에 앉아 있는 코시모 데 메디치의 시선 아래, 그 철학자의 책 위에 그의 오른손을 얹고 있다. 후원자의 시선은 근엄하고 엄숙하다. 그의 시선은, 그림 감상자를 응시하지만 감상자 너머를 보고 있는 철학자를 향해 있다. 마르실리오 피치노는 흉상 옆에서 강의하고 있다. 플라톤의 아카데미 학교에서는 뮤즈들의 우두머리인 아폴론의 흉상이었는데, 여기에서는 당연히 싱싱한 꽃 화환으로 장식된 플라톤의 흉상이다.

마찬가지로 그림의 묘사 장면은 코시모 데 메디치를 제외하면 영적인 양식의 식사에 12명이 모이는 일종의 '최후의 만찬'이다! 세 그룹(왼쪽에 다섯 명, 중앙에 세 명, 오른쪽에 네 명)으로 배치된 이 사람들은 분명히 열두 사도를 환기시킨다. 그리고 코시모 데 메디치와 마르실리오 피치노의 관계는 마치 신과 그의 사도(예수)의 관계처럼 보인다.

루이지 무시니는 이 아카데미 학교 시대의 저자들이 알레고리적으로 보여 주는 한 사도의 무리를 그리고 있다. 그중에서도 피코 델라 미란돌라[10]와 아뇰로 폴리치아노,[11] 그리고 지롤라모 베니비에니[12]가 생각난다. 이 인물들은 여기에서 19세기 당시에 살고 있던 화가의 한 친구(그가 누구인지는 그 시대에 정식으로 확정되는 않았지만)를 보여 주고 있다고 할 수도 있을 것이다! 이 화폭 속의 인물들 모두가 비록 르네상스식 복장을 하고 있지만 예술가에게 그의 개인적인 판테온의 인용을 금지하는 것은 아무것도 없다. 그 시대에는 그림에서 그런 것이 예사였기 때문이다.

한 가지 추측. 오른쪽 네 명의 무리 속에 두 명은 현장 상황에 개의치 않고 토론을 하고 있고, 세 번째 인물은 그림을 감상하는 사람 쪽을 바라보고 있는 반면, 네 번째 인물은 그 현장 상황을 조금도 놓치지 않는다. 그는 붉은 술이 달린 챙 없는 모자를 쓰고 있으며, 희끗희끗한 긴 수염을 달고 있다. 반면에 다른 모든 인물은 수염이 없다... 그는 펼쳐져 세로로 세워진 책 한 권을 왼손으로 잡고 있고, 오른손은 왼손에 포개져 있다. 물론 이 화폭에는 머리 덮개를 쓴 다른 인물들이 있는데, 그들의 모자는 르네상스 시대의 모자 모습을 잘 보여 주고 있다. 그런데 수염이 긴 이 사람은 이슬람교 철학자 이븐 루시드[13]임을 알아볼 수 있게 하는 표시일 수도 있을 것 같다.

이븐 루시드를 발아래 둔 채 그에게 위엄을 보이면서 득의만면해 하는 토마스 아퀴나스를 묘사한 소름끼치는 그림이 하나 있다...* 소름끼친다고 말한 것은 바로 그것이 그처럼 알려져 있는 이슬람교와 유대-기독교의 관계이기 때문이다. 그리하여 이슬람교에 대한 유대-기독교의 지배가 그 교부의 발밑에 벌러덩 누워 있는, 달리 말하면 그 성인에 의해 쓰러뜨려져 밟히고 있는 한 철학자의 모욕적인 형상으로 그려져 있는 것이다.

이븐 루시드는 우리 각자 안에 있는 관념 사상들을 활성화시킬 집단적인 한 위대한 영혼을 위

* 베노초 고촐리, 〈플라톤과 아리스토텔레스 사이에서 성 토마스 아퀴나스가 이븐 루시드에게 거둔 승리〉, 루브르 박물관, 파리(235쪽을 볼 것).

해 개인의 영혼의 불멸성을 부정한다. 그러므로 '나'는 각자의 주인이 아니며, 자유의지는 더 이상 존재하지 않는다. 기독교가 그와 같은 주장을 수용하지 못하는 것은 무리가 아니다. 실제로 이 주장은, 자유의지를 전제로 하고 원죄는 바로 그 자유의지를 잘못 사용한 데서 유래한다고 주장하며, 그 잘못은 대속(이 속죄는 자신의 진실성을 인정하고 정당화한다)의 의무가 있다고 가르치는 이 종교의 체계를 무너뜨리기 때문이다.

우리는 마르실리오 피치노가 플라톤을 부활시키려는 그의 의지를 촉발시킨 후원자 코시모에 대한 배려(후원자에 대하여 공경의 법칙을 이행할 필요가 물론 있다...) 외에도 그의 진정한 계획은 베네치아의 이븐 루시드적인 아리스토텔레스주의에 대항하기 위한 것임을 밝혔다는 것도 알지 못한다. 피치노는 그의 『플라톤 신학』 제15권에서 이븐 루시드가 그리스어를 몰랐기에 아리스토텔레스를 이해하지 못했다고 쓰고 있다. 그 책에서, 그는 그가 능가하고 싶은 스콜라 철학의 모든 오류에 대해 책임을 져야 할 것이라 생각하는 '괴물 같은 이븐 루시드주의'에 대해 논한다.

따라서 이 화가가 가르쳐 주는 것은 이븐 루시드가 토마스 아퀴나스에 의해, 다시 말해 가톨릭의 스콜라 철학에 의해 '발로 짓밟힐 이유가 없었다는 것이 아니라, 지적으로 정화된 기독교에 기여하기 위해 그가 플라톤을 경청하고 있다'는 것이 더 낫다는 것이다. 그 대화가 바로 스콜라 철학적인 방식으로 모욕을 줄 필요가 없는 플라톤주의적인 해결책인 것이다. 실제로 언젠가 정치적인 대가를 치를 위험을 무릅쓰지 않고는 모욕을 가할 수 없을 것이다.

---

1 Pyrrhon(BC 360년경-272년경): 그리스 철학자로 회의주의의 아버지라 불린다. 피론주의는 아테네의 중기 아카데미와 신(新)아카데미에 널리 퍼졌으며, 17세기 유럽의 철학 사상에 강력한 영향을 미쳤다.

2 Carnéade(BC 214-BC 129): 그리스의 철학자로, 신아카데미의 창시자이자 회의론자.

3 Sylla(BC 138-BC 78): 로마의 유명한 장군이자 정치가. 술라(Sulla)라고도 불린다.

4 Cosme de Médicis(1389-1464): 피렌체의 은행가이자 자본가, 정치가. 이탈리아 르네상스 예술가들을 후원함으로써 르네상스 운동의 주도자가 되었다.

5 Porphyre(234-305): 그리스의 신플라톤주의 철학자로, 그의 스승 플로티노스의 구술 작업을 편집하고 출판했다. 『엔네아데스』(301)가 바로 그것이며, 서문에 플로티노스의 생애를 실었다. 이 작품은 6부작 선집으로, 실제로 각 부는 논문 9편으로 이루어져 있다.

6 Plotin(205-270): 고대 로마의 철학자로, 신플라톤주의 학파의 창시자로 간주된다.

7 Proclus(410-485): 그리스의 마지막 철학자로, 신플라톤주의 철학을 비잔틴과 이슬람 세계, 그리고 로마 등 세계 구석구석까지 전파하는 데 기여했다. 주요 저서로는 『신학 원리(*Institutio theologica*)』, 『자연학의 원리』, 『플라톤의 신학』 등이 있다.

8 Jamblique(Iamblicos, 259년경-330년경): 시리아의 철학자로, 후기 신플라톤 철학파의 주요인물. 후기 신플라톤주의 철학의 방향성을 결정한 것으로 알려졌다.

9 Hermès Trismégiste: 헤르메스주의와 관련된 여러 책들의 저자로, 이집트 신인 토트와 그리스 신인 헤르메스가 결합된 신 또는 반신적 존재로 알려져 있다.

10 Pic de la Mirandole(1463-1494): 이탈리아의 인문주의 학자이자 철학자. 그의 『인간 존엄성에 관한 연설(*De hominis dignitate oratio*)』은 여러 철학에서 가장 훌륭한 요소들을 뽑아 자신의 작품 안에서 결합하는 혼합주의적 방법을 보여 주고 있다.

11 Ange Politien(1454-1494): 메디치 가문의 가정교사로 활동했다. 그는 사상가라기보다는 고전에 능통했던 문필가이자 피렌체 르네상스 시대의 탁월한 교육자였다. 본명은 안젤로 암브로지니(Angelo Ambrogini)이다.

12 Jérôme Benivieni(1453-1542): 르네상스 시대의 피렌체 출신의 궁정시인.

13 Averroès(Ibn Rushd, 1126-1198): 이슬람의 종교철학자이자 의학자. 아리스토텔레스의 모든 저서를 주해했으며, 아리스토텔레스의 사상을 가장 바르게 복원(復元)하는 것을 그의 일생의 목표로 삼았다.

16

에라스무스의 반지

(1467년경–1536)

에라스무스가 살아 있을 때 이미 마체이스[1]와 홀바인,[2] 그리고 뒤러[3] 등이 십여 번 그를 그렸다. 좀 놀라운 일이다!... 1519년 마체이스는 이 철학자의 초상을 새긴 메달을 만드는데, 앞면에 그리스어와 라틴어로 이렇게 쓰여 있다. "그의 작품들은 더 좋은 이미지를, 살아 있는 모델에 의거하여 아주 인상적인 이미지를 산출할 것이다." 그리고 뒷면에는 에라스무스의 표어인 "누구에게도 양보는 없다"라는 글귀와 함께 테르미누스의 흉상이 새겨져 있다. 유피테르의 아들인 이 로마의 신은 경계(境界)의 신으로, 사이좋은 이웃 관계, 이웃과의 평화와 화합을 책임지는 신이다. 이 신은 길과 사거리의 신인 그리스의 헤르메스에 해당하는 신이다. 누군가가 그에게 '양보는 없다(Nulli concedo)'라는 금언이 교만의 죄에 가깝다는 점을 지적하자, 그 철학자는 그것은 자신의 표어가 아니라, 경계의 신으로서 인간들의 생활의 신이기도 했던 테르미누스의 표어라고 분명하게 말해 주었다. 그는 그 문제에 대해서는 조금도 양보할 수 없다고 말했다!

에라스무스는 유언에 요하네스 에라스무스 프로벤에게 반지 두 개를 남기는데, "그중 하나는 보석이 박히지 않은 것이고 나머지 하나는 터키옥을 물린 것"(『에라스무스의 생애』, t. II, p. 418-419)이었다. 그는 또 니콜라우스 에피스코피우스의 아내인 유스티나[4]에게 "반지 두 개를 주는데 그중 하나는 다이아몬드 반지이고, 나머지 하나는 작은 터키옥이 박힌 반지"이다(위의 책). 한때 그는 캐비닛에 보관한 자신의 물건들의 목록을 작성한 적이 있는데, 이런 것들이었다. 물잔들, 물병들, 숟가락들, 몇 개는 순금인 선물받은 회중시계들. 그는 이렇게 덧붙인다. "내게는 많은 반지가 있다."(p. 434)

한스 홀바인의 이 화폭에 보이는 반지들이 그것을 증명해 준다. 갈대 붓으로 글을 쓰고 있는 오른손에는 보이지 않지만, 글씨가 적힌 변질된 종이 위의 왼손에는 반지들이 보인다. 에라스무스는 그 손에만 반지를 네 개, 즉 집게손가락에 하나, 약지에 두 개, 그리고 새끼손가락에 하나를 끼고 있다. 가운뎃손가락에는 없다. 이 디테일로는 어느 것이 다이아몬드 반지이고 어느 것이 터키옥 반지인지 구분할 수는 없다. 새끼손가락에

소(小) 한스 홀바인 작, 〈에라스무스〉
루브르 박물관, 파리

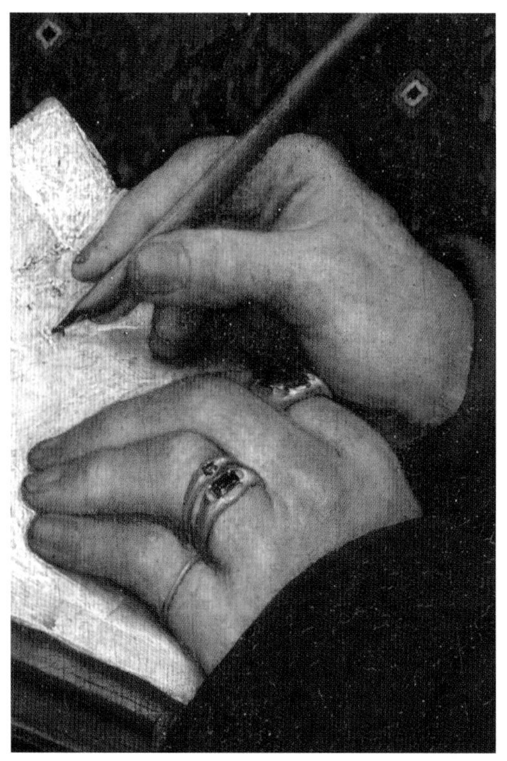

낀 것은 단순한 금반지처럼 보인다.

그런데 반지 헤드에 테르미누스를 음각한 보석 금반지 하나가 존재한다. 실제로 이 보석은 바쿠스 신(술의 신)의 형상과 함께 새겨져 있었다! 그것은 그의 제자였던 알렉산더 스튜어트 대주교[5]가 선물한 것이었다. 스승은 알고 있었을까? 제자는 또? 나로서는 이 철학자의 엄청난 지식에 비추어 당연히 알았을 것이라고 생각하는 쪽이다. 알았지만, 그는 그 형상이 새겨진 것이 전혀 거리끼지 않았다. 우리는 이 사상가가 이 화폭 속에 끼고 있는 반지들 중에 그 음각한 보석 금반지가 있는지 어쩐지는 잘 모른다. 어쩌면 집게손가락의 반지가 그것일까?

나는 이런 근친성이 전혀 관련 없지 않았음을 증명하고자 한다. 실제로 에라스무스는 그의 『대화집』 속의 두 「향연」[6]에서 아주 상이하지만 유사성이 없지 않은 두 인물, 즉 예수와 에피쿠로스를 등장시킨다...

그의 철학적인 계획은 긴 세월이 흐르면서 쌓인 찌꺼기들을 기독교에서 일소하는 것을 목표로 한다. 한 사제의 사생아였던 그는 성직자의 악습, 수도사들의 방탕한 행위, 성유물의 판매, 면벌부 판매, 사제들의 무지와 비열한 행위, 추잡한 언행, 빈자들에 반하여 부자와 힘 있는 자들과의 야합, 성사(聖事)에 대한 대금 청구, 사치와 돈을 좋아하는 호전적인 교황들, 단식과 성인들과 성모 마리아에 대한 미신들, 서원에 대한 미신들(청빈서원을 하면 평생 빌어먹으며 산다더라, 순결서원을 하면 천리에 어긋난 악덕에 빠진다더라, 순종서원을 하면 노예가 된다더라 하는 미신들)과 싸운다.

사람들은 그리스도를 너그럽게 봐주지만 그리스도를 내세우는 사람들은 그렇게 많지 않다. 플라톤보다는 소크라테스를 더 높이 평가하는 에라스무스는 예수에게서 자신의 지혜를 실천하고 자신의 생각과 삶을 일치시키는 면모를 좋아한다. 그는 교회를 개혁하여 구하고자 한다.

에피쿠로스는 금욕과 검소, 소박과 검약 속에서의 쾌락, 즉 저속한 쾌락들의 포기로부터 오는 고상한 쾌락을 예찬한다. 따라서 그의 쾌락주의는 복음을 실천하는 데서 기쁨을 느끼는 자의 환희와 모순되지 않는다. 에피쿠로스 동산에서의 삶은 기독교적인 삶인 것이다. 지복의 절정은 무엇인가? 평온한 의식이다. 가장 불행한 사람은 누구인가? 불경한 사람이다. 죄는 어디에서 오는가? 신과 인간 사이의 우의를 방해하는 모든 것에서 온다. 기독교의 아타락시아는 무엇일까? 아무런 자책할 일이 없는 자의 평온한 영혼이다. 지고의 쾌락은 어떤 것인가? 그리스도처럼 사는 것, 예컨대 돈과 영화와 권력과 부, 그리고 여자를 포기했던 성 프란체스코회의 수도사들처럼 사는 것이다. 지상의 쾌락은 헛되고 덧없는 것이다. 욕망은 쾌락 뒤에 온전히 그대로 다시 찾아와 우리가 영원회귀의 순환 속에서 욕망에 예속되기를 강요하기 때문이다. 마음이 혼란스러우면 평정을 얻을 수 없다. 진정한 부정성은 어디에 있는가? 고통과 질병, 노쇠, 위험들, 전쟁, 죽음에 있다.

진정한 기독교는 초기의 기독교이다. 따라서 그것은 에라스무스 시대에 지배적이던, 형극을 찬미하고 고통을 찬양하며 육체를 경멸하는 기독교가 아니다.

기독교적이고 에피쿠로스주의적인 초연한 삶을 살기 위해서는 성직자의 중개 없이 직접 성서를 읽고, 스콜라 철학보다는 교부학을 선호할 필요가 있으며, 종교적 실천에 부합하여 행동할 필요가 있다. 마찬가지로 성본능을 죄악시하지 않되 그것보다는 순결을 선호하면서 저속한 쾌락을 멀리해야 한다. 진실한 사랑은 섹스 속이 아닌, 가치들을 조화롭게 공유하는 데 있다. 육체적 사랑이 줄어들수록 진실한 사랑은 점점 더 커진다. 여기에서 우리는 루크레티우스의 아타락시아적인 사랑을 생각하게 된다. 마찬가지로 우리는 사랑의 기쁨뿐 아니라 우정과 대화, 토론, 음식, 철학의 기쁨 같은 쾌락의 활동을 할 필요가 있다.

교회는 가톨릭 신자로서의 에라스무스의 주장에 귀 기울이지 않을 것이다. 교회의 상황은 악화되어, 두 세기가 지난 뒤, 주지하듯이, 개신교가 그 문세를 재빨리 낚아챌 것이다. 만일 바티칸이, 에피쿠로스적인 기독교의 형태를, 아니 기독교적인 에피쿠로스주의의 형태를 취했던 에라스무스의 인문주의에 귀 기울였다면 종교전쟁들은 결코 일어나지 않았을 것이라고 상상해 볼 수 있다. 유럽의 양상은 바뀌었을 것이다.

만일 바티칸이,
에피쿠로스주의적인
기독교의 형태를,
나아가 기독교적인
에피쿠로스주의를 취했던
에라스무스의 인문주의에
귀를 기울였다면
종교전쟁들이 결코
일어나지 않았을 것이라고
상상해 볼 수 있다.

---

1 Quentin Metsys(1466–1530): 플랑드르의 화가로, 안트베르펜 유파를 창시한 예술가이다. 마세이스(Massys)라고도 쓴다.

2 Hans Holbein le jeune(1497년경–1543년경): 독일의 화가로, 헨리 8세의 궁정 화가였다. 주요 작품으로 〈에라스무스〉, 〈죽음의 무도〉, 〈헨리 8세〉가 있다.

3 Albrecht Dürer(1471–1528): 독일 르네상스의 대표적인 화가이자 판화가.

4 에라스무스의 저술들을 출판한 바젤의 출판업자 요하네스 에라스무스 프로벤의 큰딸이다. 그녀의 남편인 니콜라우스 에피스코피우스도 출판업자였다.

5 l'archevêque Alexandre Stuart(1493–1513): 에라스무스의 제자로, 세인트앤드루스 대주교였다.

6 *Convivium profanum*과 *Convivium religiosum*을 가리킨다.

17

몽테뉴의 류트

(1533-1592)

보르도 출신의 화가는 역시 보르도 출신인 몽테뉴가 『수상록』에서 이야기한 장면을 음유시인 형태로 형상화한다. 자신의 동료 화가들과 꼭 마찬가지로 그는 한 구문을, 이번에는 그 철학자가 유년기 때 받았던 교육에 대한 자서전적 이야기의 발췌 구문을 그린다. 몽테뉴의 아버지는 아들이 로테르담의 에라스무스식의 인문주의 교육을 받기를 바랐다. 그러기 위해서 그는 고대인들을 모델로 삼아 완전히 키케로의 언어를 사용한 교육을 아들에게 시킨다. 어머니와 아버지, 시종, 시녀 하인들 등 집안의 모든 사람이 라틴어로 말한다. 몇 년 뒤, 이런 실행은 여전히 라틴어 단어들을 쓰는 마을에서까지 효과를 발휘한다. 몽테뉴는 이렇게 쓴다. "책도, 문법책이나 가르침도, 회초리도 없이 자연스럽게 나는 맨몸으로 나의 학교 선생님이 구사했던 것과 똑같이 세련된 라틴어를 배웠다."(I, 26) 그리하여 그는 아주 일찍부터 라틴어 고전을 읽는다. 그는 그리스어도 배운다. 그는 플루타르코스의 『영웅전』과 스토아학파의 철학 대전인 세네카의 『루킬리우스에게 보낸 편지』를 발견한다.

이 화폭에 옮긴 부분은 이 구문이다. "(우리보다 훨씬 더 깊이 잠에 빠져 있는) 아이들을 아침에 갑작스럽게 강제로 화들짝 깨우는 것은 그들의 연약한 두뇌에 장애를 일으킨다고 생각하는 사람들이 있어 아버지는 나를 어떤 악기 소리로 깨우게 했다. 항상 나를 그렇게 깨워주는 사람이 있었다."(I, 26) 이유는 모르지만, 그 악기가 어떤 종류였는지 설명되지 않았음에도 불구하고 사람들은 그것이 스피넷(독일가문비나무로 만든 작은 클라브생)일 거라고 습관적으로 말하게 되었다. 화가 피에르 놀라스크 베르즈레[1]는 신고딕 양식 낭만주의를 상징하는 악기인 류트를 택했다.

바로크 음악과 고대 로마 철학에 기초하여 교양을 쌓고 로마식으로 특별하게 교육을 받았던 이 사람은, 그의 말에 따르면, 쓰는 족족 출판한 책, 즉 『수상록』을 창작했다. 유럽 사상사에서 중요한 이 작품을 그는 죽은 친구 에티엔 드 라 보에시[2]와 나눌 대화의 대체물이라고 소개했다. 보에시는 그 유명한 『자발적 복종론』(1576)의 저자로, 그는 그 책에서 권력은 그것이 행사되는 대상들이 그에 동의하기 때문에만 존재한다고 주장한다. 이 책은 종교전쟁이 계속되는 동안 신교도들의 애독서가 되었는데, 『수상록』은 이 책의 출판에 큰 영향을 미쳤다. 『자발적 복종론』 외에도 그

피에르 놀라스크 베르제레 작, 〈몽테뉴의 유년기〉
미술 박물관, 리부른

몽테뉴는
철학서들에서
지식을 길어 올리지 않는다.
그는 주해나 다는 저자들과
주해에 주해를 다는
저자들을 조롱한다.
그는 자신의 일상과
사물과 사람들에 대한
그의 관찰에서 출발한다.

에게는 시 29편이 있었으며, 몽테뉴는 자신의 친구가 서로 대립하는 두 파당 중 어느 한 파당에 의해 지지받는 것을 원하지 않았다.

이 엄청난 책(『수상록』)은 바로크적인 작품으로, 고대의 작품들을 아주 많이 참조하면서 온갖 주제를 다루는 마치 진귀한 물건의 전시관 같은 역할을 한다. 몽테뉴는 그의 책을 한 비서에게 구술했으며, 때로는 수많은 책으로 가득 찬 그의 서고에서 고전 작가들로부터 이런저런 인용문들을 발췌하여 예시나 어떤 주제에 대한 반박으로 이용한다.

이 백과사전적인 책에서 몽테뉴는 온갖 주제를 다룬다. 사랑의 변덕, 우정의 고귀함, 인생의 짧음, 죽음에 대한 준비의 필요성, 놀이를 통한 아이들의 교육, 중용의 기술로서의 정치, 신(神)의 단순한 본성, 종교 영역의 한계, 동물의 지능, 자연의 교훈들, 미개인들의 명민함과 문명인들의 야만, 역사가 주는 교훈과 인간 본성의 비밀들, 미덕의 아름다움과 정념의 구조, 스콜라 철학의 우스꽝스러움과 현실적으로 생각할 필요성, 책에서 얻는 도움과 여인들과 함께 있을 때 느끼는 행복 등등.

그는 그런 주제들을 다루기 위해 주해에 주해를 행할 뿐인 철학서들에서 그의 지식을 길어 올리지 않는다. 그는 주해나 다는 저자들과 주해에 주해를 다는 저자들을 조롱한다. 그는 자신의 일상과 사물과 사람들에 대한 그의 관찰에서 출발한다. 그의 책은 그가 보거나 읽었던 것에서 발췌한 이야기들과 교훈적인 일화들로 가득하다. 그는 스스로를 성찰함으로써 인간 조건의 한 초상을 그릴 수 있었다. 그는 자기 자신에서 출발하여 보편적인 것에 이른다.

그의 생각은 자서전적이다. 즐거움과 놀이로 이루어진 그의 자유로운 유년기는 그가 지식이 가득 찬 두뇌보다 잘 도야된 두뇌가 더 낫다고 주장하는 데 훌륭한 근거가 되어 주기 때문이다. 두 심술궂은 여자들, 즉 그의 아내와 어머니 덕분에 그는 여자들에 대해 말할 때 별로 호의적이거나 상냥하지 않지만, 그녀들은 남자에 의해 남자를 위해 만들어진 문명의 산물이라고 주장하면서 여성에 대한 자신의 비호감을 완화시킨다. 그가 사랑했던 그의 아버지는 아버지가 아들에게 줄 수 있는 좋은 것을 최선을 다해 제공한다. 낙마 사고는 그에게 죽음과, 생각보다 훨씬 더 간단하게 이해되는 유한한 삶에 대해 논하게 한다. 그는 자신의 암컷 고양이를 주시하면서 동물의 지능에 대한 설득력 있는 고찰에 이른다. 아이를 잃은 날조차도 땅을 경작하는 한 농부에 대한 명상은 우주와 조화를 이루는 보잘것없는 사람들의 위대함에 대한 훌륭한 성찰로 이어진다. 보르도(『수상록』에서 그는 루앙이었다고 말한다. 보르도 체류에 대해 좋지 않은 기억을 갖고 있는 왕을 언짢게 하지 않기 위해서였다…)에서, 얼마 전 발견된 대륙의 주민들인 브라질 사람들과의 조우는 그에게 기독교 세계의 지적인 경계를 허물게 만든다. 권력자들, 이번에는 왕들, 즉 그의 집에 자러 오는 앙리 3세에 이어 앙리 4세와의 빈번한 만남과, 이어 다시 보르도 시장이 된 경험은 그에게 아주 실용적인 정치를 생각하게 만든다. 그의 『여행 일기』가 증명해 주듯이, 그의 외국 여행들은 타자에 대한 이해를 권유하는 소재를 제공해 준다. 요로결석은 고통에 대한 그의 생각을 실존적인 빛으로 밝혀 준다. 그의 모든 생각은 실존적인 경험에서 우러나온 것이어서, 실존적인 교훈을 추구한다.

몽테뉴는 각 시대의 원리에 따라 번갈아 스토아적이었다가, 회의주의적이었다가, 에피쿠로스적이었다가 하지 않았다. 그는 동시에 스토아적이고 회의주의적이며 에피쿠로스적이었다. 그는 그것들에 못지않게 소크라테스적이기도 했다. 그러나 결코 플라톤적이지는 않았다. 그가 소크라테스에게서 좋아했던 것은 바로 자유로운 한 인물의 자유로운 인생 여정이다. 그는 자신의 생각을 실천하고 자신의 인생을 생각하는 사람이다. 그는 세상의 진리를 책에서가 아니라 세상 그 자체 속에서 찾는 사람이다. 그것은 진지하고 심각한 정신의 부족이기는 하지만 유머와 반어법, 수사학의 지름길들에 대한 선호이다. 그는 순수 이념, 관념, 스콜라적인 지루한 설명들과 대학의 담론들, 교수들의 급여를 합리화하는 것 이외에 아무 소용도 없는 난삽하고 두꺼운 책들을 조롱하는 철학자이다. 그는 사유를 직업으로 하는 사람들을 위해 생각하는 것이 아니라, 만인을 위해 만인과 함께 생각하는 사람이다.

그는
세상의 진리를
책에서가 아니라
세상 그 자체 속에서
찾는 사람이다.
직업 사유인들을 위해
생각하는 것이 아니라
만인을 위해 만인과 함께
생각하는 사람이다.

몽테뉴의 작품은 유럽의 다른 철학들을 위한 길을 마련해 주는 모든 프랑스 철학을 가능케 한다. 이 작품은 프랑스 철학의 다음과 같은 원리들, 즉 간결하고 명쾌한 글, 표현과 진술의 세련됨을 위해 문학과의 친밀한 교류, 일인칭으로 사고하는 것을 마다하지 않는 주관성의 수사학, 전혀 교수들이나 대학의 엘리트들을 위해서가 아닌 최대 다수를 위해 사고하려는 마음, 인간 본성에 대한 올바른 이해를 가능케 하는 심리학에 대한 날카로운 감각 등을 창시한다.

『수상록』은 다수의 현대사상을 가능하게 하는데, 실제로 그는 철학과 관련된 상당수의 중요한 발명을 실현한다.

그는 '사상의 세속화'를 발명한다. 그 이전 천여 년 동안 철학은 신학을 위해 존재하며, 철학의 모든 에너지는 신과 그리스도의 진리와 성서를 찬양하는 데 집중되어야 했다. 또한 철학은 다음과 같은 종류의 기독교적 불가사의들을 설명해야 한다. 즉, 어떻게 사람이 동정녀인 동시에 어머니일 수 있는가? 어떻게 아버지와 아들이 동시에 성령(Saint-Esprit)일 수 있는가? 어떻게 그리스도의 육체가 성체의 빵 속에 있을 수 있는가? 어떻게 그의 피가 포도주 속에 있을 수 있는가? 몽테뉴로 말할 것 같으면 저세상이 아닌 이 세상을, 신도

몽테뉴로
말할 것 같으면
저세상이 아닌
이 세상을,
신도들의 상상 속의
천상의 세계가 아닌,
지금 여기의 세계를
생각한다.

들의 상상 속의 천상의 세계가 아닌, 지금 여기의 세계를 생각한다.

그는 천 년이 넘은 궤변과, 억설, 억지, 궤설 들을 무너뜨린다.

『참회록』에서 자기 자신에 대해서보다 자신이 고백하는 신에 대해 더 많은 말을 하는 아우구스티누스로부터 오랜 세월이 지나, 『방법서설』과 코기토의 데카르트보다 한 세기 이전, 몽테뉴는 책들, 특히 성서와 교부학과 스콜라 철학보다는 자기 안의 마음속에서 더 진리를 찾음으로써 '자기 성찰적인 방법'을 생각해 낸다.

그런 식으로 그는 여전히 우리가 의거해서 살아가는 근대적인 주체, 온갖 죄악에 물든 타락으로부터 무사한 자율적이고 주권적이며 자유로운 주체, '나'와 '자아'로 말할 수 있는 주체를 발명한다. 하지만 파스칼은 『팡세』에서, 그런 몽테뉴의 에고티즘(자아주의)[3]이나 나르시시즘(자기 도취), 자기애(自己愛)나 자기 자신에게의 만족에 대해서가 아닌 명백한 진리를 얻기 위한 지적인 호기심에 대해 꽤나 비난한다.

그런 식으로 클로드 베르나르[4]의 아주 오래전의 선구자인 그는 더 큰 신뢰를 얻기 위해 감각을 통해 지각할 수 있는 현실에서 출발하여, 지성에 의해서만 이해할 수 있는 소위 관념적 현실에 이르는 '실험철학'을 발명한다. 따라서 그는 자신이 별로 좋아하지 않는 플라톤과, 하물며 더욱 좋아하지 않는 플라톤주의, 즉 4세기 초 콘스탄티누스 대제 시기에 공식적인 종교와 철학이 된 기독교와 함께 성공을 거두는 철학인 플라톤주의와 대척점에 선다. 그의 연구는, 소위 계시 종교의 진리들에 관한 것이기에 그가 이미 발견했을 무엇인가의 방향이 아닌 지적이고 심리적이며 정신적인 새로운 세계의 발견자로서 접근하는 어떤 미지의 땅 쪽으로 향한다.

그는 『수상록』의 한 장(章)인 「식인종에 관하여」에서 '문화 상대주의'를 생각해 낸다. 그는 보르도에서 몇몇 브라질 사람들과 이야기를 나눌 수 있었는데, 사람들은 자기 시대의 신발을 신고 있지 않는 사람은 누구나 야만인으로 취급할 수 있다는 사실에 놀랐다. 그는 그들의 풍속, 그들의 관습과 습관, 따라서 영양을 섭취하고 입고 사냥하고 먹고 싸우고 죽은 자의 인육을 먹고 결혼하는 그들의 방식을 묘사한다. 이어 그는 한 문명은 다른 문명과 비교해 우열을 가릴 수 없으며, 다른 문명이 우리에게 분명히 교훈을 줄 수 있을 것이라고 결론 내린다. 그에게는 선원으로 브라질에서 살기도 했던 노르망디 출신의 하인이 하나 있었는데, 그쪽 나라의 언어도 알아 몽테뉴에게 그 신세계의 사람들과의 대화를 통역해 주기도 했다. 그 덕분에 몽테뉴는 우리가 오늘날 그렇게 지칭하는 '예술품 수집'을 맨 처음 시작했던 것이다.

그런 식으로 그는 '벌거숭이 인간', 즉 유대-기독교의 수중에서 나와 원죄 때문에 곧바로 파렴치범의 도장이 찍힌 인간이 아닌 자연에서 나온 그대로의 인간을 발명한다. 이내 선량한 미개인이 되는 그 자연 그대로의 인간은 『인간 불평등 기원론』을 쓴 루소에서부터 『슬픈 열대』를 출판한 클로드 레비스트로스에 이르기까지 확실한 미래를 갖게 될 것이다.

그런 정신으로 그는 검소함과 간소함, 천성적인 선함, 그리고 금욕이기도 한 '소박한 행복'을 발명한다. 소위 미개인들의 삶은 아주 문명화된 것으로 드러난다. 브라질 사람들은 부의 축적이나 불필요한 노동, 비축을 모른다. 그들은 노동을 하나의 종교가 아닌, 생필품(먹고 마시고 입고 혹독한 기후에 자신을 보호하기 위한 것)을 생산하는 데 필요한 활동으로 여긴다. 미개인은 존재하기 위해 살지 소유하기 위해 살지 않는다.

구체적인 현실 세계에 중요성을 다시 부여하는 이 모든 발명들과 함께 몽테뉴는 '이성 종교'를 발명한다. 그가 신을 부인한다는 것은 생각할 수 없는 일이다. 그는 무신론자가 아니다. 그는 기도를 올리고 주기도문을 낭독하고 로레트의 노트르담 성당의 성모 마리아에게 봉헌물을 바친다. 그리고 미사에도 참석하고 그의 농지에 삼종기도 시간을 알리는 종을 치게 하며, 파리의 고등법원 앞에서 가톨릭 신앙고백을 한다. 하지만 그는 기독교에서 그에게 미신이라고 생각되는 것들, 즉 기적, 목걸이, 육체와 욕망과 집착과 충동에 대한 혐오에 기인한 억압적인 도덕, 마녀들에 대한 박해, 아메리카 인디언들에 대한 박해, 면벌부, 자살 정죄 등을 일소한다. 따라서 그는 마치 그가 독일에서 태어났으면 신교도였을 것이고 페르시아에서 태어났으면 이슬람교도였을 것처럼, 그가 가톨릭의 나라 프랑스에서 태어났기에 가톨릭교도라고 생각하는 비판적인 한 기독교도이다. 그의 신은 단순하고 꾸밈이 없다. 그의 신은 은총을 주든지 주지 않든지 하며, 우리는 그의 존재를 증명하지도 그가 존재하지 않음도 증명하지 못한다. 이성은 아무것도 하지 못한다. 신은 신앙을 주든지 주지 않든지 한다. 바로 이것이 신앙주의의 정의인 것이다. 『이성의 한계 안에서의 종교』의 칸트보다 훨씬 이전에 몽테뉴는 이성 종교를 발명한다.

그는 천 년이 넘은 궤변, 억설, 억지와 궤설 들을 무너뜨린다.

야생동물 및 애완동물들과 함께 살면서, 그의 고양이와 그의 아내의 동물들이 사는 것을 바라보면서 몽테뉴는 '반(反)종차별주의(antispécisme)'를 발명한다. 『수상록』의 한 장인 「레이몽 스봉을 위한 변론」에서 그는 동물은 인간이 사용하도록 신이 창조했기에 인간이 자기 맘대로 그것들을 이용할 수 있다고 말하는 기독교의 생각을 박살내 버린다. 그것들에게 일을 시키고 잡아먹기 위해 사육하고 옷을 짓기 위해 가죽을 벗기는 것, 이것이 바로 종차별주의(spécisme, 20세기에 피터 싱어[5]가 만들어낸 말로, 인종이나 성에 따른 차별을 드러내는 인종차별주의나 성차별주의와 같은 것이다)라고 명명된 것으로, 종(種)에 따른 차별주의인 것이다. 다윈과 그의 『종의 기원』 이전에 몽테뉴는 인간과 동물 사이에는 자연적인 차이가 없으며 단지 정도의 차이만 있을 뿐이라고 생각한다. 그는 그 말의 현대적인 의미에서 반종차별주의자는 아니지만, 동물은 생각을 하고 숙고하고 지능을 사용하고 기억력이 있으며 고통을 느끼고 좋아하고 연락을 취하고 주고받고 예측하고 자기 자신을 보호할 줄 알고 배운다고 설명하면서 그 사조를 가능하게 한다. 어떤 때는 동물이 인간보다 우월한 것처럼 보이기까지 한

몽테뉴는
인간과 동물 사이에
자연적인 차이가 없으며
단지 정도의 차이만
있을 뿐이라고 생각한다.
어떤 때는
동물이 인간보다
우월한 것처럼 보이기까지 한다.

다. 예를 들면, 어떤 동물도 다른 동물을 노예 삼지 않으며, 인간들보다 더 충성스럽고, 고문하지도 동류들과 전쟁을 하지도 않으며 먹기 위해 죽이지도 않는다. 동물들은 성관계를 갖기 위해 복잡하게 얽힘으로써 고생하지 않으며 우리 두 발 달린 짐승들보다 훨씬 더 용의주도하다. 동물들은 우리가 동물들에게 행한 선행과 악행을 우리보다 더 오랫동안 기억한다. 마지막으로 동물들은 호모 사피엔스에게서는 찾아보기 어려운 미덕들, 즉 충직, 감사의 마음, 그러니까 관대함과 뉘우침, 인정(認定), 그리고 관용 등을 행한다.

더욱 놀랍게도 몽테뉴는 '페미니즘'도 발명한다. 더욱 놀랍게도 그에게는 그 시대의 정신에 적합한 여성 멸시적이거나 남성우월주의에 기인한 약간의 비약이 존재하는데, 16세기 중반에 어떻게 그의 그런 점들을 비판할 수 있겠는가? 하지만 그는 특히 이런 페미니즘적인 글도 쓴다. "남자들과 여자들은 동일한 한 틀 속에 내던져졌다. 그러기에 체격과 습관을 제외하면 그들 사이에 차이는 크지 않다."(III, 5) 달리 말하면, 그는 물론 차이들을 확인하지만 가톨릭교회가 제시하는 자연적 차이가 아닌 문화적인 계통 발생을 제시한다. 그렇기에 그것은 그 이름에 걸맞은 모든 페미니즘의 기본 사상이다. 시몬 드 보부아르[6]는 『제2의 성』에서 다름이 아니라 바로 그것을 말할 것이다.

자기 남편을 속이고 오빠와 배신행위를 하는 며느리를 보고도 감싸주는 한 어머니 때문에 몽테뉴가 여성이라는 족속(gent)을 불신하는 데는 충분한 이유가 있었다. 그런데 그가 여자들에게서 얻었다고 생각하는 모든 이득에 대해 말하는 데도 역시 충분한 이유가 있었다. 이를테면 그가 이런저런 여성과 지적이고 정신적인 관계를, 나아가—'결연으로 맺어진 딸'이라고 말하지만—그의 인생에서 행복한 순간들과 함께 그의 저술의 출판을 도와준 마리 드 구르네[7]와의 다정한 우정 관계를 가졌을 때에 말이다.

그가 '탈(脫)기독교적인 우정'을 발명한 것은 바로 그와 같은 입장에서이다. 그가 『수상록』의 이런저런 장들을 헌정한 여인들뿐 아니라 특히—잘 알려진 사실이 되었지만—에티엔 드 라 보에시(몽테뉴는 그에 대해 멋진 글을 썼다)와의 우정이 그런 우정이다. 그는 로마식 우정을, 이를테면 이익이 아니라 우정의 즐거움을 느끼고자 하는 욕구에 기인한 우정을 되살림으로써 탈기독교적인 우정을 확립한다. 그는 그 우정이 300년에 한 번 정도 나올 정도로 아주 드물다고 말한다. 그의 말에 따르면, 시간이 지날수록 망가지는 사랑과는 반대로 이 우정은 시간이 지날수록 빛이 나며, 그런 우정을 주는 사람은 그런 우정을 반드시 받는다. 하지만 남녀 사이에는 그런 우정이 불가능하다고 말하는데, 그들 사이에는 즐거움이 아닌 육체적인 욕망이 항상 끼어들기 때문(바로 그런 이유에서 그는 마리 드 구르네와의 우정에 대해 언급하지 않는다…)이다. 뿐만 아니라 그는, 우정이나 우의와는 아무 관계가 없는 이 관계에서는 의지력, 사고, 판단력, 선행, 여자들, 아이들,

권세, 생명 등 모든 것이 보잘것없는 것이 된다고 말한다.

그런 우정은 소위 탈기독교적일 수 있다. 왜냐하면 기독교는 너무 엘리트주의적이고 너무 선택적이며, 이웃에 대한 사랑(이 사랑은 특혜를 누리는 감정이나 차별, 또는 구별이 없이 신 안에서 신에 의한 신을 위한 만인에 대한 보편적인 사랑이다)의 권유와는 정반대로 작동하는 로마식의 우정을 좋아하지 않았기 때문이다. 하지만 우정이 어디에나 있다면 우정은 아무 데도 없는 것이다.

이와 같은 일련의 치밀한 비기독교화와 함께 몽테뉴는 '탈기독교적인 육체'를 발명한다. 우리가 아담의 후손으로, 구원받기 위해 학대해야 하는 죄악에 빠진 육체를 가지고 있다는 믿음에 의문의 여지는 없었다. 가톨릭교회의 신자에게는 학대받는 몸은 곧 구원된 몸이다. 몽테뉴는 마시는 것과 먹는 것, 여자아이들을 껴안는 것, 죄인임과 죄의식을 느끼지 않고 존재의 기쁨을 맛보는 것을 좋아하는 현실적이고 감각적인 육체를 사랑할 것을 권한다. 『수상록』은 자기 자신의 몸, 즉 굴과 연한 빛깔의 포도주를 좋아하고 여자아이들을 놀리고 성적인 장애를 겪고 녹초가 되기까지 승마를 하고 요로결석으로 고통스러워하고 늙어 가면서 어설픈 모습을 보이며 잠을 자면서 꿈을 꾸고 말에서 떨어지는 사고로 죽을 뻔한 자신의 육체에 대한 고찰이 풍부하다. 이제 문제는 그런 몸인 것이다. 이제부터 고려해야 하는 것은 바로 그런 몸이다. 몽테뉴와 함께 육체는 다시 땅으로 내려온다.

마지막으로, 나는 이것을 언급하려 하는데, 즉 몽테뉴가 '교육학'을 발명한 사실이다. 거기에서 우리는 피에르 놀라스크 베르즈레의 그림과 다시 만난다. 이 그림에서 아기 몽테뉴는 초월성이 없는 그리스도처럼 보이며, 노출된 몸은 어린아이의 것이 아닌 꼬마 어른의 것처럼 보인다. 화폭의 아기에게서 미래의 철학자의 몸을 추측해 본다. 그는 바구니 속 방석 위에 있다. 그의 어머니로 여겨지는 한 여인이 오른팔로 아이를 어머니답게 감싸 주고 있다. 그녀는 왼손에 책을 한 권 들고 있는데, 책갈피처럼 손가락을 책 속에 끼우고 있다. 화가는 어머니가 아들에게 이 책의 그 부분을 읽어주었다고 말하려는 듯하다. 그것은 몽테뉴가 아주 어린 나이부터 고대 작가들의 유명한 책들로 양육되었다는 것을 알려주는 한 방법이다. 이것은 다름 아닌 알몸의 아이(성기는 아주 적절한 천으로 가리고 있다)의 나체 부분의 처리를 위해 기교파의 소환과 함께 음유시인의 형태로 수정된 그 '성모 마리아 품속의 그리스도' 같다... 아이로 이루어진 이 경이로움 뒤에는 류트를 연주하는 사람과 하녀 같은 인상을 주는 한 여인이 있다. 그녀는 손에 아이에게 먹일 물질적인 양식(잔하나, 아마도 아침 식사일 것이다)을 들고 있으리라. 어머니는 정신적인 양식을, 그리고 하녀는 물질적인 양식을 책임진다. 이 화폭에서 몽테뉴는

아버지는 없지만—그런데 이 장면은 그렇게 하고자 하는 몽테뉴 자신의 의사가 없이는 불가능하다—애정이 깊은 어머니와 하녀, 그리고 하인에 다름없는 악사와 함께 있는 한 아들이다.

바닥에는 책 한 권이 펼쳐져 있는데, 마치 류트 연주자와 함께 있는 것이 확실히 아이에게는 훨씬 더 마음의 양식이 되니 책이 우리에게 가르쳐 줄 수 있는 것은 무시하겠다는 것을 의미하려는 듯하다. 이 장면은 고풍스런 주랑과 바로크식 주름들이 있는 저택의 큰 방에서 펼쳐지는데, 로마식 교육과 당시의 음악을 암시적으로 혼합하고 있다. 화폭 안쪽의 하늘은 여명의 빛깔이다. 따라서 그려진 것은 철학자가 쓰고 있는 장면이다. 즉, 그가 어린 시절 사람들은 음악 연주 속에서 그를 깨웠다.

이 아이는 한 혁신적인 교육방법을 제시하는 철학자가 될 것이다. 이 혁신적인 교육방법은 이어 『에밀』과 『신엘로이즈』의 저자 루소에서부터 시작하여 이후의 교육자들에게 영감을 불어넣을 것이다. 이 교육기술의 실체는 무엇인가?

몽테뉴는 지식으로 가득 찬 두뇌, 즉 그 시대의 하찮은 지식들로 가득 채운 그런 두뇌를 매우 싫어하며, 여느 시대와 마찬가지로 그런 두뇌보다는 잘 도야된 두뇌를 선호한다. 이 표현은 이후 유명하게 되었다. 지성이 없는데 그 많은 것들을 알아서 무슨 소용이 있는가? 앵무새나 구관조는 훌륭한 학생의 모델일 수 없다!

어른은 어린 시절부터 만들어졌다고 몽테뉴는 주장한다. 시인 워즈워스[8]가 "아이는 어른의 아버지"(프로이트는 이 말에서 영감을 얻었다)라고 말한 이후로 평범하게 되어 버린 이 생각은 그 시대에는 문자 그대로 혁명적이었다.

철학자로 만들기 위해서는 사내아이나 여자아이의 손에 토마스 아퀴나스의 『신학대전』을 쥐어 줄 필요가 없다. 그것은 그들을 싫증나게 할 위험이 있다... 그들에게 세상을 바라볼 것을 권장하고, 세상의 많은 수수께끼들을 해결하는 법을 가르쳐 줄 필요가 있다. 모든 것은 움직이고 흘러가는 것이기에 사물들의 유일 원인을 찾을 필요가 없다. 아주 오래전에 헤라클레이토스가 말한 것처럼, 흐르는 강이 세상의 진리이며 우리는 같은 강물에 두 번 발을 담그지 못한다. 그러니 오히려 사물의 운동을 알아야 할 필요가 있다.

> 어머니는
> 정신적인 양식을,
> 그리고 하녀는
> 물질적인 양식을
> 책임진다.

몽테뉴는 책으로 교육의 시야를 좁히지 말 것을 권유하기에 여행을 할 것, 세상을 보고서 배울 것, 건전한 육체에 건전한 정신이 필요하기에 신체 교육을 등한히 하지 말 것, 성실과 정직, 도덕심과 솔직성과 충직함 그리고 신의와 진실함 같은 미덕을 실천할 것, 에피쿠로스가 말하기를 철학을 시작하기에는 절대로 너무 빠르지도 너무 늦지도 않기에 아주 어린 나이부터 철학을 할 것, 예컨대 놀이기구로 즐기면서(그렇기에 그림에서 아이의 발아래에는 놀이기구 하나가 보인다) 배울 것을 제안한다.

이 그림은 그 모든 것을 이야기해 주고 있다. 그림을 바라보고 있으면, 낳아 준 아버지는 보이지 않지만 신이 아닌 아기 예수처럼 세상에 존재하는 것을 기뻐하는 이 아이에 대한 어른들의 온화함과 자애, 그리고 큰 사랑이 두드러져 보인다. 회초리와 규율과 징벌이 만연하고 신체적 가혹

행위가 마치 병기창 같은 학교 교육의 일부를 이루는 세기에, 새로운 세상을 위한 이 아이 탄생의 분위기는 화가가 이 그림을 그리던 시절에 자신이 알았던 것, 즉 이 아이는 우리의 근대성의 아버지였다는 것을 알려 준다. 따라서 그 아이의 아버지는 이 그림에 있어야 할 필요가 없었다. 이 아이는 아버지가 없는 아들로 그려져 있는데, 그 자신이 아버지이기 때문이다. 그가 없었다면 프랑스의 철학은 결코 존재하지 않았을 것이다.

---

1 Pierre Nolasque Bergeret(1782-1863): 프랑스 보르도 출신의 화가이자 석판공.

2 Étienne de La Boétie(1530-1563): 프랑스의 인문주의 작가이자 시인. 1855년부터 몽테뉴의 친한 친구가 되었으며, 몽테뉴는 그에게 『수상록』을 사후 헌정하였다.

3 자기 성찰과 분석을 중히 여기는 태도·경향을 말한다.

4 Claude Bernard(1813-1878): 프랑스 생리학자로, 현대 실험생리학의 창시자, 근대의학의 시조로도 불린다. 그는 『실험의학 연구방법 서설』(1865)에서 실험의학의 태도를 명확히 제시한다.

5 Peter Singer(1946-): 오스트레일리아 출신의 철학자이다. 그는 『동물 해방』(1975)에서 즐거움과 고통을 느낄 수 있고 의식이 있는 존재인 동물을 인간이 마음대로 사용하고 학대하는 것은 성차별이나 인종차별과 같은 종차별주의라고 주장한다. 이 책은 동물권 운동가들의 지침서로 알려져 있다.

6 Simone de Beauvoir(1980-1986): 프랑스의 작가이자 철학자. 그의 『제2의 성』(1949)은 1960년대에 여성 해방문학의 고전이 되었다.

7 마리 드 구르네(Marie de Gournay, 1565-1645)는 몽테뉴를 존경하여 그와 결연으로 부녀 관계를 맺었으며, 몽테뉴가 사망한 뒤 그의 『수상록』을 편집하고 출판했다. 그녀 역시 철학자로 『남녀평등(*Égalité des hommes et des femmes*)』(1622), 『부인들의 불만(*Grief des dames*)』(1626)을 집필했다. 그녀는 여성들도 교육을 받아야 한다고 주장했다.

8 William Wordsworth(1770-1850): 영국의 낭만주의 시인. 콜리지와 함께 출판한 『서정 민요집』(1798)은 영국 낭만주의 운동의 시발점이 되었다.

18

마키아벨리의 장갑

(1469–1527)

기교파[1] 화가 산티 디 티토의 그림은 마키아벨리를 그린 것이 아니라 마키아벨리즘을 그린 것이다. 이 작품은 마키아벨리가 살아 있을 때 그의 면전에서 그린 것이 아니라는 점을 지적하자. 왜냐하면 티토는 마키아벨리가 죽은 지 9년 후에 태어났기 때문이다. 이 그림은 16세기 후반에 그려진 것인데, 그에 대한 더 이상의 설명이 없다. 그런데 『군주론』의 저자 마키아벨리는 1527년에 죽었다. 초상화와 그 모델인 마키아벨리 사이에는 사반세기에서 반세기의 시차가 있다. 이 기간은 마키아벨리의 '실제 모습'보다는 그림으로 재현되거나 구현된 모습으로 '변화되어' 굳어지기에 충분히 긴 시간이다.

마키아벨리즘은 마키아벨리의 진짜 사상이 아니다. 마키아벨리즘은 그의 전체 사상에서 떨어져 나온 일부에 불과할 뿐이다. 그런데 이처럼 떨어져 나온 일부가 피렌체의 정치가 마키아벨리의 사상을 왜곡시키고 있다.

'마키아벨리의 사상'은 어떤 것인가?

니콜로 마키아벨리는 현실적인 사상가, 현실에 대해 사유하는 사상가였다. 그의 직업은 관념이나 책에 대해 철학하는 것이 아니라, 외교 방면, 따라서 전쟁 국면에서의 힘, 또는 달리 말하자면 전쟁이나 외교의 힘을 위해 활동하는 것이었다. 그는 실제로 피렌체 공화국을 위해 14년 동안 외교 사절로 복무했다.

그 직책을 수행하면서 마키아벨리는 분열과 부패, 음모, 술책, 모사, 그리고 그다지 아름답지 않은 인간의 영혼 속을 아주 가까이에서 바라볼 수 있었다. 마키아벨리는 인간이 무슨 일을 할 수 있는지를 알았다. 메디치 가문을 지지하는 파당들이 스페인의 도움을 받아 피렌체 공화국을 무너뜨렸다. 마키아벨리가 지지했던 이 공화국은 18년 동안 존속했으며,[2] 그도 같은 기간 동안 정치와 외교 일선에서 활동했다. 이렇듯 그는 공화주의자였다. 그의 시대에 이탈리아는 존재하지 않았다. 이탈리아가 그 실체를 드러내기 위해서는 3세기를 더 기다려야 했다... 이탈리아 이전에는 오직 쪼개져 분열되고 독립된, 하지만 특히 유럽 군주정의 포식자들의 탐욕에 희생되었던 수많은 도시국가들이 있었을 뿐이다.

마키아벨리가 원했던 것은 간단했다. 도시국가들을 하나의 강력한 주권 국가로 통합시키는 것이었다. 그는 분열된 도시국가들을 하나의 국가로 만들고자 했던 사상가였다. 『군주론』은 많은 도시국가들을 하나의 정치 형태로 통일시킬 수

산티 디 티토 작, 〈마키아벨리의 초상화〉
베키오궁, 피렌체

있는 자를 위한 지침서였다. 마키아벨리는 전제 군주들에 맞서 민중의 편을 들었다. 민중은 전제 군주들의 폭정에 시달리고 싶은 생각이 추호도 없지만, 전제 군주들은 오직 폭정만을 갈망할 뿐이라는 사실을 마키아벨리는 잘 알고 있었다. 마키아벨리가 공화정 지지자인 이유가 바로 거기에 있다. 『군주론』과 비교하면서 반드시 읽어볼 필요가 있는 『티투스 리비우스[3]의 로마사 첫 열 권에 대한 논평』[4]이 그 점을 잘 보여 준다. 애석하게도 마키아벨리의 저작에서 그다지 중요하게 여겨지지 않는 이 저서는, 그가 로마 공화정을 그 당시의 많은 도시국가들을 하나의 강한 국가로 통일시키는 것이 가능하다는 것을 믿게끔 해 준 하나의 정치 모델로 삼았다는 사실을 잘 보여 준다.

로마인들에게 독재는 이 용어의 현대적 의미에서의 독재, 특히 20세기의 전체주의 이후에 나타난 그런 독재가 아니었다. 로마 시대의 독재는 정확하게 원로원이 한 인간을 지목해 그에게 모든 권리를 위임하는 것이었다. 하지만 이 권력은 특정 목표를 실현하기 위해 주어졌다. 일단 그 목표가 달성된 이후 독재자는 그에게 위임된 권력을 원로원에 반납해야 했다. 로마의 독재자는 죽음이라는 시간적 제한 이외의 다른 제한 없이 권력을 향유하기 위해 사적으로 권력을 장악하거나 남용하는 그런 개인이 아니었다. 그는 단지 자기에게 맡겨진 임무를 실현하기 위해 위임된 권력을 사용하는 사람이었을 따름이었다.

『군주론』은 이렇듯 정해진 목표의 실현을 위해 로마식 독재자에게 권력 사용법을 가르쳐 주고 있는 '시대 및 상황적 산물'이었다. 전제 군주적 폭정으로부터 중세의 도시국가들을 구하기 위해 이탈리아식 공화정을 실현한다는 목표가 그것이었다. 마키아벨리의 전체 저작들은 보통 『군주론』 앞에서 그 의미가 퇴색하는 것 같다. 하지만 『군주론』도 그 이후로 정치철학에는 두 개의 질문만이 존재한다는, 이 저서에서 비롯된 하나의 사상으로 인해 손해와 이익을 함께 보고 있는 것 같기도 하다. 그 두 질문 중 첫 번째는 이것이다. 어떻게 권력을 장악하는가? 답. 모든 수단이 유용하다. 두 번째 질문은 이것이다. 한번 장악한 권력을 어떻게 유지하는가? 답. 모든 수단이 유용하다. 더 정확하게 말하자면 '어떻게 권력을 장악하는가?'에 대한 마키아벨리의 답은 이렇다. 여우의 간계와 사자의 힘을 이용해서. 그리고 '한번 장악한 권력을 어떻게 유지하는가?'에 대해 그는 한 번 더 이렇게 대답한다. 여우의 간계와 사자의 힘을 이용해서라고 말이다. 하지만 다음과 같은 사실을 잊지 말자. 군주가 스스로 여우나 사자가 되는 것은, 개인적으로 권력을 장악하기 위해서나 폭군 네로의 방식으로 그 권력을 흥청망청 즐기기 위해서가 아니라, 힘이 약한 도시국가들을 통합시켜 공화정을 실현시키기 위함이라는 사실을 말이다.

'마키아벨리즘이란 무엇인가?' 마키아벨리즘은 『군주론』이 구체적인 시대적, 상황적 배경에서 태어났다는 사실, 즉 실용적이고 시의적인 텍스트라는 사실을 망각한 데서 기인한 결과이다. 그리고 『군주론』을 '본체 철학적이고 관념적'이며, 초월적이고 비역사적인 텍스트로 변형시킨 데에서 기인한 결과이다. 수많은 도시국가들을 하나의 국가로 통합시키는 구체적인 목표와 완전히 단절되어 버린 이 저서는 가장 비도덕적인 정치가들을 위한 견유주의적인 지침서가 되어 버렸다.

디드로와 달랑베르가 편찬해 낸 『백과사전』에는 '마키아벨리즘'이 이렇게 정의되어 있다. "폭정의 기술이라는 두 단어로 요약될 수 있는 가증스러운 정치의 한 갈래. 피렌체 출신 마키아벨리는 그의 저작들을 통해 그 원칙들을 널리 퍼뜨렸음."(t. 9, p. 793.) 이후 '마키아벨리즘'이라는 용어는 마키아벨리 사상의 핵심으로부터 아주 멀어져 오히려 그를 비난하는 단어가 되어 버렸다.

그렇다면 어떻게 『군주론』이 마키아벨리즘으로 변해 버렸는가? 목적과 수단을 분리함으로써이다. 공화정이나 민중을 위한다는 정치적 목표 없이 개인의 이익을 위해 여우와 사자의 힘을 이용함으로써이다. 게다가 공화정과 민중을 위하는 것과는 전혀 다른 정치적 목표 때문이다. 그런데 더 나쁜 것은, 공화정과 민중의 권력과 완전한 단절을 지향하는 정치적 목표 때문이라는 사실이다. 『군주론』은 종종 민중의 적들과 공화정의 적들의 지침서가 되곤 했다. 고상한 목표에 봉사하던 로마의 독재자 모델은 독재 자체 이외의 다른 목표를 가지지 않은 독재를 위해 이용되었다. 비록 그런 독재가 겉으로는 공화정이나 대중적인 목표를 내세우고 있었지만 말이다.

물론, 마키아벨리는 다음과 같은 내용을 이론화시켰다. 도덕이 자신의 목표를 위태롭게 하지 않는 군주를 방해해서는 안 된다는 내용이 그것이다. 왜냐하면 이 목표는 복음서의 의미에서 반드시 '선한' 것이어야 하기 때문이다. 지상에서 모든 도덕적 명령 위에 기독교를 위치시키고, 또 그것을 보편화시키고자 했던 목표를 표방한 바오로의 교리가 존재하지 않았더라면, 인류의 문명을 낳은 기독교 제국을 그리스도 혼자서 건립할 수는 없었을 것이다. 지복의 존재인 그리스도 홀로 이 제국을 가능케 한 것이 아니었다. 거기에는 콘스탄티누스 대제의 칙령과 바오로의 칼과 군대의 힘이 동반되었다! 사실 사자도 여우도 복음서에 가장 먼저 등장하는 동물들이 아니다. 복음서에는 이 동물들에 앞서 평화의 비둘기와 희생을 상징하는 양, 그리스도가 탄생한 구유의 소와 당나귀, 불멸성과 부활의 상징인 공작, 또는 초기 기독교인들의 상징인 물고기가 등장한다. 그리스도는 가끔 사육장과 농장, 그리고 호수를 축성(祝聖)했다. 마키아벨리는 대초원이나 숲을 찬양했다. 그에 따르면, 군주는 "종종 국가를 지키기 위해 인륜에 반하는 행동이나 자비에 반하는 행동, 종교에 반하는 행동을 해야만 한다. (...) 가능한 한 '선'으로 가는 길에서 벗어나서는 안 된다. 하지만 필요한 경우에 '악'으로 가는 길로 접어들 줄도 알아야 한다."(Chap. XVIII.) 만약 이런 계획이 변증법적으로 도덕적 목표를 겨냥한다는 사실을 망각한다면—왜냐하면 주권 국가에서 공화정은 민중에게 자발적으로 통치되는 것을 받아들이게 하기 때문이다—, 그때는 마키아벨리를 완전한 견유주의자로 탈바꿈시켜 그의 메시지를 왜곡시키는 결과를 낳게 된다. 마키아벨리는 이렇게 말하지 않았다. 즉, '목적이 수단을 정당화시킨다.' 이와는 달리 그는 이렇게 말했다. '목적이 선하면 수단이 정당화된다.' 이것들은 결코 같은 말이 아니다. 왜냐하면 전자는 목적이 나쁠 수도 있지만, 후자는 결코 그럴 수 없기 때문이다.

정치와 도덕의 분리는 새로운 것이 아니다. 이미 플라톤은 『국가』에서 국가의 이성이라는 논리 속에서 거짓말을 옹호한 바 있다. 플라톤은 이 위대한 정치철학서에 '정의에 관하여'라는 부제를 붙였다. 플라톤은 그의 정치 프로그램이 옳다고 생각했다. 하지만 그는 인간들 사이의 불평등과 상호 복종, 철인-왕 또는 왕-철인에 대한 생산자들의 복종, 그리고 생산자들의 반란을 막기 위해 군인들에게 부여된 권한... 등을 정당화시켰다.

마키아벨리의 진짜 이론의 자리를 차지해 버린 마키아벨리즘은 모든 도덕을 저버리는 것과 정치의 독립성을 지지하는 데 있었다. 자신들이 옳다고 확신했던 모든 독재자들은—이것이 현대적 독재의 정의이다—그때부터 마키아벨리를 자신들의 '지도적 사상가'일 수 있다고 여기면서 그를 내세우곤 했다. 그가 마르크스주의적 신념에 충실했던 레닌처럼 자본가 없는 국가의 필연성을 믿었고, 히틀러 및 국가사회주의자들처럼 유대인 없는 공화국의 순수성을 믿었기 때문이다.

마키아벨리의 목표는 혼란스럽고 분열된 시기에 이탈리아 통일 국가를 실현하는 것이었다. 그는 그 과정을 가속화시키기 위해 모든 복음주의적 도덕으로부터의 해방에 호소했다. 하지만 마

티치아노 작, 〈장갑을 낀 사람〉
루브르박물관, 파리

키아벨리는 그로 인해 피해도 보았다. 마키아벨리와 더불어 정치는 분명 과거부터 항상 해 왔던 것을 당연한 것으로 주장할 수 있게 되었다. 자유를 선악과 더불어 이해하고, 도덕적 선에 대해서는 과거에는 그것이 정치적 악이었다고 말하고, 또 정치적 악에 대해서는 그것이 과거에는 도덕적 선이었다고 말할 수 있게 된 것이다. 이렇게 해서 마키아벨리는 도덕에 대한 정치의 열등감을 떨쳐 버린 견유주의의 시대를 열어젖힌 것이다.

산티 디 티토는 어떻게 마키아벨리가 아닌 마키아벨리즘의 초상화를 그리게 되었을까?

니콜로 마키아벨리가 실제로 어떤 인물을 닮았는가에 대해서는 거의 알려진 바가 없다. 물론 페데리코 파루피니가 그린 〈이몰라[5]에서 체자레 보르자[6]를 만나는 마키아벨리〉가 있다. 하지만 이 그림은 1864년 작이다. 또는 스테파노 우시가 그린 〈집무실에 있는 마키아벨리〉가 있다. 하지만 이 그림은 더 늦은 1894년 작이다. 두 작품 모두 자유롭게 재구성된 것들이다. 크리스토파노 델알티시모의 초상화는 마키아벨리의 모습을 다음과 같이 형상화시킨다. 넓은 이마에 굵은 목, 크고 긴 코, 턱이 길지 않은 얼굴 아랫부분에 있는 작은 입. 하지만 이 그림은 1552년과 1568년 사이에 그려진 작품으로, 역시 마키아벨리 사후에, 즉 마키아벨리 사후 35년에서 50년 사이에 그려진 것이다.

티토가 그린 초상화는 마키아벨리의 공식 이미지가 되어 버렸다. 이 초상화는 백과사전과 철학 교재, 그리고 마키아벨리의 저작들 및 그에 대한 연구서들의 표지에서 사용되고 있다. 그 결과 이 초상화가 진짜 마키아벨리가 되어 버린 것이다.

예술사가들은 티토의 이 초상화가 어떻게 해서 피렌체의 정치 일번지였던 베키오궁에 걸리게 되었는지 의아하게 생각한다. 그 당시에 마키아벨리는 메디치 가문에 의해 추방당했던 상황이었기 때문이다. 하지만 이 초상화가 마키아벨리를 그린 것이라기보다—메디치 가문은 그를 싫어할 이유가 많았다—오히려 마키아벨리즘을 그린 것이라고 가정하면—메디치 가문은 마키아벨리즘을 높이 평가할 이유가 많았다—, 이 그림이 베키오궁에 있는 것은 반대로 아무런 문제를 제기하지 않는다! 마키아벨리 자신은 그렇지 않았지만, 그의 권모술수는 메디치 가문의 하나의 모델이었던 것이다.

니콜로 마키아벨리의 개인적 특징에 충실한가의 여부를 떠나 이 초상화는 사자와 여우로 이루어진 인간 키메라의 초상화이다... 우리는 별 어려움 없이 교활함과 힘에 연관된 다른 동물들을 거기에 추가할 수 있다. 예컨대 맹금류와 고양잇과의 동물, 파충류, 그리고 도마뱀과의 동물 등등을 말이다.

마키아벨리의 의상은 메디치 가문의 의상이 아

니다. 비단으로 된 비로드 의상에는 오히려 사보나롤라[7]의 검정색 성직자 의상과 보르자 가(家)의 자주색 의상이 섞인 것으로 보인다. 마키아벨리의 몸이 그림의 3/4 정도를 차지한다. 그의 오른손은 쥐고 있는 책 위에 놓여 있다. 어떤 책인지는 모른다. 『군주론』일까?

『군주론』은 얇은 책인데, 이것은 두꺼운 책이다. 그러나 화가는 이런 세세한 사항을 고려하지 않았다. 분명 성서는 아니다. 티투스 리비우스의 『로마사』 중 한 권일 수 있다. 하지만 나는 이 책이 『군주론』에 대한 알레고리라고 생각한다. 그리고 장갑이 있다... 이 장갑은 보통의 장갑, 즉 유행하는 장식품일 수 있다. 당시에는 품위 있는 사람들이 장갑을 꼈으며, 장갑에 향수를 뿌렸다. 이 그림에서 장갑을 보리라고는 상상하지 못했을 것이다. 이 장갑은 아직은 '비로드 천 장갑 속에 있는 철의 손'을 의미할 수는 없다. 사실 베르나도테[8]에게 빚지고 있는 이 해석은 타당할 수 있지만, 연대가 전혀 맞지 않는다. 왜냐하면 후일 스웨덴의 왕이 되는 베르나도테가 3세기 후의 아르투아[9]의 백작을 만나는 것이 되기 때문이다... 하지만 이 장갑은 또한 전혀 다른 것을 의미할 수도 있다.

마키아벨리가 장갑을 손아귀로 꽉 움켜쥐고 있는 방식을 보면, 그가 어떤 가죽이나 부드러운 피혁, 또는 천을 쥐고 있는 것이 아니라 다른 것을 쥐고 있다는 인상을 준다... 두 손가락은 가위의 양날처럼 보인다. 『군주론』의 저자는 대번에 단도를 쥐고 있다는 인상을 준다... 티치아노의 작품 〈장갑을 낀 사람〉(1520-1523)을 보라! 이 그림에서 장갑처럼 그려진 부드러운 피혁으로 된 물체를 볼 수 있다. 이 장갑은 하지만 산티 디 티토가 표현하고자 했던 뻣뻣함을 지니고 있지 않다. 게다가 이 근엄한 초상화에서는 드러나지 않지만 티토는 기교파 화가였다. 달리 말해 그는 기호와 알레고리, 상징 등에 푹 빠진 화가였다.

교활하고 사나운 시선과 뱀처럼 미소 짓고 있는 입술 없는 입, 야위고 살이 없는 마른 얼굴, 얼굴의 드러난 뼈와 연골 — 그것은 한층 더 여우의 간계와 사냥을 하는 사자의 힘을 한데 모은 뱀 같다 —, 빽빽한 머리카락만을 남기고 짧게 깎은 머리, 피처럼 빨갛고 동굴처럼 어두운 옷, 도마뱀류의 작은 눈, 책 위에 놓인 오른손과 이 책에 담긴 교훈의 실천을 도울 준비가 된 단도의 모습을 얼핏 드러내는 왼손 등, 이 모든 것들은 다음과 같은 사실로 수렴된다. 즉, 화가가 완전히 마키아벨리즘을 묘사하고 있다는 것이 그것이다... 마키아벨리는 우리와 같은 시대를 사는 사람이다.

---

1 maniérisme: 이탈리아의 1520년대 후기 르네상스에서 시작해 1600년대 바로크가 시작하기 전까지 지속된 유럽 예술의 한 유파.

2 1494년 프랑스 왕 샤를 8세(1470-1498)가 나폴리를 정복하기 위해 이탈리아 원정을 감행했다. 프랑스 군이 10월에 피렌체를 침공했으며, 1494년에 메디치 가문이 몰락하고 공화정이 시작되었다. 1512년은 스페인의 침공으로 피렌체 공화국이 무너지고 다시 메디치 가문이 통치권을 회복한 해이다. 이 18년 동안에 마키아벨리는 피렌체 공화국을 위해 정치, 외교 일선에서 활동했다. 하지만 그는 1512년 메디치 가문에 의해 추방당했다.

3 Tite-Live(BC 59 또는 64-BC 17): 고대 로마 역사가로 142권으로 된 방대한 『로마사』의 저자.

4 우리말로는 『로마사논고』라는 제목으로 번역되었다.

5 Imola: 이탈리아 북부 지방 도시.

6 César Borgia(1475-15070): 이탈리아 르네상스 시대의 정치가.

7 Girolamo Savonarola(1452-1498): 이탈리아 성 도미니크회의 수도사.

8 Bernadotte: 본명은 Jean Bernadotte(1763-1844)로, 프랑스에서 태어나 나폴레옹 휘하의 장군이었다가 현재 스웨덴 왕가의 시조.

9 Artois: 현재 프랑스 북부의 한 도인 파드칼레 내에 있었던 옛 지역 이름.

매혹적인 시선이 내뿜는 차가운 불

보론

포도주를 되는대로 시음해 보는 것이 늘 예기치 않은 큰 기쁨을 예비하고 있는 것과 마찬가지로, '이름을 알지 못하는 한 사람의 초상화'를 발견하는 것, 그리고 '이름을 알 수 없다고 생각했던 이 초상화' 속의 인물의 이름을 발견하는 것 역시 커다란 놀라움을 예비하고 있다...

나는 앞서 이렇게 말한 바 있다. 마키아벨리는

마키아벨리로 추정되는 초상화(?), 익명(19세기에 레오나르도 다 빈치 작이라고 추정) 발랑세성 소장

그의 살아 있는 모습을 모델로 삼지 않고 그린 산티 디 티토의 초상화를 통해 널리 알려졌다고 말이다. 이 화가가 어떻게 작업을 했는지에 대해서는 별로 알려진 바가 없다. 그는 데생을 이용했을까? 참고한 이후 사라져 버렸을 다른 그림들을 이용했을까? 신체적으로 마키아벨리가 무엇을 닮았는지를 알게 해 주는 자료를 이용했을까? 마키아벨리의 몸에 관해 세세한 면을 알려주는 편지를 이용했을까? 마키아벨리를 알고 지냈던 사람들이나 화가 자신에게 기존의 초상화에 대한 정보를 줄 수 있는 사람들과 대화를 나눴을까? 우리는 이런 것들을 알지 못한다.

나는 이런 가설을 세웠었다. 이 그림으로 산티 디 티토는 마키아벨리즘을 그렸다는 가설이었다. 즉, 그가 『군주론』에서 발견한 마키아벨리즘이라고 하는 개념을 형상화시켰다는 것, 다시 말해 군주는 경우에 따라 사자처럼 강하고, 여우처럼 교활해야 한다는 그의 생각에 '형상을 부여했다'는 가설이었다. 내가 보기에는 이 초상화 속의 얼굴은 실제로 사자와 여우를 합해 놓은 키메라이다.

하지만 초상화 속에 그려진 사람의 이름을 알고 있기 때문에, 나는 어쩌면 하나의 추정에 불과할 수 있는 이와 같은 그림 해석을 하게 된 것이다. 그런데 한번 상상해 보자. 한 예술사가가 면밀한 조사를 마친 뒤, 내가 사자와 여우의 얼굴을 가지고 있다고 생각했던 이 사람이 마키아벨리즘과 아무 상관이 없는 어떤 한 총독의 얼굴이라는 증거를 제시했다고 말이다! 이 경우에 내가 택한 그림 해석은 어떻게 될까? 그냥 허튼 짓에 불과할까?…

귀인 오류로 인해 렘브란트의 그림 한 점이 얼마나 오랫동안 그 제목처럼 계단 아래에 있는 한 철학자를 그린 것으로 여겨졌는가를 우리는 잘 알고 있다. 어쨌든 화폭에 그려진 것을 잘 보지 못하는 경우도 있다. 자기 병을 치료할 약을 가지고 올 아들을 기다리고 있는 눈먼 토빗과 그의 아내 안나가 그 좋은 예이다. 장식틀에 새겨진 제목은 해독이 가능하다고 생각되는 경우조차 작품을 자유롭게 읽고 이해하는 것을 방해한다.

여기 그림 한 점이 있다. 지금으로서는 그 누구도 이 그림이 '누구의 것인지', '누구를 그렸는지'를 알지 못한다.

얼핏 순수하고 간결한 '미적 터치를 보면', 이 그림은 칼빈주의자나 종교전쟁 관계자, 장수, 신부, 사상가, 철학자 또는 개신교 신학자의 초상화를 생각하게끔 한다.

'의상을 보면' 미적 터치의 간결함과 순수함, 그리고 단순함이 확인된다. 멋을 부리지 않았고 레이스가 없으며 장식이 없는 하얀색 깃이 어두운 배경 속으로 사라지는 검정색 의상에 뚜렷이 드러난다. 이 그림 속의 인물은 몽테뉴일 수도 있다. 하지만 시선은 『수상록』의 저자 몽테뉴가 썼던 내용과는 전혀 다른 것을 말해 주고 있다. 이 인물은 침울한 에피쿠로스학파의 일원이거나 또는 비극적인 쾌락주의자일 수도 있다.

'얼굴을 자세히 보면', 밀랍색이고 근심걱정이 가득한 것 같다. 하지만 얼굴의 진짜 색깔을 변하게 한 시간의 효과에 주의하자… 이 얼굴은 뾰족한 칼처럼 명민해 보인다. 턱수염에 의해 그 효과가 두드러진다. 얼굴은 창끝처럼 뾰쪽하다. 머리는 그림을 가득 차지하고 있다. 대머리인 이 사람의 두개골은 모든 빛을 흡수하고 있다. 빛은 모두 노란색이다. 코는 매부리코이다. 입은 꽉 다물고 있으며, 시선은 날카롭다. 이 사람이 웃거나 미소 짓거나 농담하거나 갑자기 웃음을 터뜨리는 모습을 상상할 수 없다. 이 사람은 아주 기분 좋을 때만 웃는 부류에 속한다. 게다가 이 사람은 그 자신을 불태운다. 노란색의 불, 냉랭하고, 차갑고, 얼음장 같은 불로 자기 자신을 불태운다. 또한 이 사람은 그의 시선의 대상이 되는 사람을 불태운다. 이 사람은 불타 버린 불태우는 자 또는 불태우는 불타 버린 자이다. 하지만 이 모든 것은 차가운 불로 이루어진다.

이 사람의 흐릿한 홍채가 동공을 에워싸고 있다. 그가 뭔가를 바라보고 있다는 것은 알지만, 그의 시선밖에 보이지 않는다. 이 그림은 움직이고 있는 시선의 포착 이외의 다른 것이 아니다. 우리는 그림의 어두운 배경 속에 용해되어 있는 그의 희미한 상체를 잊고 있으며, 칼의 양날처럼 예리한 하얀색 깃을 잊고 있다. 우리는 뾰쪽하게 깎은 턱수염을 잊고 있으며, 그의 관자놀이에 듬성듬성 난 희끗희끗한 머리카락을 놓치고 있다. 우리는 돌출한 뼈 위에 팽팽하게 당겨진 양가죽처럼 메마르고 뻣뻣한 피부를 보지 못하고 있으며, 그의 뇌를 작동시키는 과도한 지성의 활동도 언급하지 않고 지나치고 있다. 우리는 얼굴을 뾰족한 정(綎)으로, 아니 거꾸로 떨어지는 쇳물 방울로 바꿔 버리는 뾰족한 턱을 본다. 요컨대 매혹적인 시선의 차가운 불만이 있을 뿐이다.

이 사람은 백열(白熱)이다. 거의 확실하게 그것이다… 그것도 차가운 백열. 얼음 불, 차가운 잉걸불. 넘칠까봐 조바심 나는 위험한 뇌. 보이는 것이 그의 시선뿐이지만, 이 초상화는 보이지 않는 뇌를 그린 초상화일 수 있다. 게다가 눈은 해부학적으로 시신경을 통한 뇌의 투사이다. 거기에서 수세기를 거쳐 우리를 보고 우리를 관찰하는 것은 바로 시계의 정교한 부품처럼 작동하는 지성이다.

도대체 이 사람은 누구인가?

그리고 어떤 화가가 이 사람의 초상화를 그렸는가?

이 그림은 움직이고 있는 시선의 포착 이외의 다른 것이 아니다.

지금으로서는 이 그림이 마키아벨리를 그린 레오나르도 다 빈치의 그림일 수도 있을 것이다... 내가 이 부분을 쓰고 있는 지금, 즉 2019년 여름의 하지에서 멀지 않은 이 시간에, 지구상의 몇 안 되는 사람들은 레오나르도 다 빈치가 어쩌면 『군주론』의 저자 마키아벨리의 '이 초상화'를 그렸을지도 모른다고 알고 있다...

이와 같은 모험에 대해 지금 사람들은 무엇을 알고 있는가?

안 제라르도*는 방대한 조사를 수행한 바 있다. 이 조사를 통해 우리는 마키아벨리와 레오나르도 다 빈치의 만남이 사실임이 확인되지 않았다는 것을 알게 된다. 하지만 발랑세성에 머물렀을 레오나르도 다 빈치가 그린 마키아벨리의 초상화에 대한 이야기가 19세기 후반부터 회자되곤 했다. 만약 이 작품이 정말로 레오나르도 다 빈치의 것이라면, 만약 모델이 정말로 마키아벨리라면 그때는 두 사람의 만남이 사실임이 증명될 것이다. 발랑세성의 탈레이랑[1] 소장품에 들어 있는 이 작품은 감정과 양도, 복원, 이동, 설명, 치수 재기, 가격 평가, 보존 상태 등과 같은 모든 절차를 정밀하게 거쳤다. 이제 화가의 이름 추정 작업만이 남아 있을 뿐이다... 그 어떤 것도 레오나르도 다 빈치가 마키아벨리를 그렸다는 사실과 두 사람이 만났다는 사실을 증명해 주지 못한다. 하지만 그 어떤 것도 그 반대 사실 또한 증명해 주지 못한다.

『레오나르도와 마키아벨리』라는 제목의 소책자에서 콜레주 드 프랑스 교수인 파트릭 부슈롱[2]은 이 주제에 대한 연구에 다시 착수했다. 그는 이 주제에 대해 모든 것을 읽었다. 우리는 이 주제에 대해 아무것도 말할 수 없지만 그는 마침내 이 주제로 책 한 권을 펴냈다. 이 책은 역사적 사실에 바탕을 둔 훌륭한 문학작품이다. 하지만 비밀이 온전히 밝혀진 것은 아니다.

조사가 더 이루어질수록 발견되는 것은 더 적어진다. 하지만 최소한 아무것도 발견해 낼 수 없다는 것을 더 찾아낸 것일 수도 있다.

어쩌면 하나의 얼굴을 그린 이 그림이 말해 주는 것을 제외하고는 말이다. 그런데 이 얼굴에서 지식을 담고 있는 혼천의(渾天儀)처럼 둥근 두개골은 화가에 의해 촉발되고 또 드러난 '정신적인 작업'으로, 이를테면 그 흐름이 잊지 못할 시선을 통해 우리에게 전달되는 아주 강력한 뇌의 에너지인 것이다.

레오나르도 다 빈치의 『수첩』에서 우리는 다음과 같은 구절이 들어 있는 데생 리스트에 대한 언급을 볼 수 있다. "아주 긴 노인 얼굴."(C.A. 324 r.a.) 우리가 한동안 몽테뉴로 여겼던 이 마키아벨리가 몽테뉴도 아니고 마키아벨리도 아니라면, 아주 긴 얼굴의 이 익명의 노인은 도대체 누구일까?

* "발랑세성에 있는 레오나르도 다 빈치가 그린 마키아벨리의 초상화?", 『발랑세 노트(*Les Cahiers de Valençay*)』, n°5, 2019. 안 제라르도(Anne Gérardot)는 앵드르(Indre)도의 도청 고문서 및 역사유물 관리자, 앵드르도의 골동품 및 예술품 보존책임자이다(발랑세성의 소장품도 맡고 있다). 이 부분을 쓰게끔 허락해 준 안 제라르도에게 심심한 감사를 드린다.

1 Talleyrand(1754-1838): 프랑스 정치인 및 외교관으로 발랑세성의 소유주였다.

2 Patrick Boucheron(1965-): 프랑스 역사학자로 중세와 르네상스 전문가.

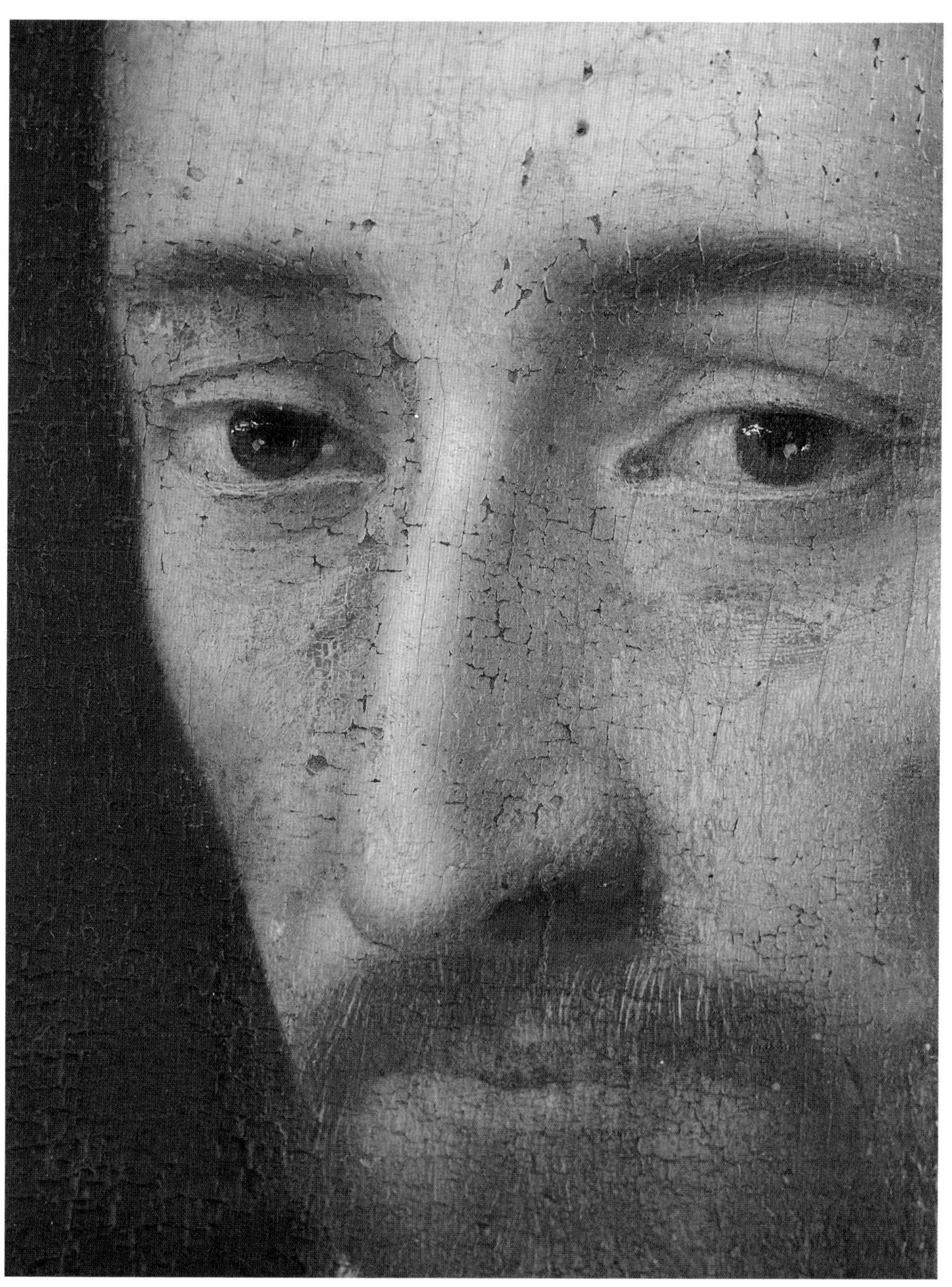

19

데카르트의 손

(1596-1650)

데카르트는 프랑스 철학의 창시자로 여겨진다. 이는 몽테뉴가 그보다 한 세기 앞선다는 사실을 망각한 처사이다. 데카르트는 라틴어가 아니라 프랑스어로 글을 썼던 최초의 사상가로 소개된다. 하지만 이는 또 한 차례 키케로의 언어인 라틴어로 집필되지 않은 몽테뉴의 『수상록』을 무시하는 처사이다. 데카르트가 근대적 주체성을 정립했다고들 한다. 그렇다면 라 보에시의 친구 몽테뉴는 무엇을 했단 말인가? 데카르트는 종종 근대 합리주의의 아버지로 소개된다. 그런데 우리는 이 사실을 신을 믿었던 데카르트, 그가 살던 시대의 왕과 그의 보모의 종교를 제외하고 모든 것을 의심했던 데카르트, 다시 말해 가톨릭교회를 의심에서 제외시킨 데카르트에게서 의심할 수 있다. 누군가가 우리에게 신에 대해 말할 때 신이 의미하는 바를 이해하는 것, 그것이 바로 신의 존재에 대한 증거라는 것이 데카르트의 생각이었다. 이것이 소위 본유(本有) 관념에 의한 신의 존재에 대한 증거라는 것이다. 왜냐하면 유일하게 신만이 그 자신의 존재에 대한 증거를 우리의 머릿속에 넣어줄 수 있을 것이기 때문이다. 이 증거는 물론 이 믿음을 우리의 머릿속에 억지로 주입시킨 자들에 대한 존재의 증거가 아니다. 데카르트는 또한 다음의 말을 좌우명으로 삼았다. 'Larvatus Prodeo.(나는 가면을 쓰고 나아간다.)' 데카르트는 또한 골치 아픈 일들을 피해 프랑스를 떠나 암스테르담으로 갔고, 다시 스웨덴의 여왕 크리스티나의 궁전으로 도피했다. 데카르트는 신중하고 소심한 사람이었다. 그런데 이런 그의 모습은 그 자신에 의해 만들어지기보다는 오히려 데카르트주의에 의해 만들어진 것이다... 이것은 무엇을 의미하는가?

데카르트는 이른바 '합리주의 정신'을 태동시켰다고들 한다. 그리고 모두 이구동성으로 이 정신이 '프랑스의 정신'이라고 말한다. 『방법서설』 출간 300주년이었던 1987년에 철학자 앙드레 글뤽스만[1]은 심지어 『데카르트, 그는 곧 프랑스다』라는 제목의 책을 출간하기도 했다. 어떻게 그렇게 되었는가?

『방법서설』의 저자가 남긴 공적 중 하나는 스콜라 철학을 그 내용과 그 표현 방식 때문에 무시해 버린 것이다. 실제로 이 주제에 대해서는 이미 많이 얘기되었다. 하지만 데카르트에 앞서 몽테뉴가 이미 그랬다... 또한 데카르트의 공적 중 하나는 철학이 그 중요성과 가치를 되찾게 해 주었다는 것이다. 철학이 신학의 하녀 노릇을 더 이상

프란스 할스 작(복제품?), 〈데카르트〉
루브르 박물관, 파리

할 이유가 없다, 철학이 자율성, 독립성, 주권을 되찾을 때가 왔다고 선언하면서 말이다. 하지만 데카르트에 앞서 몽테뉴가 이미 이런 선언을 했다…

데카르트는 『수상록』의 저자가 주관적으로 창안한 주체를 철학적으로 정립했다. 몽테뉴는 어떻게 운동이 발생했는가를 설명한다면, 데카르트는 그것의 진리를 증명하기 위해 직접 걸었다. 순수 철학적 방식의 지지자들은 아메리카 대륙을 한 번의 실수도 없이 발견하는 자보다는 이 대륙을 어떻게 발견하게 되었는가를 설명하는 자를 선호한다. 이런 이유로 철학자들은 데카르트를 철학사의 제일선에 위치시키는 반면, 몽테뉴를 제이선에 위치시켜 왔다.

하지만 비록 데카르트가 주체를 정립했다고 해도, 성 아우구스티누스에게서 이미 '코기토'와 유사한 것이 발견된다. 회의(懷疑) 끝에, 그 역시 정신은 그 자체를 인식한다고 주장했다. 그런데 이런 상황에서, 소크라테스가 그 큰 위력을 부여한 "너 자신을 알라"라는 델포이의 신탁을 어떻게 생각하지 않을 수가 있겠는가? 이 신탁에서부터 소크라테스와 성 아우구스티누스를 거쳐 그 자신에 이르기까지 데카르트는 몇몇 선배 학자들의 길을 따라갔던 것이다.

그렇다면 데카르트의 독창성은 어디에 있는가? 『방법서설』의 주장에 있다. 처음에 이 소책자는 '이성을 잘 인도하고, 과학에서 진리를 탐구하기 위하여'라는 부제가 붙은 한 서론이었다. 익명으로 출간된 이 텍스트는 『굴절광학』과 『기하학』, 그리고 『기상학』 텍스트의 서론으로 사용되었다. 하지만 이 세 저작은 데카르트의 후대의 명성을 보장해 주기에는 부족했다. 이 텍스트, 즉 『방법서설』은 프랑스어로 집필되었다. 왜냐하면 그 자신의 말에 따르면, 여성들과 어린아이들도 이 텍스트를 이해할 수 있길 바랐기 때문이다.

데카르트는 일인칭으로 말한다. 나르시시즘에 빠져서도 아니고, 또 그 자신의 사유의 계보학을 만들기 위해서도 아니다. 그는 연금술과 마법, 점성학을 가짜 학문이라고 비판하고, 확실하고 분명한 진리에 도달하기 위해 협력해 줄 것을 수학자들에게 요청한다.

데카르트는 제1원리에 도달하기 위한 '하나의 방법을 제안한다.' 불필요한 모든 것을 제거하고 모든 것을 철저하게 의심하는 것이 그것이다. 그가 살던 시대의 왕과 그의 보모의 종교만 제외하고서 말이다. 당대의 권력에 등을 돌리는 일은 생각할 수 없는 일이었기 때문이다. 자신의 이성을 정확하게 사용한 후에 진리인 것으로 드러나는 것만을 진리로 여기기, 문제를 해결하기 위해 그것을 하나하나 나누고 쪼개기, 간단한 문제에서 복잡한 문제로 나아가기, 이 방법의 체로 거를 수 있는 것은 어느 것도 소홀히 하지 않기, 회의에서 벗어난 잠정적인 도덕을 준수하기, 조국의 법과 관습, 종교에 복종하기, 단호하게 행동하기, 이성을 개발하기, 그리고 이성의 개발을 위해 평생 열심히 노력하기 등이 그 방법의 주된 내용이었다.

'이와 같은 방법의 사용'은 데카르트에게 확고한 기반을 마련해 주었다. 그런데 '방법적 회의'로 인해 모든 확실성이 다 흔들리면, 진리와 허위, 실재와 환상을 더 이상 구분할 수 없다. 이와 같은 지적 혼란 상태에서 어떻게 내가 있는지, 내가 존재하는지를 알 수 있을까? 비록 내가 모든 것(아니면 거의 모든 것)을 의심하고, 내가 나를 의심해도(이것은 불가피한 것으로 확인된다) 나는 최소한 내가 의심한다는 사실(그렇지만 이것은 증명되어야 한다)만큼은 의심할 수 없다. 이런 의심은 나의 사유에 기인한다. 그런데 내가 생각하자마자, 나는 존재한다. 이것이 바로 데카르트의 이름에 결합된 "나는 생각한다. 그러므로 나는 존재한다(cogito ergo sum)"이다. 데카르트는 이것을 제1원리로 삼았다. 이 원리를 그 위에 건물의 나머지를 지을 수 있는 받침돌로 삼은 것이다. 따라서 진리는 명석하고 분명하게 이해될 수 있는 것으로 표현된다.

'이런 방법의 활성화를 통해' 데카르트는 회의를 거쳐 신학 영역에서 삭제할 수 있었던 것을 철학적으로 재발견하게 되었다. 즉, 가톨릭 신자들은 비물질적인 영혼과 물질적인 신체에 대해서 말하지만, 데카르트는 장소와 물질이 없는 사유 실체나 온통 연장과 물질로 이루어진 연장 실체에 대해 말한다. 가톨릭 신자들은 창조되지 않고 원래부터 존재하는 신, 만물의 창조주인 신에 대해 말하지만, 데카르트는 완전히 인간적인 그의 방법을 통해 획득된 지식은 불변의, 무한하고 영원한 절대 존재가 그를 인도할 때에만 그에게 다다를 수 있다고 생각한다. 그 또한 습득에 의해 그 자신이 아는 것의 원인을 신이라고 부른다.

데카르트는 사태를 혁명적으로 바꾸고자 하는 기획에서 출발했다. 그는 회의를 통해 '백지 상태(table rase)'에 도달하고, 그 위에 새로운 건물을 지을 수 있게 되었다. 결국 그는 고딕 성당을 철저하게 해체하면서도 성체(聖體, Saint-Sacrément)의 작은 붉은 빛을 보호하려고 신경을 썼다. 물론 그는 이어 그가 살았던 시대의 정신 속에서 해체된 성당 건물의 모든 돌들을 그러모아 바로크풍의 교회를 다시 지었다. 그는 성체의 빛을 이 새로운 건물로 경건히 옮겨 놓았다. 신은 다시 그 건물로 돌아가 위엄 있게 거처했으며, 영혼과 육체의 분리는 고대 관념론적 이원론 속에 보존되었다. 건물을 지은 공사장의 우두머리인 데카르트는 라틴어가 아닌 프랑스어를 사용했다. 그렇다고 해서 기독교가 타격을 받은 것은 아니었다. 기독교는 근대로 접어들었다. 그 이야기는 지겨우니 화제를 바꾸자.

데카르트는 왜 철학의 군주가 되었을까? 오로지 그의 방법 때문이다. 자신의 방법을 이용하기 전 가톨릭 신자였던 그는 이후에도 가톨릭 신자로 남아 있었다. 그는 신, 이원론, 비물질적 영혼과 물질적 육체, 전통적 도덕, 관례와 풍습, 군주정이었던 그의 조국의 법을 지켰다. 그러니까 데카르트는 갈릴레오와 같은 운명을 겪는 것을 가장 두려워했으며, 그것을 피하기 위해 모든 노력을 다했던 것이다.

실제로 데카르트의 방법은 혁명적이었다. 왜냐하면 이 방법을 통해 궤변과 삼단논법, 거짓 추리, 논리적 착오, 변증법적 왜곡 등으로 괴물이 되어 버린 스콜라 철학의 방법들과 단절할 수 있었기 때문이다. 가령, '물음들'이 '조항들'로 나뉘고, 그 '조항들'은 다시 '반대', '반대 의미'로 나뉘며, 이어 '대답', 마지막으로 '해결' 등의 무거운 내용을 담고 있는 토마스 아퀴나스의 『신학대전』을 읽는 것과의 단절을 말이다...

데카르트가 사용한 형식, 프랑스어, 그리고 모든 사람들이 이해할 수 있도록 하고 싶었던 그의 어휘 사용 등은 그의 명성을 증대시켰다. 그는 극도로 신중했고, 형식을 제외하고는 모든 면에서 보수적이었다. 프랑스인들을 데카르트주의자들이라고 말할 수 있게 하는 것이 바로 거기에 있는 것은 아닐까?

데카르트가 '라르바투스 프로데오'를 좌우명으로 삼은 것은 우연이 아니었다. 그는 『개인적 사고』에서 이렇게 쓰고 있다. "빨개지는 얼굴을 감추려고 신경을 쓰면서 자신들의 배역의 의상을 입는 배우들과 마찬가지로, 여태까지 관객으로 일관했던 내가 세계라는 무대에 올라가는 순간 나는 가면을 쓰고 나아간다(larvatus prodeo)..." (『저작들』, p. 213.) 물론 '신 앞으로'를 의미하는 "프로 데오(pro deo)"는 아니다... 하지만 단지 철자를 통해서만 알 수 있는 이와 같은 동음이의어 역시 여기서는 하나의 가면이다.

프란스 할스[2]가 그린 초상화는 종종 데카르트의 저작들의 재판(再版)들과 그의 저작에 대한 연구서, 그에 대한 논문, 프란스 할스의 이 그림에

그렇다면 왜 구도가
이 작품의 의미를 죽이는가?
그 까닭은 그것이
데카르트의 손,
이 경우는 그의 왼손을 숨기고
있기 때문이다.

대한 연구서, 그리고 이 그림과 데카르트가 맺고 있는 관계에 대한 연구서 등에서 사용된다. 하지만 대부분의 경우 이 초상화는 그 의미 중 일부가 잘려나가고 마는데, 화가가 의도한 구도가 유명 인사를 담고 있는 우표나 즉석사진과 비슷하기 때문이다.

이 플랑드르 화가가 그린 데카르트의 초상화는 분실된 것으로 보인다는 점과, 코펜하겐에 있는 초상화가 진본일 가능성이 있을지 모르지만 루브르 박물관에 소장된 것은 어쨌든 복제품이라는 사실을 지적하자. 크리스티나 여왕의 초대로 스톡홀름으로 가기 위해 암스테르담을 떠나는 철학자 친구의 초상화를 프란스 할스에게 부탁한 사람은 예수회 수사였던 블루마르트(Augustin Bloemaert)였다. 그는 눈에서는 멀리 떨어져 있지만 마음속에서는 늘 가까이 있던 자기 친구의 이미지를 간직하고자 했던 것이다.

그렇다면 왜 구도가 이 작품의 의미를 죽이는가? 그 까닭은 그것이 데카르트의 손, 이 경우는 그의 왼손을 숨기고 있기 때문이다. 그런데 이 왼손이 아주 신기하게도 이 그림의 오른쪽 아래 부분에 보인다. 따라서 이 왼손이 데카르트의 것이 아니라는 느낌을 갖게 된다...

이 손은, 쪼그리고 앉아 데카르트의 머리 덮개로 추정되는 물건을 쥐고 있는 피사 범위 밖의 제3의 인물의 손일 수도 있을 것이다. 그렇다면 왜 이와 같은 연출을 했을까? 이 연출은 괴상하게 보일 수도 있다. 하지만 그렇지 않다. 이 손은 정말로 데카르트의 손이다.

하지만 살롱 출품작에 대한 리뷰 모음집인 자신의 『살롱』에서 그림은 진리를 말해야 한다는 일념으로 해부학적, 역사적, 모방적 그럴듯함을 몰아세우는 디드로처럼, 우리는 데카르트의 초상화에 대해 이렇게 비난할 수 있을 것이다. 이 초상화 속의 왼손은 해부학자의 눈으로 보면 철학자의 어깨와는 받아들일 수 없는 관계에 있다고 말이다! 그렇기 때문에 아래쪽에서 액자 안으로 들어오는 제3자의 손이라는 인상이 든다는 것이다...

그림 아래쪽에서 떠도는 이 손의 수수께끼를 어떻게 풀 수 있을까?

앞에서 지적한 것처럼, 이 그림의 주문자는 예수회 수도사였다. 그런데 우리는 예수회에 속한 자들이 가진 그 유명한 이중성을 알고 있다. 그로부터 그다지 유쾌하지 못한 '위선적인'이라는 의미를 가진 형용사가 생겨났을 정도이다.[3]

데카르트는 행복하게 살고 싶다는, 그러니까 숨어서 지내고 싶다는 소망을 여러 번에 걸쳐 피력한 바 있다. 그는 이 가톨릭 국가가 자기에게 갈릴레오와 같은 운명을 부과할 것을 우려해 프랑스를 떠났다. 그는, 이성이 사유의 적이 아니고 친구인 신교의 땅 네덜란드에서 학문으로 인한 재앙을 피할 수 있을 것이라고 생각했다.

데카르트의 좌우명으로 돌아가 보자. 그는 왜 가면을 쓰고 앞으로 나아간다고 말했을까? 그 당시의 정치권력과 종교권력과의 분란이나 소동을 피하기 위해서였다. 데카르트는 그의 방법적 회의(하지만 너무 지나치지 않은), 그의 잠정적인 도덕(하지만 지속되도록 만들어진)으로 말미암아 왕의 권력과 자신의 보모의 습관, 그리고 동시대인들의 종교와 척을 지지 않기 위해 세심한 주의를 기울였다. 신중했던 데카르트는 철학자의 생명보험을 발명했던 것이다.

그렇게 되면 형태가 불분명한 이 모자, 알아볼 수 없는 이 머리 덮개, 헝겊모자 같지 않은 이 헝겊모자, 피륙의 짜임새와 재료가 헛갈릴 정도로 외투 같은 이 검정색 천 조각, 어두운 빛깔 속에 녹아든 이 어렴풋한 형체, 무(無)에서가 아니라면 적어도 화가가 원한 구상에서 나온 것 같은 철학자의 왼손에 쥐어진 이 이상한 천 조각, 이것이 데카르트가 지녔던 가면 중의 하나, 즉 여기서는 벗겨진 가면이 아니라는 법이라도 있는가? 종종 지적되는 것처럼, 이 작품은 앵티미즘풍의 초상화[4]라기보다 데카르트의 사유의 진리인 그의 철학적 진리를 말해 줄 수도 있다. 별이 없는 우주나 달이 없는 밤처럼 어둡고 캄캄한 배경 위로 개인 데카르트가 단 하나의 확실한 존재론적 진리로 떠오른다. 그는 형이상학을 그의 물리학으로 귀착되는 하나의 물리학으로 대체한다.

하늘은 완전히 비어 있다. 우리는 거기에서 무의 색깔을 생각하게 하는, 빛이 없는 한 명의 갈색머리를 발견할 뿐이다. 그는 가면을 벗었다. 따라서 이 얼굴은 그의 얼굴이다. 그러니까 여기에 있는 데카르트는, 그가 이 세계를 그의 방법적 회의라는 체로 걸렀을 때와 마찬가지로 존재론적으로 벌거벗은 것이다. 그의 머리카락은 검정색이다. 그러니 이 모습은 그의 머리카락이 희끗희끗해지기 시작하여 그 머리카락을 감추기 위해 가발을 쓰기 훨씬 이전의 모습이다. 철학의 진정한 임무는 수명의 연장을 위해 노력하는 것이라는 사실을 그에게 깨닫게 해 준 것이 바로 이 희끗희끗해지는 머리카락인 것이다. 그런데 이것은 『방법서설』의 마지막 부분에서 얘기되고 있다. 이 초상화를 보면 데카르트가 하녀 헬레나 얀스 판데르스트롬과의 사이에서 얻은 다섯 살 된 딸 프랑신을 아직 잃어버린 것 같지 않다. 딸의 죽음으로

스티븐 내들러, 『철학자, 사제 그리고 화가』
이탈리어판 표지, 아이나우디, 2014.

데카르트는 큰 혼란에 빠지게 되었고, 그 후로 그의 철학은 다른 방향, 즉 형이상학이나 존재론이 아닌 의학, 이를테면 너무 짧은 수명을 연장시키는 기술의 방향으로 나아가게 된다.

데카르트가 정육점의 뒤뜰에서 동물을 해부하여 생명체의 메커니즘을 규명하려 한 것은 바로 이런 이유에서이다. 또한 같은 이유로 그는 죽기 2년 전인 1648년에 『인간론』을 출간하게 된다. 이 텍스트를 계기로 그다음 세기에 기계론적이고 유물론적인 데카르트주의가 가능하게 되었다.

데카르트의 모습은 온전히 그의 얼굴에 있는데, 그의 유일한 시선 역할을 하는 그의 몸은 바

로 이 얼굴로 환원된다.

여기서 그의 시선은 인간이 어떤 존재인지를 보고 알게 된 자의 시선이다. 신 없이, 올바르게 이끈 자신의 이성만으로 자신의 방법을 따라 데카르트는 그 중요한 진리에 이르렀던 것이다. 즉, 의심하는 자는 누구나 그 자신이 의심한다는 사실을 의심할 수 없는데, 그러므로 그는 생각한다, 그가 생각하기 때문에 그는 존재한다는 진리가 그것이다. 이것이 바로 다듬어야 할 근대의 초석인 것이다. 프란스 할스는 빳빳하고 하얀 커다란 깃, 즉 법조계의 사람들이나 문인들, 또는 신을 섬기는 사람들 풍의 레이스도 장식도 없는 깃으로 데카르트의 머리를 그의 몸에서 잘라 버렸다. 화가는 이렇게 해서 데카르트의 연장을 가진 실체와 사유하는 실체를 그 유명한 송과선(松科腺)—오늘날의 솔방울샘—과 같은 하나의 흰색 물질로 분리해 버렸다. 그런데 데카르트는 이 송과선에서 영혼과 신체의 신비로운 결합을 본다고 생각했는데, 그 결합은 물질이 없는 물질 속에서나 물질이 있는 물질 밖에서 발생할 수 있다. 하나의 모순어법적인 결합으로, 그 결합에서는 물과 불이 일종의 제3의 물질도 만들어 낼 수 있는 것이다.

데카르트는 이제 더 이상 가면을 쓴 채 앞으로 나아가진 않는다. 우리에게까지 지속되는 노출 시간 동안 그는 강렬하게 현존하며 모습을 드러내고 있다. 즉, 그는 장식이나 치장, 꾸밈, 겉치레 없이 가장 자연스럽게 거기에 있다. 그는 배경, 소품이나 장식품, 무대장식술, 무대 등을 필요로 하지 않는다. 그는 그 자신 그대로의 모습을 드러낸다. 아무리 긴 세월도 그를 변화시키지 못할 것이다. 그런대로 정식으로 된 최초의 주체로서의 그를 말이다. 그는 생각한다, 그는 존재한다. 그리고 그는 거기에 있다. 프란스 할스는 정확히 그때 그를 보여 주고 있다. 이것은 앵티미즘풍의 초상화와는 완전히 반대이다. 개념적인 절제 속에서보다 더 철학적이고 효과적인 초상화는 없다.

떠도는 이 손의 수수께끼를 어떻게 풀 수 있을까?

이 자세 다음의 두 번째 자세에서 우리는 이렇게 상상해 볼 수 있다. 즉, 데카르트가 왼팔을 올린 뒤 이어 손을 올려, 어쩌면 모자 형태의 그의 가면 가운데 하나를 다시 쓰고 있다고. 암스테르담의 길거리나 스웨덴의 왕국으로 가기 전에 말이다. 그의 예수회 수도사 친구는 자기 집에서 그의 학자 친구를 그린 이 그림을 잘 바라볼 수 있었을 것이다. 그는 『형이상학적 성찰』의 저자의 가면 뒤에서 일어나는 것을 알고 있었을 것이다. 이 손이 가리키는 표시를 따라가기만 한다면, 프란스 할스는 우리를 이 가면을 벗은 자와 같은 시대에 사는 사람으로 만들어 준다.

---

1 André Glucksmann(1937–2015): 프랑스의 신철학자들 중 한 명.

2 Frans Hals(1580–1666): 네덜란드의 초상화, 풍속화의 대가. 플랑드르 태생이지만 네덜란드로 이주하여 평생을 안트베르펜에서 살았다.

3 프랑스어 단어 'jésuite'에는 '예수회 수사', '예수회 교도'라는 의미와 '음흉한', '위선적인' 등의 의미도 있다.

4 portrait intimiste: 프랑스에서 인상주의 이후에 나타난 미술의 한 유파인 '앵티미즘(intimisme)'풍의 초상화를 가리킨다. 앵티미즘에는 '친애하는', '내면의' 등의 의미를 가진 프랑스어 단어 'Intime'이 포함되어 있다. 이 유파는 일상적인 신변의 광경과 가정 내의 정경, 초상화, 모자상 등을 제재로 친밀감 등을 그림에 담고자 했다.

20

파스칼의 종이말이

(1623-1662)

블레즈 파스칼은 신동이었다. 열두 살부터 그는 혼자 유클리드의 공리 전체를 재발견하면서 수학에 뛰어난 재능을 보였다. 4년 뒤에 그는 『원뿔곡선 시론』을 출간했는데, 데카르트는 그 완성도를 보고 파스칼이 아니라 그의 아버지가 쓴 것이라고 생각했다. 파스칼의 그 저작은 유럽을 경악시켰다. 19세 때 그는 계산기 파스칼린(pascaline)을 발명했는데, 회계사였던 아버지를 돕기 위함이었다.

파스칼은 아주 이른 나이에 얀센주의[1]를 접했다. 루앙시에서 행정관으로 일하던 병든 아버지를 통해서였다. 젊은 파스칼은 그곳에서 진공에 관한 실험을 했다. 파스칼은 아버지를 치료하던, 신교로 개종한 지 얼마 안 된 두 명의 의사를 통해 얀센주의에 입문하게 되었다. 얀세니우스에 의해 정립된 이 교파에 따르면 인간은 구원을 받을지 받지 못할지 예정되어 있다. 그리고 신만이 자신의 뜻에 따라 인간에게 은총을 베푼다. 그것도 인간의 행위와 상관없이 말이다. 그 누구도 자신의 행위의 책임을 면제받을 수 없을 것이다. 왜냐하면 인간의 자유의지가 원죄에 의해 이미 망가져 버렸기 때문이다. 따라서 인간들의 구원은 그 자신들의 의지가 아니라 신의 의지에 따라 결정된다. 그러니까 구원은 신에 의해 주어지는 것이지 인간에 의해 획득되는 것이 아니다. 예수회 수사들과 권력은 이런 이론을 용인할 수 없었다. 왜냐하면 예정설은 신도들이 종교의 가르침에 따라 삶을 영위하지 않게 하면서 타락시키기 때문이다. 그도 그럴 것이 모든 것은 그들의 행위와는 별개로 결정될 것이기 때문이다. 파스칼의 가족은 얀센주의로 개종했다.

파스칼은 규명하기 어려운 병에 계속 시달렸다. 폐결핵이라고도 하고 동맥류라고도 했다. 암이라고도 했다. 그는 두통을 호소하기도 하고, 배가 아프기도 했으며, 수족냉증으로 고생했다. 몸을 덥히기 위해 알코올에 적신 양말을 신는 불편함을 겪기도 했다. 몸이 마비될 때에 그는 목발을 짚기도 했다. 그는 음울하고 화를 잘 냈다. 그럼에도 그는 과학 연구, 특히 진공과 계산기에 대한 연구를 계속했다. 나중에는 정류장에 정차하는 마차를 이용하는 대중교통 운송 체계를 생각해 내기도 했다.

파스칼의 아버지가 세상을 떠나고, 그의 누이는 수녀가 되기 위해 얀센주의 수도원인 포르루아얄로 들어간다. 하지만 아버지는 생전에 그 일을 반대했다. 파스칼은 누이가 아버지의 반대를

작가 미상, 〈파스칼의 초상화〉
툴루즈 주교관

파스칼이 죽었을 때
그의 옷 속에
꿰매여 있던
종이말이를
발견한 것은
그의 하인이었다.

무릎쓰고 수녀가 된 것을 괴로워했다.

부자인데다 유명했던 파스칼은 방탕한 생활을 영위했다. 그는 제복을 입은 하인들의 시중을 받으면서 호화로운 가구가 딸린 집을 소유했다. 그는 4-6마리가 끄는 마차를 타고 다녔다. 그는 노름을 하고, 놀러 다니고, 여자들과 어울렸다. 생트외페미(Sainte-Euphémie)가 된 누이는 그를 위해 기도했다. 파스칼은 그녀를 방문하곤 했지만, 그에게 신의 존재는 안중에 없었다. 그는 이 세상에 대한 혐오와 여자들에 대한 환멸의 시기를 거쳤다.

1654년 11월 초, 파스칼이 탄 마차가 뇌이유 다리에서 이탈해 센강으로 떨어질 뻔한 사고가 발생했다. 말들은 강에 빠졌지만, 마차는 다행히 다리 난간에 걸렸다. 그의 친구들이 그를 마차에서 꺼냈다. 이 사건 이후 파스칼은 침묵에 빠져들었고, 2주 동안 의기소침한 상태로 지냈다.

그로부터 며칠 후인 1654년 11월 23일 월요일 저녁에서 24일 화요일까지, 즉 22시 반에서 24시 반 사이에 파스칼은 신비주의적 법열, 즉 그 유명한 '불의 밤'을 경험했다. 그 후 그는 『회상록』이라고 불리는 작품을 썼다. 파스칼은 양피지에 2부를 베껴 썼고, 그것을 그의 외투 속 안감에다 기웠다. 파스칼이 죽었을 때 하인이 그의 옷장에서 이 종이말이를 발견했다.

파스칼은 이 텍스트에서 무엇을 말하고 있을까?

이 텍스트는 파스칼이 경험한 형이상학적 법열의 날짜와 시간으로 시작된다. 그는 우선 그날의 성인들에게 기도한다. 이 텍스트에서는 모든 것이 '불'이라는 한 단어로 요약된다. 이 단어는 특정한 신의 기호 아래에 놓여 있다. 즉 철학자들의 신이 아니라 구약의 신, 따라서 아리스토텔레스나 토마스 아퀴나스의 후원이 아니라 성서 전체, 특히 신약 성서의 후원하에 놓여 있다. 그러니까 파스칼에게 "확신, 확신, 사랑, 기쁨, 평화"와 (아주 유명한 문장으로) "기쁨, 기쁨, 기쁨, 기쁨의 눈물"을 주신 "예수 그리스도의 신"이 관건이었다. 파스칼은 그때까지 그런 신에게서 멀리 떨어져 있었음을 개탄했다. 그는 더 이상 신과 떨어지지 않기를 열망한다. 그는 이렇게 쓰면서 이 텍스트를 마친다. "완전하고 감미로운 포기." 하지만 마지막 단어는 '기타, 등등(etc.)'이다.

그로부터 『팡세』라는 제목의 텍스트가 탄생하게 되었다. 이 텍스트는 경구의 원칙에 따라 쓰인 일정하지 않은 길이로 된 문장들의 모음집이다. 그런데 어리석게도 파스칼이 문장들을 처음부터 이렇게 쓰고자 했다고 종종 얘기되곤 한다. 파스칼은 죽음으로 인해 이 원고 상태의 문장들을 『레 프로뱅시알』과 같은 온전한 한 권의 책, 곧 독립적인 한 작품으로 출간하지 못한 것이다.

파스칼은 과학과 세속적인 생활, 그리고 방탕한 생활을 포기하고 개종한 가톨릭 철학자가 된다. 그는 기하학적 정신과 명민한 정신을, 이성과 감정을, 추론과 은총을, 증명과 기도를, 그리고 철학적 분석과 내기[2]를 대조시켰다. 그렇다고 해서 대립항 중 어느 한 편을 중시하지는 않았다.

파스칼은 "신 없는 인간의 비참"을 경험했다. 그는 이런 비참을 다음과 같은 멋진 문장들로 기술하고 있다. 예를 들어 보자. "묶여 있는 수많은 사람들을 상상해 보자. 모두가 죽음의 선고를 받았다. 그들 중 일부는 매일 다른 사람들이 보는 앞에서 교살당한다. 남아 있는 사람들은 다른 사람들의 삶의 조건 속에서 자신들의 삶의 조건을 목도하고 있다. 희망이 없는 고통 속에서 이들은 자신들의 차례를 기다리고 있다. 이것이 바로 인간들이 처해 있는 삶의 조건의 모습이다." 누가 인간의 삶의 조건을 이보다 더 잘 보여 줄 수 있는가?

한때 방탕한 생활을 했던 파스칼은 높은 수준의 정신적이고 문학적인 텍스트에서 그의 지인들에게 이와 같은 비참에 대해서 말하고 있다. 가령, 노름에 대한 충동과 같은 그들 자신의 무기에 의존함으로써 카드나 주사위 놀이를 하는 자들, 자케나 크로케[3]라 불리는 놀이를 하는 자들에게 말이다. 파스칼은 그들에게 신의 존재에 대해 내기를 걸 것을 권한다. 신이 존재한다면, 그들은 모든 것을 얻게 될 것이다. 신이 존재하지 않는다고 해도 그들은 아무것도 잃지 않을 것이다. 하지만 그들이 내기를 걸지 않는다면, 그런데 신이 존재한다면 그때는 그들은 모든 것을 잃게 될 것이다. 그런데 파스칼은 '불의 밤' 이후로 신이 존재한다는 것을 알고 있었다... 이것이 바로 그 유명한 '파스칼의 내기'이다.

1655년 1월 초, 7일과 28일 사이에 파스칼은 포르루아얄에 머물렀다. 그다음 해 1월에 그는 두 번째로 그곳에 머물렀다. 그는 예수회 수사들과 소르본대학에 맞서 앙투안 아르노[4]의 입장을 옹호했다. 안센주의자들은 이렇게 주장했다. 신은 인간의 이성으로는 이해 불가능한 이유들에 따라 은총을 베풀고, 인간의 자유의지는 존재하지 않기 때문에 인간들의 운명은 예정되어 있다고 말이다. 반면, 예수회 수사들은 세례에 의해 복원되는 자유의지의 존재를 믿었다. 그런데 이 자유의지를 가지고 인간은 구원을 받을 수도 있고 그렇지 않을 수도 있다고 주장했다. 파스칼은 그 당시에 위대한 아르노라고 불리던 사람을 지지하기 위해 편지를 쓰기 시작했다. 이 편지가 바로 『레 프로뱅시알』의 시작이었다. 이 책에는 모두 18통의 편지가 들어 있으며, 편지를 받는 사람의 이름을 적지 않은 채 얀센주의자를 옹호하고 있다.

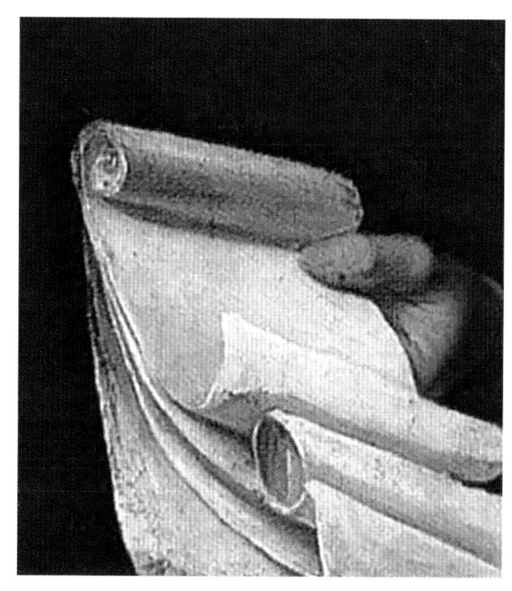

같은 해 3월 24일에 파스칼의 대녀(代女)가 얼굴을 썩게 하는 누낭염에서 완치되었다. 성유물인 그리스도의 가시 면류관의 가시들 중 하나를 만지고 나서였다... 파스칼은 여러 기적들에 대해 설명하면서, 특히 이 일에서 얀센주의자들의 우월성을 강조했다.

교황은 『레 프로뱅시알』을 금서목록에 올렸다. 예수회를 지지했던 권력은 포르루아얄을 위협했다. 파스칼은 반기를 들었다. 1661년에 그의 누이가 죽었다. 파스칼은 얀센주의를 옹호하는 글을 쓰는 것을 멈췄다. 그는 그다음 해에 세상을 떠났다. 그때 그는 서른아홉 살이었다.

1670년에 『팡세』가 출간되었다. 이 저서는 원래 '기독교 옹호론'이라는 제목으로 썼지만 출간

이 태양의 기호는
그림 전체뿐만 아니라
파스칼의 삶을
빛내 주고 밝혀 주는
'불의 밤'의 기호라고
추정할 수 있다.
이것은
존재론적이거나 형이상학적인
나침반으로 사용되는
불타는 방위 표시도처럼 보인다.

되지 않았던 주석들이 포함된 원고들을 모아 놓은 것이다.

이 모든 이야기들이 툴루즈 주교관에 소장되어 있는 익명의 화가가 그린 블레즈 파스칼의 초상화에 들어 있다. 파스칼은 이 화폭에서 전경에 위치해 있다. 마치 우리에게 저세상에 대해 말해 주는 것처럼 너무 이르게 늙은, 못생기고 엄숙한 얼굴이다. 그리고 오른손에는 종이말이를 들고 있다. 그의 모습은 포르루아얄의 조감을 보여 주는 후경에 한 세계를 열어 주는 커튼에 의해 분리되어 있다. 전경의 오른쪽 윗부분에는 작열하는 태양을 나타내는 상징이 그려져 있다. 그리고 이 행성의 중앙에는 네 등분된 오렌지색 원이 있다.

이 태양의 기호는 그림 전체뿐만 아니라 파스칼의 삶을 빛내 주고 밝혀 주는 '불의 밤'의 기호라고 추정할 수 있다. 이것은 종교적인 것은 아니라고 해도 존재론적이거나 형이상학적인 나침반으로 사용되는 불타는 방위 표시도처럼 보인다. 이 나침반은 철학자들의 신이 아니라 아브라함과 야곱의 신인 북쪽을 가리키고 있다. 기독교적 우주는 동쪽에서부터—해는 동쪽에서 뜬다는 사실을 상기하자—그것의 질서를 갖게 된다. 옛날에 교회와 묘지는 동쪽을 향하고 있었다. 그곳에서 빛의 도래, 따라서 그리스도의 강림을 기다렸던 것이다...

파스칼의 손에 있는 종이말이는 『회상록』의 원고일 수 있다. 또는 아쉽게도 정리되지 않았지만 후일 『팡세』에 포함될 생각들을 적은 원고일 수도 있다. 어쨌든 파스칼은 그 '불의 밤'을 경험하면서 받았던 영감을 통해 적은 내용을 그의 손에 쥐고 있는 것이다.

이렇게 해서 우리는 '태양의 기호'에서 얀센주의 철학자의 사유를 집중시키는 '종이의 기호'로 이동한다. 그런데 이 얀센주의 철학자의 사유에는 '건축학의 기호', 즉 포르루아얄을 한데 모아 놓고 있는 사투영도법[5]이 더해진다. 이 수도원은 1711년에 루이 14세의 '포탄'에 의해 쑥대밭이 되고 만다. 거기에서 실제로 얀센주의와 관련이 있는 시토회 수도원의 건물을 알아볼 수 있다.

열어 제친 이 커튼은 사라져 버린 장면을 보여 주는 연극 무대의 커튼처럼 보인다. 얀센주의가 무대에 있었다. 파스칼도 거기에 있었다. 그렇다면 어떤 보이지 않는 손이 이 검은 커튼을 쳤을까? 이야기의 종결을 의미하기 위한 한 예수회 수사의 손일까? 아니면 파스칼의 모습이 보존되는 한, 폭파된 포르루아얄의 정신 역시 지속될 것임을 의미하기 위한 한 얀센주의자의 손일까? 나는 두 번째 가설을 지지한다.

18세기에 얀센주의는 예수회의 지지를 받는 왕의 절대 권력에 맞서 지방 권력과 연합했다. 루이 14세는 얀센주의의 본거지를 초토화시켜 버렸다. 자유의지를 부정하는, 아주 근대적인 이 사유가 새로운 자유들을 아주 열렬히 찾는 프랑스 대혁명에 자양분을 공급해 주었다는 사실은 놀랄 만한 것으로 보일 수 있다. 자유의지의 부재를 주장했던 한 사유가 전례 없던 자유로 가는 길을 열기 위한 '빛(les Lumières, 계몽)'을 발생시킨 것은 바로 철학의 역설 중 하나이다. 이성의 간계에 대한 좋은 예이다...

자유의지를 부정하는,
아주 근대적인 이 사유가
새로운 자유들을
아주 열렬히 찾는
프랑스 대혁명에
자양분을 공급해 주었다는 사실은
놀랄 만한 것으로
보일 수 있다.

---

1 jansénisme: 네덜란드 신학자 얀세니우스(Jansénius: 1585-1638)에 의해 정립된 로마 가톨릭의 한 분파로, 인간은 이미 원죄에 의해 오염되어 있기 때문에, 오직 그리스도의 은총에 의해서만 구원을 받을 수 있으며, 그것도 미리 선택되어 하느님의 나라에 들어가도록 예정된 소수의 사람들에게만 주어진다는 교리를 내세웠다. 프랑스에서는 루이 14세 때 이단으로 몰려 탄압받기도 했다.

2 파스칼의 내기를 말하며, 신이 존재한다는 쪽에 내기를 하여 이기면 영생을 얻고, 진다 해도 잃을 것이 없다는 논리로 불신자를 설득하기 위한 논증을 말한다.

3 둘 다 보드 놀이의 일종.

4 Antoine Arnauld(1612-1694): 프랑스 얀센주의의 대표적 신학자.

5 사투영도법(perspective cavalière): 기준이 되는 면을 정면에 두고 옆면을 비스듬히 그려 입체를 표현하는 기법.

21

디드로의 실내복

(1713-1784)

루이 미셸 반 루[1]가 그린 디드로의 초상화는 디드로 자신에 의해 평가되었다! 실제로 『1767년의 살롱』에서 철학자가 자기 자신에 대해서 한 이런 평을 읽을 수 있다. "나. 나는 미셸(의 나에 대한 초상화)을 좋아하지만 나는 진리를 훨씬 더 좋아한다." 그런데 이 철학자의 모든 것은 문제의 이 구문의 첫 문장에 있다. 그는 진리를 추구하고 진리를 원하는데, 초상화 속에서도 그것을 원하고 있기 때문이다. 그의 작품은 종교와 문학, 철학, 정치학, 미학에서, 그러니 물론 연극과 소설, 단편들과 역사에 관한 글에서 진리를 탐구한다. 그는 마찬가지로 그의 삶 속에서도 진리를 추구한다. 그는 독단론자와는 상반되는 인물이었다. 그의 생애의 각 시기를 따라 예를 들어 종교에 관해 말하자면 여기저기에서 유신론자, 불가지론자, 이신론자, 범신론자, 무신론자인 그를 발견한다.

그의 인생의 역작은 바로 그에게 20년의 필사적인 작업을 요구하는 소위 디드로와 달랑베르의 『백과사전』이다. 이 계획은 17권의 원문과 11권의 도판을 출판하는 결과를 낳는데, 7만 개의 항목으로 이루어져 있다. 이 작업은 1751년부터 1772년까지 행해진다. 처음에 그는 영국의 한 백과사전, 즉 이프레임 체임버스의 백과사전을 단순히 번역하려 했으나 계획이 변경되어 돌바크[2]와 볼테르, 몽테스키외, 루소 등 150여 명의 공저자를 아우르는 독자적인 백과사전을 만들게 된다. 디드로는 이 거대한 작업의 취지서뿐만 아니라 의학과 외과학, 고고학, 종교, 요리, 약초 판매업, 지리학, 문학, 미학 등 다양한 주제로 천여 개의 항목을 작성한다.

그는 자신의 『맹인에 관한 서한』에서 종교를 조롱하여 뱅센 감옥에서 두 달 동안을 갇혀 살게 되었는데, 이 감옥 생활은 그를 신중하게 만든다. 그는 볼테르에게 보낸 한 편지에서 이렇게 주장하지 않았던가. "매춘으로 독당근즙을 마시지 않는 것은 아주 중요하지만, 신을 믿고 안 믿고는 전혀 중요하지 않습니다!" 그것은 군주 권력이 그를 감옥에 가두기에 충분했다.

그는 종이 서류함에 그가 죽은 후에 러시아의 예카테리나 여황제[3]의 책장에 꽂혀야 할 많은 작품을 보관한다. 실제로 여황제는 책장까지 샀지만 그렇게 하지는 못했다. 그 미간행 작품 중 대부분이 잘못 보존되거나 잘못 보관되어 분실되어 버렸다. 그의 상속인들과 권리 소유자들도 마찬가지로 난처한 일들을 피하기 위해 그의 작품 곳

루이 미셸 반 루 작 〈드니 디드로의 초상화〉
루브르 박물관, 파리.

"내 아이들아,
너희들에게 말하노니,
그것은 내가 아니란다.
나는 우울하기도 했고
꿈꾸는 모습이기도 했고
평온한 모습이기도 했으며,
다정하기도, 사납기도 했으며,
격렬하기도, 뜨겁기도 했단다.
하지만 나는
지금 너희들이 거기에서 보는
그 모습이 절대로 아니었단다."

곳을 검은색으로 지웠다. 디드로는 실제로 유물론자이자 쾌락주의자였는데, 바로 그 이유에서 그는 지금 여기에서의 행복을 막는 종교를 비판했던 것이다. 그런 비판 행위는 이단의 냄새가 나기에 충분했다.

디드로는 자신을 그린 이 그림을 어떻게 보는가? 그는 자신과 상당히 닮았다고 생각한다. 그는 이 그림에서 자신의 온화함과 생기를 찾아볼 수 있다. 하지만 그는 머리가 너무 작고 너무 젊다고 생각한다. 그는 이렇게 쓴다. "여자처럼 예쁘고, 곁눈질을 하면서 미소를 짓고 있으며, 귀엽고 입을 오므리고는 상냥한 체한다." 필기도구에 대해서는 트집 잡을 것이 없다. 그는 자신의 모습이 "또랑또랑하며 몸은 균형이 잡혀 있지만, 무엇보다 살이 좀 쪄 있다."고 생각한다. 그는 자신의 손이 예쁘다고 생각하여 고맙게 여기지만, 왼손은 잘 그려진 것 같지 않아 마음에 들지 않아 한다. 솔직히 좀 충격을 받은 디드로는 자신에 대해 삼인칭으로 말하면서 이렇게 덧붙인다. "태깔스럽게 이마 위로 넘긴 반백의 머리는 아직도 애써 상냥한 체하며 애교부리는 한 늙은 여자의 모습을 방불케 한다. 자세는 철학자가 아닌 비서관의 자세이다. 첫 인상의 생경함은 나머지 모든 것에 영향을 주었다." 뿐만 아니라 다음의 고백은 공모의 기지가 넘치는 말로 생각될 가능성이 있을지 모르지만 어떤 결과를 유발했을지는 잘 모르겠다. "그(디드로)의 모습을 엉망진창으로 그린 그 화가가 작업을 하고 있는 동안 경솔한 그 반 루 부인은 화가 남편에게 다가와서 수다를 떨었다." 디드로는 그 화가의 부인이 그가 몽상에 빠질 수 있도록 조용히 내버려 두어, 예술가가 그때 그 모습을 포착할 수 있도록 해 주기를 바랐을지도 모른다. 그랬더라면 후손들에게 "여자 같은, 귀엽게 웃고 있는, 늙은이가 아양 떠는 것 같은" 한 인물의 표정과 기억을 남기지는 않았을지 모른다.

이어 그는 후세대에 이런 말을 남긴다. "내 아이들아, 너희들에게 말하노니, 그것은 내가 아니란다. 받는 영향에 따라 나는 하루에도 아주 많은 다양한 표정을 가졌단다. 나는 우울하기도 했고 꿈꾸는 모습이기도 했고 평온한 모습이기도 했으며, 다정하기도 했고 사납기도 했으며, 격렬하기도 했고 뜨겁기도 했단다. 하지만 나는 지금 너희들이 거기에서 보는 그 모습이 절대로 아니었단다." 그는 다수의 심신 상태와 다양한 감정, 그리고 다채로운 감동을 고백하며, 자기 자신에게 정태적 존재보다는 변증법적 실존을 더 요구한다.

그런데 이런 운동은 직업적으로 이미지에 감금되어 있는 화가에게 포착되기에는 불가능하다. 오히려 영화가 철학자의 소망을 채워 주었을지도 모른다. 디드로는 그의 사상이 그랬던 것처럼 하나의 운동이었다. 반 루의 이 그림은 헤라클레이토스의 강물의 신봉자였던 그를 만족시켜 주지 못했다. 그는 그런 맥락에서 화가들의 수호성인일 수 있었던, 소크라테스 이전의 철학자인 파르메니데스의 불변부동의 구체(球體)에 동의할 수 없었다.

화폭에서 끊임없이 진리를 추구했고, 운동, 즉 존재의 운동이자 사고의 운동이었을 뿐인 디드로에게 그것은 쓸모없는 것이었다. 그러니 이 초상화에서 자신의 초상을 보는 것은 불가능한 일이었다. 그는 거기에는 없는 것, 즉 그 자신과 그가 생각하고 실천하고 썼던 것의 역동성만을 생각할 뿐이었다.

한마디 더 해 보자. 그의 옷에 대한 것이다. 이 그림에 대해 이야기하면서 디드로는 이렇게 쓴다. "게다가 인두세 징세관이 그의 실내복에 세금이라도 때리려 온다면 가난한 글쟁이를 망하게 하고도 남을 옷이다."

이 실내복은 가십거리의 역사뿐만 아니라 문학과 철학의 역사를 가지고 있다.

먼저 가십거리와 관련된 이야기를 해 보자. 디드로는 작업복으로 하늘색 실내복을 입었었다. 그것은 '병역의 의무'를 다하게 되었는데, 생토노레 거리의 저택에서 살롱을 운영하면서 『백과사전』의 출판 비용을 대고 있던 조프랭 부인이 어느 날 철학자에게서 받은 도움에 고마움을 표하기 위해 그의 옷장과 가구 일체를 교체해 주었다. 그때 그 하늘색 실내복도 쓰레기통에 버려지는 신세가 되었고, 대신 진홍색 비단 실내복으로 바뀌었다...

문학과 관련된 이야기를 해 보자면 이렇다. 즉 디드로는 이 실내복을 아쉬워한다. 1767년에 그는 이런 글을 쓴다. 「나의 헌 실내복에 대한 그리움, 또는 돈보다는 훌륭한 취향을 더 많이 가진 사람들에 보내는 조언」. 이 글은 저자의 허락도

없이 1772년에 출판된다.

그는 이 글에서 무슨 말을 하는가? 그 글의 제목과 같은 말을 하고 있다. 즉 디드로는 그의 옛 실내복을 그리워하는데, 그것은 자신이 그 옷에 길들여졌고 그 옷이 자신에게 길들여졌기 때문이다. 옛것은 그의 몸 모양에 꼭 맞는 반면 새것은 풀 먹인 것처럼 빳빳하여 그를 마치 '마네킹'처럼 만든다. 옛것은 책 위에 쌓인 먼지를 닦아내고 잘 안 나가는 펜을 문질러 닦는 데 사용되었다. 그것에는 잉크 자국과 함께 노역의 흔적들이 있었던 반면 새것은 어떤 "부유한 게으름뱅이"의 옷 같다. 예전의 실내복을 입으면 자신이 누구인지 알았지만, 지금의 것을 입으면 자신이 누구인지 알지 못했다. 옛것은 물도 불도 하인의 실수도, 이

를테면 아무것도 두려워하지 않았다. 그는 그 옛것의 주인이었는데, 새것으로 말하자면 그가 그것의 하인이 되어 버렸다.

현대적 디오게네스 혹은 당대의 아리스티포스처럼, 즉 그가 원용하는, 그에게 꼭 맞는 그 두 철학자처럼 디드로는 이 실내복 문제에서 지혜로운 가르침을 얻는다. 이를테면 그는 인간을 노예로 만드는 사치품과 무익한 것을 몹시 싫어하고 그런 것들보다는 소박한 것, 변변찮은 것, 조촐한 것, 유용한 것을 더 좋아한다. 가난은 고결하고, 호화생활은 타락이다. 필요 이상의 것은 늘 천박함으로 대가를 치른다. 꼭 필요한 것은 고개를 똑바로 들고 지낼 수 있게 한다.

철학자는 소박하고 간결하며 간소하고 닳은 실내를, 이를테면 의자 하나, 책상 하나, 선반 하나, 책 몇 권, 판화 두세 점, 간단한 석고 복제품 몇 점, 거의 스파르타식의 그 실내의 물건들에 호응하는 그 유명한 헌 실내복을 묘사한다.

조프랭 부인은 이 모든 것을 모로코 가죽제 안락의자, 상감 세공을 한 장롱, 값비싼 사무용 책상, 청동 제품들, 벽난로 위의 큰 거울, 금으로 된 추시계, 값비싼 나무로 만든 서류함이 달린 책상, 그림 등 쓸모없는 가구들과 고급의 물건들로 대체해 버렸다. 그에게 남은 옛날 가구로는 오래된 양탄자 하나뿐이다...

디드로는 저항한다. 그 사치스런 실내는 그를 바꾸지 못했다. 그는 타락하지 않았다. 여전히 타인의 행복을 걱정하고 경청하며 조언을 하고 돕고 연민을 느끼는 사람이었으며, 이전과 하나도 다름없이 공감적이고 동정적이며 솔직하고 친절한 영혼을 가진 사람이었다.

그는 온갖 유머를 써 가면서—그는 철학시에

서 유머의 왕이기도 하다—만일 그가 그 사치스러운 생활로 타락한다면 모든 것을 다시 빼아갈 것을 요구하면서 신에게 기도한다. 단 한 가지만 빼고. 폭풍우가 지나가고 난 뒤의 풍경과 함께 몇몇 인물을 묘사하는 베르네[4]의 그림 한 점이 바로 그것이다. 그에 따르면, 이 그림을 그린 사람은 화가가 아니라 신 자신이기 때문인데, 신이 그 상황의 장본인이기 때문이다! 그리하여 철학자는 자신의 『살롱』에서 그 작품에 대해 여담을 즐기는 기회를 가진다.

그는 그가 가진 것이 그를 소유하지 못한다고 결론짓는다. 왜냐하면 그는 그가 가진 것을 소유하지 못하기 때문이다. 그러므로 그는 자신이 가진 것의 노예나 하인, 종복이 아닌 것이다. 그와 마찬가지로 그는 사람들이 그에게 주었던 모든 것을 내줄 수 있을 것이다. 그것에 집착하지 않기 때문이다.

유머와 비꼼, 그리고 늘 있는 익살스러움으로, 물론 약간의 빈정거림이 없지 않게 디드로는 간결하고 경묘한 필치로 프랑스 정신의 가장 위대한 전통에 다음과 같은 그의 철학적 교훈을 집약시킨다. 즉 외양과는 달리 우아함과 심오함을, 악덕과 미덕과 가치, 그리고 도덕에 대해 고대의 방식으로 철학하기 위한 익살스런 스타일, 걸걸한 웃음과는 반대의 가벼운 미소, 고함이 아닌 눈짓, 그에게 재치가 번득이는 보석 같은 문학 속에 스파르타식의 교훈을 숨겨 놓게 하는 섬세한 지성을. 반 루의 이 작품 속에서, 디드로는 머지않아 프랑스 대혁명이 뒤죽박죽으로 만들어 놓을 한 세계와 양식, 시대, 우아함, 그리고 정신을 표현하고 있다. 이 초상화가 1767년 작품이니, 한 세대 뒤에는 그 프랑스 정신이 살아 있을 것이다.

사치스런 실내는
그를 바꾸지 못했다.
그는 타락하지 않았다.
여전히 타인의 행복을 걱정하고
경청하며 조언을 하고 돕고
연민을 느끼는 사람이었으며,
이전과 하나도 다름없이
공감적이고 동정적이며
솔직하고 친절한 영혼을
가진 사람이었다.

---

1 Louis-Michel van Loo(1707-1771): 프랑스의 화가로, 1736년에는 스페인 궁중 화가가 되었다.

2 Paul-Henri Dietrich, baron d'Holbach(1723-1789): 프랑스의 백과사전파 철학자로, 원래는 독일 사람이었는데 1749년 프랑스 시민으로 귀화했다. 디드로의 『백과사전』 중 주로 화학을 비롯한 과학에 관한 항목을 집필했다.

3 Catherine II(1729-1796): 표트르 대제의 업적을 계승, 발전시키면서 러시아를 유럽의 정치, 문화권에 편입시키는 데 기여했다. 계몽사상가들인 디드로 및 볼테르와 교류했으며, 당대의 유명인사 대부분과 폭넓게 서신교환을 했다.

4 Claude-Joseph Vernet(1714-1789): 프랑스의 풍경화가로, 19세기 프랑스 풍경화의 발전에 선구적인 역할을 했다.

22

볼테르의 펜

(1694–1778)

볼테르는 예술가들이 많이 묘사했다. 그에 관한 초상화는 많다. 당당한 청년의 모습, 책을 읽고 있는 모습, 혼자 또는 루소와 프리드리히 2세, 그리고 러시아의 예카테리나 여황제와 함께 묘사된 모습, 서재에 있는 모습, 시골에 있는 그, 바스티유 감옥에서 책을 읽거나 글을 쓰는 모습, 농촌에서 농민들 사이에 있는 모습, 장기를 두고 있는 모습, 모자를 벗고 점심을 먹고 있는 모습, 엄청나게 큰 가발을 쓰거나 우스꽝스러운 헝겊 모자를 쓰고 몽둥이를 들고 있는 모습, 벽난로 곁에서 실내복 차림으로 칼라스 가족과 이야기를 나누고 있는 모습. 그 외에도 프리메이슨단이나 공화파, 시, 문학, 역사적인 알레고리와 상징들을 곁들인 볼테르의 모습, 죽음과 판테온의 안장, 유골의 귀환, 샹젤리제 거리에서의 환영에 관한 에피소드들과 함께 묘사된 볼테르 등, 그에 대한 그림은 아주 많다.

당대에 볼테르에게 매료된 장 위베르[1]라는 '담당기자'가 있었다. 제네바 출신의 이 데생화가는 마침내 위베르-볼테르라고까지 불리기도 했다. 그는 종이를 보지도 않고 자신의 등 뒤에 둔 채로 철학자의 실루엣을 오려내서 관중을 사로잡았다. 또한 전하는 바로는, 그가 종이를 가위로 오리는 대신 빵조각을 개가 물어뜯게 하여 볼테르의 실루엣을 만드는 묘기로 사람들을 더욱 매혹시켰다고 한다. 위베르-볼테르는 그 사상가에 대한 일련의 그림을 그려 러시아의 여황제 예카테리나 2세에게 보내기도 한다. 그 그림들에서 우리는 친구들을 환대하는 볼테르, 전원에서 농민들을 가르치는 볼테르, 체스를 두는 볼테르, 친구들과 식탁에서 아침 식사를 하는 볼테르, 말 위에 앉아 있는 볼테르, (아마도 말에서 떨어진 뒤일 텐데) 뒷발질하는 말을 바라보고 있는 볼테르를 볼 수 있다. 심지어는 볼테르를 그리고 있는 위베르의 초상화까지 있다!

위베르와 다른 화가들이 그린 것들 외에도 부조 조각과 데생, 판화, 흉상, 조상(彫像)이 다량으로 존재한다. 조각가 장바티스트 피갈[2]의 조상 〈나체의 볼테르〉는 유명하다. 70대의 육체는 늙어빠져 해골처럼 마른 모습까지는 아닐지언정 대머리에다 말라 뼈만 앙상한 모습이다. 이가 빠진 입의 꼭 다문 입술, 쇠약해진 가슴, 불거진 정맥,

장 위베르 작, 〈잠자리에서 일어나 그의 비서 콜리니에게 구술하는 볼테르〉
가르나발레 빅물관, 파리

A MONSIEUR DE VOLTAIRE. PAR LES GENS DE LETTRES
SES COMPATRIOTES, ET SES CONTEMPORAINS. 1776.

오글쪼글한 복부, 물렁물렁한 근육이 인상적이지만, 표정은 눈빛이 초롱초롱하고 생기가 돌며 생동적이다. 그것은 볼테르의 육체의 플라톤주의적 화신 같다. 이를테면 늙어 가면서 그에게서 물질은 떠나, 그는 순전히 정신일 뿐이다. 이 조각은 역사적 역동성을 보여 준다. 철학자의 실제 모습의 육체와 실제 현실의 삶은 그의 얼굴과 시선에서 표현되는 지성을 위해 물질의 해체 과정을 허용한다.

이것은 감각적이고 물질적인 죄 많은 신체에서 순수하고 관념적인 영혼에 이르는 플로티노스적인 정화작업을 포착한 장르이다. 프랑수아 마리 아루에의 육체에서부터 볼테르의 정신에 이르는데, 이 정신에서 '볼테르주의의'라는 부가형용사가 생겨나게 된다. 따라서 한 작품이 그처럼 부가형용사로 변하는 것은 육체의 플로티노스적인 정화뿐 아니라 그 작품의 지적인 정화를 전제로 한다. 다양하고 많은 작품은 하나의 묘사로 축소되고, 그 묘사는 다시 하나의 아이콘이 되며, 이 아이콘은 하나의 사물로 압축되어야 한다. 여기에서 그 사물은 바로 거위 깃털 펜이다.

이 아이콘은 곧 공포정치 이전의 프랑스 대혁명과 동시에, 이신론적인 것을 제외한, 과학 만능주의적이고 실증주의적이며 반교권주의적이고 무신론적인 19세기를 구성한다. 그와 같은 스타를 만들기 위해서는 기독교에 강력히 맞서 미신과 기적, 성직자, 성서, 예수회 수도사들, 교황권과 싸웠을 뿐 아니라 무신론과 강력히 맞서는 이신론자로 종교가—비록 그것이 자신과 그의 친구들처럼 자유사상가들에게는 해로울지라도—민중을 마음먹은 대로 올바르게 이끄는 데는 유용하다고 생각했던 한 철학자가 필요하다. 마찬가지로 왕정이 절대적이기 때문에 공격의 화살을 퍼부었던 사상가가 필요한 것이 아니라, 관용적이고 자유주의적이며 이신론적인 표현으로 그 제도를 칭찬하는 반면 백성들에게는 통치할 생각을 하지 말도록 조언하면서 그들을 멀리 떼어놓는 한 사상가가 필요하다. 볼테르는 계몽적 부르주아의 철학자이다.

그렇지만 공화주의적이고 반교권주의적이지만 이신론적인, 경제적으로는 자유주의적이고 지적으로는 관용적인 이 아이콘을 만드는 일은 구제도의 보수주의가 없이는 잘 되지 않는다. 돈과 명성, 권세, 그리고 부를 좋아하고 또 그 사실을 숨기지 않는 그 사람은 그의 『철학사전』의 〈여성〉 항목에서 오늘날 같으면 성차별주의자, 여성혐오자로 불릴지도 모를 이야기를 하며, 같은 책의 〈소크라테스적인 사랑〉 항목에서는 동성애 혐오

늙어 가면서
그에게서 물질은 떠나,
그는 순전히
정신일 뿐이다.
철학자의
실제 모습의 육체와
실제 현실의 삶은
그의 얼굴과 시선에서 표현되는
지성을 위해
물질의 해체 과정을
허용한다.

장바티스트 피갈 작, 〈나체의 볼테르〉
루브르 박물관, 파리

"나는
당신이 하는 말에
동의하지 않는다.
하지만 당신이
그 말을 할 수 있도록
평생을 다해 싸울 것이다."
그의 작품이나
편지뿐 아니라
그의 전기에서도
찾지 못하는 문장이지만
신분증처럼 그의 몸에
붙어 다니는 말이다.

적이고 반유대적인 발언을, 그의 『풍속론』의 〈관용〉 항목에서는 당혹스럽게도 인종차별적인 발언을, 그리고 그의 희곡 『광신 혹은 마호메트』에서는 이슬람 혐오적인 발언을 하고 있다... 그는 비록 시민 계급이 계몽되어 있지 않았지만 마침내 그들의 철학자가 될 것이다...

볼테르는 희곡과 시, 콩트, 철학 및 역사에 관한 글, 그리고 과학서뿐만 아니라 20,000여 통의 경악스러운 서한 등 아주 많은 글을 썼다. 그런데 후대는 그의 작품을 별로 기억하지 못한다. 누가 『라 앙리아드』를 읽으며, 어떤 사람이 250,000행의 그의 시를 읽는가? 또 어떤 사람이 과학적으로 구시대적인 『뉴턴 철학의 개념』을 읽으며, 『칼 12세의 역사』나 『표트르 대제 치하의 러시아 제국사』를 읽는가? 또 누가 플레이아드에서 출판한 그의 서한 13권 전체를 탐독할 것인가? 물론 단편들은 읽는데, 학교의 도서 추천 목록에 들어 있기 때문이다. 예를 들면 (바칼로레아 시험 때문에 고등학생 세대와 그들을 가르치는 교사들을 힘들게 하는) 『캉디드』는 필수다. 보다 덜하지만 『미크로메가스』 혹은 『자디그』도 많이 읽는데, 『자노와 콜랭』이나 『흰 황소』는 누가 읽는가? 볼테르는 유명한 무명인이다. 그의 명성은 그의 작품과 사상에 있는 것보다 오히려 그의 싸움들에 있다. 실제로 볼테르는 근대의 지성인을 발명한다.

그는 자신의 다양한 업적에 힘입어 60년 동안을 그의 이름이 함께하는 소송에 가담한다. 그중에서도, 칼라스 사건, 시르방 사건, 그리고 라 바르 사건을 들 수 있을 것이다. 이 사건들에서 그는 근대적 정의의 옹호자로, 그리고 1789년 이후 구제도라 명명되는 그 제도의 부당성에 대한 격렬한 비판자로 자처한다. 참여 철학자이자 효과적인 검객인 그는 고문 반대 투쟁, 미신과 종교적 불관용뿐 아니라 신교도의 광신에 대한 비판, 표현과 사고의 자유, 관용의 옹호 등 이론의 여지가 없는 발전을 가져왔던 대의들을 위해 싸운다. 사람들은 그가 언젠가 이렇게 말했다고들 한다. "나는 당신이 하는 말에 동의하지 않는다. 하지만 당신이 그 말을 할 수 있도록 평생을 다해 싸울 것이다." 그의 작품이나 편지뿐 아니라 그의 전기에서도 찾지 못하는 문장이지만 신분증처럼 그의 몸에 붙어 다니는 말이다. 그가 『관용론』을 출판한 것은 사실이기 때문이다.

그러면 그 사건들은 무엇이었던가?

먼저 칼라스 사건. 칼라스는 개신교 상인으로 가톨릭으로 개종하고자 하는 자신의 아들을 살해했다는 죄목으로 심하게 두들겨 맞고 목을 졸라 질식사시킨 뒤 불태워졌다. 그런데 소송 자료가 없다. 판사들이 증거도 없이 형을 선고했던 것이다. 볼테르는 결정적인 논점을 제시하며 글을 써서 항의하고 자신의 의견을 표명하고 권력자들과 접촉하고 유럽의 사방팔방에 그 소식을 알리는데, 그 결과 칼라스의 복권과 그의 가족에 대한 배상금 지급 결정을 얻어낸다.

시르방 사건. 그 인물 역시 개신교도로 한 우물 속에서 죽은 채로 발견된 그의 미친 딸을 살해했다는 죄목으로 그의 아내와 함께 교수형을 선고받는다. 다시 판사들은 그 소녀가 가톨릭으로 개종하고 싶어 하는데 그것을 용납 못 한 부모가 그녀를 살해했다고 생각했다. 이번에도 볼테르는 그 부모의 무죄 석방을 얻어낸다.

라 바르 기사. 라 솜 지방 아브빌의 한 거리에서 그리스도 수난상이 훼손된 채로 발견되는데, 사람들은 한 무리의 청년들을 의심한다. 그들은 종교 행렬이 있을 때 참여하지 않고 외설적인 노래를 불렀으며 볼테르의 『철학사전』을 읽는 척한다는 것이다! 그들 중 한 명으로, 열아홉 살의 기사 한 명이 혀를 자르고 참수한 뒤 화형에 처하는 형을 선고받는다. 볼테르의 그 작품 역시 불태워진다... 다시 한번 볼테르는 최선을 다해 싸워 승리한다. 국민들은 라 바르 기사의 무죄와, 속세 및 종교 권력의 부당성을 믿어 의심치 않는다.

그는 일흔두 살이다. 그에게는 살날이 10년이 좀 더 남았다. 이 기간은 성공의 시간이다. 사람들이 그를 만나러 오고, 그를 열렬히 맞이하고, 그의 마음을 얻으려 애쓰고, 그를 기다린다. 그는 사람들을 맞이하여 페르네에 있는 그의 두 저택 가운데 한 곳에서 차별 없이 모든 손님을 환대한다. 그는 유럽 전역의 총아가 되었다.

그가 페르네(Ferney) 영지로 떠난 후 20년이 지나 파리에 왔을 때 민중들은 환희에 차 환호했다. 거리에서 사람들은 그에게 박수갈채를 보내고, 행렬을 이뤄 그의 뒤를 따르며, 그의 마차에 기어올라 그를 만져 보기만이라도 하고 싶어 한다. 어떤 면에서, 칼라스 사건에서 그의 역할에

루이프랑수아 샤롱, 〈바스티유 감옥에서 『라 앙리아드』를 집필하고 있는 볼테르〉
카르나발레 박물관

감사하며 1778년의 거리를 메운 그 광적인 군중은 프랑스 대혁명의 서곡이었다. 그는 몇 주 뒤 1778년 5월 30일에 사망한다. 1791년 7월 1일, 혁명의회는 그를 판테온에 안장한다.

볼테르의 펜이 그를 가장 잘 말해 주는 것은 무리가 아니다.

장 위베르가 순진하고 서투른 솜씨로 침대에서 내려오는 볼테르를 그릴 때, 그는 아직 바지를 입을 시간도 없이 침대에서 내려와 비서에게 이미 한 쪽 분량의 글을 구술하는 볼테르의 모습을 보여 주고 있다. 이 화폭은 그의 사생활 속에서 포착된 볼테르의 모습을 보여 준다. 가슴을 드러낸 잠옷 차림에 붉은 리본이 달린 나이트캡을 쓰고

샤롱은
손에 펜을 들고 있는
그를 보여 주는데,
그는 도무지
글을 쓰지 않을 수 없어
감방의 벽에 적는다.

있으며, 흐트러진 침대와 침대 머리맡의 가구 속에 보이는 요강. 그 가구 위에는 책이 한 권 놓여 있다. 한쪽 발에는 슬리퍼를 신고 있으며, 다른 한 짝의 슬리퍼는 닫집 침대 아래에 놓여 있다. "시종에게는 영웅이 없다"고 헤겔은 그의 『역사철학 강의』에서 쓸 것이다.

화가는 그의 그림만큼이나 꾸밈없는 것을 이야기해 주고 싶어 한다. 볼테르는 잘 때마저도 헛소리를 중얼대며, 일어나자마자 옷을 채 입지도 않은 채 하물며 씻지도 면도도 식사도 몸치장도 하지 못하고 몇 번이고 사유를 되씹는다! 가발을 쓰고 분을 바르고 옷을 차려입고는 완벽한 준비를 한 채 손에는 (볼테르의) 펜을 들고 있는 비서의 모습은, 시종 생각하고 시종 쓰고 시종 싸워 대는 그런 주인의 집에서 휴식이 없었을 것임을 증명한다. 밤이 되면 좋은 생각이 떠오르는 법이어서, 그는 편히 잠을 자지 못하며, 그의 사고는 결코 잠을 자지 않는다. 그럴 경우 그것은 곧 이성의 활동 정지 상태일 것이기 때문이다.

물론 화폭의 이 장면은 사실 같지가 않다. 그가 자는 동안 비서가 주인이 잠에서 깨어나는 순간을 위해 준비하고 있으리라는 상상은 할 수 없기 때문이다. 사실, 이 천재적인 사상가가 잠에서 깨어나는 순간 비서는 주인 사상가의 밤사이의 사유의 결과물을 종이에 빨리 기록해야 할 텐데, 이 사상가는 마음이 급해 옷 입을 시간조차 갖지 못할 것이다! 그럼에도 장 위베르는 그의 그림의 주인공에 대해 이야기하는데, 자신의 세계에 사로잡혀 있는 영웅적인 사상가의 모습을 보여 준다. 꾸밈없이 그려진 그의 이 그림을 보면, 볼테르가 일어나자 그 천재의 모습을 보고 개까지도 들떠 있다...

비서는 펜을 쥐고 있다. 1752년 4월부터 1756년 6월까지 그의 비서였던 콜리니가 쥐고 있는 펜을 보라. 이 피렌체 사람은 저녁이면 종종 주인에게 아리스토텔레스나 보카치오의 책을 읽어주었는데, 어쩌면 머리맡 테이블 위에 놓인 책이 그 가운데 하나일지도 모른다. 그런데 비록 제삼자가 쥐고 있지만 이 펜은 철학자의 말과 목소리에 복종한다.

1717년, 방탕한 생활을 했다는 죄목으로 투옥을 명하는 왕의 봉인장을 받고 바스티유 감옥에 투옥된 볼테르를 묘사한 판화에서 예술가 루이 프랑수아 샤롱[3]은 손에 펜을 들고 있는 그를 보여 주는데, 그는 도무지 글을 쓰지 않을 수 없어 감방의 벽에 그의 『라 앙리아드』의 서두 부분을 적는다. 이 작품은 4,000여 시구로 이루어진 12음절 서사시인데, 그 시대의 왕 루이 15세와는 반대로 모든 광신을 싫어하는 왕으로 묘사된 앙리 4세를 칭송한다...

실제로 볼테르는 그 자신의 펜의 피조물이자 창조물이었다. 피혁 판매상 가정 출신의 공증인과 고등법원의 서기의 딸 사이에서 태어난 아들은 아버지와의 부자관계를 부인했다. 왜냐하면 그는 더 멋진 부자관계를 만들어 냈기 때문이다. 잘 알듯이, 그는 성도 바꿨는데 아루에라는 성보다는 볼테르라는 성을 더 좋아했다. 왜 그랬는지는 확실히 모른다. 하지만 이렇게 생각해 볼 수도 있는데, 크게 잘못 생각한 것은 아닐 것이다. 즉 평민 출신의 이 사람은 자신의 모든 것을 바꾸고 싶었는데, 그의 가명은 그가 일가친척에게 빚진 것이 아무것도 없고 모든 것을 그 자신에게, 따라서 자신의 펜에 빚지고 있다는 것을 분명하게 드러내 보여 주고 있다고 생각하는 것 말이다.

실제로, 그가 아주 부자가 되고 또 아주 유명해지는 것은 오로지 그의 펜, 작가로서의 그의 재능, 그의 문학적 재능, 그리고 프랑스 정신 속에 아주 양호한 그의 유머와 빈정거림에 빚지고 있기 때문이다.

그가 힘 있는 자들, 즉 제후들과 황제들, 왕과 왕비들과 가깝게 지내고 또 그것을 좋아하는 것은, 그의 펜이 그를 앞서 가서, 그의 글들이 궁전들의 문을 그에게 열어 주기 때문이다. 그가 피해를 입어 가며 어떤 한 적의 자존심을 상하게 함으로써 독자를 웃기는 것은, 그가 기독교 체계를 폭파하고 왕을 떨게 하는 것은, 그가 재판소의 결정들을 깨고 예수회 수사들을 분노케 하는 것은, 그가 극장에서 환호를 받고 책을 판매하여 돈을 버는 것은 바로 그의 펜에 의해서이다. 이 펜은 힘 있는 자들을 떨게 했으며, 정의를 회복했다. 볼테르는 사회적 부정에 저항하는 비판적 지식인의 시대, 정의의 옹호자의 시대의 막을 열었다. 그는 1789년으로 가는 길을 열었던 것이다.

실제로, 그가
아주 부자가 되고
또 아주 유명해지는 것은
오로지 그의 펜,
작가로서의 그의 재능,
그의 문학적 재능,
그리고 프랑스 정신 속에
아주 양호한
그의 유머와 빈정거림에
빚지고 있기 때문이다.
그 펜은
힘 있는 자들을 떨게 했다.

---

1 Jean Huber(1721-1786): 스위스 제네바 출신의 화가이다.

2 Jean-Baptiste Pigalle(1714-1785): 프랑스의 조각가. 〈나체의 볼테르〉 외에 〈볼테르의 초상〉과 〈퐁파두르 부인의 초상〉이 있다.

3 Louis-François Charon(1783-1839): 프랑스의 판화 작가이자 편집자였다.

23

루소의 모피 모자

(1712-1778)

볼테르는 계몽 입헌군주제와 자유주의, 관용, 그리고 권리와 법('인간과 시민의 권리 선언'과 특권 철폐에 관한 법이나 성직자 기본법)에 의해 실현된 사회 정의의 혁명인 프랑스 대혁명의 선구자 중의 하나였다. 루소 또한 마찬가지였지만 그 역사적 순간의 다른 측면, 이를테면 공화주의적 급진주의와 스파르타식의 엄격성, 중앙집권적인 자코뱅주의, 구속적인 자유, 그리고 강압적인 사회계약(용의자에 대한 법률, 혁명 재판소, 루이 16세의 처형과 혁명 정부, 소유에 대한 증오에서 행해진 지주들의 처형, 기요틴 등 권위적인 사회계약)의 측면에서 대혁명의 선구자 중의 하나였다. 물론 둘 다 1789년에는 살아 있지 않아서, 사람들이 그렇게 간주하는 것에 대해 그들이 어떻게 생각할지는 알지 못한다. 하지만 볼테르의 『관용론』과, 루소의 『사회계약론』까지는 아닐지라도 적어도 『인간 불평등 기원론』은 잘못 사용되지는 않았다.

볼테르와 루소는 모두 세상과 사람, 사물, 역사, 그리고 인생을 사유함에 있어서 별로 정교하지가 못했다. 볼테르는 우파적인 반면 루소는 좌파적이었다. 볼테르는 힘 있는 자들의 친구였던 반면, 루소는 민중을 매우 좋아했다. 부유한 볼테르는 교역(비양심적인 일이지만 식민지들과의 교역도 포함된다. 그의 말처럼 그는 "그 교역에서 큰 재미를 보고 싶어 한다.")을 하여 큰돈을 번 반면, 가난한 루소는 초라하게 살았다. 볼테르는 너무 많은 궁중 기식자들에 둘러싸여 그 역시 궁중을 드나든 반면, 루소는 은둔하여 고독하게 살았다. 볼테르는 부와 저택, 자신의 친구들과 힘 있는 자들의 친구들 사이에서 으스댔던 반면, 루소는 초가집에서 가르쳤다. 볼테르는 도시를 좋아한 반면, 루소는 시골을 좋아했다. 항상 냉혹했던 볼테르는 빈정대며 익살스러운 해학가로 종종 냉소적이기도 했던 반면, 냉정한 루소는 잘난 체하면서도 단 한 번도 재치 넘치는 말을 하지 못하고, 우유부단하고 화를 잘 냈다. 볼테르는 사치와 돈, 권세, 사교계 생활, 부유함, 그리고 투자를 좋아했다. 볼테르는 힘 있는 자들의 궁중을 드나들었고, 당시 누구도 그에게 연금을 주지도 친애하지도 않았기에 루이 15세의 마음에 들려고 애썼으며, 『루이 14세의 시대』를 써서 루이 15세의 증조할아버지 왕을 칭송했다. 반면 루소는 시골에서 홀로 식물을 채집하러 다녔다.

볼테르는 황태자처럼 옷을 입는 아카데미 프랑세즈의 회원이었던 반면 루소는 아르메니아 복장

앨런 램지 작, 〈아르메니아 복장을 한 루소〉
스코틀랜드 국립 미술관

으로 변장하여 에름농빌[1]에서 지냈다. 볼테르는 애인을 많이 두었고 자신의 조카딸과 잠을 자고 독신자로 살면서 자식이 없었다. 반면 루소는 청년 시절 그가 '엄마'라 불렀던 한 여인을 사랑했는데, 얼마 후 그 '엄마'의 또 다른 애인과 삼각관계를 이루며 그녀의 집에서 살다가, 이어 그가 창피해하는 여관의 세탁부와 결혼하여 다섯 명의 아이를 낳았지만 모두 빈민구제소에 맡겨 버렸다. 루소가 『에밀』을 써서 아이들을 어떻게 교육시켜야 하는지를 사람들에게 설명하자, 볼테르는 『시민들의 감정』에서 공개적으로 반론을 제기하며 그를 격한 어조로 비난했다. 볼테르는 인간은 천성적으로 인간에 대해 늑대라는 것을, 그리고 자신도 한 마리의 늑대라는 것을 알지만, 루소는 인간은 자연 상태에서는 선하게 태어난다고 생각한다. 볼테르는 민중은 성직자의 위협에 정치적으로 속박된 채 지주들을 위해 노동만 한다고 생각하면서 무시하는 반면, 루소는 주권이 곧 그 민중으로부터 나오기를 원한다. 볼테르는 공화주의적 평등에 반대하는 자유주의적 자유의 철학자인 반면, 루소는 자유주의적 자유에 반대하는 공화주의적 평등의 사상가이다. 볼테르는 조울증 환자이며 상상병 환자인 반면, 루소는 편집증 환자이며 조울병 환자일 뿐 아니라 오랫동안 아주 고통스러운 비뇨기 병으로 고생했다. 볼테르는 저명인사가 되어 사랑받기를 원하여 그렇게 되기 위해서라면 물불을 가리지 않았던 반면, 루소는 명성과 사교계 생활을 혐오했다. 볼테르는 인간들이 늑대 같은 존재들이지만 그럼에도 불구하고 그들에게 잘 속아 넘어가지 않고 그들과 어울리는 일을 계속하지만, 루소는 인간의 결함에 집착함으로써 인간 혐오자가 된다. 볼테르는 자신을 숨기고 자신을 감추고 자신을 가장하고 자신을 보호하는 반면, 루소는 그의 『고백록』에서처럼 자신을 드러내고 자신에 대해 이야기한다. 볼테르는 냉철하고 빈정거리는 이성의 사상가인 반면 루소는 감정과 원망의 철학자이다. 볼테르는 환희의 철학자이자 키티라섬의 사람이지만, 루소는 침울한 고행자이자 스파르타[2]의 전형이다. 볼테르는 사치와 돈을 좋아하지만, 루소는 여봐란듯이 가난한 삶을 택한다. 볼테르는 구제도에 대한 탁월한 공격자로 어느 정도 근대성을 구현하지 않은 것이 아니며 루소는 1789년의 결과물인 새로운 세계의 전위지만 몇몇 반동적이거나 보수적인 점들이 없지 않은 것이 아니다... 볼테르와 루소는 물과 불처럼 서로 대립할 만한 이유가 없다. 그들은 둘 다—루소는 비록 제네바 출신이지만—프랑스 정신으로 정의되는 하나의 합금을 이루는 두 금속이기 때문이다.

루소는 음악을 작곡하고, 악보를 베껴서 먹고 살며, 새로운 기보법을 발명하고, 오페라 『마을 점쟁이』를 작곡할 수 있었다고 자부하지만, 『학문과 예술에 대하여』에서는 음악에, 특히 오페라에 비판적이다. 루소는 같은 작품에서 미술과 학문, 인쇄술, 사치, 그리고 저널리즘에 대해 노발대발하지만 문예에 기여하며 책을 통해 자신의 사상을 확산시킨다. 루소는 『공연에 대한 편지』에서 연극을 못마땅하게 생각하지만, 그 자신 『피그말리옹』의 저자로, 『공연에 대한 편지』의 출판 이후 그 작품을 무대에 올린다. 루소는 자신의 아이들을 빈민구제소에 보내 버리지만, 『에밀』에서 아이를 조련시켜야 할 어떤 것이 아닌 교육시켜야 할 한 주체로 세상에 발을 디디게 함으로써 교육학을 혁신시킨다. 루소는 인간을 아주 싫어하지만, 『사회계약론』에서, 그들에게 자기중심주의를 포기하고 집단에 유익한 것을 바라게 하는 계약(이것이 바로 주권과 동일시될 수 있는 일반의지라는 것의 정의이다) 덕분에 권리와 법으로 자신들을 화해시킬 수 있는 법을 이야기한다. 자유를 증진시키는 루소는 같은 정치 저술(『사회계약론』)에서 일반의지는 그것을 택하지 않는 사람들을 구속하며, 그것에 불복종하는 사람은 누구든 억지로 자유롭게 해 줄 필요가 있다고 가르친다. 『인간 불평등 기원론』에서 인간은 천성적으로 선하게 태어나지만, 그를 타락시키는 것은 무엇보다 소유와 더불어 바로 사회라고 주장하는 루소는, 그러나 악이 선한 사람에게서 어떻게 생겨날 수 있는지는 설명하지 않는다. 어쨌든 루소는 『에밀』에서 "나는 편견을 가진 사람보다는 모순이 있는 사람을 더 좋아한다"라고 쓰고 있는 것도 사실이다...

『학문과 예술에 대하여』(1750)와 『인간 불평등 기원론』(1754)에서 루소는 무엇을 말하는가?

첫 번째 저술에서 루소는 양식과 상식에 대한 찬사와 함께 형이상학을 비판한다. 그는 자연에서 멀어지는 문화와, 그와 같은 계획에 애쓰는 철학을 비난한다. 그는 획일화하는 지배적인 사상을 고발한다. 그는 예술의 발전에는 국가의 타락이 수반된다고 생각한다. 그는 그 시대의 퇴폐를 개탄한다. 그는 전쟁에 연동된, 그리고 철학자들을 금지했던 스파르타의 문화 정책을 칭찬한다. 그는 인간 정신의 하찮은 것들을 영원히 전승하는 인쇄술을 비판한다. 그는 신앙으로부터 멀어지는 만큼 선보다는 악을 유발하기에, 미덕과는 상치된다고 주장하는 학문을 고발한다. 그는, 자기 자신 안에 있는—책보다 선호하는—내면의 인도자에 귀 기울이라고 한다. 그는, 사치를 즐길 뿐만 아니라 그것을 탐내는 사람까지도 타락시킨다면서 그 사치를 공격한다. 그는 무용한 것은 모두 없애 버리라고 권고한다. 그는 미덕 쪽에 용감함과 군대식의 엄격한 생활태도, 무사무욕, 가난, 진정한 용기, 자신만만한 정신, 조국애, 시골풍, 농업, 수공업, 신앙, 종교, 그리고 법률을 위치시키는 반면, 악덕 쪽에는 퇴폐적인 취향과 획일화, 상업, 돈, 나약함, 풍속의 타락, 사치, 지적인 작업, 형이상학, 인쇄술, 교육, 신화, 철학, 쓸데없는 작가, 그리고 모호한 유식자를 위치시킴으로써 양쪽을 대립시킨다. 그는 무지는 인류의 황금기와 일치한다고 주장하며, "부유함을 좋아하는 사람들은 섬기도록 만들어졌으며, 그것을 경멸하는 사람들은 지배하도록 만들어졌다"라고 쓴다. 로베스피에르[3]는 이 문장을 읽었지만 귀머거리의 귀에는 그런 문장이 귀에 들어오지 않으리라...

두 번째 저술에서 루소는 사치와 나약함에 대한 비판, 자연에 대한 믿음, 그리고 자연에서 멀어지는 숙고와 철학, 발전, 학문과 기술의 불이익 등, 많은 주제를 다시 다룬다. 루소는 불평등은 자연적인 것이 아니라 문화적인 것임을 덧붙인다. 왜냐하면 소유만이 오로지 불평등의 원인이기 때문이다. 이 문장 또한 로베스피에르가 읽지만 상당한 정치적 피해를 야기할 것이다...

왜 이 아르메니아의 둥근 모피 모자가 루소를 요약하는가? 이 모자에는 내력이 있다. 태어날 때부터 루소는 방광의 질환으로 고통을 받는다. 루소의 요구에 따라 그의 사후에 행해진 검시에도 불구하고 그것이 정확히 어떤 병인지를 모르지만, 그 병으로 그는 정기적으로 요도 검진을 받는다. 그가 『고백록』(I. 600)에서 하는 말에 따르면, 아르메니아 옷은 요도 존데(sonde)를 감춰 주는 이점이 있다. 그는 이 옷만 입는다. 겨울을 위해 그는 옷과 두 개의 모자에는 모피를 대고, 트임과 호주머니에는 가장자리를 두르는 것을 생각해 낸다. 리옹에 사는 한 상인의 과부로 루소에게 유숙할 곳을 빌려주고 또 그의 기이한 옷치장을 맡아 도와준 부아 드 라 투르 부인[4]에게 보낸 편지를 보면 아르메니아 의상에 마음을 쓰는 루소의 모습을 볼 수 있다. 그는 옷감과 그리 밝지 않은 질 좋은 인도 사라사 천을 택한 뒤 그 견본들을 보내 달라고 하며, 머리 둘레 치수와 함께 몸 사이즈를 알려 준다. 그는 옷감에 대해 언급하며, 꽃 줄 문양 장식이나 안감으로는 이런저런 가죽과 플란넬, 타프타나 부드러운 플란넬, 모조 담비, 토끼 가죽이나 회색 다람쥐 가죽, 타타르 양가죽이나

루소와 함께
철학에서 생겨나는 것은
이성에 대한 합리적 무시와
감정에 대한 선호이다.
자존심과 자기애,
무엇보다 동정심이
그 사람의 사고 체계에
중요한 자리를 차지한다.

시베리아 여우 가죽을 원하며, 모로코 가죽 반장화를 위해서는 노란색 비단으로 된 구두끈을 주문하며, 양쪽 끝에 술 장식이 달린 비단 허리띠를 원하는가 하면, 모자에는 장식용 술을 달아줄 것을 요구하며, 모피로 안을 댄 자홍색 외투 한 벌도 원한다... 사치와 문명, 필요 이상의 것, 그리고 호화로움을 비판하는 그 사람은 고급스런 옷과, 그 옷으로 인해 사람들이 그에 대해 고급스런 인상을 가지기를 원한다.

물론 의학적인 구실이 고려될 수 있다. 하지만 그런 이상한 옷차림으로 밖에 나갈 때 루소가 사람 눈에 띄지 않을 수 있을지는 알 수 없다!... 시대에 앞선 낭만주의가 아닐지라도 이 댄디즘은 남의 시선을 끌 수밖에 없었다! 그의 자서전적인 작품들, 이를테면 『고백록』이나 『루소는 장 자크를 심판한다』가 그 증거가 되어 준다. 철학자는 지상의 모든 사람이 자신을 박해한다고 생각했다. 그때부터 누가 보아주기를 바라는 그 욕망은 그가 자초하는, 비웃음을 사는 즐거움까지 동반하게 되었다... 루소의 모든 심리학은 시선—루소는 타인들의 시선에 '자신이 잘못 보였다'고 결론지었다—을 끌기 위해 '보여지리라고 아주 확신하는' 그 마음에 있다.

아르메니아 옷차림으로 변장한 그를 묘사하는 이 초상화는 런던에서 그려졌다. 영국인 데이비드 흄[5]과 그곳에 체류할 때였는데, 흄이 그를 앨런 램지[6]의 집에 데리고 갔던 것이다. 1766년 3월 1일이었다. 루소는 이신론으로 소르본대학을 분노케 한 그의 〈사부아 보좌신부의 신앙고백〉 때문에 프랑스에서 박해를 받고 있었는데, 흄은 그를 영국으로 데려왔다. 이 글에서 루소는 실제로 계시를 거부하고, 기적을 믿지 않으며, 예수의 신성을 의심한다...

흄은 그를 돕기 위해 발 벗고 나섰다. 자신의 집으로 루소를 데려온 흄은 물색한 끝에 루소가 왕실 연금을 받게 해 주었다. 이후 편집증 환자인 루소는 흄이 그런 식으로 해서 자신을 파멸시키려 한다고 사방에 고함을 쳐 대면서 흄을 괴롭힌다... 그려진 초상화는 루소의 마음에 든다... 하지만 이후에는 더 이상 마음에 들지 않는다!... 『루소는 장 자크를 심판한다』에서 저자는 이 그림이 그를 괴롭히고 비방하고 우울하게 만들기 위해 그린 것이라고 생각한다...

왜 이 아르메니아 옷이 루소의 특징을 보여 주는 아이콘인가? 이 멋 부림은 타인들의 시선에 다르게, 독특하게, 다른 사람처럼 보이려는 하나의 꾸밈인 것이다. 드 메슴 부인[7]에게 쓴 편지에서 그는 동시대의 사람들에 대해 이렇게 쓴다. "그들과 나, 즉 우리는 같은 종의 인간이 아닙니다."(1772년 8월 14일) 『루소는 장 자크를 심판한다』에서 루소는 자신에 대해 언급하면서 자신은 "인류가 생겨난 이후 너무도 특이하고 독특한 위치"(I. 765)를 지닌다고 쓴다.

예술가적 태도에 속하는 한 벌의 갑주 같은 것이라 할까. 그것은 아주 정확히 말해 넥타이 매는 기술 하나로 역사에 남게 된 최고의 댄디인 조지 브러멜[8]보다 훨씬 이전에 루소가 그 비밀을 가르쳐 주는 낭만주의 예술가의 태도인 것이다...

루소와 함께 철학에서 생겨나는 것은 곧 이성에 대한 합리적 무시와 감정에 대한 선호이다. 자존심과 자기애, 하지만 무엇보다 동정심은 그 사람의 사고 체계에 중요한 자리를 차지한다. 문명에 대한 증오와 함께 공상적인 선한 미개인에 대한 그의 사랑, 손가락질받는 지주들에 반해 이상적인 농민들에 대한 그의 사랑, 책과 도서관들로 이루어진 악한 문화에 상반된 선한 자연에 대한 그의 목가적인 환상, 사이가 멀어진 지상의 인간들과 더 확실히 등을 돌리기 위해 전원을 고독하게 산책하면서 하는 식물채집, 시골 농부에게 어울리는 스파르타의 미덕에 대한 그의 찬양 등, 이 모든 것은 감정과 원망에 중요한 자리를 부여하는 하나의 세계관을 이룬다. 문학에만 관계되는 문제라면, 안 될 이유가 뭐가 있는가? 하지만 이 생각들이 현실에서 활성화될 때—나는 지금 자코뱅당원들의 미쳐 날뛰는 광란을 생각한다—최악의 경우를 걱정할 수 있다. 루소는 상처를 주는 하나의 상처이다.

존경심에 위축된 소심한 한 청년이 루소를 만나기 위해 에름농빌로 찾아갔었다. 그 철학자가 죽기 조금 전의 일이었다. 이 숭배자는 감히 그에게 말을 걸지 못했다. 얼마 후, 그는 자기 자신만을 위해 이와 같은 감동적인 글 몇 줄을 적어놓았다. "저는 선생님을 말년에 뵈었습니다. 그 기억은 제게 자랑스러운 기쁨의 원천입니다. 저는 감탄하며 선생님의 표정을 바라보았는데, 그 표정에는 사람들의 편파성이 선생님께 일으킨 우울한 비애의 기색이 보였습니다." 이 사람은 다름 아닌 로베스피에르였다. 몇 년 뒤, 그는 미덕과 떼어놓을 수 없는 것으로 주장하면서 바로 이 사상들의 집행자가 될 수 있다고 자부했던 것이다.

---

1 Ermenonville: 피카르디 지역에 있는 면으로, 루소는 그곳에 영지와 저택이 있는 르네 드 지라르댕 후작의 초대로 1778년부터 사망할 때까지 몇 개월 동안 그곳에서 지냈다.

2 루소는 그의 작품들에서 스파르타인들의 검약과 애국과 교육에 대해 자주 찬미한다. 그리스 펠로폰네소스 남동부 반도에 위치했던 도시국가로, BC 9세기에 엄격한 과두정치를 행한다. BC 5세기부터 전쟁과 외교에 전념하여 그리스에서 가장 강력한 군대를 만든다. BC 480년에 페르시아의 침략을 막아냈고 BC 404년 펠로폰네소스 전쟁 이후 그리스에서 가장 강력한 나라가 되었다.

3 Maximilien-François-Marie-Isadore de Robespierre(1758-1794): 급진적 자코뱅당 지도자로 프랑스 혁명의 주요 인물 가운데 하나. 그의 사회적 이상은 극단적인 부의 불평등을 줄이고, 모든 사람에게 직장과 교육을 보장해 주는 것이었다. 그는 계몽주의의 소산이었으며 애국자였다. 이처럼 로베스피에르는 루소주의자였다.

4 Mme Boy de la Tour(Julianne Marie, 1715-1780): 루소와 교류하면서 서신을 교환했다.

5 David Hume(1711-1776): 18세기의 주요 사상가로, 영국의 철학자이자 경제학자이며 역사가.

6 Allan Ramsay(1713-1784): 영국의 화가로, 영국의 초상화가 세대를 대표하는 주요한 작가.

7 Mme marquise de Mesmes: 후작 부인으로 루소와 서신을 교환했다.

8 George Bryan Brummell(1778-1840): 영국 웨일즈 공의 섭정시대(1811-1820) 때 영국 댄디즘의 선구자이자 상징적 인물로 '댄디 룩(Dandy Look)'의 창시자였으며, 패션 리더였다.

24

칸트의 식탁

(1724-1804)

친구들과 함께 식사를 하는 칸트의 모습은 상상이 잘 안 된다. 그는 오히려 보통 아이 없이, 부인 없이, 혼자서 지내는 교수, 서양에서 가장 위대한 것으로 여겨지는 그의 철학 저작에 완전히 몰두해 있는 철학자의 모습으로 소개되고 있다. 책상 앞에 혼자 있지 않고 유쾌한 회식자들과 식탁 주위에 있는 그의 모습을 연상하기 어렵다. 하지만...

칸트는 날마다 같은 시간에 같은 길을 산책했는데, 이웃들이 그가 지나갈 때 시계를 맞출 정도였다고 할 만큼 그의 정확성은 전설적이다. 두 번 시간을 지키지 못했다고 한다. 한 번은 1762년에 루소의 『사회계약론』 출간 때문이었다. 또 한 번은 1789년에 발발한 프랑스 대혁명의 소식을 듣기 위함이었다. 아마 지어낸 얘기일 것이다. 루소의 저서 한 권의 출간이 칸트의 산책을 어떻게 방해할 수 있었을까, 이해하기 어렵다. 그리고 심지어 프랑스 대혁명, 1789년 7월 14일 바스티유 감옥의 탈취에서 1794년 7월 27일의 테르미도르[1]까지 5년간 지속된 이 혁명의 소식을 들을 기회가 많이 있었을 것이다. 게다가 산책 시간 전후에 소식을 듣는 것이 충분히 가능했을 것이다... 하지만 이 두 일화는 칸트가 어떤 사람인지를 잘 보여준다. 즉, 그가 순수이성과 질서, 척도, 체계화, 정리, 규율, 배치와 배열 등을 중요시하는 사람이라는 것을 말이다. 이런 것이 그의 모습이었다. 세 권의 비판서가 그것을 증언해 준다.

『순수이성비판』(1781)은 다음과 같은 질문에 답을 시도한다. 우리는 어떻게 인식할 수 있는가? 무엇이 인식될 수 있는가? 칸트는 감각 차원에 머물고 있는 경험론, 우연적인 주장들을 생산해 낼 수밖에 없는 경험주의에 반대한다. 그는 또한 이미 구성된 이성의 포로가 되어 있는 합리주의에도 반대한다. 칸트는 그 자신이 직접 설명하는 메커니즘에 따라 기능할 수 있는 비판적 이성을 원한다.

이를 위해 그는 '선험적 감성론'이라는 제목이 붙은 부분에서 다음 질문에 답하고 있다. 어떻게 순수 수학이 가능한가? 답은 이렇다. '감각적 인식의 선천적 형식들', 즉 공간과 시간의 덕택으로 가능하다.

'선험적 분석론'이라는 제목이 붙은 부분에서는 다음 질문에 답한다. 순수 물리학은 어떻게 가능한가? 답은 이렇다. 감각적 경험에 속하지 않는 질, 양, 관계, 양태 등과 같은 '선험적 범주들' 덕택으로 가능하다.

에밀 되르스틀링 작, 〈칸트와 그의 회식자들〉
개인 소장

'선험적 변증론'이라는 제목이 붙은 부분은 다음 질문에 답한다. 형이상학은 어떻게 가능한가? 답은 이렇다. '본체적 세계', 달리 말해 물자체, 인식 불가능한 세계와 '감각적 세계', 우리가 경험적 방식으로 감각을 통해 인식할 수 있는 세계를 구분함으로써 가능하다.

칸트는 이성의 능력을 검토하고, 그 한계에 대해 결론을 내린다. 이성은 신의 존재도, 신의 비존재도 증명할 수 없다는 결론이다. 이렇게 해서 600여 쪽의 복잡하고 세세한 분석 끝에 그는 신의 존재를 증명하지 않은 채 문제로 제기하고 있다. 왜냐하면 종교적으로는 아니지만 지성적으로, 정신적으로 세 개의 '순수이성의 가정'이 필요했기 때문이다. 신의 존재, 자유의지의 존재, 영혼의 불멸성이 그것이다. 출발점으로의 회귀이다. 이와 같은 이성 비판을 통해 그는 기독교적 철학 건물의 주요 기둥을 보존하게 되었다.

『실천이성비판』(1788)은 다음 문제에 답을 시도한다. 도덕은 어떻게 가능한가? 칸트는 자유의지가 증명 불가능하다고 주장한다. 하지만 자유의지가 도덕의 가능 조건임을 주장한다. 그러니까 그는 그것을 가정하는 셈이다. 첫 번째 비판을 통해 순수이성을 구성하는 것과 마찬가지로, 두 번째 비판도 실천적 이성을 구성한다. 인간은 행복을 추구한다. 그런데 행복은 성스러움의 이미지에 다가가는 기술인 덕성 속에서만 존재할 뿐이다. 왜냐하면 우리도 도덕적 준칙에 의해서만 초감성적인 것에 참여하기 때문이다. 행동의 준칙은 다음과 같다. "네 의지의 준칙이 동시에 항상 보편적인 법칙 수립의 원리로서 타당하도록 그렇게 행동하라." 선은 우리가 보편화할 수 없는 것이다. 악도 우리가 보편화할 수 없는 것이다.

칸트는 행위의 적법성과 도덕성을 구분한다. 도덕성이 있기 위해서는 선한 행동이 그것이 선하기 때문에 행해져야 한다. 죄짓거나 잘못하는 것이 두렵거나 질책이 두려워서가 아니라 법을 지키기 위해서 선행이 행해져야 한다. 의무이므로 행하는 것은 적법한 것이다. 법을 지키기 위해 행하는 것이 도덕적인 것이다. 칸트는 이렇게 쓰고 있다. "도덕법의 준칙은 도덕성 그 자체이다." 그리고 도덕법은 보편화시킬 수 있을 것이다.*

칸트는 이렇게 쓰면서 그의 저서의 결론을 내리고 있다. "생각하면 할수록 더 새로워지고 커지는 찬탄과 경외심으로 내 마음을 채우는 두 가지가 있다. 밤하늘의 빛나는 별과 내 마음속의 도덕법칙이다." 첫 번째 것은 광활한 우주에 비춰 보아 아주 짧은 순간의 생명력을 가진 사소한 존재처럼 우리를 왜소하게 만든다. 두 번째 것은 우리를 도덕을 통해 무한까지 확장시킨다.

『판단력비판』(1790)은 다음 질문에 답한다. 어떻게 취미에 대한 판단이 가능한가? 칸트에게서 "개념과 상관없이 보편적으로 마음에 드는 것이 아름다움"이다. 달리 말하자면 모든 사람을 설명 없이도 즐겁게 해 주는 것이다. 대상이 가진 매력이나, 그것이 우리에게 주는 감동을 고려할 필요가 없다. 쾌감도, 유쾌함도, 감각도, 감정도, 이해

* 지나가면서 다음 사실을 지적하자. 『예루살렘의 아이히만』에서 한나 아렌트는 우리에게 다음 사실을 알려 준다. 즉, 재판 진행 중에 전범 아이히만은 『실천이성비판』을 읽었고, 또 가스실에서 유대인 절멸의 계획에 기여하면서도 칸트적으로 행동했다는 사실을 말이다. 아렌트는 아이히만이 칸트를 잘못 읽었으며, 잘못 이해했다고 평가한다. 이와는 달리, 아이히만이 도덕의 한계를 보여 주었다고 생각한다. 보편화된 반유대주의는 반유대주의를 선으로 만들기에는 충분하지 않다. 따라서 하나의 준칙의 보편화는 이 준칙을 도덕적 준칙으로 만들 수는 없다. 이와 마찬가지로 그 자신이 제정하지 않은 반유대주의 법에 복종하면서 (그것이 법이었기 때문에) 아이히만은 합법적으로, 도덕적으로 복종했던 것이다. 그에게서 반유대주의 법을 보편화하는 것은 따라서 도덕적이었던 것이다. 하지만 그 경우에 도덕은 칸트가 있다고 말한 그 자리와는 전혀 다른 곳에 있어야 한다.

관계도 고려의 대상이 되지 않는다. 아름다운 것은 필연적으로 아름답다.

칸트는 미와 숭고를 구분한다. 그는 우선 수학에서, 그리고 자연에서 숭고를 분석한다. 그는 예술을 그 표현 형태에 따라 분류한다. 그는 천재와 상상력, 오성, 판단 등을 분석한다. 그 끝에 그는 이렇게 주장한다. "아름다운 것을 개념을 통해 결정하는 취미에 대한 객관적인 규칙은 존재할 수 없다." 도덕 영역에서 칸트가 우리 내부의 도덕 법칙을 참조하게 하는 것처럼(우리 내부에서 도덕 법칙의 계보학의 문제를 결코 제기하지 않은 채) ―하지만 이것은 해결해야 할 문제이다―, 미학 영역에서도 마찬가지로 그는 '미의 원형'을 참조하게 한다. 그런데 이 원형은 동일한 계보학적 신비에 의해 우리 내부에 있을 수 있고, 또 우리에게 취미 판단을 가능케 해 줄 수도 있다. 1790년 판의 서문에서 칸트는 다음과 같은 사실을 덧붙이고 있다. 판단하는 능력과 상식(bon sens) 사이에는 등가성이 존재한다고 말이다. 이 사실로부터 시작했다면 아주 어려운 이 저서를 쓰지 않을 수도 있었을 것이다.

칸트 저작의 난해함은 전설적이다. 고등교육기관에서 그의 저작에 대한 주석을 하면서 돈벌이를 할 수 있는 교수들에게는 이것이 축복이다. 칸트가 살았던 시대에조차 그의 저작을 난해하다고 생각했던 학생과 그 반대라고 생각했던 학생 사이에 결투가 있기도 했다. 칼로 싸워서 먼저 피를 흘린 사람이 지는 결투였을 것이다. 하지만 누가 이겼는지는 모른다...

칸트는 또한 수많은 다른 주제에 대해 글을 썼다. 영구 평화와 역사의 진보, 새로운 교육의 필요성, 우주생성 이론, 논리학, 지리학, 인간학, 권리, 거짓말할 권리, 낙관주의, 근본 악, 계몽, 형이상학 등등. 칸트에게는 난해하고 두꺼운 저작밖에 없다. 예컨대 『학부들의 논쟁』(1798)이 있다. 이 저서에서 우리는 난해하기보다는 괴상한 철학자를 만난다! '의학부와 철학부의 논쟁'이라는 제목이 붙은 부분에서 칸트는 그 자신에 대한 관찰과 실험을 통해 도달한 결론을 제시한다. 그런데 그 결론이 그의 모든 비판적 작업을 무너뜨리는 것은 아니라고 해도 곤란하게 만드는, 경험론적 사고의 현행범이라고 할 수 있다! 물론 그는 다음과 같이 주장하면서 사과를 한다. 경험적 방법은 모두에게 유용한 보편적 진리를 얻게 해 준다면 좋은 것이라는 주장이 그것이다. 칸트가 맞서 싸웠던 흄도 다른 주장을 한 것이 아니다... 칸트는 식이요법을 가리켜 건강하게 오래 살게 하는 기술이라고 말한다. 그는 건강과, 그 건강을 지키고 회복하는 능력에 대해서도 이론을 편다. 그는 이런 이론을 스토아학파적 도덕 속에 기입한다. 왜냐하면 스토아학파적 도덕이 정신에 의한 몸의 지배, 의지에 의한 신체의 지배, 지성에 의한 감각의 지배를 가능케 해 주기 때문이다.

아름다움은
설명 없이도
모든 사람을
즐겁게 해 주는 것이다.
대상이 가진 매력이나,
우리에게 주는 감동을
고려할 필요가 없다.
아름다운 것은
필연적으로 아름답다.

칸트가 자기에 대한 관찰, 즉 그 유명한 "내 자신에게 했던 실험"을 통해 도달한 초월론적 진리는 어떤 것들이었을까? 몸이 차가워지는 것을 막기 위해 머리와 발을 차갑게 할 필요가 있다. 그렇기 때문에 겨울에 발을 찬물에 씻는 것이 더 좋다. 심장에서 멀리 떨어진 부분의 무기력을 막기 위해서 말이다. 이와 마찬가지로 장내 순환을 돕기 위해서는 배를 따뜻하게 할 필요가 있다. 칸트는 아주 큰 머리를 가진 작은 체구에 비해 너무 긴 내장을 가지고 있다고 생각했다. 필요한 만큼 잠을 자야 할 필요가 있다. 그렇다고 너무 오래 자면 안 된다. 왜냐하면 "침대는 많은 병의 온상"이기 때문이다. 이것들은 본체적 세계에서 멀리 떨어져 비교적 이해하기 쉬운 철학적 주장들이다... 힘을 아끼는 것만이 문제가 된다면, 신체를 계속해서 과도하게 돌보는 것을 피해야만 한다. 칸트는 독신으로 살아야 한다고 생각했다. 그는 결혼으로 인해 생명이 단축된다고 주장했다. "나이가 많은 사람들이 '대부분 결혼한 사람들'이라는 것을 증명하기는 어려울 것이다"라고 쓰고 있다. 간단한 말로 해석하면, 결혼한 사람들은 오래 살지 못하는데, 독신들은 그 반대라는 의미이다. 모든 사람이 전문 철학자가 될 필요가 없음에도 불구하고, 칸트는 철학을 '생명 에너지의 정체'를 피하면서 '몇몇 분노의 감정'에 맞서 효율적으로 싸우는 것을 가능케 해 주는 활동으로 삼았다. 하지만 사람은 다른 방식으로 소일할 수 있다. 칸트는 자기 집에 있는 수많은 종을 한꺼번에 치는 사람의 예를 들고 있다. 노래하는 새를 키우는 사람, 끝도 없이 실을 잣는 여유로운 노년 여성의 예도 역시 들고 있다. 자기가 아프지 않은데도 아프다고 생각하는 심기증(心氣症)을 떨쳐낼 필요가 있다. 잠들기 전에 모든 나쁜 생각을 떨쳐 버릴 필요가 있다. 그렇게 해서 인간은 통풍이나 간질, 경련 등을 없앨 수 있다. 섭생 면에서는 젊어서는 식욕을 따라가고, 늙어서는 습관을 따를 필요가 있다. 하지만 어떤 경우에도 음식을 먹지 않은 상태에서 술을 마셔서는 안 되고, 물을 너무 많이 마셔도 안 된다. 이상적인 것은 점심을 먹고, 저녁 식사를 하지 않는 것이다. 신체적 운동과 정신적 운동이 필요하다. 하나가 다른 하나를 오염시켜서는 안 된다. 마지막으로, 항상 경험적 방법에 의해 얻은 진리가 있는데, 그것은 좋지 않은 사고를 피하기 위해 입술을 다문 채 호흡하는 습관을 붙이는 것이다...

혼자 식사하는 것은 좋지 않다.

혼자 식사하는 것은 좋지 않다. 마찬가지로 식사하면서 읽거나 사유하는 것도 좋지 않다. 칸트는 이렇듯 그의 생각을 모아 놓은 식탁 이론을 가지고 있었다. 무질서가 아니라 질서, 비이성이 아니라 이성, 감정이 아니라 규칙을 갖춘 그의 식탁은 그 자신의 체계가 만개하는 축소된 공화국이었던 것이다.

칸트의 식탁에서 회식자들은 인간관계의 조화를 위해 술을 적당히 마셨다. 서른 살이 지났을 때 집을 찾을 수 없을 정도로 술집에서 술을 마셔 취했던 적이 있었던 칸트는 술에 취한다는 것이 무엇을 의미하는지를 잘 알았다. 그런 그였기에 약간의 술이 회식 분위기를 북돋운다는 사실을 알고 있었다. 하지만 폭음은 금지되었다. 에밀 되르스틀링[2]의 그림에서 포도주가 물병에 들어 있고, 굽이 달린 유리잔에 채워져 있다.

『도덕형이상학』에서 '덕성의 이론'이라는 제목이 붙은 부분에서 칸트는 이렇게 쓰고 있다. "향연, 즉 순전히 육체적인 즐거움은... 도덕적 '목적', 즉, 상호 의사소통을 위해 많은 인간들을 오랫동안 붙잡아 놓는 것을 지향한다. 그럼에도 많

무질서가 아니라 질서,
비이성이 아니라 이성,
감정이 아니라 규칙을 갖춘
그의 식탁은
그 자신의 체계가 만개하는
축소된 공화국이었다.

은 수의 그들은(체스터필드[3]가 말하고 있는 것처럼, 뮤즈의 숫자를 넘어서게 되면) 틀림없이 빈약한 의사소통(심지어는 바로 옆에 앉아 있는 사람들과도)으로 이어질 뿐이고, 따라서 원래의 목적에 반할 뿐이다. 숫자가 많다는 것은 결국 비도덕성의 장려, 다시 말해 과도함이나 자기 자신에 대한 의무의 위반 등의 장려가 될 수 있다. 이와 같은 과도함으로 인한 신체적 피해(의사가 고칠 수 있기는 하다)는 고려하지 않고서도 그렇다. 도대체 도덕적 허용을 통해 회식자들에게 과도함에 대해 어느 선까지 귀를 기울이게 할 수 있을까?" 하긴...

칸트는 혼자 식사하고자 하지 않았다. 그는 식사를 같이 하기 위해 하인을 시켜 길 가는 모르는 사람을 초대하기도 했다. 칸트는 저녁식사를 위해 아침에 사람들을 초대했다. 그는 친구들이 좋아하는 요리를 하게 했고, 이미 그들에게 접대한 요리와 그들이 좋아하는 요리를 기록했다. 너무 적거나 너무 많은 초대객이 아니었다. 뮤즈의 수, 곧 9명보다는 적고, 미의 3여신, 곧 3명보다는 많아야 했다. 학생들을 초대하는 경우도 있었다. 그 당시 교수들은 집에서 강의를 하기도 했다. 하지만 대부분의 경우 칸트는 친구들을 초대했다. 미래의 장관, 프로이센 총독, 육군 장성, 공작, 백작, 상공회 의장, 추밀원 고문, 은행장, 상인 등등. 그도 일요일에 그들에게 초대받곤 했다. 되르스틀링의 화폭에는 8명의 초대객과 손에 종이를 들고 있는 칸트, 그리고 서서 식사 준비를 하는 하인이 있다... E. A. 바지안스키[4]는 『말년의 임마누엘 칸트』에서 칸트가 초대객들을 선택하는 데 두 가지 규칙을 지켰다고 말한다. "첫째, 칸트의 초대객들은 여러 직업을 가지고 있는 사람들이었다. 가령, 공무원, 교수, 의사, 성직자, 교양 있는 상인, 학생도 있었다. 이것은 다양한 대화를 나누기 위함이었다. 둘째, 그의 초대객들은 그보다 모두 젊었으며, 종종 많이 젊었다. 그 자신의 우울증 성향을 물리치기 위해 젊음과 명랑한 분위기를 확보하는 것이 중요했다."

되르스틀링의 그림에서 인물들(칸트보다 아주 많이 젊지는 않다)은 아마 그의 친구들 중 몇 명일 것이다. 그들은 칸트가 말하는 것을 주의 깊게 듣고 있다. 아마도 그날의 메뉴일 것이다. 곧 출간되는 그의 저작의 한 페이지를 읽는 것이 이 장면에서 볼 수 있는 웃음과 활기찬 모습을 만들어내고 있다고 상상하기는 어렵다...

칸트는 주로 어떤 식사를 했을까? 그의 비서가 되기 전에 그의 제자였던 라인홀트 베른하르트 야흐만[5]의 얘기를 들어 보자. 죽기 4년 전에 칸트는 그에게 자신의 전기를 써 달라고 부탁했다. "칸트는 하루에 한 끼 식사만 했다. 메뉴는 간단했다. 세 가지 요리와 치즈, 버터였다. 여름에 그는 정원으로 난 창문을 열어 놓은 채 식사를 했다. 그는 식욕이 좋았다. 그는 쌀이 들어간 송아지 고기 수프, 보리 수프, 버미첼리 수프를 굉장히 좋아했다." 이어서 그는 이렇게 쓰고 있다. "그의 식탁에 구운 육류가 나왔다. 하지만 결코 사냥한 고기는 나오지 않았다. 보통 칸트는 식사를 생선으로 시작했다. 그는 요리마다 겨자를 발랐다. 그는 버터와 채 썬 치즈를 아주 좋아했는데, 특히 영국산 치즈를 좋아했다. 하지만 그는 영국산 치즈에 인공적으로 색을 입혔다고 투덜거렸다. 초대객들이 많으면 칸트는 과자를 내오게 했다. 그는 생대구를 좋아했다. 그는 이렇게 말하곤 했다. '나는 식사를 하고 나서도 생대구 한 접시를 먹을 수 있다.'" 그리고 다음과 같은 세세한 사항이 적혀 있다. "칸트는 고기를 오래 씹었다. 육즙만을 삼키기 위해서였다. 그는 나머지 부분을 뱉어 빵 껍데기 밑이나 접시의 귀퉁이에 숨기려고 했다. 그는 치아가 아주 안 좋아서, 신경을 많이 썼다." 음료에 대해서는 이렇게 쓰고 있다. "칸트는 가벼운 적포도주를, 보통은 프랑스산 메독을 마셨다. 초대객의 냅킨 옆에 작은 포도주 병을 놓아두었다. 보통은 그것으로 충분했다. 하지만 적포도주가 지나치게 톡 쏘는 맛이 날 때는 백포도주를 마시기도 했다."

우리는 또한 이 전기 작가를 통해 칸트의 서재에 루소의 초상화가 걸려 있었다는 사실을 알게 된다. 이 초상화가 알레고리의 필요로 인해 에밀 되르스틀링에 의해 그려져 살롱의 벽에 걸려 있던 그 초상화인지는 알 수 없다. 그의 충직한 하인 람페는 붉은 깃이 달린 하얀색 옷을 입었다. 화폭 속에서는 하인의 옷이 크림색이다. 칸트는 식사를 하면서 이야기하고, 또 초대객들 각자에게 이야기를 하게끔 했다. 칸트의 고향이자 한 번도 떠난 적이 없었던 쾨니히스베르크에 대한 한담은 아니었다. 그의 철학에 대해서도 아니었다. 큰 관용의 정신 속에서 모든 주제가 다 다루어졌다. 물리학과 화학, 기상학, 자연사, 정치, 프랑스 대혁명, 보나파르트의 이집트 상륙, 새로운 행성의 발견 등등.

점심식사는 4-5시까지 이어졌다. 나이가 든 칸트는 그 유명한 산책을 커피 타임이나 하루에 단 한 번 피우는 파이프 담배 피우기로 대체했다.

"형식, 정확한 형식..."

칸트의 말년은 보통 노인의 그것이었다. 야위고, 수척해지고, 시력이 떨어지고, 알로에 환약의 섭취에도 불구하고 변비에 걸렸으며, 소변을 보지도 못하면서 계속되는 요의를 느꼈다. 또한 그는 들리지 않을 정도로 목소리가 약해졌고, 왼쪽 눈은 삼으로 뒤덮였다. 입맛을 다 잃은 그는 자우어크라우트[6]는 너무 달다면서 구운 자두는 먹었다. 고기는 육즙만 삼키려고, 상하기 직전까지 숙성시켜서 내왔다. 그래야 몇 개 남지 않은 이로 씹기에 수월했기 때문이다. 포크는 포기하고 찻숟갈을 썼고, 버터 바른 빵조각을 강박적으로 먹었다. 어느 날 잘못 썬 음식물, 그것도 모양이 일정치 않은 요리를 보고는 그는 이렇게 말했다. "형식, 정확한 형식..." 사람들은 요리를 다시는 그렇게 하지 않았다고 한다.

---

1 Thermidor: 프랑스 혁명 당시 집권한 혁명정부가 세운 공화력의 11월을 뜻하는 말로 그레고리력으로 환산하면 7월이다.

2 Emil Döerstling(1859-1940): 독일 화가.

3 Philip Chesterfield(1694-1773): 영국 정치인 및 작가로 『아들에게 쓴 편지』와 특히 지혜가 담긴 경구로 유명하다.

4 E. A. Wasianski(1755-1831): 칸트의 제자이자 비서였다.

5 Reinhold Bernhard Jachmann(1767-1843): 칸트의 제자이자 비서였다.

6 choucroute: 독일인들이 즐겨 먹는, 식초에 절인 양배추에 돼지고기, 소시지를 곁들여 먹는 요리.

25

다윈의 종이 한 장

(1809–1882)

찰스 다윈은 철학자로 간주되지 않는다. 오히려 그는 철학사에서 그보다 앞선 25세기 동안의 철학을 케케묵은 것으로 만들어 버리는 사상가로 소개되어야 할 것이다! 왜냐하면 소크라테스 이전 철학자들로 불리는 학자들에서부터 다윈 시대의 철학자들에 이르기까지 인간은 그 자신을 이 세계가 감싸고 있는 중심으로 여겼기 때문이다. 유대-기독교와 더불어 그 문제는 더욱 분명하게 얘기되었다. 왜냐하면 인간은 모든 것이 그를 중심으로 질서 지어진 창조의 정점으로 여겨졌기 때문이다. 신은 세계를 일주일 동안에 창조했다고 한다. 첫째 날에는 대지와 빛, 낮과 밤이, 두 번째 날에는 궁창과 하늘이, 셋째 날에는 바다와 대륙의 분리, 자연, 나무와 과일이, 넷째 날에는 별과 계절이, 다섯째 날과 여섯째 날에는 물고기, 새, 동물의 번식, 가축, 파충류, 뱀, 그리고 남자와 여자가 창조되었고, 마지막 일곱 번째 날에는 모두 알다시피 안식이 있었다.

이와 같은 창조주의적 관점으로 세계를 해석하는 독법은 지질학과 우주론, 점성학, 항공물리학, 지리학, 생물학, 동물학, 인간학 등 과학들이 우리에게 가르쳐 주는 것을 무시한다. 존재하는 모든 것의 기원인 어떤 한 우주 창조신의 도움으로 세계의 기원을 설명하는 위대한 설화들처럼, 유대-기독교의 창세기는 하나의 신화적인 제안이다. 그 설화들은 바빌론의 『에누마 엘리시』,[1] 메소포타미아 『길가메시 서사시』, 헤시오도스의 『그리스 신들의 계보』, 마야의 『포폴 부』,[2] 스칸디나비아의 『볼루스파』[3] 등이다. 현실에 대한 지식이 없기 때문에, 이 많은 설화들은, 이 세계에 대해 사고하고 그 수수께끼를 풀려고 노력한 이래로 인간이 자기 자신에게 던진 문제들에 대한 답을 신화에서 구하는 이야기들이다.

수세기 동안 철학사는 이성과 과학, 오성, 지성, 지식의 힘으로 신화적 사유, 그러니까 종교적 사유와의 거리두기 모험에 휩쓸린다.

분명, 기원전 5세기의 데모크리토스 원자론자들과 기원전 3세기 그리스의 에피쿠로스주의자들 이후에, 기원전 1세기에 루크레티우스는 그의 『사물의 본성에 관하여』에서 다음과 같은 주장을 했다. 번개와 천둥 속에서 원자들의 마찰 이외의 다른 것을 보아서는 안 된다고 말이다. 또한 후일 '전기'라고 부르게 될 이 현상 속에서 아무 의미도 없는 신들의 분노를 보아서는 안 된다고 말이다.

이렇듯 존재하는 것을 알기 위해 신화와 신화학, 허구와 종교로 결코 만족할 수 없었던 유물론

빅터 유스타피에프 작, 〈찰스 라이엘, 조지프 돌튼 후커 경과 함께한 찰스 다윈〉
다운하우스, 영국.

존재하는 것을 알기 위해
신화와 신화학,
허구와 종교로
만족할 수 없었던 철학자들은
형이상학보다는 물리학을,
존재론보다는 생물학을,
신학보다는 지질학을,
믿음과 신앙보다는
경험과 이성을 선호했다.
하지만 그들은
공식적이고 제도적인
철학사에서
추방당했다.
그리고 다윈이 왔다.

적 계보가 계속 이어져 왔다. 이와 같은 전통에 속하는 철학자들은 형이상학보다는 물리학을, 존재론보다는 생물학을, 신학보다는 지질학을, 믿음과 신앙보다는 경험과 이성을 선호했다. 하지만 그들은 공식적이고 제도적인 철학사에서 추방당했다.*

그리고 다윈이 왔다...

그 당시 그의 학문적 발견의 결과들이 여전히 철학계로 통합되지 못했을 때, 그보다 앞선 철학의 체계 전체를 무너뜨리다니, 그는 누구였으며 무엇을 했는가?

다윈은 누구였는가?

박물학자의 손자이자 의사의 아들인 다윈은 의학을 공부한 뒤에, 케임브리지에서 신학을 공부했다. 왜냐하면 그의 아버지가 아들을 위해 자신은 가지 못했던 성공회 사제의 길을 위한 공부를 염두에 두고 있었기 때문이다. 그런데 다윈은 젊은 시절부터 공부보다는 곤충을 채집하고 광물을 수집하면서 자연 속에서 말을 타고 산책하는 것을 더 좋아했다. 5년 동안, 그는 영국군의 수로측량함 비글(Beagle) 호에 올라 세계 일주를 했다. 그는 그때 작성했던 항해일지를 출간했다. 그는 이 항해일지에서 박물학자, 지리학자, 민족학자로서의 발견들을 알린다. 『한 박물학자의 세계 일주』는 과학계에서 그에게 명성을 가져다주었다. 1844년에 그는 진화의 이론에 관한 논문을 썼다. 8년 동안 그는 흑기러기와 거위를 연구했다. 1851년 4월, 그는 어린 딸을 잃었다. 그는 그때 자비로운 신을 믿는 것을 그만두었다. 1858년 7월, 그는 월리스[4]와 함께 린네 학회에 공동 연구 논문을 제출한다. 1859년 11월, 다윈은 『종의 기원』을 출간했다. 이 저서는 판매 첫날 1250부가 판매되어 베스트셀러가 되었다. 과학 단체는 물론 종교 단체에서도 이 저서를 공격했다. 1871년에 『인간의 유래』가 출간되었다. 그는 『인간과 동물의 감정 표현』도 집필했다. 생의 말년에 그는 토양 형성에서 지렁이가 하는 역할에 대한 연구 결과를 출간했고, 자서전을 쓰기도 했다.

다윈은 무엇을 했는가?

* 나의 『철학의 반역사(*Contre-histoire de la philosophie*)』(Grasset, 2006-2018)는 이와 같은 소수의 역사를 기술한 것이다.

현장에서의 관찰을 바탕으로 여러 권의 저서들, 예컨대 난초 재배, 덩굴식물의 생명력, 조가비의 생애, 화산 활동, 새의 털갈이, 화석의 의미, 원숭이의 웃음, 가축 사육자의 활동 등에 관한 저서들을 집필했다. 그런데 이 저서들은 다른 사람들이 쓴 저서들을 바탕으로 해서 쓸 수 없는 책들이었다. 다윈은 마르크스와 엥겔스처럼 도서관에서 연구하지 않았다. 그는 관찰을 위해 모든 대륙을 직접 방문했고, 세계의 흐름을 바꾼 저서들 속에 그의 현장 관찰의 결과를 기록했다.

1859년에 『종의 기원』이라는 제목으로 출간된 이 저서의 내용은 무엇인가?

『자연 선택에 의한 종의 기원, 즉 생존경쟁에서 유리한 종족의 존속에 관하여』가 이 저서의 정확한 제목이다. 그런데 이 제목에 이 혁명적인 저서의 주요 주장이 예고되어 있다. 종은 '자연의 선택'에서 기원한다. 생물학적 환경에 가장 잘 적응하는 개체들은 사라지는 다른 개체들을 희생시켜 살아남는다. 그것은 '생존경쟁'이라는 역학 속에서 일어난다. 생식은 아주 많은 수의 개체를 세계에 뿌려 놓는데, 그중 몇몇 개체만이 생존한다. 살아남는 것들과 죽어 사라지는 것들을 가르는 이 선택의 원칙은 곧, 가장 잘 적응하는 것에 생존할 권리와 번식할 권리를 얻게 해 주는 투쟁이다. 종의 생존에 가장 유리한 변이체를 선택하는 이와 같은 조절 원칙은 하나의 종이 다른 종의 생존에 위험이 되는 것을 피하게 하면서 종의 균형 상태를 유지해 준다. 종은 이런 원칙에 따라 한 종에서 다른 종으로 진화한다. 이 저서에서는 아직 주장되지 않았지만, 다윈은 인간 역시 이와 같은 진화의 산물이라고 생각한다.

이런 주장은 종들을 단번에 결정적인 형태로 창조한 신에 대한 신학적 가설을 불편하게 만들었다. 다윈이 결코 무신론자가 되지는 않았지만, 만일 그가 기독교에서 불가지론으로 진화했다면 이 저서는 신의 죽음도 가능하게 한다.

다윈은 무엇을 했는가?
그는
다른 사람들의 책들을
바탕으로 해서 쓸 수 없는
책들을 집필했다.
그는 도서관에서
연구하지 않았다.
그는 관찰을 위해
모든 대륙을 직접 방문했고,
세계의 흐름을 바꾼
저서들 속에
그의 현장 관찰의
결과를 기록했다.

1871년에 출간된 『인간의 유래와 성 선택에 관하여』의 내용은 무엇인가?

앞의 저서와는 달리 이 저서에서 문제가 되는 것은 인간이다. 다윈은 척추동물과 인간 사이에 신체기관상의 동족성을 정립한다. 척추동물과 인간은 모두 뼈와 근육, 신경, 머리, 몸, 위, 허파, 팔과 다리, 뇌 등을 가지고 있다. 서로 질병을 옮긴다. 상처 아물기, 달의 순환 주기에 따르는 것, 발생학적 변이, 체모의 조직, 인간에게 남아 있는 동물적 기관 등 진화의 과정들도 같다. 다윈은 인

이성의 발달과 교육의 발전, 도덕적 감정의 상승, 동정과 연민의 증가, 이 모든 것들은 자연 선택이 유일한 활동 요소가 아니라는 사실과, 진화에서 문화적 선택 역시 고려해야 할 필요가 있다는 사실에 유리한 증언을 한다.

간의 진화는 가장 잘 적응하는 자의 투쟁에 의한 자연의 선택에 의해서만 이루어지는 것은 아니라고 분명히 말한다. 왜냐하면 적응을 위한 선택이라는 같은 목적을 위해 애쓰는 상호부조와 협동이라는 자연적 원칙도 또한 존재하기 때문이다.* 이성의 발달과 교육의 발전, 도덕적 감정의 상승, 동정과 연민의 증가 등 이 모든 것들은 자연 선택이 더 이상 유일한 활동 요소가 아니라는 사실과, 진화에서 일종의 문화적 선택 역시 고려해야 할 필요가 있다는 사실에 유리한 증언을 해 주고 있다. 우리는 아이들을 교육시키고, 장애인들을 보호하고, 환자들을 돌보고, 불우한 자들을 돕는다. 그렇게 되면 경쟁은 도덕성과 이타주의, 그리고 교육과 더불어 이루어진다.

다윈은 또한 성의 역할을 관찰함으로써 번식을 위해 암컷이 수컷을 차지하고자 하는 유혹과 정복의 전략이 갖는 중요성을 밝혔다. 이것은 성의 투쟁에서 패배한 경쟁자의 축출을 필요로 한다. 물론 그렇다고 해서 패배한 경쟁자에게 죽음이 뒤따르는 것은 아니다. 성적 투쟁의 승자는 성적으로 번식에 가장 잘 적응한 자들이다. 활동력이 가장 왕성하고, 가장 전투적이고, 형태적으로 몸이 가장 발달한 자가 후손을 위해 가장 훌륭한 수컷을 원하는 암컷들의 복종을 얻어낼 수 있다.

이 새로운 저서가 그 당시의 정치와 교회 권력에 대해 다시 한번 스캔들이 되었다는 것을 쉽게 이해할 수 있다! 원숭이로부터 진화한 것으로 생각되는 인간, 오늘날까지 성행위에서 한 마리의 포유류처럼 계속해서 행동하는 인간, 이것은 과거나 오늘날이나 여전히 그런 권력들에는 크게 비위에 거슬리는 것이다!

1872년에 출간된 『인간과 동물의 감정 표현』의 내용은 무엇일까?

『인간의 계통』이 『종의 기원』을 발전시켜 명확하게 해 주는 것과 마찬가지로, 『인간과 동물의 감정 표현』 역시 『인간의 계통』을 발전시켜 명확하게 해 준다. 다윈은 이 저서에서 고등 포유류와 인간에게서 감정이 어떻게 같은 방식으로 나타나는가를 보여 준다. 고통과 눈물, 낙담, 불안, 슬픔,

* '무정부주의 공작'으로 불리는 크로포트킨[5]은 '상호부조'라는 제목이 붙은 저서를 집필한다. 그는 다윈을 그 자신의 상호적이고 협동적인 정치 기획을 위해 이용한다. 이것은 사회진화론—이 입장에서 보면 자본주의가 사회에 가장 잘 적응한 자연적 정치 체제이다—은 잘못된 것이라는 점을 보여 주고 있다. 왜냐하면 이것은 자연적 협동의 원칙을 침묵에 부치기 때문이다.

실망, 절망, 기쁨, 유쾌함, 사랑, 부드러운 감정, 연민, 반성, 성찰, 언짢은 기분, 삐짐, 결단, 증오, 분노, 무시, 멸시, 혐오, 죄책감, 자긍심, 무기력, 인내, 긍정, 부정, 놀람, 경악, 걱정, 공포, 자기 배려, 수치심, 소심함, 겸손 등, 우리는 이 모든 감정을 인간에게서와 마찬가지로 동물에게서도 발견할 수 있다. 이것은 아주 당연한 것으로 확인된다. 그도 그럴 것이 인간 역시 동물이기 때문이다!

같은 저서를 통해 동물행동학이 정립된다. 이것은 동물의 행동을 연구하는 학문 분야인데, 거기에는 인간의 행동도 포함된다. 그런데 이와 같은 동물행동학은 과거의 철학하는 방식을 혁파하기는커녕 혁신시키지도 못했다.

다윈의 발견의 결과는 여전히 이해되지 못했다! 세 일신교의 극단적인 보수주의 신자들을 제외하고, 대부분의 사람들은 오늘날 '인간은 원숭이의 후예'라는 부정확한 표현(다윈은 그렇게 말하지 않았다)으로 변해 버린 그 진리를 단연코 받아들이고 있다. 이 표현은 '인간은 원숭이의 진화의 산물이다'라는 표현보다 더 복잡함과 동시에 더 간단하다...

하지만 이 모든 것에도 불구하고 형이상학이나 존재론, 또는 비물질적이며 썩지 않는 불멸의 영혼의 존재나 신체와는 다른 성질의 심급(審級)의 존재를 주장하는 영성주의와 이원론은 사라지지 않았다. 다윈 이후에 프로이트를 추종하는 정신분석가들, 베르그송주의자들, 현상학자들, 기독교적 실존주의자들, 아니면 인격주의자들, 프로이트-마르크스주의자들, 라캉주의자들, 구조주의자들, 해체주의자들은 마치 다윈이 결코 존재하지 않았던 것처럼 자신들의 주장을 편다는 것을 생각해 보자.

찰스 다윈과 찰스 라이엘 경,[6] 그리고 조지프 돌튼 후커[7]를 부르주아풍의 방에 한데 모아 놓은

우리는
아이들을 교육시키고,
장애인들을 보호하고,
환자들을 돌보고,
불우한 자들을 돕는다.
경쟁은
도덕성과 이타주의,
그리고 교육과 더불어
이루어진다.

빅터 유스타피에프[8]의 그림은 무엇을 말해 주는가? 이 화폭에는 초록색 책상보로 덮은 책상과 그 위에 놓인 책들, 의자, 책꽂이, 벽에 걸려 있는 판화들이 보인다. 그 당시의 사진 한 장이 증언해 주는 이곳은 바로 다운하우스[9]에 있는 찰스 다윈의 서재이다.

우리는 이제 다윈이 누구인지를 안다. 하지만 찰스 라이엘 경은 누구인가? 그는 제3기층을 발견한 지질학자로 『지질학의 원리』를 출간했는데, 이 저서에서 이른바 '동일과정설(thèse uniformariste)'[10]을 옹호한다. 이 이론에 의하면 지구는 그 기원부터 계속 작용하고 있는 힘에 의해 규칙적으로 형성되었다. 그는 친구로서 다윈을 처음부터 옹호했다. 비록 그가 자연 도태의 체계적인 역할에 동의한 것은 아니지만 말이다.

그러면 조지프 돌튼 후커는 누구인가? 탐험가이자 식물학자였던 그는 처음부터 다윈과 그의 주장을 옹호했다. 그는 『종의 기원』을 신속히 출

찰스 다윈과 찰스 라이엘 경, 그리고 조지프 돌튼 후커를 부르주아풍의 방에 한데 모아 놓은 유스타피에프의 그림은 무엇을 말해 주는가?

간할 것을 다윈에게 촉구했다. 왜냐하면 알프레드 러셀 월리스 역시 자연도태 이론을 발견했기 때문이었다. 이 사실을 알게 된 다윈은 예정보다 빨리 자기 이론을 출간했다. 우리는 그 이후로 다윈을 자연도태설의 주창자로 여기고 있다. 월리스는 사회주의자이자 평화주의자, 페미니스트였다. 하지만 유심론의 옹호자이기도 했는데, 그로 인해 그는 과학계에서 무시당했다. 그는 다윈의 주장이 자유주의 형태의 자본주의를 정당화시킨다는 것을 내세우며 항변하는 사회진화론에 대해 가장 먼저 반대했다.

다윈이 자신과 월리스가 같은 분야의 연구를 하고 있으며 둘이 유사한 결론에 이르렀다는 사실을 알게 되었을 때, 그들은 아주 활발하게 교류했다. 월리스는 다윈에게 1858년 2월에 「원래 유형에서 무한히 멀어지려는 다양한 성향에 관하여」를 보낸다. 이 글은 월리스의 연구 상황을 요약한 것이다... 월리스는 다윈에게 이 글을 읽어 줄 것을 부탁하면서 그럴 만한 가치가 있다고 느끼면 그것을 찰스 라이엘 경에게 전해 줄 것을 부탁했다. 다윈은 1858년 6월에 이 원고를 받았다. 낙담한 다윈은 월리스보다 선수를 쳐야 한다고 생각했다고 털어놓고 있다. "그렇지 않으면 아무리 위대하다 해도 내 연구의 독창성이 묻힐 것이다." 자기 아들이 몹시 아팠기 때문에 다윈은 라이엘과 후커에게 월리스의 논문을 학회지에 게재하는 일을 일임했다. 그의 두 친구는 『린네 학회지』에 이 글을 게재했다. 하지만 다윈의 편지와 함께였다. 이 편지에는 자연도태 이론에서 다윈이 앞선다는 것을 증명하기 위한 주장이 담겨 있었다. 다윈은 그의 친구들에게 그 자신의 '옹졸함'을 사과했다...

그 이듬해에 다윈의 『종의 기원』이 출간되었다. 우리는 이 이야기의 후속편을 알고 있다. 다윈은 전 세계적으로 유명 인사가 되었지만 월리스는 그러지 못했다. 훌륭한 인물이었던 월리스는 그 뒤로 이 중요한 책이 공격을 당할 때 언론에 과학 기사들을 쓰면서 다윈을 옹호했다.

빅터 유스타피에프가 그린 그림은 그러니까 1858년일 수 있다. 아마도 6월 하반기쯤으로 보인다. 린네 학회에서 두 친구가 그곳에 불참한 다윈을 옹호했던 7월 1일 이전이다. 다윈의 아들이

화가는
진화론이
오로지
다윈이라는 이름 아래
역사로 진입하는
순간을 포착한 것이다.

3일 전에 죽었기 때문이었다. 그림에서 라이엘은 서서 벽난로에 팔을 괴고 있다. 후커는 화폭 오른쪽에 다윈의 맞은편 의자에 앉아 있다. 다윈은 왼편에 앉아 있다. 그들 사이에 그려지는 삼각형은 다윈이 든 종이 한 장으로 수렴한다. 그는 오른팔을 들고 허공에 이 종잇장을 들고 있다. 이 종이는 책상 위에 놓인 논문에서 뽑은 것이다. 월리스의 논문이다. 따라서 세 사람은 이 논문을 읽고 난 뒤에 밟아야 할 과정에 대해 논의하고 있는 중이다. 몇 분 후에 그들은 월리스보다 선수를 쳐야 한다고 결정하게 된다. 그들은 이 논문 게재의 주도권을 쥠으로써 첫 번째 축포를 쏘았다. 다윈의 편지와 함께였다. 다윈이 자연도태설을 먼저 주장했다는 것을 정당화시키기 위함이었다. 그러고 나서 그들은 『종의 기원』을 재빨리 출간함으로써 두 번째 축포를 쏘아 올렸다. 이 저서는 세계적인 성공을 가져온다. 화가는 진화론이 오로지 다윈이라는 이름 아래 역사로 진입하는 순간을 포착한 것이다. 화가는 『종의 기원』의 기원을 화폭에 정착시킨 것이다.

---

1 Enûma Elish: 메소포타미아 신화 중 바빌로니아와 아시리아인들의 종교에 관한 서사시.

2 Popol Vuh: 마야인들의 경전.

3 Voluspa: 북유럽 신화의 중요 자료인 『에다』의 첫머리에 나오는 신화시 "무녀의 예언"이다.

4 Alfred Russel Wallace(1823-1913): 영국 박물학자, 탐험가로 다윈과 마찬가지로 생물의 진화에서 자연도태설을 주장했다.

5 Peter Kropotkin(1842-1921): 러시아 출생의 지리학자로 무정부주의 운동가. 만물은 서로 돕는다고 주장하면서 사회진화론에 반대했다.

6 Charles Lyell(1797-1875): 스코틀랜드 지질학자로 '지질학의 아버지'로 불린다.

7 Joseph Dalton Hooker(1817-1911): 영국의 식물학자, 탐험가.

8 Victor Eustaphieff(1916-1989): 영국 화가로 다윈의 초상화를 많이 그렸다.

9 Down House: 런던에 있는 다윈의 집을 말한다.

10 지질학에서 과거의 자연환경에 작용했던 과정이 현재의 자연현상과 같을 것이라고 하는 가설로, 격변설에 반대된다.

26

니체의 난간

(1844–1900)

여기에서 보는 니체의 초상화는 니체주의의 초상화인 동시에 화가의 초상화이기도 하다.

실제로 이것은 부인할 수 없는 '니체의 초상화'이다. 유감이지만, 이 초상화는 심지어 그에 대한 연구들과 그의 저작들의 포켓판, 그를 인용하는 철학 교재, 그에 관한 학술대회의 포스터 등을 장식하는 데 사용되는 경건한 한 이미지가 되어 버렸다.

우리는 니체의 실제 얼굴을 알고 있다. 입을 가리는 덥수룩한 수염과 그리스풍의 곧고 오뚝한 코, 『이 사람을 보라』에서 그 자신이 자랑스럽게 생각했던 뒤로 젖힌 머리카락, 두개골에 깊이 박혀 다른 세계를 멍하니 주시하는 최면에 걸린 듯한 시선, 피아노 건반 위에서 즉흥적으로 멋있게 연주하던 길고 날씬한 손, 등등. 스위스의 엥가딘[1]에서 그와 함께 민박집을 나눠 썼던 사람들의 증언은 모두 같았다. 즉, 혼자 살면서도 니체는 우아하고 깨끗하며 잘 재단된 옷을 입었다는 것이다. 우리는 이 그림에서 넥타이를 매고, 손목 위에 하얀 와이셔츠 소매단추를 달고 있는 니체의 모습을 본다. 『이 사람을 보라』에서 니체는 청결을 훌륭하고 중요한 철학적 덕성으로 삼고 있다. 청결은 신체와 의복의 깨끗함일 뿐 아니라 지적 영역에서의 정직성이었다. 그의 키는 1.73m였다. 그림에서 니체는 호리호리하게 보인다. 식이요법에 신경을 쓰고, 절식 애호가였으며, 매일 많이 걸었던 그는 꼿꼿한 실루엣을 가지고 있었다. 살이 많이 찌거나 또는 기름기가 흐르는 그의 모습을 상상하기 어렵다. 그림에서 그는 세계에 현전하는 커다란 모습으로 형상화되어 있다. 하지만 그의 시선은 그 자신의 다른 한 부분은 이미 더 이상 거기에 있지 않다는 것을 보여 준다. 비록 뭉크[2]의 그림에서 단순한 색으로 형상화된 이 유일하고 동일한 세계 속에 여전히 있지만 그는 다른 곳을 바라보고 있다. 니체의 손은 부자연스러워 보인다. 두 손을 어찌할 바를 몰라 꼭 잡고 있거나 아니면 이교도가 기도할 때처럼 모으고 있다.

실제로 에드바르 뭉크는 1905년에 은행가 에른스트 티엘[3]의 주문으로 이 그림을 그렸다. 이를 위해 뭉크는 바이마르 소재 니체 아카이브를 방문했다. 그곳에서 뭉크는 1899년 7–8월에 한스

에드바르 뭉크 작, 〈프리드리히 니체의 이상적인 초상화〉
티엘 갤러리, 스톡홀름

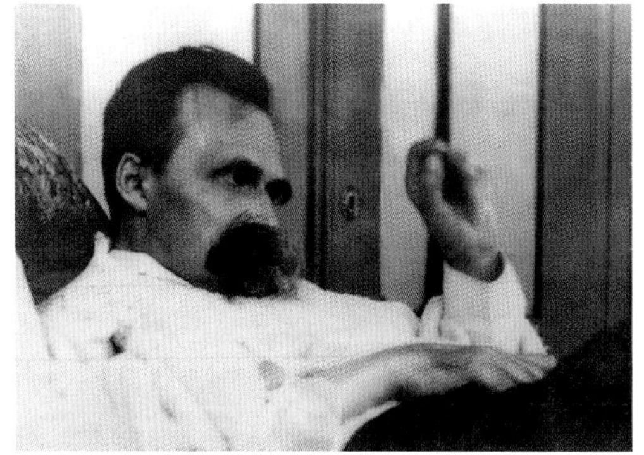

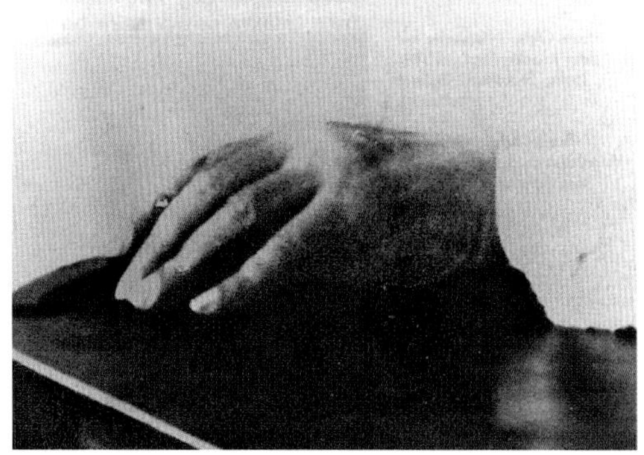

바이마르의 누이 집에 있는 니체. 한스 올데가 1899년에 찍은 사진. 뭉크는 바이마르를 방문해서 이 일련의 사진의 존재를 알게 되었다.

올데[4]가 찍은 일련의 니체 사진들을 보게 되었다. 니체는 1889년 1월부터 미쳐서 그의 누이와 함께 바이마르에 살고 있었다. 그는 긴 의자에 누워 있으며, 그의 손은 몸 아랫부분을 덮고 있는 담요 위에 놓여 있다.

그림 후경의 아래쪽으로 푸른색 계열의 두 가지 색으로 그려진 한 마을의 모습이 보인다. 이 마을 아래로 두 개의 물줄기가 흐르는데, 큰 강이거나 아니면 작은 천이다. 약간 더 멀리에 노란 황토색으로 약화된 유적 하나가 풍경 속에 용해되어 드러나 보인다. 한 마을에서 다른 마을로 가는 것을 상상할 수 있다. 어쨌든 아주 정상적인 모습의 종탑뿐만 아니라 한 성에 있는 탑의 폐허의 일부를 볼 수 있다. 니체의 등 쪽에 있는 푸른색 두 날개를 닮은, 그를 날아다니는 곤충으로 변형시키고 있는 것은 호수일 수 있을 것이다. 그런데 뭉크는 니체가 과거에 보았던 풍경을 우편엽서나 사진의 형태로 보기를 원했다는 것을 알 수 있다. 그리하여 뭉크는 니체의 고향 뢰켄과 그의 어린 시절을 보냈던 나움부르크, 엄격한 고등학교 시절을 보냈던 포르타, 신학과에 등록했던 본, 문헌학으로 전공을 바꾸고 바그너를 만났던 라이프치히, 바그너를 아주 자주 만났던 트립셴, 그리고 대학에서 문헌학을 가르쳤던 바젤 등의 사진을 찾아낼 수 있었던 것이다. 하지만 독일은 니체가 원했던 나라가 아니었다. 독일은 그의 가족과 그의 학문, 그의 첫 직장의 나라였다.

니체에게는 안개 낀 북방과는 다른 극성(極性)이 존재한다. 이탈리아와 지중해가 그것이다. 성 베드로 성당에서 루 살로메[5]를 만났던 로마, 그는 이 로마를 즉각 좋아하게 되었다. 하지만 얼마 지나지 않아 불가능한 사랑을 내려놓은 후에 그는 로마를 무한정 미워했다. 나폴리와 특히 소렌토, 말비다 폰 마이젠부크[6]는 베수비오와 나폴리만으로 숨이 멎을 것 같은 풍경이 보이는 그곳 자신의 별장에서 니체를 맞아 주었다. 『아침놀』의 원고를 교정했던 제노바, 『차라투스트라는 이렇게 말했다』를 시작한 라팔로와 포르토피노,[7] 쇼팽에 대한 저서 한 권을 같이 집필하고자 했고 또 『차라투스트라는 이렇게 말했다』의 찬가에서 죽은 자들의 섬이 된 묘지가 있는 베네치아, 거리에서 연민 때문에 마차 주인에게 채찍질 당한 말의 발치로 뛰어들어 정신을 잃었던 토리노 등등. 하지만 니체가 힘에의 의지에 대한 직관이 자신의 내부에서 나오는 것을 느끼게 한 풍경은 지중해의 장엄한 경관을 가진 니스와 에제의 산책로[8]일 수도 있을 것이다.

날카로운 탐정이라면 이 몽환적인 풍경 속에서 현실적인 풍경을 보고 있다고 생각했을 것이다. 가령, 강은 에브강의 지류인 잘레강일 수 있고,

성은 나움부르크주에 있는 루델스부르크 성일 수 있으며, 탑은 잘레크부르크의 탑일 수 있을 것이다. 가능한 일이다. 하지만 호수 같은 푸른색 부분을 뭐라고 할 수 있을까? 왜냐하면 만약 이 호수도 현실의 호수를 가리킨다면, 여기서는 독일의 풍경들을 소환할 수는 없을 것이기 때문이다. 오히려 니체가 산 정상들의 시원함을 즐기러 여름 6개월을 보냈던 스위스 엥가딘의 호수들일 수도 있다. 실스마리아 호수와 실바플라나 호수, 오르타 호수 등이 니체의 추억 속에 아로새겨져 있으며, 이 호수들 중 하나에 인접해 있는 주를레이에서 그는 영원회귀에 대한 영감을 얻게 된다. 이처럼 독일의 지리와 지질 구조를 엥가딘의 그것들과 연결하는 것은 이 마을에서 그 개념에 대한 영감을 얻었다는 사실에 대해 유리한 증언을 해 준다. 따라서 뭉크가 이 그림에서 제시하는 것은 하나의 '이상'이기도 하다. 이 그림에 〈니체의 이상적 초상화〉라는 제목이 붙은 것은 우연이 아니다. 아래쪽에 있는 마을은 문명을 보여 준다. 주민들과 도시, 유대-기독교의 정신적인 힘을 이야기해 주는 교회, 그리고 독일 황제의 힘을 의미하는 성이 있는 마을. 여기서 화가는 시민과 교황, 황제를 잇는 문화적 장치를 보여 주고 있다. 달리 말하자면 니체가 관계를 끊어 버린 모든 것—신, 종교, 정치—등이 그것이다. 여기에 다음과 같은 사실을 덧붙일 수 있다. 왜냐하면 여기서 문제가 되는 것은 그의 어린 시절을 환기시키는 장소들이기 때문이다. 가령, 그의 신교도적 교육, 루터파 교회, 그가 살아 있는 동안 그의 삶을 '거세해 버린' 그의 어머니와 누이의 지배와 영향력, 목사였던 그의 아버지의 고통과 죽음, 무덤. 한마디로 독일이다.

이 그림은 또한 니체주의의 초상화임이 분명하다. 그렇다면 니체주의란 무엇인가? 니체의 사유에는 변화가 있다. 첫 번째 시기에, 니체는 쇼펜하우어와 바그너의 영향 아래 바그너의 오페라를

니체는
1889년 1월부터 미쳐서
그의 누이와 함께
바이마르에
살고 있었다.
그는
긴 의자에 누워 있으며,
그의 손은
담요 위에
놓여 있다.

독일이라는 나라를 문화로 역동성을 회복하는 지성적 유럽의 첨병으로 바꿀 기회로 삼고자 했다. 그것이 바로 『비극의 탄생』(1872)의 의미이다. 하지만 이와 같은 르네상스의 장소가 될 바이로이트 극장에서 열릴 음악 축제의 재정을 마련하기 위해 바그너가 귀족과 부르주아, 은행가, 제후들과 타협하자, 니체와 그의 관계는 소원해지게 된다. 여기에 늙은 바그너의 젊은 아내 코지마에 의해 야기된 애정 문제를 덧붙이자. 코지마는 프란츠 리스트의 딸로, 바그너의 작품을 연주했던 오케스트라 지휘자 한스 폰 뷜로의 부인이었다. 바그너가 뷜로에게서 부인을 빼앗은 것이다. 그런데 코지마는 나이로 인해 그녀의 남편보다 니체에게 훨씬 더 가까웠다. 니체는 그 자신이 '아리안(Ariane)'이라고 불렀던 코지마에 대한 환상을 품고 있었다.

이렇듯 금이 간 우정과 불발로 끝난 애정 사건

발생한 모든 것은 이미
헤아릴 수 없을 만큼
여러 번 발생했고,
아주 정확히 같은 형태로
미래에도
헤아릴 수 없을 만큼
여러 번 도래하게 될 것이다.
자유는 환상에 불과하며,
인간들은 자신들이
있는 대로 존재하도록
이미 정해져 있다.

후로 훨씬 더 볼테르적인 두 번째 시기에, 니체는 에피쿠로스의 정신[9] 속의 실천적 지혜의 평화를 갈망했다. 철학자 폴 레, 후일 릴케의 애인이자 프로이트의 친구가 되는 루 살로메와 더불어, 한동안 니체는 친구들로 이루어진 철학 공동체를 꿈꿨다. 공동체 구성원들은 자립을 목적으로 농가에서 경작을 하며 공동의 삶을 영위하고자 했다. 이 시기가 바로 『즐거운 학문』(1882)의 시기이다. 연구와 독서, 쓰기, 대화, 사색, 산책, 소식(小食) 등이 공동 프로그램으로 마련되었다. 그런데 니체는 그를 대신해 레가 루 살로메에게 그의 애정을 전해 주길 바랐다. 하지만 레 자신도 루 살로메를 사랑하고 있었다! 코지마의 시기 다음에는 루의 시기였다. 새로운 불화들…

세 번째 시기는 비교적 대부분 사람들이 기억하는 시기이다. 위대한 개념들과 위대한 이론의 시기인 것이다. 니체는 '신의 죽음'과 2천년 동안 '금욕적인 이상'의 압정(壓政), 즉 육체와 본능에 대한 증오, 욕망과 쾌락에 대한 증오, 생명과 즐거움에 대한 증오를 강요하는 '노예 종교'로 제시되는 기독교를 극복해야 할 필요성을 알린다. 니체는 단 하나의 진리를 주장한다. 생명이 있는 곳, 존재하는 모든 것(잡초나 꽃의 싹과 같은 아주 작은 것들에서부터—동물과 인간을 움직이게 하는 것을 거쳐—우주 질서와 같은 무한히 큰 것에 이르기까지)에 생명력을 불어넣는 곳에서 생을 원하는 것과 동일화시킬 수 있는 힘으로 정의될 수 있는 힘에의 의지가 그것이다. 힘에의 의지는 선도 악도 원하지 않는다. 왜냐하면 힘에의 의지는 선과 악의 피안이기 때문이다. 이와는 달리 힘에의 의지는 모든 살아 있는 것에서 존재와 생명의 확장을 원한다. 이와 같은 기독교의 극복과, 세계에 대한 생명론 개념과 병행하여 니체는 사물들의 영원회귀를 주장한다. 발생한 모든 것은 이미 헤아릴 수 없을 만큼 여러 번 발생했고, 아주 정확히 같은 형태로 미래에도 헤아릴 수 없을 만큼 여러 번 도래하게 될 것이다. 그러므로 인간들은 자유의지를 소유할 수 없다. 자유는 환상에 불과하며, 그들은 자신들이 존재하는 대로 존재하도록 이미 정해져 있다. 따라서 그들은 그들의 운명의 흐름을 바꿀 그 어떤 선택도 할 수 없다. 질 들뢰즈가 주도한 20세기의 일반적 니체 해석, 니체주의가 우리에게 인생에서 끊임없이 반복되는 것을 보기 원하도록 권유한다는 해석은 심각한 오해다. 우리는 우리가 방해하고, 막고, 억제하고자 하는 것을 원할 수 없기 때문이다. 이것은 문 밖으로 내쫓은 자유의지를 창문으로 들여오는 것이다. 존재하는 것의 비극성과 영원회귀의 필연성을 아는 사람, 또 그것을 알면서 존재하는 것의 비극성과 존재하는 것의 필연성을 사랑하는 사람—이것이 니체가 '운명애(amor fati)'라고 지칭하는 것이다—, 이 사람은 누구나 '초인'이다. 초인은 영원회귀의 진리를 알기에, 초인은 자신이 결정적으로 정확하게 포착한 형태로 다시 도래하는 이 현실을 사랑한다. 이와 같은 인식과 사랑은 탈기독교적인 지혜의 기쁨을 가져다준다.

이상이 바로 니체주의라고 일컫는 것이다. 즉, 신의 죽음의 선언, 원한의 종교로 제시된 기독교의 극복을 위한 권유, 힘에의 의지에서만 출발해서 선악의 피안의 세계 해석, 동일한 사물들의 영원회귀에 대한 교육, 발생한 모든 것에 대한 숙명론과 회귀하는 것을 사랑해야 할 필요성! 그리고 지상의 천복과 내재적 평온, 지금 여기에서의 기쁨의 획득.

이 시기는 『차라투스트라는 이렇게 말했다』(1883-1885)의 시기이다. 이 방대한 저서는 서정적, 알레고리적, 상징적 시이다. 니체는 이 저서에서 그 자신의 사유를 담지하고 있는 인물, 즉 차라투스트라를 무대 전면에 내세운다. 그는 항상 사자 한 마리와 뱀 한 마리를 데리고 다닌다. 차라투스트라는 말을 하는 동물들이나 괴상한 인간들—마지막 교황과 두 명의 왕, 인간들 중 가장 추악한 자, 거머리, 제 발로 고자가 된 자, 마술사, 그림자, 점쟁이, 곡예사—사이에서 은유적으로 자신을 표현한다. 니체는 영원회귀의 결과를 표현하기 위해 이와 같은 시적 방법을 택했다. 왜냐하면 이와 같은 직관은 과학적으로 근거를 제공할 수 없었기 때문이다. 복잡한 상징들과 알레고리들의 해독을 요구하는 그 선택으로 인해 그의 사유에 대한 많은 오해가 발생했다. 그중 가장 심각한 것은 반유대주의자였던 그의 누이동생 엘리자베트 푀르스터에 의해 자행된 것이다. 무솔리니와 히틀러의 친구이기도 했던 그녀는, 니체의 철학을 그들이 이용하기 좋게 제공해 주었고, 『선악의 저편』의 저자를 파시즘과 국가사회주의의 선구자로 만들어 버렸다! 국가를 싫어했으며, 반유대주의적 텍스트를 출간했다는 이유로

존재하는 것의 비극성과
영원회귀의 필연성을
아는 사람,
또 그것을 알면서
존재하는 것의 비극성과
존재하는 것의 필연성을
사랑하는 사람,
—이것이 니체가
'운명애(amor fati)'라고
지칭하는 것이다—
이 사람은 누구나
'초인'이다.

출판업자와 갈라서기도 했으며, 군집 본능을 경멸하고 군중과 하층민에게 치욕을 주었던 니체는 20세기의 전체주의를 증오했을 것이다. 니체는 무솔리니와 히틀러, 그리고 그들의 이론뿐만 아니라 레닌과 스탈린, 그리고 그들의 이론을 그가 철학적 전쟁을 선포한 그 원한의 전형들로 삼았을 것이다.

이 위대한 시의 시작 부분에서 우리는 차라투스트라가 서른 살에 세상을 떠났다는 것을 알게 된다. 바로 예수가 설교를 시작했던 나이이다. 그 나이에 차라투스트라는 은둔했던 10년 동안 배웠던 것에 힘입어 계곡으로 내려갈 결심을 했다. 그는 인간들이 사는 곳에서 그가 발견한 것을 가르

치려 했다. 즉, 우리가 방금 니체주의라고 명명한 것을 말이다.

뭉크의 그림은 니체적이다. 두 가지 이유에서이다. 먼저, 이 그림은 니체 자신이 마치 계곡에서 사람들에게 초인에 관해 가르치기 위해 산에서 내려갈 준비를 마친 차라투스트라인 것처럼 그를 그림의 전면에 내세우고 있기 때문이다. 다음으로, 이 그림은 힘에의 의지의 진동을 표현하는 임무를 채색에 일임하고 있기 때문이다. 오렌지색 술로 장식된 태양빛 노랑과 깊고 철학적으로 풍부한 하늘색의 물, 니체가 그 자신을 경악하게 하는 어떤 생각의 전율을 느끼게 하는 힘으로 인해 꼼짝 못 하게 몸이 굳어, 더 내딛지 못하고 멈춰선 길의 흙빛 황토색, 화가에 의해 아라베스크 무늬처럼 배치된 골짜기의 목초지의 초록색, 식물계와 우주계에서 현실의 운동을 상기시켜 주는 곡선들로 힘 있게 그려진 모든 것, 이 모든 것들이 진동하기 위해 만들어졌고, 여기서는 모든 것이 진동하고자 한다. 모든 것이 디오니소스적 에너지를 묘사한다. 모든 것이 대지에서 발생한 지진의 첫 흔들림처럼 움직인다. 이 진동으로 인해 그림 속의 마을이 사라질지도 모른다. 마을을 삼켜 버릴 수 있는 화산 폭발이 임박한 것처럼 모든 것이 흔들리고 있다. 자연 전체가 광기에 빠져드는 그 몸 주위에서 떨고 있다.

하지만 이 그림은 특히 '난간'으로 인해 니체적이다. 그 점에서 이 그림은 화가의 자화상이기도 하다. 난간이 사실상 그림 전체를 가로지르고 있다. 난간은 화폭의 오른쪽 위에서 왼쪽 아래 구석으로 대각선 모양으로 떨어지고 있다. 이 대각선은 마치 천둥처럼, 화살처럼, 유성의 흘러내리는 불의 흔적처럼 떨어진다.

이 이등분선은 세계를 완전히 구분되는 두 개의 우주로 나누고 있다. 한편으로, 그림의 왼쪽 '골짜기'의 낮은 쪽에는 주민들과 함께, 세속적이고 종교적인 권력의 장소들인 탑과 교회와 너무도 인간적인 인간이 있는 마을이 있다. 다른 한편으로 작품의 오른쪽 정상들과 고지들, '산 속에는' 광기로 세계와 단절되어 홀로 있는 철학자, 초인이 있다. 분명, 이 광기는 생리학적으로 설명 가능하다. 실제로 젊은 시절에 걸려 제3기까지 악화되었던 매독이 문제이다. 이것이 바로 계속되는 통증과 끔찍했던 두통이 있는 삶을 산 후, 1889년 1월 초에 발작을 일으키고, 1900년 8월 25일에 죽음으로 그친 광기를 설명해 준다. 하지만 이 광기를 그가 신의 죽음을 선언한 대가, 곧 벌이었다

네르발, 횔덜린,
모파상,
반 고흐,
아르토, 첼란...처럼
니체를
이 세계와 타인들,
현실로부터
분리시키는
이 난간은
마찬가지로
에드바르 뭉크를
소위 이성의 세계와
분리시키고 있다.

고 여기는 주석가들이 여전히 있다!

니체의 초상화는 그가 손을 어떻게 할 줄 몰라 하는 모습을 보여 주고 있다. 한 손을 다른 손으로 쥐고 있는 것처럼 보인다. 그의 시선은 멀리 땅을 응시하고 있다. 그의 몸은 정지되어 있다. 그의 생각은 다른 곳에 가 있다. 뭉크는 니체의 훤칠한 이마와 짙은 눈썹, 보이지 않는 입 등을 통해 이렇게 말하는 것처럼 보인다. 이 손은 더 이상 쓰지 않을 것이다, 이 손은 더 이상 피아노를 치지 않을 것이다, 이 입은 더 이상 아무런 말도 하지 않을 것이다, 이 몸은 더 이상 움직이지 않을 것이다, 더 이상 자리를 옮기지 않을 것이다, 더 이상 걷지 않을 것이다, 등등. 니체는 광기 속에 선 채로 굳어 있다. 니체는 이 난간에 의해 결정적으로 세계와 분리되어 그의 내부로 침잠해 있다. 그는 초인에 대해 가르치기 위해 산에서 내려오는 자라기보다는 오히려 거기에 머물고자 하는 초인, 그가 지적 정상들에서 발견한 것에 의해 놀라 거기에 머물고자 하는 자이다. 『이 사람을 보라』에서 "땅에서 3,000피트 위에서"라고 쓰고 있는 것처럼, 니체는 그 지적 정상들에서 영원회귀와 초인을 만났던 것이다.

네르발, 횔덜린, 모파상, 반 고흐, 아르도, 첼란...처럼 니체를 이 세계와 타인들, 현실로부터 분리시키는 이 난간은 마찬가지로 에드바르 뭉크를 소위 이성의 세계와 분리시키고 있다.

게다가 이 노르웨이 출신 화가의 많은 그림에서 난간을 볼 수 있다. 〈다리 위의 처녀들〉(1927), 조형적으로나 미학적으로 니체의 이 초상화처럼 처리된 그 유명한 〈절규〉(1893), 〈빨간 집의 정원〉(1882), 〈불안〉(1894), 〈다리 위의 처녀들〉 연작(1901), 〈베란다의 계단 위에서〉(1922–1924) 등이 그것이다. 난간의 등가물을 볼 수 있는 다른 그림들의 예를 들지 않고서도 말이다.

뭉크의 가족은 우울증과 신경쇠약을 앓았다. 스무 살 때부터 그의 누이는 평생 정신병원에 갇혀 있었고, 뭉크 자신도 전기충격 치료를 받기 위해 며칠씩 정신병원에 입원하곤 했다. 죽음과 불안, 절규, 니체의 광기까지도 그린 화가가 여기에 니체와 관련된 것 이외의 다른 것을 그려 넣었을 것이라고는 상상할 수 없을 것이다. 그 멍한 시선, 부재인 세계에의 그 현존, 살아 있는 사람들이 분리시킨, 세상에 아직 있는 자들과 이미 거기에 있지 않은 자들, 이 모든 것은 세기말의 니체주의 유행에 기여한다. 『차라투스트라는 이렇게 말했다』는 초인으로 입문하는 입구라기보다는 오히려 이성이 자리를 비운 어떤 세계에 접근하는 길이 되었다. 이 그림은 초인보다는 오히려 20세기의 인간을 그린 것이다.

---

1 Engadine: 스위스 남쪽에 위치한 지역 이름.

2 Edvard Munch(1863–1944): 노르웨이 표현주의 화가, 판화 작가로 〈절규〉로 유명하다.

3 Ernest Thiel(1859–1947): 스웨덴의 재력가이자 미술 후원자로 뭉크의 유화와 판화를 대량으로 구매했다.

4 Hans Olde(1855–1917): 독일 화가, 사진작가 및 예술학교 운영자.

5 Lou Salomé(1861–1937): 독일의 작가, 정신분석학자로, 니체, 릴케, 프로이트 등 당대 유럽 최고의 지성인들을 매혹시켰으며, 그들에게 창조적 영감을 주었다.

6 Malwida von Meysenbug(1816–1903): 독일 작가로 니체, 바그너 등과 친교를 나눴다.

7 Rapallo/Portofino: 이탈리아 리구리아주 제노바현 소재 도시로 관광지로 유명하다.

8 Eze: 니체가 자주 찾았던 니스 가까이에 있는 마을로, 그가 산책하던 길(chemin de Nietzsche)로 유명하다.

9 쾌락주의적 태도를 말한다.

27

프루동의 작업복

(1809–1865)

칼 마르크스의 인기는 피에르 조제프 프루동의 그것과 반비례한다. 마르크스의 정치사상은 20세기에 소련, 동유럽의 여러 나라, 아프리카의 몇몇 나라, 그리고 오늘날에 중국, 쿠바, 베트남 같은 나라를 실제적으로 가능케 했던 것이 사실이다. 반면, 유감스럽게도 프루동의 정치사상은 그 어떤 나라에서도 적용된 적이 없다. 여기에 다음 사실을 덧붙이자. 즉, 지난 세기의 대부분의 프랑스 지식인들과 철학자들이 그들 생의 한때나마 마르크스주의자였다는 것이다. 알베르 카뮈도 거기에 포함된다. 마르크스주의가 갖는 매력의 힘 때문이었다... 그런데 마르크스와 그의 이른바 과학적 사회주의를 가상의 공상적 사회주의 대표자 프루동과 대립시키고, 사유할 줄 아는 지식인 마르크스를 치밀한 추론을 이해하지 못하는 노동자 프루동과 대립시켰던 마르크스주의자들의 논쟁은, 오늘날에도 여전히 행해지고 있다.

마르크스는 프롤레타리아트의 독재, 따라서 독재정치를 동반하는 권위주의적 사회주의를 대표한다. 그 반면에 프루동은 자유주의적 사회주의와 연결된다. 이 자유주의적 사회주의는 그 실현을 위해 폭력에 기대지 않고, 잉여가치의 공정한 분배를 가능케 하는 새로운 경제 조직에 기대어 실현되기를 고대한다. 마르크스주의적 혁명은 본질적으로 폭력적이며 그 내부에 피비린내 나는 체제를 안고 있다. 그 반면에 프루동주의적 혁명은 평화적이고, 부의 생산과 분배의 완전한 재편성을 생각하며, 유혈 사태를 필요로 하지 않는다. 프루동은 1793년의 자코뱅 당원들, 혁명 재판소와 혁명 정부, 로베스피에르, 그리고 산악파 등을 증오했다. 하지만 위의 이 모든 것들은 마르크스와 마르크스주의자들이 긍정적으로 언급하는 것들이다. 프루동은 지롱드 당원들을 택했다. 왜냐하면 그들이 자코뱅당으로의 중앙집권화와 권력 피라미드의 정점에 등극한 한 사람에게로의 권력 집중을 거절했기 때문이다. 프루동의 경우, 협동과 상호부조, 조합 등과 같은 토대 위에 구축된 분권화 조직을 선호했다. 다시 말해 그는 프롤레타리아트 독재에 의해 계획된 경제와는 반대되는 경제 체제를 선호했던 것이다.

그들의 관계 초기에 마르크스는 『소유란 무엇인가』(1844)를 쓴 프루동을 아주 높이 평가했다. 『신성가족』(1845)에서 마르크스는 프루동에 대한 칭찬을 아끼지 않으면서, 프루동을 자기 자신을 의식하기에 이른 프롤레타리아로 소개한다. 이와 같은 사실은 『정신현상학』의 범주 내에서 사

귀스타브 쿠르베 작, 〈프루동과 그의 아이들〉
프티 팔레 박물관, 파리

유하는 헤겔 좌파로서의 마르크스를 보게 해 준다. 마르크스에 따르면, 프루동은 자유주의적, 자본주의적 정치경제의 기저에 놓여 있는 사유재산제를 통렬하게 비판했는데, 그건 사실이다. 마르크스는 정치경제학을 과학으로 생각했다. 프랑스 대혁명 전에 시에이예스[1]가 제3신분에 속했던 것처럼, 프루동은 프롤레타리아트에 속했다. 『제3신분이란 무엇인가』라는 저서에서 시에이예스 사제는 "제3신분이란 무엇인가? 아무것도. 제3신분은 무엇이 되고 싶어 하는가? 모든 것"이라고 말했다. 프루동은 다음과 같이 주장하면서 마찬가지로 행동했을 것이다. "프롤레타리아트는 무엇인가? 아무것도. 프롤레타리아트는 무엇이 되고 싶어 하는가? 모든 것"이라고 말이다. 마르크스는 이런 프루동에게 존경심을 드러냈던 것이다.

하지만 '빈곤의 철학'이라는 부제가 붙은 프루동의 『경제적 모순의 체계』가 출간되었을 때, 마르크스는 『철학의 빈곤』을 출간하면서 갑자기 프루동과의 관계를 끊어 버린다. 이 저서에서 마르크스는 프루동을 혹평하고 있다. 어떤 이유에서인가? 역사를 위해 주어진 명예로운 이유들이 있다. 즉, 프루동은 잘못된 가설적-연역적 방법을 이용했다는 것이다. 그렇다 치자... 하지만 프루동을 향한 마르크스의 멸시와 인신공격, 욕설, 그리고 계급 혐오가 그런 방법상의 불일치로 인해 가능하다고 생각할 수 있을까? 다른 이유들이 있다. 이것은 앞의 이유보다 분명 덜 명예로운 것이다. 우리는 마르크스가 얼핏 보기에 더 명예롭게 보이는 방법론적 구실 뒤에 다른 이유들을 숨겼다는 것을 알 수 있다. 그 이유들은 이런 것들이다. 1846년 5월 5일에 마르크스는 프루동에게 프랑스 특파원이 되어 줄 것을 간청했다. 1846년 5월 17일에 마르크스에게 보낸 답장에서 프루동은 이를 거절했다. 프루동은 마르크스에게 다음과 같은 답을 하고 있다. 즉, 마르크스와 함께 사회주의가 교조적이 되는 것과 사회주의가 민중을 세뇌시키는 것, 사회주의가 새로운 신학이 되고 '새로운 종교'—새로운 밀교는 아니라고 해도—가 되는 것, 사회주의가 파문과 이단 배척을 하는 것, 그리고 사회주의가 다른 불관용으로 기존의 불관용을 대체하는 것은 있을 수 없는 일이라는 것이다. 또한 유혈이 낭자한 혁명이 유일한 방법은 아니라는 사실, "소유주들에 대한 성 바르톨로메오 축일 학살"[2]이 자본주의적 사유재산제도로 인해 제기된 문제의 해법이 아니라는 사실—왜냐하면 프루동 자신은 민중의 교육에 앞서는 노동자 자주관리(自主管理)를 거치는 평화적인 방법을 믿었기 때문이다—역시 그 답에 포함되어 있었다. "프롤레타리아들은 과학에 대해 너무 큰 갈증이 있기 때문에, 그들에게 피 이외의 다른 마실 것을 줄 수 없다면 그들로부터 환영받지 못할 것입니다."(『서간집』, II, p. 200.) '1846년에' 쓰인 이 편지에 그다음 세기에 마르크스주의가 보여 주게 될 모든 모습, 즉 독자적인 신학을 갖춘 새로운 한 종교, 독자적인 신비주의, 독자적인 파문, 독자적인 이단 배척 등이 들어 있다. 그는 소유주들의 몰살에 뒤이은 시체유기장과 피바다도 마찬가지로 예견하고 있었다. 이것은 마르크스의 패를 훤히 들여다보는 것이었는데, 그 때문에 그는 분개했던 것이다. 그리하여 마르크스는 그가 존경해 마지않았던 것을 불태워 없애 버리기 전에는 멈추지 않을 것이다.

마르크스는 후일 『자본론』을 집필할 때 프루동의 방법과 개념들을 빌린다. 프루동이 '불로소득'이라고 부르는 잉여가치와 분업, 기계화, 경쟁, 독점, 이윤율 저하, 경제위기 등등이다. 그렇다면 마르크스는 프루동의 무엇을 존경했는가? 그가 빌린 것, 즉, 자본주의에 대한 분석이 그것이다. 실제로 두 사람은 '현재 상태'에 대해서는 비슷한 의견을 가졌다 해도, '있어야 할 상태'에 대해서는 다른 의견을 가졌다. 그들은 세계에 대한 해석, 경제 체계에 대한 분석, 잉여가치의 탈취를 통한 자본가들의 프롤레타리아트 착취의 계보학에 대해서는 같은 주장, 같은 평가를 하고 있다. 하지만 사회적 정의를 세우기 위한 해결책 마련에서는 서로 갈라졌다. 앞서 언급한 1846년의 편지가 이것을 잘 말해 준다. 프루동은 경제를 혁신시키기를 바랐던 반면, 마르크스는 소유주들을 절멸시키고자 했다. 따라서 둘 사이의 반목은 방법론적이고 텍스트적인 것이 아니라 이데올로기적이고 실존적이었다.

예컨대 프루동은 '불로소득'의 메커니즘을 설명한다. 자신의 『소유란 무엇인가』에서 그는 이를 위해 이미지를 적절히 이용하고 있다. "200명의 장정들이 룩소르의 오벨리스크를 몇 시간 만에 그 자리에 세웠다. 한 사람이 그 일을 200일에 걸쳐 할 수 있다고 생각하는가?" 이 작업을 위해 투자한 사람은 200명의 노동자 개개인의 노동에 대해서는 임금을 정확히 지불했다. 하지만 200명이 함께 작업함으로써 집단의 힘 덕택으로만 얻을 수 있는 것—이것은 200명이 따로 일해서는 결코 얻을 수 없다—에 대해서는 임금이 지불된 것이 아니다. 그것이 바로 강탈, 곧 도둑질이다. 프루동이 "소유는 도둑질이다"라는 그 유명한 문장을 썼을 때, 그가 생각한 것이 바로 이것이다. 즉, 도둑질은 노동을 하지 않은 소유주에게 강탈당한 불로소득이다. 불로소득, 이것은 땅에 대해서는 소작료, 아파트에 대해서는 집세, 예치된 자금에 대해서는 금리 등이며, 은행 이자, 교환에서 얻어지는 이득, 이익, 이윤 등도 역시 그것에 속한다.

프루동은 집단 노동력에 의해서만 획득되는 과실을 공정하게 분배하고자 한다. 그는 다음 사실을 잘 이해하고 있다. 한편의 부(富)의 증대, 곧 부자들의 부의 축적은 다른 한편, 즉 가난한 자들의 빈곤화와 짝을 이룬다는 사실이 그것이다. 과실의 공정한 분배를 위해 프루동은 무엇보다 소유지들의 몰수와 그것들의 공유화, 사유재산권의 폐지를 원치 않는다. 그는 사유재산권을 공산주의에 대한 보증으로 옹호하기까지 한다. 프루동은, 전체주의적은 아닐망정 공산주의의 권위주의적이고 징벌적이며 피비린내 나는 특성을 예견했던 것이다.

프루동은 협동과 상호부조주의 위에 구축된 다른 사회조직을 원한다. 그는 프롤레타리아트 독재와 반대되는 자주관리를 제안한다. 프루동 이론의 토대를 구성하고, 유혈이 낭자한 모든 혁명에 대립되는 '상호부조주의'란 무엇인가? 생산자들과 소비자들의 거래에서의 협동을 통해, 소비자들에게는 적당한 가격을, 생산자들에게는 적당한 이익이 돌아가게 하기 위한 장치인 것이다. 이와 같은 사회주의는 과학적 사회주의를 구현하고 있다고 주장하는 마르크스주의자들에 의해 공상적이라고 묘사되었다! 그런데 계급 없는 사회와 더불어 목가적이고 이상적인 사회를 겨냥하는 자는 바로 마르크스였다. 반면, 프루동은 정의 구현을 위한 최대한의 기회를 마련하는 것으로 그친다.

마르크스는 독일 철학, 특히 헤겔에 빠져들었던 변호사의 아들이다. 프루동은 자신의 제품의 이윤을 계산할 줄 몰라 파산한 포도주통 제조상 아버지와 요리사 어머니 사이에서 태어났다. 일곱 살에 프루동은 가족 소유의 한 마리의 암소를 돌보았다. 장학생이 된 그는 아버지의 파산으로 바칼로레아 전까지만 공부할 수 있었다. 그래서 프루동은 인쇄소에서 견습 식자공에 이어 교정자로 일했다. 그 시기에 그는 사회주의자이자 그와 마찬가지로 브장송 출신인 샤를 푸리에[3]의 『새로운 산업사회 세계』의 교정쇄를 수정했다. 이렇게 그는 사회주의를 발견한다. 그는 실업자가 되었다가 프랑스를 일주하며 인쇄소 일자리를 구한다. 일자리를 구할 때도 있었고, 구하지 못하기도 했다. 브장송으로 다시 돌아온 그는 인쇄소를 세웠다. 하지만 아버지처럼 파산하고 만다. 그 후 프루동은 파리로 갔고, 그곳에서 금욕적이고, 가난하고, 비참한 생활을 영위한다. 그는 사회주의의 발견에서 더 멀리 나아가게 된다. 마르크스와는 달리 프루동은 민중의 당의 일원이 아니라 그 자신이 곧 민중이었던 것이다.

용어의 정치적 의미에서 '무정부주의자'라는 용어를 처음 사용한 장본인이 바로 프루동이다. 그 이전에는 무정부주의는 무질서와 동의어였다. '긍정적 무정부주의'를 제시한 그가 등장한 이후에 이 용어는 참다운 정부를 의미했다. 말년에 『소유권 이론』에서 그는 무정부주의 국가를 옹호했다. 다시 말해 무정부주의 국가라는 개념은 우리가 선험적으로 생각하는 모순어법과는 거리가 먼, 자유지상주의적이고 현실적이고 실용적인 한 방식으로, 그 안에서 이 정치 형태는 절대자유주의적인 기득권을 보장해 준다.

자유지상주의적 사회주의의 이름으로 프루동은 자본과 정부, 그리고 가톨릭교회를 공격했다. 하지만 그는 루소의 사회계약론도, 직접민주주의 형태도, 보통선거도, 프랑스 혁명을 계승한 자코뱅적 사회주의도 믿지 않았다. 프루동은 노동자들 자신들에 의한, 그들 자신들을 위한 조직을 바랐다. 프루동은 계급투쟁과, 자본과 노동의 대립뿐만 아니라 자유의 힘과 개인의 창발성도 믿었다. 그는 프롤레타리아트 독재가 아닌, 자주관리적 실천에 의한 노동자 계급의 조직을 원했다. 그는 그 어떤 것도 자유보다 높은 위치에 놓지 않았다. 이것이 그가 불의를 저지르지 않고 정의를 실현하는 방식이었는데, 그건 마르크스나 마르크스주의자들과는 완전히 다른 것이었다.

프루동 사상의 계승자들은 마르크스와 그의 추종자들에 의해 초토화되었는데, 이들은 수단들의 도덕성을 고려하지 않은 채 국제 노동자 운동에서 모든 자유지상주의적 사회주의라는 선택지를 폐기해 버렸다. 협박과 부정투표, 그리고 가짜 뉴스 제작과 유포 등을 통해 마르크스주의자들은 유럽 좌파의 리더십을 확보하게 되었다.

마르크스주의자인 레닌은 볼셰비키 쿠데타를 일으켜 1917년에 권력을 장악했다. 몇 주 후에 첫 번째 집단수용소가 세워져 반대파들을 잡아넣었다. 그들을 가두고 처형했다. 좌파를 자칭한 마르크스주의자들은 20세기에 거의 1억 명을 학살했다. 프루동의 사회주의 사상은 전혀 인명 피해를 낳지 않았지만, 마르크스주의의 대학살을 예견했다.

쿠르베[4]의 그림은 자기 사람들을 위해 쓰고, 생각하고, 일하는 노동자 프루동을 보여 주고 있다. 이것은 도서관들과 책, 그리고 헤겔의 철학서에 기초하여 세계를 이해하는 프티부르주아 지식인인 마르크스에게는 없는 것이다.

살아 있을 때 프루동은 모든 그림은 허영에 속한다고 생각하면서 한사코 쿠르베의 그림 모델이 되어 주는 것을 거절했다. 쿠르베는 프루동이 죽은 후에 그의 사진을 가지고 36일 만에 그림을 그렸는데, 이 화폭에서 계단 위에 앉아 사색에 잠겨 있는 프루동을 볼 수 있다. 프루동 옆에는 책과 종이, 깃털 펜, 잉크병 등이 있다. 허벅지 위에 펴진 오른손이 놓여 있고, 왼손은 그의 수염 난 얼굴의 아래 부분을 잡고 있는데, 속마음을 알 수 없는 수수께끼 같은 얼굴이다. 쿠르베가 사진들뿐 아니라 데스마스크를 토대로 그림을 그렸다는 것을 알고 나니, 이 그림 속의 모든 것이 아주 당연하게 보인다. 그의 뒤로는 두 딸이 놀고 있다. 한 명은 알파벳 교재로 읽기를 배우고 있고, 다른 한 명은 모래장난을 하며 놀고 있다. 첫 번째 버전에서는 어머니가 두 딸과 함께 있었다. 하지만 마지막 버전에서 어머니는 사라지고, 버들가지로 엮은 안락의자 위에 놓인 빨래바구니로 대체되었다...! 무대는 파리 당페르가(rue d'Enfer)에 있는 프루동의 집이다.

프루동이 입고 있는 작업복은 보스[5]의 한 부유한 농부인 베세토가 준 것이다. 그 당시 프루동은 신문에서 황제를 비판했다는 이유로 콩시에즈리[6]에서 3년 옥살이를 하고 있었다. 베세토는 프루동에게 사식을 들여보내기도 했다. 프루동이 평소 '성주'라고 불렀던 베세토는 1849년 10월에 감옥을 방문하면서 이 옷을 가져다주었다. 프루동은 그의 저술 출판업자에게 감옥 안이 추운데도 내복도 옷도 제대로 입지 못하고 있다고 말했던 적(『서간집』, II, 384)이 있었다. 보스 출신이자 친구였던 베세토는 사식으로 자고새 파이를 넣어주기도 했다. 프루동은 이것을 '기가 막히다'라고 기술하고 있다. "나는 이처럼 맛있는 것을 먹어 본 적이 없네."라고 프루동은 그의 친구 마게 박사에게 10월 30일에 재미있게 쓰고 있다. 그리고 프루동은 이렇게 덧붙였다. "작업복도 같은 솜씨네. 거의 파이와 같은 천이라고 말할 수 있네. 완전히 투박한 스타일, 촌스러운 파이핑, 질기고도 부드러운 천이야. 이 옷에서 딱 하나의 결점만 발견했을 뿐이네. 이 옷이 베세토 씨에게 너무 잘 맞아 내가 아직 못 입어 본다는 것일세. 머리가 들어가지 않네. 아무리 해 봐도 그렇네. 목 부분을 조금 파든지 아니면 나의 궤짝 속에 넣어 둘 수밖에 없네. 이런 난처함 때문에 조금 짜증이 나네. 나는 이 작업복을 형제애를 기념하기 위해 입고 싶거든. 옷에 구멍을 내면 나의 감정에 구멍이 나는 것 같다네."(『서간집』, III, 41-42.)

프루동의 작업복은 서민의 한 사람으로서의 여정을 충실하게 보여 준다. 가난한 부모의 아들로 그 자신 노동자로 소박하고 겸손한 자들 곁에 머물렀던 프루동은 가난한 자들의 철학자였다. 왜냐하면 그는 가난한 자들이 항상 '역사'의 희생자가 된다는 것을 잘 알고 있었기 때문이다. 프루동이 프랑스 대혁명을 좋아하지 않았다면, 그것은 이 혁명이 가난한 자들에게는 그저 주인이 바뀌는 것 이외의 다른 것이 아니었기 때문이었다. 루이 16세의 지배하에서든 아니면 로베스피에르의 지배하에서든, 가난한 자들은 뼈 빠지게 일하지만 그들 자신의 의견을 말하지 못하기 때문이다. 분명, 프랑스 대혁명은 자유와 평등, 박애와 같은 훌륭한 이념들을 내세웠다. 하지만 가난한 자가 어떤 자유를 행사할 수 있을까? 가난한 자는 가난한 형제들과 함께가 아니라면 누구와 평등할까? 그리고 가난한 자는 누구와 박애를 나누는가? 성직자들에게서 빼앗은 재산으로 자신들의 부를 늘린 신흥 부자들, 사유재산권을 가진 부르주아지의 권력으로 중세 귀족계급의 권력을 대체한 그 신흥 부자들과는 아닐 것이다. 따라서 군주제와 공화제, 총재 정부, 왕정복고, 황제 등 이 모든 것은 자신들의 일상생활에서 그 어떤 것도 나아지는 것을 보지 못하는 가난한 자들에게는 마찬가지이다. 프루동은 민중들을 위해, 그 자신들이 행하고 그 자신들과 관련된 것을 스스로 결정하는 권력 이외의 다른 권력을 결코 신뢰하지 않았다. 프루동은 『소유란 무엇인가』에서 이렇게 쓰고 있다. "통치당하는 것, 그것은 감시받고, 조사당하고, 염탐당하고, 지도받고, 규제당하고, 조종당하고, 감금당하고, 교화당하고, 권장당하고, 통제받고, 평가받고, 감정당하고, 검열받고, 명령을

프루동은 계급투쟁과,
자본과 노동의 대립뿐만 아니라
자유의 힘과
개인의 창발성도 믿었다.
그는
프롤레타리아트 독재가 아닌,
자주관리적 실천에 의한
노동자 계급의 조직을 원했다.

받는 것이다. 자격도, 학문도, 덕성도 가지지 못한 자들에 의해서 말이다... 통치를 당한다는 것은 각각의 조치에, 각각의 변화에, 각각의 운동에 적시되고, 기록되고, 집계되고, 가격이 책정되고, 징세당하고, 측정당하고, 분담금이 책정되고, 세금이 부과되고, 해고되고, 허가받고, 추천되고, 견책당하고, 방해받고, 개혁당하고, 교정당하고, 수정당하는 것이다. 통치당하는 것, 그것은 또한 공적 유용성을 구실로, 공적 이익의 이름으로 강탈당하고, 강요당하고, 농단당하고, 횡령당하고, 억압받고, 속임당하고, 도둑질당하는 것이다. 그리고 통치당하는 것, 그것은 최소한의 저항에도, 불평 첫 마디에도 처벌받고, 벌금을 물리고, 비방당하고, 모욕당하고, 내몰리고, 들볶이고, 구타당하고, 무장해제당하고, 포박당하고, 투옥되고, 처형당하고, 총살당하고, 팔리고, 배신당하는 것이다. 게다가 설상가상으로 놀림의 대상이 되고, 속임을 당하고, 능욕당하고, 명예를 실추당하는 것이다!" 이런 이유로 프루동은 노동자 자주관리가 그 자신이 어떤 것보다 더 높이 평가하는, 자유를 가장 잘 보장해 주는 사회주의의 형태라고 생각하는 것이다.

프루동은 그의 시대에 이렇게 쓰고 있다. 공산주의가 가난한 자들의 삶에 아무런 변화를 가져다주지 못할 것이다, 그들은 그저 주인들을 한 번 더 바꾸는 것이다, 그들을 위한 유일한 해결책은 그 자신들 외의 그 어떤 사람도 믿지 않는 것이다,라고 말이다. 한 세기 동안 진행된 마르크스주의 경험 이후에—하지만 그것만이 아니다—프루동의 이와 같은 생각에 대한 관심이나 시의성이 없지 않다.

"나는 이 작업복을
우정 어린 추억을
기념하기 위해
입고 싶거든.
옷에 구멍을 내면
나의 우정에
구멍이 나는 것 같다네."

프루동

---

1 Sieyès(1748-1836): 프랑스 종교인 및 정치가로 프랑스 혁명과 통령정부, 프랑스 제1제국에 대한 핵심적인 사상의 기반을 마련했다.

2 Massacre de la Saint-Barthélemy: 1572년 8월 24일(성 바르톨로메오의 축일)부터 10월까지 있었던, 로마 가톨릭 교회 추종자들이 개신교 신도 3-7만 명을 학살한 사건.

3 Charles Fourier(1772-1837): 프랑스 철학자로 공상적 사회주의를 주창했다.

4 Gustave Courbet(1819-1877): 프랑스 화가로 사실주의 운동을 주도했다.

5 Beauce: 프랑스 북부의 한 지역으로, 센강과 루아르강 사이에 있다.

6 Conciergerie: 파리 고등법원 부속 감옥.

28

마르크스의 찻잔

(1818-1883)

예술 분야에서 사회주의적 사실주의가 지배했던 소련에는 마르크스와 엥겔스를 소재로 한 많은 그림이 있다. 그 그림들은 레닌과 스탈린을 그린 그림들과 더불어 1991년 12월 소련이 무너질 때까지 마르크스-레닌주의와 함께했다. 볼셰비즘의 엄격한 감시하에서 예술은 민중에게 간단하고 직접적인 메시지를 전하는 것을 목적으로 삼았다. 이런 예술은 사실주의적이었다. 왜냐하면 현실이 실제로 공산주의적 의미에서 찬양의 대상이었던 만큼 있는 그대로의 현실을 재현할 것을 주장했기 때문이다. 혁명 이론가로서 마르크스와 엥겔스의 탁월성, 두 철학자의 이론을 적용한 레닌의 천재성, 실질적 쿠데타인 1917년 10월 혁명의 위대함, 소련의 산업력, 집단 농장의 웅대함, 프롤레타리아트의 남성적 미, 군인의 영웅적인 얼굴, 가정주부와 어머니와 노동자로서의 역할을 모두 수행하는 여성의 풍만한 몸, 코카서스 인종[1]의 금발 미소년들과 함께 있는 '새 인간' 종족의 순수성, 거대한 깃발, 끝없이 늘어선 포문, 웅장한 트랙터들, 어마어마한 콤바인, 거대한 제철소 등등. 이해했겠지만, 이 모든 것들은 프로파간다의 예술이다. 개념들의 차원에서 보면 마르크스는 '인민', '프롤레타리아트', '자본주의', '역사', '혁명' 등과 같은 중요한 우상들에 대해 모든 것을 이해한 철학자이다. 마르크스는 총체적인 지식인, 절대적 사상가, 유물론적, 변증법적 재림 메시아이다. 그는 그의 예언자적인 천재성으로 세계를 앞으로 나아가게 한다. 그는 역사의 지평선을 끝없이 바라본다. 그는 팔을 뻗어 따라가야 할 길을 가리킨다. 그는 둘째손가락으로 달성해야 할 목표를 가리키고 있다. 그것은 계급 없는 사회, 곧 지상 낙원이다.

우리는 서민에서부터 저명한 지식인까지 수많은 남녀에게 최면을 걸었고, 지금도 누군가에게 최면을 걸고 있는 이같은 전설에 결코 동의할 수 없으며, 그보다 더 겸허하고 철학적으로 더 정당한 한스 모크즈네[2]의 이 변변찮은 그림을 좋아한다.

이 그림에서는 사회주의적 사실주의 장르도 스타일도 취향도 드러나지 않는다. 정확히 그 반대다. 즉, 이 그림은 전체적으로 보아 형편없는 데생에 기초한 보잘것없는 작품이다. 현실을 감추려 하지 않고, 환상을 팔려 하지 않고, 전설을 만들어 내려고 하지도 않는 한 화가에 의해 그려진 입체감 없는 그림이다. 하지만 실물 그대로의 마르크스와 엥겔스의 일상의 장면을 터치나 색채를

한스 모크즈네 작, 〈마르크스와 엥겔스〉
독일 역사박물관, 베를린

그림에서는
사회주의적 사실주의 장르도
스타일도 취향도
드러나지 않는다.
정확히 그 반대다.

표현하는 재주도 없이 약간 서툴게 묘사하고 있는 그림이다. 전체적으로 보아 소박하지만 표현에 충실한 그림이다.

이 그림에서 우리는 책의 흐릿한 단면들이 보이는 책꽂이가 놓인 부르주아풍의 작은 살롱에 있다. 또 희미하게 되는대로 그려 놓은 작품이 담긴 그림 액자가 벽에 걸려 있다. 푸른색 비로드 천 같은 것으로 덮은 의자 두 개와 하얀색 식탁보로 덮인 둥근 탁자도 있다. 탁자 위에는 책이 몇 권 쌓여 있을 뿐만 아니라, 특히 푸른색 다기와 두 개의 찻잔이 놓여 있다. 마르크스는 종잇장을 읽는 동시에 아마도 방금 전 설탕을 넣었을 잔을 찻숟갈로 젓고 있다. 설탕통은 보이지 않는다. 엥겔스는 오른손에 책 한 권을 들고서 이 작은 살롱의 밖을 바라보고 있다. 두 사람은 재킷과 조끼, 넥타이 등 우아하게 옷을 차려입었다. 구두 밑으로 묶어 조인 엥겔스의 바지는 그의 다리를 잘 드러내 보이고 있다. 거의 댄디 브러멀에 뒤지지 않는 패션 삽화라고 할 수 있다. 그런데 문제가 되는 것은 두 사람이 전 세계에서 정치 폭력을 야기할 정치적 저작들을 집필한 사상가라는 사실이다. 예컨대, 프랑스 대혁명이 진행 중이던 1793년의 공포정치를 역사적인 작은 불꽃으로 만들게 될 그런 저작들을...

마르크스는 어느 모로 보나 부르주아였다. 그의 사회적 출신 배경은 이렇다. 즉, 그는 자기 직업을 계속 수행할 수 있도록 신교로 개종한 유대인 변호사의 아들이다. 그다음으로 마르크스의 학업. 그는 변호사가 되려고 법대에 등록했으며, 대학교수가 되려고 철학과에 등록하기도 했다. 마르크스의 직업. 그는 신문에 글을 기고했다. 마르크스의 결혼. 그는 프로이센 남작의 딸 예니 폰 베스타펠렌과 결혼했다. 그는 이 사실을 명함에 적어 넣을 정도로 아주 자랑스럽게 생각했다. 마르크스의 가정. 그는 7명의 자녀를 두었다. 마르크스의 애정생활. 그는 한집에서 살던 가정부를 임신시켰고, 엥겔스가 그 아이를 친자로 인지했다.* 가정부를 포함해 모든 식구들이 일요일마다 템스 강변으로 산책을 나가곤 했다. 마르크스의 연구. 그는 주연을 즐기고 보헤미안처럼 생활했던 친구 프리드리히 엥겔스로부터 돈을 받아 생활했다. 엥겔스는 영국에 있는 공장을 물려받았다. 이 두 친구는 그들의 이론이 자신들에게 적용되지 않도록 각별히 조심했다. 마르크스의 계급 차별. 마르크스는 프루동을 비난했다. 왜냐하면 그는 많이 배우지 못했고 또 노동자였기 때문이었다. 마르크스는 농부들을 싫어했다. 왜냐하면 그들은 본질적으로 반혁명적이었기 때문이었다. 마르크스는 하층 프롤레타리아트를 무시했다. 왜냐하면 그들은 자신들의 처지를 자각하지 못하기 때문이었다. 마르크스는 자기와 같은 편이 아닌 모든 좌파에 대해 증오와 보복을 해 대며 못살게 굴었다. 그리고 그는 그런 좌파에 대해 가장 부도덕적인 수단조차도 가리지 않고 위력을 행

* 마르크스와 헬렌 데무트의 아들인 프레데릭 데무트는 1851년 6월 23일에 태어나 1929년 1월 28일에 "은퇴한 기계공"으로 죽었다.(『저작』, I, 플레이아드, p. LXXXIX)

사했다. 부르주아적 도덕과 혁명적 도덕을 구분하면서, 그는 부르주아지가 하면 부도덕적인 행위—거짓말, 부정투표, 비방, 증오, 경멸, 적수에 대한 불신—가 혁명적 관점에서는 아주 도덕적이라며 정당화시킬 수 있었던 것이 사실이다.

『그들의 윤리, 우리의 윤리』(1938)에서 레온 트로츠키는 혁명에 소용되는 한 부도덕적 도덕의 우수성을 이론화시켰다. 그는 도덕적인 도덕의 부도덕성도 이론화시켰는데, 부르주아지의 도덕에 대한 것으로 혁명주의자에게는 우파의 진리보다는 좌파의 범죄가 더 가치가 있다는 것이다. 이와 유사한 견유주의적 학식과 더불어 흘린 모든 피와 모든 강제수용, 온갖 고문, 모든 감금, 모든 처형은 새로운 마르크스주의 도덕의 범주에 편입된다. 도덕과 혁명을 연결시키고자 했던 프루동이 마르크스에 대해 "사회주의의 촌충"이라고 한 말을 이해하게 된다.(『수첩』, 1847년 9월 24일)

마르크스주의란 무엇인가?

통상적으로 마르크스의 삶은 두 시기로 구분된다. 첫째 시기는 소위 '청년 마르크스'의 시기이다. 이 시기는 인간주의적이고 헤겔적이다. 이 시기에 마르크스는 더 이상 분업과 소외, 돈, 사유재산, 임금, 착취, 자본주의, 사회계급 등이 없을 공산주의 사회를 목표로 삼았다. 이와 같은 새로운 사회에서는 '새 인간'(이 표현은 성 바오로의 『에페소 신자들에게 보낸 서간』(4장 24절)에서 볼 수 있다)이 태어날 것이다. 이 '새 인간'은 더 이상 임금도 받지 않고 소외되지 않는 노동 속에서, 노동에 의해, 노동을 위해 스스로를 실현해 나갈 그런 사람이다. 지금까지는 없었던 이런 존재는 하루 중에 자기 집의 설계도를 작성하고, 집을 짓고, 온갖 종류의 저작을 읽고, 시를 쓸 수 있는 능력을 가질 것이다. 그리고 철학 책을 통해 지성을 연마하고, 철학자들에게 배운 것을 실천에 옮길 수도 있을 것이다. 이런 인간은 모든 소외를 떨쳐 버리고, 스스로 마음의 안정을 되찾고, 목표를 달성한 완성된 인간일 수 있다. 알튀세르의 표현에 따르면 "총체적 인간, 참다운 인간"이다. 이 시기의 마르크스는 『1844년 수고』의 마르크스이다.

두 번째 시기는 마르크스주의자들 스스로 소위 '과학적'이라고 불렀던 시기이다. 이 시기는 자본주의의 주요 경제 개념들을 분석한 미완성의 방대한 저서 『자본론』의 시기이다. 가령, 자본의 원시적 축적, 가치의 형태와 기호, 이윤율의 경향적 저하 법칙, 상품의 물신화, 사용가치와 교환가치, 자본의 축적, 자본의 순환, 잉여생산물, 노동 시간, 노동력의 매매, 생산적 노동과 비생산적 노동 같은 개념들이 그것이다.

나의 경우이기는 하지만, 이와 같은 인위적인 구분에 동의하지 않을 수 있으며, 그런 구분에서 헤겔주의의 영향하에 있는 마르크스의 사유의 일관성을 보지 않을 수도 있다. 왜냐하면 분명 마르

> '새 인간'은
> 더 이상 임금도 받지 않고
> 소외되지 않는 노동 속에서,
> 노동에 의해, 노동을 위해
> 스스로를 실현해 나갈 사람이다.
> 이런 인간은
> 모든 소외를 떨쳐 버리고,
> 스스로 마음의 안정을 되찾고,
> 목표를 달성한
> 완성된 인간일 수 있다.

폭력은
궁정적 계기를
기대하면서
혁명의 부정적 계기를
구현한다.

크스는 헤겔을 비판하기 전에 젊은 좌파 헤겔주의자들에 속했기 때문이다. 하지만 그렇다고 해서 마르크스가 독일 관념론의 여러 개념들로 재구성된 그리스도교적 헤겔주의*를 포기한다는 것은 아니다. 실제로 마르크스는 역사 속에서 섭리(Providence)의 실현을 믿는다. 그는 진리(신)에 의한 평화로운 세계의 도래를 가져다줄 그리스도의 귀환과 더불어 말세를 예고하는 기독교의 '재림의 형식들을 다시 이용'한다. 물론 마르크스에게 기독교 신의 재림이 문제일 수는 없을 것이다. 왜냐하면 그는 완전한 무신론자이기 때문이다. 하지만 역사적 유물론의 심장에 새겨진, 보이지는 않지만 전능한 변증법적 힘의 재림에 관한 문제일 수는 있을 것이다.

정확히 살펴보자.

마르크스는 자본주의에 의해 기계적으로 발생하는 빈곤화를 분석한다. 자본가들에 의한 잉여가치의 탈취와 연결된 생산수단의 사적 소유에 전적으로 기초한 이와 같은 부의 생산 방식은 계속해서 가난한 자들의 수와 가난한 자들의 빈곤의 증대를 야기함과 동시에 부자들의 수의 감소와 그들의 부의 증대를 야기한다. 이와 같은 변증법은 필연적으로 혁명에 이르게 된다는 것이 마르크스의 주장이다.

그런데 마르크스는 틀렸다. 왜냐하면 자본주의는 유연하기 때문이다. 레르나 늪[3]의 히드라처럼 자본주의는 스스로 수정되고 변화되고 변모한다. 하지만 결코 죽지 않는다. 소위 변증법적 유물론의 법칙에 따라 빈곤화가 기계적으로 지구상의 혁명을 낳지는 않았다. 하지만 빈곤화는 자본주의의 새로운 속임수들, 즉 파시즘과 국가사회주의, 그리고 역설적이게도 마르크스주의의 이름으로 실행되었던 소련의 자본주의를 낳은 것은 사실이다. 뒤이어 전쟁이 끝난 뒤 자본주의는 소비사회와 소비자 운동, 모택동주의적 파시즘, 비물질화된 자본주의의 옷을 걸쳤다. 이어서 또 다른 역설이 생겨나는데, 현대 생태적 전환의 역설[4]이 그것이다. 이것은 빈곤화가 변증법적으로, 그리고 숙명적으로 혁명이 아닌 자본의 변신으로 이어진다는 것을 보여 주는 증거 중의 하나이다.

마르크스에게는 '역사의 산파' 역할을 하는 폭

* 헤겔의 사유는 기념비적이다. 그는 철학사, 종교사, 미학 등에 대한 저작을 출간했다. 그는 『정신현상학』에서 의식에서 '절대'까지 이르는 긴 여정을 분석한다. 헤겔 자신은 이 절대를 "유일한 진리"라고 말한다. 또한 많이 방황한 끝에 겨우 생각할 수 있는 절대이다. 왜냐하면 헤겔의 주장의 스타일, 어조, 구성은 종종 전문가들의 설명에도 불구하고 어렵기 때문이다. 헤겔이 '절대'로 지칭하는 것은 철학자들이 '신'이라고 부르는 것이다. 헤겔은 루터교인이다. 프랑스의 저명한 헤겔 전문가 자크 동트는 헤겔의 편지 한 통을 인용한다. 이 편지에서 헤겔은 그 자신이 어렵다고 고백하고 있다. 왜냐하면 그는 스타일을 손볼 시간이 없었기 때문이다. "살기 위해 돈이 필요했기" 때문이었다.(『서간집』, 350.) 헤겔은 방세를 지불해야 했다... 그런데 독일 관념론의 철학적 횡설수설이 낡은 기독교적 개념들을 감추고 있다는 것을 이해하게 되면, 헤겔의 사유는 갑자기 환해진다. 그것은 위대한 세기(17세기)의 고전 프랑스어로 자신의 생각을 표현했던 보쉬에와 다른 것을 말하지 않는 기독교 사유이다. 이렇게 해서 헤겔이 이성, 이념 개념, 정신 등이 역사 속에 구현되었다고 쓸 때, 이성, 이념, 개념, 정신과 신 사이의 동일성이 존재한다는 것을 이해할 때, 우리는 헤겔의 체계가 독일 관념론의 난해한 어휘로 빚어진 기독교 체계 이외의 다른 것이 아니라는 사실을 이해하게 된다

력에 대한 이론이 있다. 이 이론은 마르크스적 재림의 신비한 메커니즘 다음에 프루동과의 또 하나의 불일치점이고, 대속을 얻기 위해 흘린 피를 말하는 기독교적 종말론과의 일치점이다. 역사적 변증법적 유물론의 정치 기획은 자족적이어야 할 것이다. 왜냐하면 그 법칙들에 따르면 현실은 마르크스가 선언한 법칙들에 따라서만 일어나야 할 것이기 때문이다. 하지만 전혀 그렇지 않다.

마르크스는 비인간적인 힘인 변증법의 운명을 강요하려 한다. 인간적인 힘의 영역에 속하는 정치적 의지의 논리적 필연성과의 합체를 통해서 말이다. 그런데 이것이 소위 변증법의 법칙과 모순을 일으킨다. 실제로 어떤 일이 변증법적 유물론의 질서에 따라 '필연적으로' 발생해야 한다면, 인간의 의지를, 따라서 자유를 어떻게 필연성의 동력으로 만들 수 있는가? 여기에서 변증법적 유물론은 정치적 의지주의의 논리 앞에 무너진다.

마르크스는 폭력이 불가피하다고 주장한다. 혁명은 단지 사과가 중력의 법칙에 따르는 것처럼 변증법적 유물론의 법칙에만 따르는 것이 아니다. 혁명은 또한 인간의 법칙에도 따른다. 생산 수단의 사적인 소유에서 집단 소유로의 이행에 필수적인 공적 징수를 실현할 인간들의 법칙에도 말이다. 마르크스는 소유주들이 저항 없이 소유물을 빼앗기지는 않을 것임을 알며, 그러므로 폭력이 불가피하고 필요하다는 데 동의한다. 마르크스적 '도덕'의 논리에서 보면 피를 흘리는 것은 아무 문제도 야기하지 않는다. 왜냐하면 '올바른' 대의명분에 관한 문제이기 때문이다!

마르크스가 역사에서 '섭리'의 개입을 이론화한 것처럼, 헤겔은 변증법을 이론화시켰다. 변증법은 역사 속에서 정신과 개념과 이성, 이념, 그리고 신의 발전과 추이의 존재 방식이라고 설명하면서 말이다. 변증법의 중심에는 심지어 한 상태에서 다른 상태로의 이행—한 상태를 보존하면서 그 상태를 넘어서기—하는 것을 가능케 해 주는 부정성의 계기가 있다. 이것이 바로 헤겔의 '지양(Aufhebung)'에 대한 정의이다. '보존하면서 넘어서기'... 이와 같은 부정성은 새로운 긍정성을 겨냥한다.

> 포로수용소와
> 철조망, 감시탑,
> 강제노동수용소만 있지
> 계급 없는 사회는 없다.

폭력은 긍정적 계기를 기대하면서 혁명의 부정적 계기를 구현한다. 폭력은 불가피한 운동 속에서 필연적인 계기이다. 즉, 빈곤화로 인해 재림이 있어야 한다. 자본주의는 해결을 요구하는 모순들을 발생시킨다. 이 해결이 곧 혁명이라 불리는데, 따라서 반드시 필요한 것으로 드러난다.

그런데 자본주의는 반드시 혁명으로 이어지지 않을 뿐만 아니라 변모하기도 한다. 역사의 산파인 폭력과 더불어 마르크스의 부정성은 지구상에서 수백만 명의 사상자 외에 어떤 것도 낳지 않았다. 계급 없는 사회가 실현되지도 않았거니와 그 방향을 향해 조금 나아가지도 못했다. 포로수용소와 철조망, 감시탑, 강제노동수용소만 있지 계급 없는 사회는 없다. 아마도 위계질서의 꼭대기에 특권 관료들이 있고, 바닥에는 강제 수용된 하급 인간들이 있는 마르크스주의 사회에서처럼 격차가 큰 계급들이 존재하지는 않았을 것이다.

변증법적 필연성이 모든 것을 다 하지만, 그것이 하지 못하는 것을 해야만 할 경우 마르크스는 프롤레타리아트 독재에 도움을 청한다. 긍정적 계기의 기대 속에서 혁명의 부정적 계기를 구현하는 것, 이것이 바로 '프롤레타리아트 독재'이다.(『독일 노동자당 강령 비판』, 플레이아드 총서,

t. I, p. 1429.) 프롤레타리아트 독재는 『공산당 선언』(1848)에서 찬양되고 있다. "프롤레타리아트는 부르주아지에서 조금씩 모든 종류의 자본을 빼앗기〔원문 그대로〕 위해서, 그리고 모든 생산도구를 국가의 손, 즉 지배계급으로 조직된 프롤레타리아트의 손에 집중시키기 위해 최상의 정책을 이용할 것이다."(I, p. 181-182.) 누가 마르크스의 사유를 소련과 아무 관계도 없다고 말할 수 있는가? '지배계급으로 조직된 프롤레타리아트'의 형태는 레닌에게서 '당'이라는 이름을 가졌다. 동구의 여러 나라에서 당의 독재가 있다는 사실은 그 누구도 부인하지 못할 것이다. 소련은 정확하게 이 정치 강령을 구현했다.

모크즈네의 그림은 마르크스의 철학을 종합적으로 보여 준다. 파리에서 차를 마시는 것을 제외하고 말이다. 그런데 마르크스는 도박장에서는 맥주를 많이 마셨다고 한다. 아마도 이 찻잔은 런던에서 보냈던 영국 망명 시절과 충분히 일치할 수 있다. 1849년 8월 24일, 즉 그가 런던에 정착한 날로부터 1893년 3월 14일 죽을 때까지 말이다. 이 찻잔은 귀족계급과 크건 작건 중간이건 부르주아를 상징하는 것이지 결코 프롤레타리아트를 상징하지는 않는다...

우리는 조금 짓궂게 엥겔스의 시선이 마르크스와 가정부 사이에서 태어난 친아들이 있는 서재의 옆방으로 향해 있다는 상상을 할 수 있다. 『자본론』의 저자가 연구를 하는 동안, 엥겔스는 공식적이자 비공식적인 그의 가족을 돌봤다. 엥겔스는 마르크스의 가족에게 시선을 두고 있다... 두 사람이 젊었다는 사실, 또 마르크스가 후일 사진작가들에 의해 그의 영원한 트레이드마크가 되는 희끗희끗한 수염이 아니라 새치가 전혀 없는 검은색 모발을 기르고 있었다는 사실에 비추어 보면, 이 장면은 1850년의 어느 날에 해당한다는 것을 알 수 있다. 달리 말해 마르크스의 친자가 태어난 해의 장면인 것이다. 마르크스는 그 시기에 『뉴욕 트리뷴』지에 많은 글을 기고했다. 가령, 1852년에 10여 편, 1853년에 60여 편, 1854년에 60여 편, 1855년에 같은 신문에 10여 편과 『노이에 오더 차이퉁』지에 100여 편, 1856년에 『뉴욕 트리뷴』지에 20여 편, 1857년에 같은 신문에 50여 편, 1858년에 60여 편, 1859년에 40여 편 등이다.

우리가 다음과 같이 가정해 보아도 크게 틀리지는 않을 것이다. 즉, 화폭에서 마르크스가 손에 들고 있는 종이는 식자(植字) 시간에 맞춰 신문사에 기사를 송고하기 전 엥겔스에게 그 내용을 읽어주는 것이라고 말이다. 그림의 장식은 책으로 되어 있다. 책 몇 권이 탁자 위에 놓여 있고 또 다른 책들은 책꽂이에 정리되어 있다. 실제로 마르크스 사유의 질료는 관념적(idéal), 보다 정확히 말해 '이념적(idéel)'이라고 할 수 있다. 달리 말해 순수한 이념의 사유인 것이다. 이런 의미에서 마르크스주의는 관념주의, 아니면 '이념주의'이다. 이런 신조어가 허용된다면 말이다. 제목을 볼 수 없는 책들은 알레고리적으로 헤겔의 저작들로 가득 차 있을 것이다. 마르크스는 헤겔의 이 저작들을 꾸준히 변화시켰다.

스스로 유물론자를 자처했던 마르크스는 순수한 이념의 질서에 따라 사유했고, 살았다. 그는 혁명을 설파했다. 하지만 그는 변증법적 유물론의 엄명을 기다리지 않고도 혁명을 할 수 있었던 곳에서조차 혁명을 하지 않았다. 친구 엥겔스가 소유한 맨체스터의 방적 공장에서도 말이다. 마르크스는 노동과 프롤레타리아트, 그리고 노동자 계급에 대해 말했다. 하지만 마치 이것들이 오직 관념들의 힘과 변증법적 메커니즘에 복종하는 관념들에 관한 문제인 것처럼 말했다. 그런데 프롤레타리아트는 개념이 아니다. 혁명 또한 개념이 아니다.

이 찻잔은
귀족계급과 부르주아를
상징하는 것이지 결코
프롤레타리아트를
상징하지 않는다…

마르크스는 자신이 헤겔주의자였다가 나중에는 아니었다는 사실을 말하기 위해 많은 노력을 기울였다. 하지만 말년까지 그는 『정신현상학』을 쓴 헤겔의 충실한 제자였다. 헤겔은 절대 정신의 도래를 고대했다. 헤겔은 예나에서 말에 올라탄 이 절대 정신을 알아보았다. 그것은 나폴레옹이었다. 마르크스는 역사의 지평선에서 승리하는 프롤레타리아트의 형태로 그 절대 정신을 보았다. 그것은 소위 공화주의자들과 소위 사회주의자들과 소위 소비에트주의자들의 이른바 연합이었다.

---

1 유럽을 중심으로 아메리카 · 서아시아 · 남아시아 · 오세아니아 등에 거주하는 인류 집단.

2 Hans Mocznay(1906–1996): 독일 화가.

3 괴물 히드라가 살았던 늪으로 그리스 남부의 대도시 아르고스 근처에 있었다.

4 빈곤화로 인해 개발되지 않고 방치되었던 자연 환경이 현대에 와서 오히려 생태학의 이름으로 자본화된다는 의미로 보인다.

29

프로이트의 낚시 바늘

(1856-1939)

적어도 두 명의 프로이트가 존재한다. 하나는 철학자 프로이트이고, 다른 하나는 정신치료 전문의 프로이트이다. 철학자 프로이트는 세계의 비전과 현실에 대한 이해, 존재하는 것에 대한 해독을 제시한다. 정신치료 전문의 프로이트는 그 자신이 심리분석이라고 불렀고 후일 정신분석학이 되는, 정신적 고통을 돌보고 치료하기 위한 방법을 자신이 개발했다고 주장한다.

수많은 저작들 중에서도 철학자 프로이트는 1898년에 집필되었지만, 1900년에 출간한 『꿈의 해석』의 저자이다. 이 저서를 1900년에 출간한 것은, 사람들에게 이 저서가 인류 역사에서 신기원을 열었다고 믿도록 하기 위해서였다. 프로이트는 또한 『어느 환상의 미래』에서는 종교의 원리와 메커니즘을, 『문명 속의 불만』에서는 문명의 토대와 메커니즘을, 『왜 전쟁인가』에서는 전쟁의 이유와 메커니즘을, 『토템과 터부』에서는 도덕의 근거와 메커니즘을 분석했다.

정신치료 전문의 프로이트는 『정신분석적 기술』이라는 제목으로 모아놓은 분석 방법에 대한 텍스트들과, 『다섯 개의 정신분석』 속에 모아 놓은 구체적인 몇몇 임상 사례—도라, 늑대인간, 꼬마 한스, 법원장 슈레버, 쥐인간 등의 사례—를 출간했다. 이 저서에서 프로이트는 자신의 환자들의 징후들과, 그들을 그가 어떤 방법으로 치료했는가에 대해 이야기하고 있다.

『나의 생애와 정신분석』(1924)에서 지그문트 프로이트는 그 자신의 실존적 여정을 밝히고 있다. 그는 오스트리아의 유대인 가정에서 태어났다. 그는 처음에 의학을 공부했다. 그는 다윈의 영향을 받았다고 고백한다. 프로이트의 첫 번째 연구 주제는 뱀장어의 신경조직과 성이었다. 그는 신경질환을 연구했고, 파리를 방문해, 살페트리에르 정신병원에서 최면을 이용해 놀라운 공개치료를 행했던 샤르코[1]를 만나기도 했다.

프로이트는 신경질환을 치료해서 먹고살려고 했고, 또 잘살기를 바랐다. 그는 광천요법, 전기요법, 마사지, 즉 손 마사지나 얼굴 마사지 등 여러 방법을 시도했다... 하지만 돈을 충분히 벌지 못했다고 털어놓고 있다. 그리하여 그는 포기를 하고 낭시에 있는 베른하임의 병원에서 최면술

발레리오 아다미 작, 〈런던으로 여행 중인 프로이트〉
개인 소장

1. Freud in viaggio verso Lon

> 요제프 브로이어는
> 말에 의한
> 정신분석 치료 방법을
> 고안해 냈다.
> 비록 이와 유사한 방법이
> 기원전 5세기에 활동했던
> 소피스트 안티폰에게도
> 있었지만 말이다.

을 공부하게 된다. 그 당시 프로이트는 치료와 치유에서 자궁 마사지의 장점에 대해 치켜올리기도 했다.(『히스테리 연구』, III, 95.)

요제프 브로이어[2]는 말에 의한 정신분석 치료법을 고안해 냈다. 비록 이와 유사한 방법이 기원전 5세기에 활동했으며 꿈의 해석을 제안했던 소피스트 안티폰[3]에게도 있었지만 말이다. 초기에 프로이트는 브로이어가 원조라는 데 동의했으나, 이어 자신이 말한 것을 취소하고는 이 방법이 오로지 자신의 공로라고 주장했다.

그 대신에 프로이트는 환자가 길게 누워 있는 침상을 이용하는 '침상 장치'를 창안해 냈다. 분석가는 이 피분석자 뒤에 있는 소파에 앉아 그의 말을 듣는다. 『분석 치료에 대해 의사들에게 주는 충고』(1912)에서 프로이트는 '부동(浮動) 주의력'[4]을 이론화하고 있다. 이 부동 주의력 덕택으로 분석가는 피분석자에 대해 부드러운 태도를 보일 수 있으며, 따라서 이것은 치료에 피해를 주지 않을 것이다. 어쨌든 무의식들은 연결되기 때문이다.

프로이트는 다음과 같은 원칙에서 출발한다. 즉, '자유 연상'을 실행하면서, 이를테면 도덕이나 논리, 예의나 합리성 등을 고려하지 않은 채 말을 하면서 무의식의 파편들을 의식의 표면으로 떠오르게 하는 것이 그것이다. 그렇게 되면 망각했다고 생각했던 기억을 떠오르게 하는 이야기를 통해 모든 것이 무의식 속에 쌓여 있다는 것이 증명된다. 무의식은 주체에 관련된 정보를 축적한다(개체발생). 하지만 무의식은 최초 인간들의 시대에 대한 정보도 지니고 있다(계통발생). 가령, 『토템과 터부』에서 프로이트는 인류 초창기에는 단 한 명의 남자가 모든 여자를 소유하고 있었다고 가정한다. 어느 날, 그의 아들들이 그에게 반기를 든다. 아버지를 살해하고, 그의 몸을 먹고, 나중에 이 '원초적 살인'을 후회한다. 이와 같은 '야만적 향연'에 이어지는 후회는 법과 금기의 제정으로 이어진다. 프로이트는 이렇게 가정된 기억이 그 시기 이후로 모든 인간들의 무의식에 현전하고 있다고 생각한다. 왜냐하면 이와 같은 계통발생적 전승은 메타심리학적 경로로 개인에서 다른 개인으로 이어지기 때문이다.

이와 같은 '무의식은 심리적이다.' 달리 말해 무의식은 해부학적으로나 생리학적으로 그 어디에도 자리매김을 할 수 없다. 무의식은 심리학이 아니라 메타심리학, 달리 말하자면 심리학 너머에 속한다. 프로이트는 이렇게 생각한다. 즉, 우리가 빙산의 솟아 있는 작은 부분만을 보고 나머지 잠겨 있는 큰 부분은 보지 못하는 것과 마찬가지로, 의식은 보이는 부분에 해당하고 무의식은 보이지 않는 부분에 해당한다고 말이다. 하지만 의식에 이르는 것은 무의식에서 나와 사회적으로 용인될 수 있는 것을 통과시키는 검열의 장벽을 넘은 후의 일이다. 주체는 그때 욕망을 알게 된다. 그때부터 욕망은 그 자신을 실현할 수 있다. 반대로 사회적으로 용인될 수 없는 것으로 확인되는 것은 검열에 의해 막히게 되고, 원래 출발했던 무의식 속에 억압된 채로 있게 된다. 사회적으로 용인되지 않을 성적 욕망의 '억압'은 환자의 심리적 고통의 원인이 되어 트라우마를 낳는다. 프로이트는 소위 방법론적인 이유로, 분석 회기들이 효과적이기 위해 유료이고, 오래 걸리며 비싸기를 원하지만(『정신분석적 기술』, p. 15), 그 회기들은 '억압을 의식화할' 수 있게 된다. 이론적으로, 억압되었던 것에 대한 인식은 고통을 없애 준다. 말하는 것은 곧 이야기하는 것이다. 이야기하는 것은 곧 무의식 속에 있는 모든 것을 끌어올리는 것이다. 무의식 속에 있는 것을 끌어올리는 것은 곧 트라우마화된 것을 인식하는 것이다. 그리하여 그때부터 트라우마를 치유할 수 있으며, 사실상 징후와 고통을 없앨 수 있다. 이것이 최소한 프로이트가 주장하는 이론이고, 『다섯 개의 정신분석』에서 이야기되는 것이다. 그런데 프로이트에게서는 해결된 사례만 볼 수 있을 뿐이다!

19세기 말, 프로이트는 연구 경력의 초기에 '유혹 이론'을 가정했다. 이 이론에 의하면 신경증 환자들은 단 하나의 원인을 가질 뿐이다. 아버지가 자식에게 가하는 성적 학대가 그것이다. 프로이트의 진찰실에서 진찰은 항상 이 진단으로 끝나기 때문에—정신질환자들의 개별적인 진짜 병인(病因)이 어떤 것이든 간에—, 프로이트는 자기 아이들의 성적 학대자가 될 가능성이 있는 아버지들의 분노를 샀다. 이로 인해 프로이트는 돈벌이가 되는 단골 고객들을 놓치고, 성적 편집광까지는 아니지만 범(汎)성욕주의 사상가라는 평판을 얻게 되었다. 모든 심리 문제를 아버지의 강간, 따라서 근친상간과 연결 짓는 것은 이런 종류의 반응만을 낳았을 뿐이다! 프로이트는 이와 같은 분명한 사업상의 이유로 엄청난 이론을 포기해야만 했다. 하지만 그는 이론상으로 완전히 단념하지는 않았다. 예컨대 그는 신경증을 부모가 연루된 유년 시절의 성적 문제 탓으로 돌렸다.

『유년 시절의 성』에서 프로이트는 어린아이들은 아주 이른 나이 때부터 자위행위를 한다고 주

> 초기에 프로이트는 브로이어가 원조라는 데 동의했으나, 이어 자신이 말한 것을 취소하고는 이 방법이 오로지 자신의 공로라고 주장했다.

장한다. 프로이트는 '성적 발달 단계'를 제시한다. 어린아이들은 태어날 때, '구강기'에서 '항문기'로, '항문기'에서 '가학-항문기'로, '가학-항문기'에서 '성기기'로 이행한다. 이 단계들은 사내아이의 경우 여섯 살 무렵 '오이디푸스 콤플렉스'가 나타나기 전의 단계들이다. 이 오이디푸스 콤플렉스는 아버지를 살해하고 싶은 욕망과 동시에 성적으로 어머니와 하나가 되고 싶은 욕망이다. 프로이트는 이것이 모든 소년에게 해당된다고 가정한다. 부모는 아이들에게 본능적 욕구의 움직임인 근친상간이 사회에 의해 금지되어 있다는 것을 가르쳐 주어야 한다. '근친상간의 금지'는 모든 사회관계를 이룬다. 어린아이에게서 쾌락의 고착은 '성감대'에서 이루어지는데, 성감대는 입, 항문, 팔루스(상징이 된 페니스의 이름) 이전의 성기를 포함한다. 어떤 한 단계에서 발생하는 모든 트라우마는 성감대와 그 성감대와 연결된 상징체계에 영향을 미친다.

예컨대 프로이트는 항문기를 괄약근 조절과 대변 참기와 방출, 그리고 그것들에 결합된 쾌감과 고통에 연결시킨다. 프로이트는 대변과 돈의 등가관계를 주장한다. 항문기 단계에서 발생한 트라우

꿈의 숨겨진 의미는 정신분석가의 해독을 요구한다. 프로이트는 이 꿈이라는 수수께끼의 해결이 과학적이라고 주장한다.

마는 회계 업무들에 대한 취향, 수집가 취향, 또는 구두쇠 같은 집착, 변비 같은 잦은 병리적 현상, 아니면 기부와 선물 등과 관련된 수입들에 대하여 다소 까다로운 성격을 설명해 줄 것이다...

환자용 침상 위에서의 자유 연상은 무의식에 이르는 하나의 방법이다. 다른 하나의 방법은 '꿈의 해석'이다. 아주 오래전인 기원전 1세기 에페수스의 아르테미도로스[5]의 『꿈의 열쇠』를 기억하기 바란다. 꿈을 그 내용과 그 알레고리적 판독표의 도움으로 해독한 의미를 연결하면서 해석했다. 꿈은 무엇을 의미하는가? 프로이트에게 꿈은 잠을 자는 동안 깨어 있을 때 사회적으로 용인될 수 없는 욕망을 실현케 해 준다. "꿈은 (억압된, 억제된) 소망의 (위장된) 실현이다."(『꿈의 해석』, 전집, t. IV, p. 196.) 꿈은 "무의식에 이르는 왕도"라고 프로이트는 쓰고 있다. 이제 꿈은 오랫동안 생각해 왔던 것과는 달리 전혀 전조적(前兆的)이지 않다. 억압된 과거를 드러내는 꿈이 어떻게 미래를 예고할 수 있겠는가? 꿈의 숨겨진 의미는 정신분석가의 해독을 요구한다. 프로이트는 이 꿈이라는 수수께끼의 해결이 과학적이라고 주장한다.

프로이트는 꿈은 모두 성적이며, '외현적 내용'과 '잠재적 내용'을 가지고 있다고 설명한다. 꿈에서 아스파라거스나 양초, 열쇠, 칼, 나무토막, 클라리넷, 파이프, 기둥, 총, 창, 단검, 우산, 권총, 손톱 다듬는 줄, 뱀 등은 외현적 내용에 속한다. 하지만 그 잠재적 내용은 단 하나이다. 그것은 팔루스적 형태로, 이것들은 모두 팔루스를 말해 준다. 이와 마찬가지로 상자나 좁은 뜰, 입, 귀, 샘, 자물쇠 등은 여성의 성기를 의미한다. 그 맥락에서 우리는 진흙탕이나 진흙으로 더럽혀진 거리 등이 의미하는 것을 상상할 수 있다. 이런 분석의 관점에서 보면 자물쇠에 열쇠를 꽂는 것은 설명이 필요 없다. 진흙탕에 열쇠가 떨어지는 것도 같은 의미이다...

프로이트는 모든 것에 성적 의미를 부여하여, 항상 오이디푸스적인 사건으로 귀착한다. "우리의 꿈은 우리를 그것에 도달하게 한다."(IV, p. 301.) 그런데 우리는 이렇게 상상할 수 있을 것이다. 한 남자가 우산을 진흙탕 길에 처박는 꿈은, 외현적 내용의 우산과 외현적 내용의 진흙탕 길을 무조건적으로 연결시키기보다는 오히려 잠재적 길에 잠재적 우산을 연결시킨다고 말이다. 이 잠재적 우산과 잠재적 길은 둘 다 실제로 주일 미사를 드리러 가는 것을 가리킬 수도 있는데, 이 사람이 교회로 가는 도중에 비가 쏟아졌을 수도 있다. 잠재적인 비가 아니라 외현적이고 실제적인 비가... 그렇다고 이때 이 산책자가 누구든 또는 무엇이든 비역질하고 싶어 하는 게 아니면 어머니와 자고 아버지를 죽이고 싶어 할 것이라고 상상할 필요는 없다...

꿈이 무의식에 이르는 유일한 방법은 아니다. 『일상생활의 정신병리학』에서 프로이트는 이렇게 설명한다. 즉, '말실수'나 '실수 행위', '고유명사의 망각', 읽기나 쓰기의 실수, 달리 말하자면 '다른 곳에 단어를 쓰기', '계산 실수'... 등을 분석함으로써도 무의식에 이를 수 있다고 말이다. 프로이트가 "경시와 서투름"이라는 항목에서(V. p. 173) 분류하고 있는 일상생활에서의 그 모든 사소한 사고들은 항상… 성적인 무엇인가를 의미한다. 사람이 자기 집의 열쇠를 잊는 것은 우연이 아니다. 자기 집이 몇 층인지를 잘못 아는 것도 우연이 아니다. 물건을 깨는 것도 우연이 아니다. 혀를 깨무는 것도 우연이 아니다. 손가락을 찧는 것도 우연이 아니다. 병에 걸리는 것도 우연이 아니다.* 결혼 반지를 잃어버리는 것도 우연이 아니다. 호주머니에서 동전이나 열쇠로 소리를 내는 것도 우연이 아니다. 옷의 단추를 잘못 끼우는 것, 빵으로 장난을 치는 것, 단어나 언어로 유희를 하는 것, 물건을 잃어버리는 것, 땅에서 동전을 줍는 것(V. p. 226), 기차를 놓치는 것, 이름을 혼동하는 것, 편지에 수신자의 이름을 잘못 적는 것, 우연히 고른다고 생각한 숫자를 가리키는 것도 마찬가지이다. 매번 사람은 무의식적인 욕망을 드러낸다.

프로이트는 생각의 전승을 부정하지 않았다. 그는 강신술을 배척하지 않았다. 그는 수비학을 믿었다. 그는 미신을 믿었고, 액운을 쫓는 의식을 행하기도 했다. 그는 분석하는 동안에 분석가가 잠이 든다고 해도, 어쨌든 무의식끼리는 서로 소통한다고 생각했다. 또한 그는 무의식의 정체가 아직까지 완전히 발견된 것은 아니라고 생각했다. 무의식은 이 세계 옆에 있는 세계 또는 이 세계 너머의 세계에 존재하고 있다.

『정신분석 입문』(1916)에서 프로이트는 인류는 역사상 세 차례에 걸쳐 커다란 '나르시시즘적 상처'를 입었다고 생각한다. 첫 번째로는 지구가 이 세계의 중심이 아니라 중심인 태양 주위를 돈다는 것을 증명한 갈릴레이 때문이었다. 두 번째로는 인간이 신이 창조한 세상의 최고봉이 아니라 원숭이에서 진화된 결과물이라는 것을 증명한 다윈 때문이었다. 세 번째로는 프로이트 그 자신 때문이었다고 그는 쓰고 있다. 자신을 갈릴레이나 다윈과 대등한 위치에 두면서, 의식은 무의식에 복종하기 때문에 의식이 그 자신의 집에서 주인이 아니라는 것을 증명하고 있다고 생각하는 그 자신 때문이었다는 것이다. 그런데 그것이 사실인가?

사람은 자기 자신밖에 믿을 것이 없다고 말하는 것처럼, 프로이트는 살아 있을 때 자신의 전설을 쓴다. 『정신분석 운동사』(1914)에서 프로이트는 빈에서 정신분석의 집단적 모험에 기여했던 모든 사람들, 이를테면 칼 구스타프 융, 빌헬름 라이히, 알프레트 아들러, 오토 랑크, 빌헬름 슈테켈,[6] 게오르크 그로덱,[7] 페렌치 샨도르[8]를 비롯하여 많은 다른 사람들을 무시했다.**

그 자신이 꼼꼼히 읽었던 쇼펜하우어와 니체, 그리고 여러 철학자들의 수많은 주제들이 프로이트의 저작 속에서 재활용되었다. 물론 프로이트는 그들에게 경의를 표하지 않았다. 자신의 편지에서 드러나고 있는 사실들을 무시한 채 프로이

* 병에 걸리는 것도 우연이 아니라는 기상천외한 생각은 의학 분야에서 여전히 골치 아픈 미신에 속한다. 의사가 병인을 모르지만, 어쨌든 하나의 병인을 제시해야 할 때, 그는 독일 정신의학자 게오르크 그로덱이 『이드에 관한 책』(1923)에서 발전시킨 프로이트의 생각을 따르곤 한다. 누군가가 눈이 먼 것은 그가 뭔가를 보고 싶지 않기 때문이다. 누군가가 귀머거리가 된 것은 그가 뭔가를 듣고 싶지 않기 때문이다. 누군가가 직장암을 앓는 것은, 그의 직장이 등까지 ...로 꽉 차 있기 때문이다. 누군가가 심근경색을 일으키면 그의 심장이 너무 커서 그것이 망가졌기 때문이다. 누군가의 손가락을 다치게 되면, 그것은 자기거세를 하는 것이다… 실제로 프로이트는 말을 타다 떨어진 것을 "무의식적으로 동의한 자살"로 여기고 있기도 하다!(V. p. 195.)

** 『초기의 정신분석학자들』, 『빈의 정신분석협회의 순간들』(Gallimard) 등을 포함한 4권의 저서는 정신분석이 집단적 모험이었다는 것을 보여 준다. 이 집단적 모험에 대해 프로이트는 아주 교활하고 능수능란하게 유럽, 그리고 전 세계적인 리더십을 장악했다.

트는 심지어 그들의 저작을 면밀히 읽었는데, 그 자신의 체계를 수립한 후라고 쓰고 있다. 프로이트는 정신분석이 그로 하여금 결코 거짓말을 할 수 없게 만들었다고 말할 것이다. 하지만 그것은 거짓말이었다.

『정신분석 흑서』(2005)라는 제목의 저서에서 절정을 보여 주는 비판의 한 경향은 프로이트가 그의 전설을 구축하기 위해 했던 수많은 거짓말과 왜곡, 허위, 은폐, 허구, 역사 다시쓰기 등을 백일하에 드러내고 있다. 프로이트가 해결했다고 소개했던 대부분의 사례들은 전혀 치유되지 않았다. 프로이트는 치료하기 쉬운 사례들을 만들어 내면서 짜깁기의 원칙에 따라 거기에 맞는 여러 인물들을 고안해 냈다. 그것도 서류상으로만 존재하는 만큼 더욱더 치료하기 쉬운 사례들만을 말이다.* 프로이트는 그의 친구였던 플라이슐 마르호프를 죽게 할 정도로 상태를 악화시켰으면서 코카인으로 그를 돌보고 치료했다고 주장했다.

* 단 하나의 사례만을 인용하자. 『다섯 개의 정신분석』의 '늑대 인간'인 세르게이 판케예프(Sergei Pankejeff)의 사례가 그것이다. 이 사례에 대해 프로이트는 "치료되었다"고 말한다.(PUF, p. 20.) 하지만 카린 오프홀처(Karin Obholzer)의 저서 『늑대 인간과의 대담』에서 늑대 인간이 직접 한 말이 여기에 있다. "정신분석가들은 나에게 좋은 결과보다는 나쁜 결과를 초래했다."(Gallimard, p. 149.) 실제로 프로이트가 '치료되었다'고 선언했음에도 불구하고 판케예프는 치료를 받으면서 소파 위에서 인생을 보냈다. 프로이트 자신의 처방에 따라(p. 81) — 프로이트는 이론적으로는 정신분석을 받으면 약국에 가는 것을 그만둬야 한다고 생각했다 —, 판케예프는 여러 해 동안 진정제, 강장제, 수면제를 먹었다. 프로이트의 분석은 4년 동안 계속되었고, 일요일을 제외하고 하루에 한 번씩 진행되었다.(p. 68.) 그리고 비용은 총 50만 유로였다. 판케예프는 하루에 약 30여 개비의 담배를 피웠다.(p. 79.) 판케예프의 부인이 자살했을 때, 프로이트는 그를 맞아들이지 않았다.(p. 96.) 어느 날, 프로이트가 그에게 분석이 끝났다고 말했다. 그리고 "감사하는 마음이 너무 강하게 되지 않기 위해서는 선물이 좋을 것이라고 말하면서 날더러 그 자신에게 뭔가를 선물하라고 암시했다."(p. 76.) 판케예프는 이집트의 고가의 예술작품을 프로이트에게 사 주었다... 이 대담이 이루어졌을 때 판케예프는 87세를 막 지났지만, 그는 여전히 분석을 받고 있었다. 그는 이렇게 말했다. "잘 아시죠. 저는 아주 잘 못 지냅니다. 최근에는 우울증에 걸렸어요."(p. 59.) 프로이트가 치료되었다고 말했지만, 판케예프가 그에게 다시 왔을 때 프로이트는 그에게 이렇게 툭 내뱉었다. 분석은 기차표와 같은 것이라고 말이다. "이 표는 나에게 여행을 할 수 있는 가능성을 주지만, 그것을 강요하지는 않죠. 결정은 나에게 달려 있어요."(p. 77.) 달리 말해 프로이트는 그의 일을 했지만, 자신의 환자가 치료되지 않았다면, 그것은 그 자신의 잘못이 아니라 치료되고 싶지 않은 피분석자의 잘못이라는 것이었다...

또 다른 저서들은 프로이트의 주장과는 반대로 안나 O(Anna O.)가 치료되지 않았다는 사실을 상세히 보여 준다. 앙리 프레데릭 엘랑베르제(Henri-Frédéric Ellenberger)의 『안나 O의 이야기』(Fayard, 1995)를 보라. 프로이트의 주장과는 반대로 에미 폰 N.(Emmy von N.)은 치료되지 않았다. 히르슈뮐러(Hirschmüller)의 연구를 보라. 프로이트의 주장과는 반대로 체칠리에 M.(Cäcilie M.)은 치료되지 않았다. 피터 스웨일스(Peter Swales)의 연구를 보라. 프로이트의 주장과는 반대로 엘리자베트 폰 R.(Elisabeth von R.)은 치료되지 않았다. 같은 연구를 보라. 프로이트의 주장과는 반대로 에마 엑슈타인 O.(Emma Eckstein O.)는 치료되지 않았다. 제프리 메이슨(Jeffrey Masson)의 연구를 보라. 프로이트의 주장과는 반대로 엘프리데 히르슈펠트(Elfriede Hirschfeld)는 치료되지 않았다. 에른스트 팔체더(Ernst Falzeder)의 연구를 보라. 프로이트의 주장과는 반대로, 그 자신의 딸인 안나 프로이트는 치료되지 않았다(프로이트는 그 자신의 가족을 결코 치료하고자 하지는 않았다.) 『분석 치료에 대해 의사들에게 주는 충고』(1912, PUF, p. 71)를 보라. 패트릭 마호니(Patrick Mahony)의 연구를 보라. 프로이트의 주장과는 반대로 호레이스 프링크(Horace Frink)는 치료되지 않았다. 라비니아 에드먼즈(Lavinia Edmunds)의 연구를 보라. 어쩌면 아픈 적이 없는 카타리나(Katharina)와 도라(Dora)의 사례를 고려하지 않아도 될 것이다. 아픈 적이 없는 그녀들이 나은 것은 너무 당연하다. 피터 스웨일스와 안토니 스태들런(Anthony Stadlen)의 연구를 보라... 이 모든 것에 대한 자세한 정보를 위해서는 미켈 보르크야콥센(Mikkel Borch-Jacobsen)과 소누 샴다사니(Sonu Shamdasani)의 『프로이트의 경우. 정신분석 역사에 대한 조사(*Le Dossier Freud. Enquête sur l'histoire de la psychanalyse*)』(Les Empêcheurs de tourner en rond, 2006)를 참고하기 바란다.

그가 거짓말을 했던 것을 증명해 주는 글을 자신의 참고문헌에서 미리 빼 버리고 말이다. 프로이트의 전기 작가인 어니스트 존스(I, p. 335)는 "프로이트는 아주 심한 정신신경증으로 고통을 받았고, 이것을 자기 분석을 통해 치료했다."고 쓰고 있다. 그런데 이와 같은 자기 분석은 이론적 이야기 이외의 다른 식으로는 전혀 존재하지 않았다. 모든 것에 대해 썼던 프로이트가 이런 아주 중요한 주제에 대해 아무것도 남기지 않았을 리 만무하다. 프로이트는 18개의 사례를 바탕으로 아버지의 아이들에 대한 성적 유혹 이론을 세웠다. 하지만 이런 사례들은 결코 존재하지 않았던 것들이었다. 프로이트의 거짓말 목록은 길다.

하지만 프로이트 자신보다 정신분석에 대해 더 가혹한 비판을 가한 사람은 없다! 1911년 5월 28일에 그는 빈스방거[9]에게 실제로 이렇게 쓰고 있다. "사람들은 정신분석 치료를 '일종의 검은 피부 표백'이라고 부르네. 이것은 완전히 틀린 말이 아닐세. 만약 우리가 내과의 치료 수준을 능가한다면 말일세. 나는 종종 이렇게 생각하면서 위로를 하네. 치료 차원에서 우리가 별로 유능하지는 않지만, 그래도 우리는 왜 더 나아질 수 없는지는 알고 있다고 말일세."

자신의 『치료 일지』에서 프로이트를 인용하고 있는 정신분석학자 페렌치 샨도르에게 1932년에 이렇게 말한 것은 프로이트 자신이었다. "환자들, 그들은 쓰레기들입니다. 그들은 우리 의사들을 먹고살게 해 주는 한에서만 선량합니다. 그들은 우리들의 학습 자료입니다. 우리는 그들을 도울 수 없습니다."

1937년에 「끝이 없는 분석과 끝이 있는 분석」에서 결코 인간은 본능적 요구를 근절시킬 수 없다(p. 240), 달리 말해 인간은 결코 치료될 수 없다...고 쓴 것은, 여러 해 전부터 구개암으로 고생하면서 더 이상 잃을 것이 없었던 삶에 지친 한 늙은이 프로이트 자신이었다.

무의식 속에 있는 것을
끌어올리는 것은 곧
트라우마화된 것을
인식하는 것이다.
그때부터 트라우마를
치유할 수 있으며,
징후와 고통을 없앨 수 있다.

분명, 프로이트는 그의 삶에서 위대한 사람은 아니었다. 분명, 그는 그 자신의 주장과는 달리 과학자는 아니었다. 그보다는 문학가, 사상가, 철학자였다. 게다가 그는 노벨... 문학상을 갈망하지 않았던가? 분명, 프로이트는 주관적 주장보다 끈기 있는 증명을 선호하는 실험적 방법을 실천한 적이 없다. 게다가 그는 스스로 정복자, 미지의 땅을 찾는 자라고 말했지만 그 땅을 발견했다고 말하는 것은 틀린 것이다. 그는 그저 그 땅을 꿈꾸는 것으로 만족했다. 분명, 그는 여러 철학자들의 저작에 산재되어 있던 이론들을 연결시킬 줄 알았다(그들에 대해 험담을 하기는 했지만...) 특히 다윈과 쇼펜하우어, 니체의 저작들을 말이다. 분명, 프로이트는 자주 변변찮은 동기들에 이끌려 행동했다. 진리 탐구와 지식에 대한 기여보다는 돈을 벌려는 의지, 부르주아적 명성을 누리려는 욕망, 명예에 대한 과도한 집착, 인정받고자 하는 야망을 추구했다.

하지만 프로이트는 그의 한계 역시 자각했다. 그 자신의 한계, 정신분석의 한계, 그의 방법의 한계, 그의 시간의 한계 등등. 그는 변증법적 사상가였다. 그는 이런 한계들을 고백함으로써 더 성장했을 수도 있었을 것이다. 하지만 그는 그것들을 감추면서 더 왜소해졌다. 그것도 흔히 가련한 방법으로 말이다. 하지만 그는 그의 전집 속에 몇몇 조약돌을 남겨 두었는데, 우리는 그것들을 가지고 하나의 길을 낼 수 있다. 정신에 대한 지식을 증대시키려는 것을 목표로 하는 노력들의 합으로 이루어진 거대한 운동 속에서 그 자신의 정신분석은 그저 하나의 계기에 불과하다는 사실을 고백하는 인간의 길이 그것이다. 자존심이 세고 허영심이 강했던 프로이트는 그 자신이 쇠사슬 전체라고 말하면서 그 중에 한 고리라는 사실을 고백하고 싶어 하지 않았다. 그런데, 비록 그것이 사슬 전체는 아니었지만, 하나의 고리인 것만으로도 무시할 일이 아니었다.

다가올 길에서 이 조약돌들은 무엇을 닮았는가? 『꿈의 과학』(1900)에서부터 프로이트는 "영혼의 〔원문 그대로〕 유기적 토대로까지 나아가는 하나의 길을 언젠가 발견할 수 있는 더 심오한 전진"(IV, p. 72.)을 예고한다. 1931년에 『정신분석의 관심』에서 프로이트는 신경증의 병인에 생물학의 중요한 역할을 강조했고, "의심할 여지 없이 〔원문 그대로〕 유기적인 요인"에 대해 말한 바 있다. 같은 텍스트에서 그는 이렇게 주장했다. "일단 정신분석학적 발견들이 이루어지면, 정신분석을 〔원문 그대로〕 생물학과 연계시키는 작업이 필요하다."(p. 116.) 계속해서 같은 텍스트에서 "생식질"(p. 116)이 언급된다. 1938년에 프로이트는 미완성으로 남게 될 『정신분석 개요』를 집필하기 시작했다. 이 저서에서 다음의 문장을 읽을 수 있다. "미래에는 몇몇 화학 물질의〔원문 그대로〕 도움으로 정신 장치 속에서 에너지의 양과 그 분할에 대해 직접 영향을 미치는 법을 알 수 있을 것이다. 아마도 우리는 아직은 생각해 보지 못한 다른 치료법을 발견할 수 있을 것이다."(p. 49.)

유기체와 생물학, 생식질, 화학 물질 등, 프로이트의 입에서 정신분석의 미래가 정신분석이 아닌 해부학과 생리학, 생물학, 약리학 속에 있다는 말이 나온 것이다. 오늘날 우리는 거기에다 프로이트의 시대에는 초보 단계에 있었던 유전학을 덧붙일 수 있다. 프로이트가 20세기에 쓴 모든 것은, 해부학적 미래에서부터 그가 메타심리학적인 방법에 대해 생각했던 방향으로 나아가고 있다.

하지만 몇몇 정신분석학자들은 프로이트의 변증법적 사유를 그가 누워 있는 일종의 능(陵) 속에 꼼짝 못하게 고정시켜 두고 싶어 했다. 마치 레닌을 모스크바에 미라로 만들어 놓은 것처럼 말이다. 돈벌이가 잘 되는 정신분석은 오랜 기간 동안에 걸친 분석 때문에, 분석을 그만둘 경우 (정신 건강을 해치는) 비싼 대가를 지불해야 한다는 생각에 사로잡힌 손님들에게 현금으로 지불하게끔 하고, 그렇게 해서 세금을 피할 수 있었다는 것은 사실이다. 이것이 바로 이 분야의 이런저런 대가들의 행동을 정당화시켜 주고 있다.

이런 가짜 프로이트주의자들이 진짜 프로이트주의자가 되길 원한다면, 그들은 DNA의 원형인 '생식질'(XVI, 190)이 모든 것이라는 것을 알게 해 준 프로이트의 텍스트들을 읽을지도 모른다. 두 개의 위상학(첫 번째 것은 1900년의 것으로, 『꿈의 해석』에서 볼 수 있는(p. 187) '무의식', '전의식', '의식'이다. 두 번째 것은 1923년 것으로, 『자아와 이드』에서 볼 수 있는 '이드', '자아', '초자아'이다)이 무엇보다도 알레고리라는 사실, 달리 말해 정태적인 과학적 진리가 아닌, 역동적으로 생각하도록 도와주는 장치라는 것을 알게 해주는 그의 텍스트들을 말이다.

프로이트는 이렇게 주장한다. '삶의 충동'과 '죽음의 충동'은 "특수한 〔원문 그대로〕 생리학적 진행" 상태에 있다고 말이다. 그리고 이렇게 덧붙인다. 이 모든 것은 "살아 있는 〔원문 그대로〕 물질의 각각의 조각"(XVI, 284) 속에서 이루어진다고 말이다. 여기에서도 역시, 여기에서도 다시 한번 기록은 분명하다. 즉, 생리학과 살아 있는 물질이라고 말이다. 메타심리학의 물리적 토대를 찾고자 하는 프로이트의 이 권유를 듣지 못하는 것은 지적 범죄이다.

『나르시시즘 서론』(1914)에서 다음과 같은 문장을 읽을 수 있다. "심리학의 모든 잠정적 개념들은 〔원문 그대로〕 언젠가 유기적 관계들 위에서 정립될 것이다."(XII, 224.) 또한 "자아의 충동 및 분리된 성적 충동이라는 〔원문 그대로〕 가설, 따라서 리비도 이론은 아주 작은 부분만 심리학적 토대 위에 정립되고, 본질적으로는 생물학에서 그것의 토대를 발견하게 될 것이다."(XII, 223.)

『메타심리학』(1915)에서 프로이트는 "영혼이라는 장치와 해부학 사이의 관계"를 생각한다. 왜냐하면 "영혼의 활동이 다른 어떤 기관도 아닌 뇌의 기능과 연결되어 있다는 확고한 연구의 결과"이기 때문이다.(XII, 213.) 프로이트는 이렇게 결론내리고 있다. "우리의 심리적 위상학은 일시적인 〔원문 그대로〕 해부학과 아무런 상관이 없다."(XIII, 214.)

여기에서 그치자. 정신분석은 19세기 말과 20세기의 철학적, 알레고리적, 은유적 형태의 심리학이다. 프로이트의 말에 의하면 치료는 가능하지 않다. 하지만 약리학적 해결을 기대하면서 치료는 그것의 모든 관심을 유지한다. 한 세기 전에 프로이트는 이것을 주장했다. 그 어떤 철학이 노쇠화를 피할 수 있을까?

발레리오 아다미[10]의 그림은 이 모든 것 이상을 포착했다. 이 그림은 열차의 창문에 있는 프로이트를 묘사하고 있다. 아다미가 쓴 것을 아주 쉽게 알아볼 수 있는 뾰쪽한 붓글씨체로 된 글자들은 이 기차가 런던으로 가고 있음을 알려 준다. 프로이트는 영국으로 가기 위해 빈의 베르크가세 19번지에 있는 그 유명한 분석가의 아파트를 떠났다. 물론 국가사회주의를 피하기 위함이었다. 프로이트는 한동안 정신분석을 반유대적 제3제국 내에서 지켜 낼 수 있을 것이라 믿고 있었다.

정신분석의 미래가 정신분석이 아닌 해부학과 생리학, 생물학, 약리학 속에 있다

반마르크스주의자였고, 모든 좌파 정권에 크게 반대했던 프로이트는 돌푸스 총리의 오스트리아 파시스트 정권을 지지했다. 프로이트는 공산주의에 반대하는 많은 글을 썼다. 특히 『문명 속의 불만』(XVIII, 299)에서 그랬다. 하지만 결코 나치즘이나 파시즘에 반대하는 글을 쓰지는 않았다. 1933년 4월, 히틀러 집권 3개월째에, 이탈리아 정신분석가 친구의 요청으로 프로이트는 『왜 전쟁인가』에서 무솔리니에게 바치는 멋진 헌정사를 쓰고 있다.

프로이트는 망명의 길을 택했다. 왜냐하면 그가 결국 나치 제국, 따라서 반유대주의적 제국과 함께할 수 없다는 것을 알게 되었기 때문이다. 프로이트의 정신분석은 유대인의 학문으로 여겨졌다. 이런 이유로 제3제국은 그것을 용인하지 않았다. 하지만 융의 정신분석은 국가사회주의 당국에 아무 문제가 되지 않았다. 융은 유대인이 아니라 기독교도였다.

1938년 6월 4일, 프로이트는 79년을 살았던 빈을 떠나는 오리엔트 급행열차에 몸을 실었다. 새벽 3시에 그는 프랑스 국경을 넘었다. 그는 파리에 있는 마리 보나파르트의 고급 저택에서 12시간을 보냈다. 그리고 그는 저녁에 영불해협을 건너 도버로 향해 떠났다. 영국에 도착해서 다시 빅토리아 역까지 기차를 탔다. 그곳에서는 그를 환

영하는 수많은 인파를 피하기 위해 조금 떨어진 플랫폼에서 영접을 받았다. 언론은 이 사건을 대대적으로 보도했다. 프로이트는 그의 집으로 보내온 꽃다발에 파묻혔다. 그는 죽을 때까지 런던에서 살고 싶다는 의사를 표명했다. 1939년 9월 23일까지 말이다. 몇 년 전부터 그는 구강암으로 엄청난 고통을 느꼈으며, 의사에게 고통을 줄여 달라고 요청하기도 했다.

아다미는 기차 속에 있는 프로이트를 그렸다. 우선, 열차가 빈과 파리 사이에 있는지, 아니면 도버와 런던 사이에 있는지는 별로 중요하지 않다. 중요한 것은 한 곳에서 다른 곳, 나치 오스트리아와 자유 영국 사이의 여정이다. 또한 그의 저작과 합치되는 오스트리아에서의 그의 삶이었던 과거와 그의 죽음의 길과 합치되는 미래 사이의 여정인 것이다. 프로이트에게는 15개월의 시간이 남아 있다. 이 기차는 나치에 의해 죽음으로 내쫓긴 한 유대인을 무(無)로 데려가는 유럽의 수많은 열차들 중 하나이다. 비록 그것이 오리엔트 급행열차이기는 하지만 말이다.

이 그림을 그리기 위해 발레리오 아다미는 열차의 창가에 있는 프로이트의 사진을 이용했다. 이때 프로이트는 그의 딸 안나와 함께 있었다. 안나는 완성된 그림에서는 사라졌다. 마찬가지로 뒤에 모자를 쓴 객실 승무원의 모습도 사라졌다. 우리는 그림 속에서 창문의 커튼 잠금장치의 윗부분 구멍과 그것을 올리는 손잡이를 본다. 내린 커튼과 올린 창문 사이에 있는 프로이트의 머리는 존재론적 기요틴에 끼여 있는 것처럼 보인다. 이 사람은 곧 죽는다는 것을 보여 주는 듯하다.

사진(흑백)에서 리본을 두른 중절모, 작은 두 눈을 볼 수 있는 둥근테 안경, 잘 다듬어진 하얀 수염의 프로이트를 본다. 그림에서는 모자(보라색), 리본(검정색), 얼굴(짙은 파란색) 위에 있는, 하지만 눈이 없는 안경(하늘색), 따라서 시선이 없는 안경, 사진에서보다 더 올라가 있는 창문의 반사(노란색) 부분 속에서 수염을 감추고 있는 얼굴의 아랫부분을 볼 수 있다.

사진에서 프로이트는 손가락으로 딸에게 뭔가를 가리키고, 딸은 그 방향을 보고 있다. 프로이트의 내뻗은 손, 뭔가를 가리키고 있는 둘째손가락, 음각(陰刻)된 반지를 끼고 있는 약지를 볼 수 있다.

발레리오 아다미는 프로이트의 딸의 모습을 지워 버렸다. 프로이트의 손의 제스처는 그대로 남겨 두었고, 그것을 클로즈업시켰다. 아다미는 뭔가를 잡는 모습을 확대했다. 13개의 낚시 바늘 중 하나를 붙잡는 것을 가능케 해 주는 집게처럼 모아진 엄지와 집게손가락의 움직임을 볼 수 있다. 실제로 곤충학자의 코르크판 위에 고정된 것과 같은 낚시 바늘이 12개 있고 프로이트의 손에 1개가 더 있다. 12 + 1 = 열두 사도와 예수. 이것은 교회, 다가올 새로운 종교를 가리키는 기호이다. 이 그림은 프로이트식의 〈최후의 만찬〉인 것이다.

특히 낚시 바늘들은 '제물낚시'라고 불리는 것이다. 이것들로 물고기를 속일 수 있다. 그렇게 해서 낚시꾼은 물고기를 잡을 수 있다. 따라서 이 낚시 바늘들은 또한 무의식 속에서 크고 작은 물고기들을 꺼내는 것에 대한 형상화이기도 하다. 여기 13개가 있다. 말실수, 실착행위, 고유명사 망각, 꿈, 외국어 단어 망각, 계산 착오, 날짜 혼동, 계획 망각, 사고, 말장난, 잘못 끼워진 단추, 식기 깨기, 반지를 가지고 놀기... 이 그림은 프로이트가 사용했던 방법의 알레고리이다.

따라서 낚시꾼이 사용하는 이와 같은 제물낚시는 또한 그림에서는 보이지 않지만 모든 곳에 현전해 있는 무엇인가를 가리킨다. 낚시 바늘은 여기서 물고기를 부르고, 그것을 찾고, 그것을 유혹하고, 그것을 부추기고, 그것을 기다리고, 그것을 원한다. 그런데 프로이트는 『꿈의 과학』에서 분명하게 쓰고 있다. 물고기는 "성기의 상징"이라고 말이다.(IV, 403.) 성기는 보이지 않는다. 하지만 프로이트의 낚시 바늘은 성기를 표면으로 끌고 온다. 이 그림은 최초의 정신분석가인 프로이트의 가시적 현전을 통해 무의식의 비가시성을 형상화하고 있는 것이다.

한 폭의 그림에 프로이트식의 〈최후의 만찬〉, 프로이트의 방법론, 프로이트의 무의식 등을 이와 같은 절제된 방식으로 그리는 것, 내가 보기에 수수께끼 그림의 대가*인 발레리오 아다미가 아니라면 그 누가 이와 같은 뛰어난 솜씨로 그려 낼 수 있을까?

* Michel Onfray, "Le chiffre de la peinture. L'Œuvre de Valerio Adami", in *La Danse des simulacres*, Robert Laffont, 2019.

1 Jean-Martin Charcot(1825-1893): 프랑스 신경학자 및 정신의학자로 히스테리 연구와 최면 치료로 유명함.

2 Josef Breuer(1842-1925): 독일의 뛰어난 신경생리학자.

3 Antiphon(BC 480-BC 411): 아테네에서 가장 뛰어난 웅변가, 수사학 교사.

4 attention flottante: 분석가는 피분석자가 하는 이야기의 어떠한 요소도 특별히 취급해서는 안 된다는 기법상의 규칙을 가리킨다.

5 Artémidor: 2세기 소아시아 리디아 출신으로 해몽서를 썼다는 것 외에는 알려진 사실이 거의 없다.

6 Wilhelm Stekel(1868-1940): 오스트리아 심리학자.

7 Georg Groddeck(1866-1934): 독일 심리학자.

8 Sandor Ferenczi(1873-1933): 헝가리 정신의학자.

9 Ludwig Binswanger(1881-1966): 스위스 정신의학자로 실존적 심리학의 선구자.

10 Valerio Adami(1935-): 이탈리아 화가로 데리다 등과의 공동 작업으로 유명하다.

30

사르트르의 눈

(1905-1980)

로베르 콩바[1]는 여백을 끔찍이도 싫어한다. 그는 항상 구멍, 여백, 패인 곳, 벌어진 곳, 심연, 존재의 균열 등을 메우기 위해 그림을 그린다. 달리 말하자면 하얀 화포를 메우기 위해 그의 붓이 지나간 자리에는 생생한 색들—빨강, 보라, 노랑, 장미색—의 힘을 담고 있는 검은색 선들로 줄무늬 진 선명한 색들의 향연만이 남아 있을 뿐이다.

호기심의 작업실이라는 원칙에 따라 화가의 스타일은 백과사전식이다. 중첩법의 형태 아래에서 우리가 발견하는 것은 알리바바의 동굴이다. 세계의 모든 것이 거기에 있다. 그와 마찬가지로 사르트르의 모든 것도 역시 거기에 있다. 그림 속에, 액자에 둘러싸인 채로 말이다.

이 그림은 사르트르 10주기를 추모하는 텔레비전 방송에서 로베르 콩바가 직접 그린 것이다. 로베르 콩바는 인간 사르트르, 철학자 사르트르, 그의 철학의 초상화를 그리기 위해 사방에서 오는 에너지를 모으는 태양열 집열판이 되고 있다. 이 그림을 찬찬히 들여다보면 거기에 다양한 방식의 질서를 부여할 수 있다. 그중 하나는 그려진 단어들을 검토해 보는 것이다. 그 단어들은 콩바의 작품 속에서 계속 회귀되고 있다. 화가는 그 단어들을 붓으로 그리면서 말하고, 이야기하고, 설명하고, 화내고, 드러내고 있다.

그림의 왼쪽 상단부는 "실존주의적 여가"(노란색)라는 단어가 수학에서 말하는 다이어그램 위에 있다. 하나에는 다음과 같은 이름들이 들어 있다. 엘리자베트, 올가, 돌로레스, 이비치, 미셸, 완다. 다른 하나에는 다른 이름들이 들어 있다. 완다, 이비치, 코스, 자크, 넬슨, 자크, 올가. 빨간색 화살표가 방향을 나타내면서 이 사람과 저 사람을 연결하고 있다. 이 전체가 보라색으로 쓰여진 "현대 수학"이라는 글자 위에 있다. 실제로 이 미학적 부분에는 아이러니가 담겨 있다. 왜냐하면 이 여자들과 남자들의 이름은 분명 사르트르와 보부아르의 삶에서 중요한 순간들을 가리키기 때문이다. 두 사람의 성생활, 정신적이고 육체적인 성생활이 문제가 되고 있는 것이다.

사르트르와 보부아르는 자유로운 생활을 영위했다. 사르트르는 그 자신의 용어를 사용하자면 결코 "교미하는 자"가 아니었다. 그는 여자들을 애무하는 것으로 만족하곤 했다. 보부아르는 평생 자신의 동성애 성향을 감췄지만 양성애자였다. 그녀가 고등학교에서 철학 선생으로 있을 때, 그녀는 자기 제자들을 사르트르의 침대 속으로 밀어 넣었다. 이런 이유로 그녀는 공교육에서 퇴

로베르 콩바 작, 〈장폴 사르트르의 초상화〉
화가 개인 소장

출되었다. 비시 정부가 그녀를 정치적 이유로 퇴출시켰다는 주장과 함께 이 사실은 침묵 속으로 가라앉았다.

그런데 독일 점령기에 사르트르와 보부아르는 레지스탕스 운동에는 적극적으로 참여하지 않으면서도 파리에서의 생활을 적극적으로 이용했다. 사르트르는 독일 당국이 검열을 통해 금지시키지 않은 극작품을 무대에 올렸으며, 『코뫼디아』지에 1944년까지 글을 썼다. 그런데 이 신문의 소유주 르네 들랑주에 따르면, 이 신문은 "독불의 완전한 협력을 위해 협조하는 것을 주된 목표"로 삼고 있었다. 사르트르가 1943년에 '올해의 작가'로 선정된 것도 이 신문의 지지를 통해서였다. 시몬 드 보부아르는 그녀대로 비시 정부의 소식통이었던 '라디오 나쇼날'[2]에서 1944년 1월 17일부터 4월 10일까지 일했다. 이 라디오는 필립 앙리오[3]의 끔찍한 반유대주의적 독설을 방송했다. 로베르 콩바의 아이러니컬한 다이어그램은 성(性)의 현대 수학식을 보여 주고 있다. 보부아르는 자기 여제자와 자고 나서 이 여제자를 자기의 남자 애인의 품에 내맡겼다. 여자는 다른 여자와 자고, 여자 애인은 다른 여자 애인들을 자기의 남자 애인에게 제공했다. 커플이 서로 섞이고 서로 교환되었다... 사르트르와 보부아르는 "필연적 사랑"과 "우연적 사랑"을 구별하면서 사태를 이론화시켰다. 다시 말해 오래 지속되는 커다란 사랑 이야기 위에 스쳐 가는 작은 사랑 이야기가 덧붙여진 것이다. 그렇지 말란 법이라도 있는가? 하지만 많은 여자들이 두 사람의 노리개화로 인한 고통을 증언해 주고 있다. 이 성 약탈자 커플은 페미니스트라기보다는 오히려 봉건적이었다. 영주들은 그들의 가신들의 육체를 마음껏 탐했다. 비앙카 랑블랭[4]의 『점잖지 못한 한 소녀의 회상』이 이 커플의 성적 쾌락에 필요했던 이와 같은 노리개화를 상세히 증언해 주고 있다.

이와 같은 성적 방종을 보여 주는 부분은 그림의 왼쪽 아랫부분에 있다. 거기에는 이런 단어들이 있다. '테러리즘', '불관용', '박해', '고문', '베트남', '자유' 등이다. 탈식민화의 영역이다. 사르트르와 보부아르는 독일 점령 기간에 레지스탕스 운동을 했다고 술회한 후에 프랑스공산당(PCF)의 동반자가 되었다. 그런데 PCF가 알제리와 베트남의 모든 탈식민 운동을 지지한 것은 후기의 일이고, 초기에는 두 나라의 운동에 비판적이었다. PCF는 1945년 5월 8일에 봉기했던 세티프와 겔마[5]의 알제리 독립주의자들을 지지하지 않았다. 또한 PCF는 1960년 9월 6일에 알제리 전쟁을 위한 징집 거부를 호소했던 "121인 선언"[6]도 옹호하지 않았다.

PCF는 독소 불가침조약에 따라 1939년 8월 23일에서 1941년 6월 22일까지 프랑스에서 나치 점령군과의 협력 정책에 동의했다. 그런데 6월 22일은 소련의 침공과 더불어 히틀러가 이 조약의 폐기를 일방적으로 통고한 날이었다. 이런 PCF는 전쟁 후에 레지스탕스에 뒤늦게 가담했다는 진실을 숨기면서 체면치레를 하고자 했다. 전쟁 초기부터 당이 운동에 참여했다는 전설 아래 말이다. 해방 후에 이 사실을 알게 된 드골 장군은 분열된 프랑스를 통일시킬 필요가 있었으며, 이와 같은 역사적 거짓을 눈감아 주었다. 그로 인해 PCF 당원들을 포함해 많은 사람들에게 그들의 역사를 다시 쓰는 것을 가능케 해 주는 정화 과정으로서, 공산주의는 피억압자들의 해방을 주장하는 멋있는 인본주의적 이데올로기로 여겨졌던 것이다! 이와 같은 속임수와 더불어 PCF는 전후 지식인 세계의 거의 전체를 끌어들일 수 있게 되었다.

사르트르와 보부아르는 따라서 PCF의 뒤늦은 탈식민지 투쟁과 보조를 같이한 셈이다. 그리고 그들은 베트남에서 공산주의자들에 맞서 미국이 수행했던 전쟁에 반대하게 된다. 게다가 두 사람은 소련, 동구의 여러 나라의 마르크스-레닌주의적 정치 체제, 카스트로, 마오쩌둥, 모든 좌파 독재정권을 지지했다. 그 기간 동안에 두 사람은 드골 장군을 파시스트로 부를 기회를 결코 놓치지 않았다.

사르트르는 로베르 콩바의 그림의 중앙에서 수직으로 된 부분을 차지하고 있다. 사르트르는 위로는 그의 머리 위에 구토를 하는 사람—아마 『구토』의 영향일 것이다—과 아래로는 군모를 쓰고, 승리를 표시하기 위해 두 팔을 들어 올린 드골 장군의 초상 사이에 끼여 있다. 빨래판마냥 크고 억센 드골 장군의 두 손이 넓은 공간을 차지하고 있다. 사르트르와 드골의 전체 모습은 '플로르'라는 단어 아래 놓여 있다. 카페 드 플로르는 사르트르가 자주 찾아 유명해진 생제르맹데프레에 있는 카페 이름이다. 우리는 사르트르의 전형적인 모습을 볼 수 있다. 안경 속에서 눈동자를 굴리고 있는 사팔뜨기, 담배를 물고 있는 두꺼운 입술 등이 그것이다. 사르트르는 담배를 많이 피웠고, 술도 많이 마셨다. 그는 철학 저서를 집필하기 위해 상당량의 암페타민을 복용했다. 하지만 각성 상태는 간결하고 유려한 문체에 별로 도움이 안 되었다. 그는 술, 담배, 약의 힘으로, 그리고 독일 현상학의 언어에 대한 편집증에 사로잡혀 『존재와 무』(1943)와 『변증법적 이성 비판』(1960)을 집필했다.

사르트르 자신은 완전히 비정치적이었지만, 『존재와 무』에서는 순수한 자유의 철학 이론을 전개했다. 500여 쪽에 달하는 이 두꺼운 저서는 독일 현상학의 철학적 추론에 대한 분명치 않은 사유 체계에 따라 집필되었다. 그럼에도, 어쩌면 그로 인해 이 저서는 베스트셀러가 되었다.

사르트르는 한 유명한 강연에서 실존주의를 설명했다. 이 강연은 그가 많은 시간을 보냈던 생제르맹데프레를 자주 찾는 사람들에게는 하나의 사건이었다. 1945년 10월에 했던 이 강연은 『실존주의는 휴머니즘이다』(1946)라는 제목으로 출간

우리는
자유로운 선택을 할 수 있는
순수한 자유이다.
인간의 본성은 없다.
우리는 행동한 후에
우리가 될 뿐이다.

되었다. 보리스 비앙은 그의 소설 『세월의 거품』에서 이 강연에 대해 실소를 금할 수 없는 이야기를 하고 있다.

실존주의는 무엇을 주장하는가? "실존은 본질에 선행한다." 달리 말해 우리는 모든 지식과 모든 결정론과 관계없이 태어난다. 우리는 자유로운 선택을 할 수 있는 순수한 자유이다. 인간의 본성은 없다. 우리는 행동한 후에 우리가 될 뿐이다. 우리가 종이칼에 (그 이름에까지 들어 있는) 기능을 부여했기 때문에 그것이 제작되었다. 종이칼은 그 기능을 위해, 즉 종이를 자르기 위해 만들어졌다. 하지만 인간에게는 개인적인 의지 이외의 다른 의지는 없다. 나는 행동하면서, 따라서 내 자신을 만들어 가면서 된 것으로 존재한다. 그 어떤 사회학적, 경제학적, 해부학적 결정론도 없다. 이것이 바로 보부아르의 페미니즘의 원천이자 『제2의 성』의 뿌리이다. 이 저서에 그 유명한 다음 문장이 들어 있다. "여자는 여자로 태어나는 것이 아니라 여자가 된다." 사르트르는 또 이렇게 주장한다. 우리는 "자유롭도록 선고받았다." 우리는 선택을 하지 않을 자유가 없다. 이런 자유를 떠맡는 자는 누구나 선택을 하며, 또한 그 자신을 선택한다. 그리고 이런 자유를 떠맡는 자는 누구나 진정성

있다고 말해진다. 자유롭지 않다고 주장하고, 선택을 가지고 있지 않다고 주장하는 자는 누구나 결정론에 얽매여 있는 '속물(salaud)'이다. 이것은 모두 사르트르의 언어이다.

사르트르는 그에게 다음과 같은 곤란한 문제를 제시하는 제자 중 한 명의 예를 들고 있다. 이 제자는 1940년 독일의 공격이 있을 때 형을 잃었다. 그는 런던으로 망명한 자유프랑스 군에 지원해 복수를 하고자 한다. 그의 아버지는 대독협력 쪽으로 기운다. 이 제자는 어머니와 단둘이 산다. 어머니는 유일하게 남은 아들에게 애정을 보인다. 그렇다면 그는 무엇을 해야 할까? 런던으로 갈 것인가, 아니면 어머니 곁에 남을 것인가? 첫 번째 경우라면, 그는 한 아들을 이미 잃은 어머니를 포기하는 것이다. 두 번째 경우라면, 그는 명예로운 군복무에 등을 돌리는 것이다. 하지만 자식으로서의 의무를 완수하기 위한 것이다. 사르트르는 양심의 경우를 검토하고 있다. 런던으로 가면서 이타주의적인 도덕을 따라야 하는가? 어머니에 대한 착한 아들의 의무를 다하는 이기주의적 도덕을 따라야 하는가? 이 젊은이는 그 자신이 하지 않을 수도 있는 선택을 설명하면서 자기기만에 빠지지 않고서는 상황을 원망할 수 없을 것이다. 왜냐하면 그는 자유롭도록 선고를 받았기 때문이다. 실제로 그는 세 가지 선택을 할 수 있다. 런던으로 떠나는 것, 어머니 곁에 머무는 것, 선택하지 않는 것을 선택하는 것, 이것 역시 선택이다. 따라서 각자는 그 자신이 행하는 것이나, 행하지 않은 것에 대해 책임이 있다. 절대적인 도덕은 더 이상 없다. "그 어떤 일반적인 도덕도 해야 할 것을 우리에게 지시할 수 없다."(p. 47) 선택만이 유일하게 도덕적인 행동을 구성한다. 자신을 상당히 닮은 이 젊은이에 대해 사르트르는 "그는 그 자신의 법을 스스로 고안할 수밖에 없다."(p. 78)라고 말한다. 사르트르가 그에게 해줄 수 있었던 대답은 다음과 같은 것이다. "자네는 자유일세. 선택하게. 다시 말해 고안하게."(p. 47) 여기에 사르트르는 이렇게 덧붙일 것이다. 사람은 선택하면서 타인들을 또한 선택한다고 말이다. 실존주의가 파리의 생제르맹데프레 구역을 열광시킨 이유를 이해할 수 있다. 절대적이고 보편적인 도덕이 존재하지 않는다고 단언하면서 말이다. 이것은 기독교적 도덕을 배척하는 것이다. 왜냐하면 자기가 선택한 것으로 환원되는 유일한 도덕만이 존재하고, 그 이외의 다른 것은 아무것도 존재하지 않기 때문이다. 그로 인해 자기도취적 이기주의가 정당화된다. 사르트르는 이렇게 보헤미안의 생활을 정당화시켰고, 그 자신이 직접 축제라고 불렀던 것을 정당화시켰다. 지하 술집에서의 재즈, 얼큰하게 취했던 수많은 저녁들, 유희적인 섹스 등등. 그러는 동안에 사르트르와 보부아르 세대의 어떤 이들, 그들보다 더 젊은이들은 런던으로 향하는 임시 배편을 타고서 바다 위에서 자신들의 목숨을 위험에 내맡기고 있었다. 지나가면서 사르트르도 보부아르도 전쟁 중에 런던으로 가는 것을 선택하지 않았다는 사실을 상기하자. 이와는 달리 사르트르는 1961년까지 그가 살았던 집에서 그의 어머니 곁에 머문다는 구실을 가졌다. 그 당시 그는 56세였다… 자신들의 실존주의적 용어로 사르트르와 보부아르는 대표적인 속물들이었다.

로베르 콩바의 그림에서 드골 장군은 1944년의 승리와 1959년 제5공화국을 뜻하는 V자로 팔을 들고 있는 모습으로 그려졌다. 하나의 화살표가 다음과 같은 단어와 함께 그의 손을 가리키고 있다. "더러운 손!"이란 단어이다. 이것은 극작가이도 했던 사르트르의 극작품 중 하나의 제목이다. 하지만 이 제목은 드골 장군을 규정하기 위해 사용되고 있다. 이것이 로베르 콩바의 생각인지는 잘 모르겠다. 하지만 그것이 6월 18일[7]의 남자에 대한 사르트르의 생각이라는 것을 모르지 않는다. 드골은 실제로 사르트르를 그 당시에 가장 활발하게 활동하는 '대작가'를 대하는 존경심으로 대했다. 예컨대 드골은 사르트르에게 편지를 보내면서 "선생님께"라고 썼다. 미국인들의 만행을 고발하기 위한 러셀 법정을 파리에서 개정(開廷)하겠다는 요청에 대해 부정적인 답을 보내는 편지에서 그랬다. 하지만 사르트르는 드골을 무시했다. 사르트르는 미디어가 아닌 다른 경로를 통해 다음 사실을 말했다. "나는 내가 글을 쓰는 것을 알고 있는 종업원들에게만 선생님일 뿐이다." 이것은 드골 대통령에 대한 사르트르의 무시였다. 또한 이것은 분명 카페 보이들에 대한 사르트르의 무시이기도 했다. 사람은 종종 사리를 잘 분간하지 못할 수도 있다...

그림의 오른쪽 수직 부분에서 로베르 콩바는 사르트르의 극작품인 『공손한 창부』에 대해, 그리고 창녀들 일반에 대해 변주를 가하고 있다. 그리고 이 부분에서 로베르 콩바는 '카스토르(Castor)'라는 별명으로 불린 시몬느 드 보부아르를 그리고 있다. 영어로 이 동물이 '비버(Beaver)'이기 때문이다. 그녀는 파인애플을 닮은 덥수룩한 머리를 하고 있다. 그녀는 설치류의 치아 두 개를 내보이고 있다. 그녀는 밤색 피부를 가졌고, 빨간 물방울 무늬의 노란색 짧은 치마를 입었으며, 굽이 달린 빨간색 구두를 신었다. 굉장한 재즈광의 모습이다... 사르트르의 얼굴은 괴물의 위협을 받고 있다. 아가리를 벌리고 그를 삼켜 버릴 준비를 하고 있는 일종의 뱀이나 붉은 용이다. 이 동물의 아래턱에 그려진 낫, 망치, 별은 공산주의와의 연관을 보여 준다. 로베르 콩바는 그의 어린 시절에 공산주의를 체험했다. 왜냐하면 그의 아버지가 PCF의 세트[8]시 소속 투사였기 때문이다.

사르트르의 눈은 흥미롭다. 바로 그곳에서 그의 진리가 포착된다. 평생 동안 그는 외(外)사시로 고생했다. 그의 왼쪽 눈이 왼쪽으로 움직이고 있다. 그는 『말』에서 눈의 삼과 더불어 이 사시가 어느 정도까지 그의 삶에서 결정적이었는지를 이

야기하고 있다.

사르트르의 외할아버지는 그가 어렸을 때 손자의 긴 금발머리를 그다지 좋아하지 않았다. 해서 외할아버지는 혼자 외손자를 앞세우고 이발소로 데려갔다. 그때 사르트르는 7살이었다. 외할아버지는 외손자가 소녀, "겁쟁이"로 여겨지는 것을 원치 않았다. 그의 딸, 즉 사르트르가 어머니라고 계속 부르는 "안 마리"는, 사르트르에 의하면, 그가 "진짜 딸이기를" 바랐다.(『말』, p. 56.)

머리를 자른 소년이 집으로 돌아왔을 때, 그의 어머니는 방에 처박혀 울었다. 왜? "그녀의 딸을 사내아이와 바꿔 버렸던 것이다."(p. 57) 더 안 좋은 것은, 사르트르 자신의 말에 따르면, 그의 머리카락이 "그가 분명히 못생겼다는 사실"을 삼춰 주고 있었던 것이다.(같은 쪽) 계속 읽어보자. "하지만 내 오른쪽 눈은 벌써 거의 뿌예지고 있었다. 어머니도 그 사실을 인정하지 않을 수 없었다. 외할아버지 자신도 어쩔 바를 몰랐다. 귀여운 보물을 바랐는데 두꺼비로 만들어 버린 것이었다. 그의 미래의 신나는 꿈이 밑바닥부터 무너진 것이다."(같은 쪽) 이 두꺼비가 로베르 콩바의 그림의

실존적 진앙을 보여 주고 있다.

사르트르는 이렇게 말하고 있다. 그 자신이 못생긴 것을 알게 된 그는 다른 방식으로 다른 사람들의 환심을 살 수밖에 없었다고 말이다. 그는 '사르트르'가 되고자 선택하면서 우리가 알고 있는 '사르트르'가 된 것이다. 실존적 정신분석을 정립한 사상가의 자기분석처럼 읽을 수 있는 이 텍스트에서 이와 같은 가정을 제시하고 있는 자는 바로 사르트르 자신이다. 나의 판단으로 사르트르는 철학사에서 가장 오랫동안 이런 가정 속에 머물고 있는 사람이다.

실존적 정신분석이란 무엇인가? 『존재와 무』의 한 장(章)이 이것을 설명해 준다. 사르트르는 프로이트의 무의식의 존재를 믿지 않는다. 게다가 그는 프로이트의 초자아 개념에도 동의하지 않는다. 사르트르는 이렇게 생각한다. 그 어떤 정신장치도 자유를 무너뜨릴 정도의 결정론으로 기능하지 않는다고 말이다. 원초적 기투가 존재한다. 작가를 '존재'로 추동하는 이 원초적 기투는 모를 수도 있다. 의식은 의식화될 필요가 있다. 다시 말해 자기에 대해 의식할 필요가 있다. 의식 그 자체를 대상으로 삼으면서 진정한 의식이 되기 위해서 말이다. 결국 실존적 정신분석에서 이 원초적 기투를 밝히는 것이 중요하다.

사르트르는 프로이트의 범성욕주의를 거절한다. 한 자유로운 주체의 자유로운 선택은 모든 행위의 기저에 놓여 있다. 다음 사실을 기억하기 바란다. 실존은 본질에 선행하고, 또 실존에 선행하는 것은 자유이다. 실존적 정신분석은 각자의 '원초적 기투'를 드러내는 것이다. 사르트르는 그 기투를 세 범주로 구분한다. '소유', '존재', '행동'이 그것이다. 사물이나 사람을 가지길 원하는 사람은 '소유'의 사람이다. 예컨대 소유주나 질투하는 사람이다. 뭔가를 하고, 또 작품이나 물건을 만들어내면서 세계를 변화시키고자 하는 사람은 '행동'의 인간이다. 모험가나 창작가가 그 예이다. 마지막으로 '존재'하고자 하는 사람과 스스로를 만들어 간다는 생각 속에서 자기의 변화를 갈망하는 사람은 주체화의 인간이다. 현인, 배우 또는 신비주의자가 그 예이다.

사르트르 자신의 '원초적 기투'는 무엇일까? 그는 『말』에서 이것을 제시하고 있다. '말'을 통해 존재하는 것이다. 그리고 그는 평생 그 자신의 신체를 증오하면서 완전히 종이 위의 존재가 되었다. 그는 환심을 사기 위해 쓰고자 했다. 반면, 그의 못생김은 그에게 다른 방식으로 환심을 사는 것을 허용하지 않았다. 따라서 그는 아주 일찍부터 "책과 독서의 종교"에 입문했다. 그는 쓰기를 통해 유명해지고자 했다. 이 세계에서의 그의 존재방식은 따라서 말에 의해 매개될 것이다. 현실은, 그가 그것을 말과 관념, 읽기와 쓰기를 통해 가능하게 만든다는 조건에서만 그에게 흥미로울 뿐이다. 우리는 그가 종종 현실을 놓쳤다는 것을 알고 있다.

따라서 『존재와 무』에서 사르트르가 시선의 이론을 전개한다고 해서 전혀 놀라운 일이 아니다.

이 이론은 전적으로 "대타존재"의 문제이다. 그의 젊은 시절의 저작들, 가령 『자아의 초월성』(1936–37), 『구토』(1938)와 같은 소설, 「얼굴」(1939)이라는 제목의 텍스트, 『변증법적 이성 비판』(1960) 등에서도 같은 관심을 볼 수 있다. 『변증법적 이성 비판』은 실존주의적 잉어(우리는 완전히 자유롭다)와 마르크스주의적 토끼(우리는 완전히 결정되어 있다)를 결합시키려고 하는 시도이다. 시선의 이론은 또한 구체적인 실존적 정신분석의 적용의 결과 속에서도 나타난다. 보들레르, 주네, 플로베르, 말라르메, 틴토레토 등이 그들이다. 사르트르에 의하면, 타자의 시선은 우리를 구성한다. 하지만 우리는 타자에 의한 자기의 구성에 동의할 수 있는 자유로운 선택을 가지고 있다. 그것을 수용하거나 거절하면서 말이다.

사르트르의 이론에서 남아 있는 것은 소련 진영의 몰락과 더불어 완전히 낡은 사상이 되어 버렸다. 소련 진영은 그의 공산주의자들과의 동반자적 텍스트를 회색지대로 편입시켜 버렸다. 실존주의의 유행이 지났고, 대학 이외의 다른 곳이나 특별한 몇몇 장소를 제외하고 그의 '현상학적 시론'[9]을 읽는 곳은 없다. 그의 소설들 역시 시대에 뒤떨어졌고, 그의 극작품들 역시 마찬가지다. 『상황』이란 제목으로 10권으로 묶인 그의 시사적 텍스트들 역시 시간과 더불어 그 맛을 잃어버렸다.

『말』(1964)과 실존적 정신분석을 적용한 저작들이 있다. 『보들레르』(1944년에 집필), 『성자 주네: 희극배우와 순교자』(1952), 그리고 2천 쪽의 미완성 상태로 남은 플로베르에 관한 『집안의 천치』(1972) 등이다.

시대의 철학적 분위기(하이데거의 현상학, 키르케고르의 실존주의)와는 동떨어져, 시대적인 정치 논쟁(소련 아니면 미국, 자본주의 아니면 마르크스주의, 봉기 아니면 혁명, 레닌주의 아니면 스탈린주의, 탈식민화 아니면 범(汎)대서양주의, 마오쩌둥주의 아니면 구조주의)과는 멀리 떨어져, 혼란스러운 생의 종말(베니 레비[10]의 영향으로 유대교로 개종한 것을 두고 보부아르는 『작별의 의식』(1981)에서 '노인 유괴'라고 했다)에서 동떨어져, 가장 지속적이고 또 가장 독창적인 사르트르는 아마 가장 탐사가 덜 된 사르트르일 것이다. 즉 실존적 정신분석의 사르트르가 그것이다. 프로이트 정신분석의 신봉자는 거기에서 별다른 흥미를 느끼지 못할 것이다. 좌판을 벌인 가게가 다르기 때문에...

---

1 Robert Combas(1957–): 프랑스 화가 및 조각가로 자유구상주의의 리더.

2 Radio nationale: 보통 '라디오-비시(Radio-Vichy)'로 불리며, 1940년 7월부터 1944년 8월까지 존속했던 친독일 라디오 방송.

3 Philippe Henriot(1889–1944): 나치에 협력했던 프랑스 정치인으로 1944년에 레지스탕스 대원들에 의해 파리에서 암살됨.

4 Bianca Lamblin(1921–2011): 폴란드 출신의 프랑스 작가이자 철학자로 사르트르와 보부아르와 가깝게 지냈음.

5 알제리의 수도 알제에서 300km 떨어진 세티프(Sétif)와 54km 떨어진 겔마(Guelma) 등지에서 1945년 5월 8일에 프랑스가 자행한 알제리인 대학살 사건을 의미한다.

6 Le Manifeste des 121: "알제리 전쟁 불복종 권리 선언"으로, 1960년 9월 6일 사르트르, 블랑쇼를 비롯해 121명이 서명한 선언.

7 드골 장군이 런던에서 BBC방송을 통해 프랑스 국민에게 독일에 맞서 계속 투쟁할 것을 호소하는 연설을 한 날짜.

8 Sète: 프랑스 남부에 위치한 지중해 연안의 항구 도시.

9 1943년에 출간된 사르트르의 『존재와 무』의 부제가 '현상학적 존재론에 관한 시론'이다.

10 Benny Lévy(1945–2003): 이집트 출생의 프랑스 철학자로 68년 5월 혁명 당시 피에르 빅토르(Pierre Victor)라는 가명으로 활동했으며, 1973년부터 1980년 사르트르가 죽을 때까지 그의 비서였다.

31

푸코의 치아

(1926–1984)

여러 명의 푸코가 있다.

정치적으로 보자.

1950년의 '공산주의자' 푸코가 있다. 그는 『뤼마니테』지를 판매했고, 마르크스-레닌주의 학생 신문에 글을 썼으며, '훌륭한 공산주의자'가 되길 바랐다.

드골 장군이 제5공화국의 정권을 잡은 1959년부터의 '드골주의자' 푸코가 있다. 푸코는 크리스티앙 푸셰[1] 장관이 창설한 대학개혁위원회에서 일했다. 장관은 푸코에게 고등교육 부국장 자리나 '프랑스 라디오텔레비전 방송국'의 책임자 자리를 맡길 생각을 했다. 하지만 대학 관계자들이 그에 대해 반대 운동을 펼쳤다. 그의 동성애를 들먹이면서 말이다. 그는 그 직위를 맡지 못하게 되었다. 그가 낭테르대학[2]에 임용되었을 때, 당시 드골 내각의 교육부 장관이었던 알랭 페르피트[3]가 푸코에게 이 소식을 직접 전해 주었다.

튀니지에서 68년 5월 혁명을 지켜본 '좌익급진주의자' 푸코가 있다. 그 당시 그는 그의 평생의 동반자가 될 다니엘 드페르[4]와 함께 이 혁명을 멀리서 지켜보았다. 하지만 곧 푸코는 68년 5월 혁명의 이데올로기로 개종한다. 1968년 10월부터 푸코는 흑표당[5]을 찬양하고, 뱅센 실험대학[6]에 임용되었다.

'자유주의적 사회민주주의자', 반마르크스주의자, 반공산주의자 푸코, 반전체주의를 내세운 베르나르앙리 레비[7]와 앙드레 글뤽스만과 같은 신철학자들의 동반자 푸코가 있다.

드골 장군에서 베르나르앙리 레비까지 푸코는 20세기와 결혼했다고 말할 것이다...

철학적으로 보자.

'심리학자' 푸코가 있다. 그는 심리학 학사를 취득했고, 고등사범학교에서 학과 복습조교가 되었고, 뇌파검사 실험실에서 실험심리학 연구에 참여했고, 들레(Delay)[8] 교수를 돕는 심리학자가 되어 클레르몽페랑대학에서 이 과목을 가르쳤으며, 낭테르대학에서 1967년에 심리학 교수 자리를 물려받게 되었다. 푸코는 『정신병과 심리학』을 출간했다.

『광기와 비이성, 고전주의 시대의 광기의 역사』라는 제목의 그의 박사학위논문에서 광기에 대해 연구를 했고, 또한 진료소에 대한 저서, 즉

제라르 프로망제 작, 〈미셸 푸코〉
개인 소장

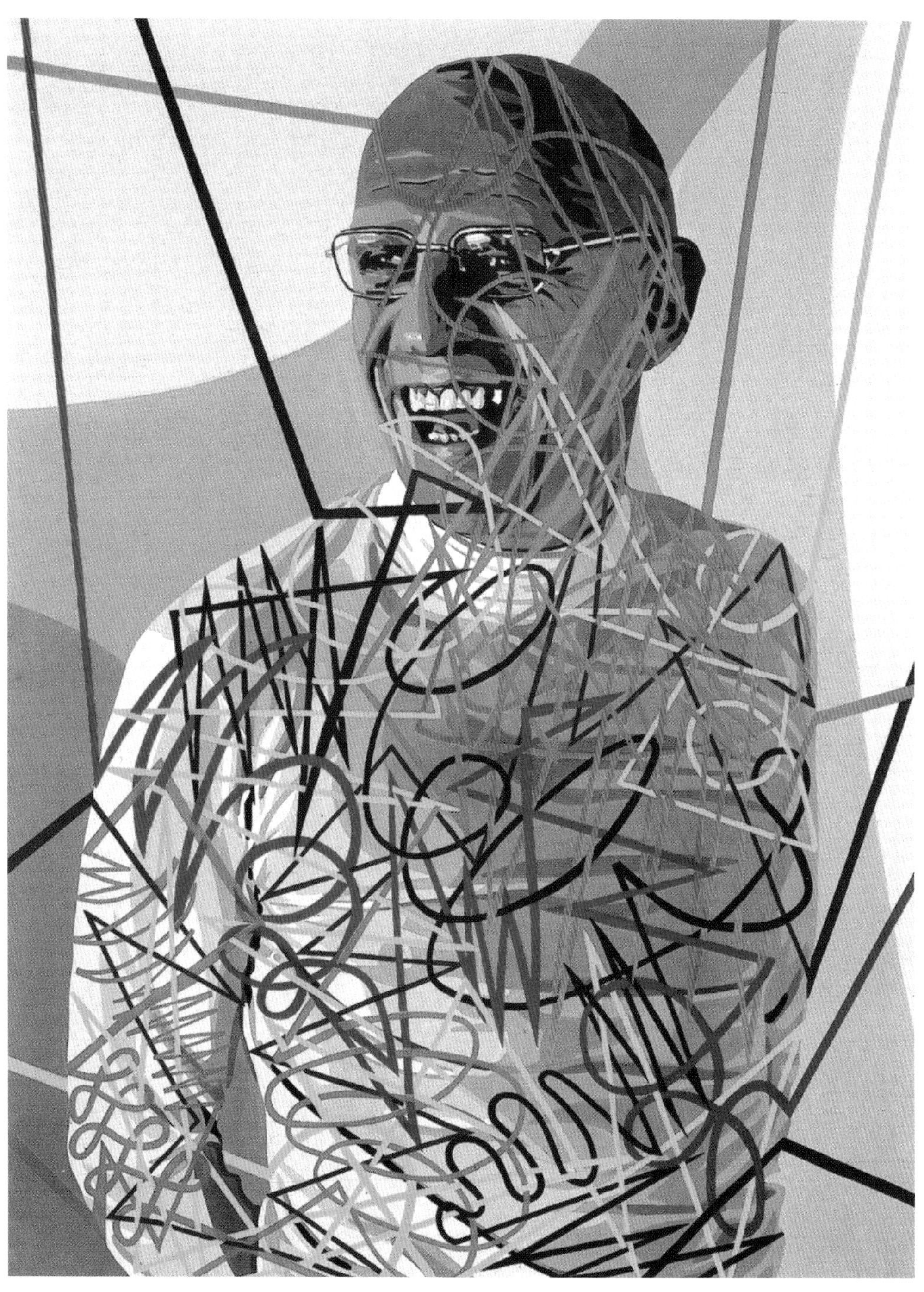

외과의사의 아들인 푸코는
임상의학 문제에 대해 사고했다.
자살을 시도하고 우울증에 걸린
젊은 푸코는
광기와 감금에 대해 사고했다.
죄책감에 괴로워했던
동성애자인 푸코는
성의 문제에 대해 성찰했다.

『임상의학의 탄생. 의학적 시선의 고고학』(1963)을 쓴 '인식론자' 푸코가 있다.

'출판인' 푸코가 있다. 그는 들뢰즈와 함께 니체 전집을 프랑스어로 번역하는 일에 관여했다. 이 전집은 콜리(Colli)와 몬티나리(Montinari)가 펴낸 이탈리아어판을 토대로 갈리마르 출판사에서 출간되었다.

'구조주의자' 푸코가 있다. 『말과 사물』(1966)이 될, 기호에 대한 저서를 집필하기 위해 『광기의 역사』의 후속편으로 사법 정신의학에 할애될 예정이었던 저서의 집필을 포기한 푸코이다. 『말과 사물』은 베스트셀러가 되었다. 언론은 이 저서를 지지했으며, 그렇게 해서 철학의 유행 촉발에 기여하게 된다. 실존주의 다음에, 그리고 신철학자들의 철학 이전의 구조주의가 그것이다. 푸코는 『르 누벨 옵세르바퇴르』지의 정기 기고자가 된다.

1970년대에는 '후기구조주의자' 푸코가 있다. 자신의 연구를 니체의 이름 밑에 기입하게 된 68세대로서의 푸코이다. 뱅센 실험대학에서 1969년에 했던 그의 강의의 제목은 '성과 개별성'이었다.

마지막으로 '윤리주의자' 푸코가 있다. 1970년에 감금시설과 감옥 체계에 대해 연구한 푸코이다. 그는 GIP(Groupe d'Information sur les Prisons: 감옥정보그룹)를 조직했으며, 『감시와 처벌』(1975)을 출판했다. 1975년에 그는 미국의 서부 해안에서 LSD(환각제의 일종)를 실험했고, 선(禪), 채식주의자, 페미니스트, 동성애자 등의 미니공동체에 관심을 가졌다. 1976년에 그는 『지식의 의지』, 즉 '성의 역사'라는 제목이 붙은 연작의 첫 번째 권을 출판했다. 1977년에는 『르 누벨 옵세르바퇴르』지를 통해 신철학자들과 가까워진다. 그로 인해 그는 질 들뢰즈와 소원해진다. 1978년에 푸코는 자웅동체자 에르퀼린 바르뱅[9]의 일기를 출간한다. 바르뱅은 이런 질문을 던졌다. '하나의 성을 갖는 것이 필요한가?' 같은 해에 푸코는 『코리에레 델라 세라』[10]지에 글 네 편을 기고했다. 푸코는 이 글에서 이란의 이슬람 혁명을 정치에서 정신적인 가치가 귀환할 기회로 여기며 동감을 드러냈다. 1981년에 푸코는 새로운 실존의 가능성을 연구하고, 그리스-로마 시대와 초기 기독교회 교부들을 연구함으로써 새로운 상호주체성의 방식을 사유하고자 했다. 이렇듯 반마르크스주의자가 된 푸코는 미테랑 대통령의 행정부에 공산주의자 장관이 입각하는 것에 반대했다. 푸코는 선상 난민들을 받아들여야 한다는 주장에 찬성하면서 투쟁했다. 그는 현실정치(Realpolitik)에서 사회주의 좌파가 자멸하는 방식으로 수렁에 빠졌다고 제대로 판단하고, 그로부터 멀어졌다. 푸코는 폴란드 노동조합 '연대'를 지지했고, 에드몽 메르[11]와 함께 CFDT(프랑스민주노동동맹)을 위해 일했다.

푸코는 1983년에 병에 걸렸다. 에이즈였다. 그는 이 사실을 몰랐던 것으로 보인다. 그에게는 "성의 역사"의 속편 원고를 겨우 수정할 정도의 시간이 남아 있을 뿐이었다. 『쾌락의 활용』과 『자기 배려』가 1984년에 출간되었다. 푸코는 1984년

6월 25일에 겨우 57세로 세상을 떠났다. 『육체의 고백』이라는 제목을 가진 제4권이 상대적인 무관심 속에서 2018년에 출간되었다.

직업적으로 보자.

앙리4세고등학교 고등사범학교 준비반 이후에 고등사범학교에 합격하고, 또 교수자격시험에 합격한 푸코가 있다. 스웨덴과 폴란드에서 가르치면서 연구를 수행한 푸코가 있다. 철학박사 푸코가 있다.

'제도권의 푸코'가 있다. CNRS(국립과학연구센터) 수여 동상 수상, 고등사범학교 입학시험 사정관, 국립행정학교 입학시험 사정관, 『르 몽드』지의 극찬을 받은 철학자, 『르 누벨 옵세르바퇴르』지의 자유 기고가, 1970년에 콜레주 드 프랑스 교수로 임용된 푸코가 있다. 그의 교수 취임 강의는 갈리마르 출판사에서 『담론의 질서』라는 제목으로 출간되었다.

하지만 또한 '체제 전복적인 푸코'가 있다. 정신질환자들과 죄수들, 동성애자들, 성전환자들, 마르크스-레닌주의적 야만의 희생자들, 그리고 이란의 무슬림들을 위해 투쟁하는 활동가 푸코가 있다.

인간적으로 보자.

푸코가 그 자신의 문제에 대해 관심을 가진 것은 우연이 아니다. 가령, 임상의학과 광기, 성, 동성애, 자웅동체, 감옥 등. 실제로 그의 전기 작가들은 고통스러웠던 그의 삶을 이야기하고 있다. 푸코는 외과의사였던 아버지의 집에 있는 모든 약을 삼켰다.(폴 벤느, 『푸코』, p. 208.) 고등사범학교의 한 교수는 푸코가 땅바닥에 피가 낭자한 채 쓰러져 있는 것을 발견한 적이 있다. 푸코는 면도날로 자기 가슴을 찢은 적도 있다. 복도에서 칼을 들고 한 학생 뒤를 쫓는 푸코를 붙잡은 적도 있다. 푸코는 1948년에 첫 번째로 자살을 시도했다. 위험천만한 그의 행동으로 인해 그는 항상 양호실 신세를 져야 했다. 그 이후에도 여러 차례 자살을 시도했다. 그는 자신의 동성애를 불편해했다. 그는 죄책감에 사로잡혀 밤을 보내고 집으로 돌아오곤 했다. 그는 폴 벤느[12]에게 이렇게 털어놓는다. "동성애를 시작했던 첫 해에 나는 200명의 남자와 잤어요."(p. 208.) 푸코는 침대 위에서 몇 시간이고 의기소침해 있기도 했다. 그는 지나치게 술을 마셨다. 그는 중독 치료를 받았다. 하지만 그는 재차 알코올에 빠져들었다. 그의 동성애 관계는 죽음의 충동 속에서 이루어졌다. 가령 작곡가 장 바라케[13]와의 관계가 그랬다. 스웨덴에서 푸코는 검정 가죽으로 내부가 장식된 하얀색의 재규어를 몰았다. 그는 차를 아주 빨리 몰았다. 그는 1968년에 신경성 우울증 등을 앓았다. 그가 사드와 아르토, 루셀, 주네, 바타유, 블랑쇼, 클로소프스키 등과 같은 위반의 작가들을 좋아한 것은 결코 우연이 아니었다.

환각에 의해
이 세계에서 고립되었던
외로운 인간이었던 푸코는
감옥에 대해 사고했다.
미국의 서부 해안에 매혹된
성인 동성애자 푸코는
새로운 주체성, 따라서 새로운
상호주체성에 대해 사고했다.

푸코는 자신의 생명을 구하기 위해, 그리고 또 자신을 이해하기 위해 사고했다. 철학자로서 푸코가 제기한 질문은 실존적 질문이었다. 광기는 무엇인가? 사람은 언제 광인인가? 또 언제 광인이 아닌가? 정상과 비정상은 무엇으로 구분하는가? 누가 가두는가, 무엇의 이름으로 가두는가? 어떤 이성의 이름으로, 어떤 동기로 그렇게 하는가? 사회가 '비이성'이라고 이름 붙이는 것에 비춰 보면, 고전적 이성은 무엇인가? 이와 같은 관념 체계에서 보면, 데카르트적 코기토의 한계는 무엇인가? 횔덜린, 니체, 아르토 등과 같은 자들이 광인이라고 말하는 자들은 우리에게 무엇을 가르쳐 주는가? 누가 죽이는가? 언제, 왜 죽이는가? 누가 고문하는가?

무엇의 이름으로, 누가 사형을 부과하는가? 누가 보호 시설이나 감옥에 감금되는가? 누구에 의해? 왜? 어떤 담론의 이름으로 감금되는가? 어떤 이유로? 자웅동체자는 자신의 성에 대해 우리에게 무엇을 가르쳐주는가? 성 일반에 대해서는? 그리고 특히 우리 자신의 성에 대해서는 무엇을 가르쳐주는가? 죄책감이라는 유대-기독교적 도덕에서 벗어나는 일은 가능한가? 인간의 것으로 남은 우리의 기독교적 육체는 어떻게 구성되었는가? 탈기독교적 육체는 무엇일까? 동성애적 우정은 새로운 상호주체성에 대해 우리에게 무엇을 가르쳐주는가?

외과의사의 아들인 푸코는 임상의학 문제에 대해 사고했다. 자살을 시도하고 우울증에 걸린 젊은 푸코는 광기와 감금에 대해 사고했다. 죄책감에 괴로워했던 동성애자인 푸코는 성의 문제에 대해 성찰했다. 환각에 의해 이 세계에서 고립되었던 외로운 인간이었던 푸코는 감옥에 대해 사고했다. 미국의 서부 해안에 매혹된 성인 동성애자 푸코는 새로운 주체성, 따라서 새로운 상호주체성에 대해 사고했다.

미셸 푸코는 철학의 두 순간에 그의 이름을 새겼다. '구조주의'와 이른바 '프랑스 이론(French Theory)'이 그것이다.

구조주의란 무엇인가?

구조주의는 여러 다른 저자들 중 언어학자 롤랑 바르트, 인류학자이자 민속학자인 클로드 레비스트로스, 정신분석학자 자크 라캉, 마르크스주의 철학자 루이 알튀세르 등을 연결시킬 수 있는 사유의 한 흐름이다. 이들 모두는 언어와 친족 체계, 무의식, 역사, 자본주의 등을 구성하고 조립하는 구조의 존재를 공동으로 믿는다.

문제는 이와 같은 구조들이 보이지 않고, 기술 불가능하며, 모든 곳에 있지만 그 어느 곳에도 없다는 것이다. 문제는 이와 같은 구조들이, 존재하는 모든 것을 그것이 어떻게 그렇게 되는지를 알지 못한 채 생산해 내고 또 조직해 낸다는 것이다. 이것이 최소한 질 들뢰즈가 「구조주의란 무엇인가」라는 글에서 설명하고 있는 것이다. 이 글은 철학자 프랑수아 샤틀레[14]가 주도한 『철학사』에 포함되었다.

'구조'는 플라톤의 이데아 개념과 아리스토텔레스의 형상, 토마스 아퀴나스의 본질, 칸트의 물자체, 헤겔의 정신 등과 같은 수많은 주제의 변이체, 이를테면 관념론 철학의 역사의 한 계기로 보인다.

훌륭한 무신론자이자 마르크스주의적 유물론자인 사르트르는 틀리지 않았다. 그는 곧장 구조주의가 그의 권위에 도전하는 전쟁 기계로 기능한다는 것을 깨달았다. 구조주의는 2차 세계 대전 이후로 철학 영역에서 그가 이룩한 전적인 지배를 무너뜨리는 것을 목표로 삼은 전차라는 것을 알게 된 것이다. 사르트르는 주체와 코기토, 자유, 의식, 역사, 역사의 의미, 혁명 등을 믿었다. 구조주의자들은 이 모든 것이 더는 존재하지 않는다고 주장했다. 주체가 아니라 흐름이 관통하는 육체가, 코기토가 아니라 살을 타고 흐르는 에너지가, 자유가 아니라 완전한 결정론이, 의식이 아니라 언어처럼 구조화된 무의식이, 역사가 아니라 힘들 간의 관계의 유희가 있을 뿐이다. 늙은 사르트르는 그 자신이 출구를 향해 떠밀린다고 느꼈다. 하지만 그는 뛰어난 지성으로 다음과 같은 사실을 잘 이해했다. 이와 같은 구조주의적 철학은 니힐리즘의 문을 연다는 사실과 모든 사회적 변화를 불가능하게 만든다는 사실이 그것이다. 사르트르는 또한 그와 같은 철학과 더불어 새로운 시대가 열린다는 것도 간파했다. 부르주아 계급에 실질적으로 기여하는 철학의 시대가 그것이다. 왜냐하면 이 철학은 이 계급에 그 어떤 위험도 내보이지 않기 때문이다. 사르트르는 틀리지 않았다. 그 이후의 진행 과정은 그가 상상했던 것 이상으로 옳았다는 사실을 보여 주었다.

구조주의는 혼란스럽고 막연하고 불분명한 스타일로 쓰이고, 가까스로 이해할 수 있는 많은 저작들을 생산해 냈다. 마치 스콜라 철학이 그랬던 것처럼 말이다. 구조가 가진 매우 기체(氣體)적인 철학적 특징으로 인해 구조주의가 궁지에 빠져들었던 것은 사실이다. 전혀 이해 불가능한 수많은 철학서들이 빛을 보았다. 구조주의는 또한 아주 괴상하고 기괴한 개념들도 만들어 냈다. 가령 '인간의 죽음'이라는 개념이 그중 하나이다. 이 개념은 많은 지적 호기심을 야기했으며, 구조주의를 하나의 조류로 만들기도 했다.

미셸 푸코는 『말과 사물』에서 이렇게 쓰고 있다. "인간은 우리의 사고의 고고학을 통해 그 최근 날짜를 쉽게 알 수 있는 고안물이다. 그리고 아마도 〔원문 그대로〕 곧 다가올 종말도 그렇다."(『저작들』, 제1권, p. 1457.) 푸코는 하나의 가정을 세우고 있다. '아마도'가 그것이다. 그리고 그는 그 가능성을 고려하면서 이 가정을 몇 줄 뒤에 다음과 같이 쓰면서 반복한다. "이제 인간은 곧 사라질 것이라고 〔원문 그대로〕 내기를 걸 〔원문 그대로〕 수 있다. 바닷가의 모래 얼굴처럼 말이다." '아마도' 다음에서 푸코는 내기를 걸고, 그 다음에 그는 '조건법'을 사용한다. 이것은 너무 세심한 조치여서 독자들의 민감한 수용을 고려할 수 없었다. 푸코는 인간의 죽음이 도래할 수도 있다는 사실을 설명한 것인데, 그가 인간의 죽음을

미셸 푸코는
철학의 두 순간에
그의 이름을 새겼다.
'구조주의'와
이른바 '프랑스 이론'이
그것이다.

선언해 버렸다고 단순히 이야기된다.

그런데 인간을 죽이기 위해 애쓴 아첨꾼들과 더불어 이와 같은 선언이 예언이 되어 버렸다. 푸코는 인간의 출생 날짜를 18세기 말로 선포한 것인데, 사람들은 그 대신에 가정법으로 삼중으로 언급한 인간의 죽음을 그대로 선언해 버린 것이다. 인간의 죽음의 날짜는 1966년, 즉 『말과 사물』의 출간일이 될 것이다.

68년 5월 혁명 이후, 68세대는 '사실상(de fait)'으로 대체하기 위해 이 '아마도(peut-être)'를 지우고자 했다. 또한 이 세대에 속한 자들은 '단언하기(affirmer)' 위해 '내기하는 것(parier)'을 포기했고, 또 조건법으로 사용된 '지워질 것이다(s'effacerait)'를 현재형 '지워진다(s'efface)'로 대체했다. 그리하여 다음 문장이 나타나게 되었다. "이제 인간은 사라진다고 단언할 수 있다. 바닷가의 모래 얼굴처럼 말이다."

하나의 가정으로 고려된 '인간의 죽음'이 '인간 살해'가 되어 버린 것은 이른바 '프랑스 이론' 덕분이다. 왜냐하면 이 가정 이후에 푸코는 계속해서 인간에 대해 연구했기 때문이다! 아니라면 『자기 배려』, 『쾌락의 활용』, 『육체의 고백』과 같은 '성의 역사'의 마지막 세 권이 무엇을 의미할 수

있을까? 이 세 권의 저서는 분명 생명이 꺼져 가는 위급 상황에서(푸코는 에이즈 환자였다) 새로운 건물을 짓기 위해 주조한 세 개의 벽돌이기 때문이다. 푸코는 이 새로운 건물에서 기독교 이후에 새로운 주체성을 가진 '인간을 탐구한다.' 기독교 이전의 사유는 푸코에게 기독교 이후의 사유를 정립하기 위한 실험실로 사용되었다.

푸코는 피에르 아도[15]의 저서 『영성 훈련과 고대 철학』(1981)을 읽었다. 푸코는 콜레주 드 프랑스 입성 과정에서 아도에게 신세를 졌다. 이 저서를 읽고 난 뒤에 푸코는 심리학적, 인식론적, 구조주의적 시기를 뒤로한 채 새로운 연구를 시작하게 된다. 나는 이 시기를 도덕주의적 시기로 명명하고자 한다. 물론 그 의미는 교화주의적 도덕이 아니라 모든 초월과 동떨어져 내재성의 차원에서 정초하게 될 실천적 윤리의 의미이다. 들뢰즈에 따르면 '육체는 무엇을 할 수 있는가?'는 스피노자의 질문이었다. 그런데 이 질문이 푸코의 마지막 질문이 되었다. 하지만 유감스럽게도 죽음으로 인해 그는 이 연구를 끝까지 수행하지 못했다.

'프랑스 이론'이란 무엇인가? 역설적이게도 영어에서 온 이 '프랑스 이론'이라는 용어는 다양한 이질적인 흐름의 동질화를 가리킨다. 이 이론의 자료체는 푸코, 들뢰즈와 과타리, 데리다, 부르디외뿐만 아니라 지난 세기 70-80년대 문화적 생산물의 대부분에서 파편화되고, 탈맥락화되고, 핵심부분이 발췌 번역된 저작들로 이루어졌다. 많은 저자들의 전집에서 발췌된 이런 선집들은 미국에서 온 정치적 올바름과 연계되었고, 그것에 자양분을 주었다. 젠더 연구나 탈식민주의 연구, 아프리카계 미국인 연구, 소위 페미니즘 연구 등은 대중의 이해보다 훨씬 더 복잡하고 또 당연히 정밀하기도 한 위의 사상가들의 저작에 대한 부분적이고 이데올로기적인 독서에 기인한 것이다.

이와 같은 저자들의 불분명한 몇몇 텍스트를 읽는 경우, 영어로 번역된 텍스트들에서 무엇이 상실되는가를 따져 볼 수 있다. 라캉과 데리다, 들뢰즈와 과타리 등의 저작의 일부는 고유한 의미에서 철학적 분석에 속하기보다는 오히려 문학적, 시학적 행위에 속한다. 라캉의 『에크리』(1966), 데리다의 『조종』(1974), 들뢰즈와 과타리의 『안티오이디푸스』(1972)와 『천 개의 고원』(1980), 그리고 이런 텍스트들에 대한 의미 부여가 거의 불가능하다는 것을 생각해 보라. 이 텍스트들은 이성에 의한 의미보다는 말라르메에 의한 아름다운 두운(頭韻)의 소리 또는 레이몽 루셀에 의한 문학 창작의 자유로운 상상을 겨냥하고 있다.

예컨대 수백 명에 의해* 만들어진 신조어와 함께 라캉은 이론적 자료체보다는 횡설수설이 승리를 거두는 말라르메식의 방대한 시를 제시한다. 그런데 이처럼 억지로 고안해 낸 언어는 제자들보다는 대가의 말을 바보처럼 반복하거나 멍청하게 모방하는 광신적 신봉자들을 양산하게 된다. 예술에서 소위 '예술을 위한 예술'의 시기가 있었던 것처럼, 철학에서도 '텍스트를 위한 텍스트'의 시기, 따라서 '철학을 위한 철학'의 시기가 있는 것이다. 이 시기가 바로 '텍스트 종교'가 나타나는 시기이며, 이 시기에 글쓰기는 기도가 되고, 사고는 주문이 되며, 방법은 비이성이 되는 것이다.

미국의 대학들이 위에서 언급한 저술들을 다루기 시작했을 때, 이 저술들은 고전적 주체와 서양의 역사, 데카르트적 이성, 성의 생물학 등을 전적인 니힐리즘을 위해 해체하는, 따라서 파괴하는 전쟁 기계가 되었다. 그런데 이런 전적인 니힐리즘 안에서는 푸코에 의해 적용된 니체적 계보학은 도덕 없는 시대의 도덕의 다른 이름인 '모

* Cf. Marcel Bénabou, *789 néologismes de Jacques Lacan*, Paris, EPEL, 2002.

랄린(moraline)'[16]으로 가득 찬 정치적 올바름의 이익을 위해 소용되는 교리문답서에 그 자리를 내주고 만다. 물론 푸코가 이런 모랄린에서 그 자신의 생각들을 알아볼 수 있는지는 확실하지 않다...

제라르 프로망제[17]의 그림은 푸코에 대해 방금 말한 모든 것을 한데 모아 놓고 있다. 이 그림은 사진에 기초하여 그린 것이다. 이 화폭에서 우리는 자신의 오른쪽 바깥을 바라보고 있는 푸코, 빡빡 민 머리, 몇 개의 주름이 있는 이마 등을 볼 수 있다. 그는 금속테 안경을 끼고 있고, 손은 등 뒤에 대고 있다. 그의 상체는 많은 사진에서 볼 수 있는 흰색 폴라티 속에 들어 있다. 그는 치아를 내보이며 크게 웃고 있다. 드러난 치열에는 치아가 빠진 구멍이 있다...

그림에서 푸코의 피부는 청회색 색조의 단색화 속에서 무두질한 가죽 같다. 중간 배경 역시 같은 색깔이다. 이 청회색은 세 단계의 강도를 보인다. 이와 같은 색채의 강도의 효과로 뒷배경 역시 역동적이다. 1970년대의 환각적인 분위기를 연출하는 사이키델릭 조명을 생각하게 한다. 하지만 이 조명은 단순하고 차가운, 거의 중성적이고 회색에 가까운, 움직임이 없고 엄숙한, 따라서 잘 어울리지 않는 모순어법적인 조명이다... 푸코의 몸은 선과 윤곽이 없이 형상화되어 있다. 그저 한 가지 색이 내는 두 가지 효과의 병렬로 나타나는 경계선의 가시적인 비가시성의 도움을 받고 있을 뿐이다. 이 화폭 속의 미셸 푸코는 '거의' 검은색과 하얀색으로 그린 미셸 푸코, 하지만 검은색도 하얀색도 없는 미셸 푸코이다.

빨강과 주황색, 파랑, 노랑, 초록 등의 색으로 된 수많은 선들이 그림의 액자 밖에서 온다. 어디에서 오는지를 알 수 없는 이 선들이 그림을 관통하고 있다. 왜냐하면 이 선들이 '그림의 외부에 있는 현실'에서 불쑥 나타나기 때문이다. 이 선들은 푸코의 몸으로 향하고 있다. 이 선들은 그의 몸에서 지그재그, 원환, 예리한 각, 직선 등을 이루면서 서로 포개져 섞이며, 그러면서 그만큼의 힘들의 선을 만들어내고 있다. 데카르트 또는 『인간기계론』을 쓴 라 메트리[18]에 대한 기계론적 은유인 이 선들 속에서 우리는 자연스럽게 수많은 힘의 모습을 상상하게 된다. 얇은 판형과 나선형, 원뿔형, 꼬인 모양, 긴장, 이완, 되돌아옴, 정지, 구부러짐 소용돌이 상태의 힘들을 말이다. 그러니까 힘과 긴장, 굽힘, 밀어내기, 이완 등과 같은 물리학을 위한 모든 것을 말이다. 이 그림에 대한 이런 '구심력적 독법'—세계의 외부가 철학자의 내부로 들어온다—에서 이 선들은 푸코의 살로 파고드는 세계의 에너지를 형상화하고 있다. 이 선들은 푸코의 몸이라는 실재를 관통하고 있다.

하지만 이 그림에 대해 원심력적 독법도 가능하다. 그렇게 되면 미셸 푸코의 살의 내부에서 세계의 외부로의 움직임을 읽게 된다. 같은 선들—빨강, 주황, 파랑, 노랑, 초록—은 푸코의 배에서, 내장에서, 근육에서, 피에서, 허파에서, 간에서, 비장에서, 뇌에서, 동맥에서 나온다. 그림에서는 볼 수 없지만 그의 아랫배, 성기에서도 또한 나온다. 이와 같은 원심력적 독법에서—세계의 내부가 세계의 현실 속으로 투사된다—, 이런 선들은 '세계의 살' 속으로 파고드는 푸코의 에너지를 형상화한다.

구심력적 독법, 즉 세계에서 푸코에게로 향하는 독법은 원심력적 독법, 즉 푸코에게서 세계로 향하는 독법을 배제하지 않는다. 이 선들은 서로 배제하지 않는 것에 그치지 않고 서로 보완적이기 때문이다. 교대되는 흐름을 통해 이 세계의 에너지가 푸코 안에서, 그리고 그의 에너지가 이 세계 안에서 작동하는 것을 가능케 한다. 이것은 들숨에 이어지는 날숨이고, 긴장에 이어지는 이완이며, 수축에 이어지는 팽창이다. 이것은 뛰는 심장의 운동이고, 숨을 쉬는 허파의 운동이며, 움직

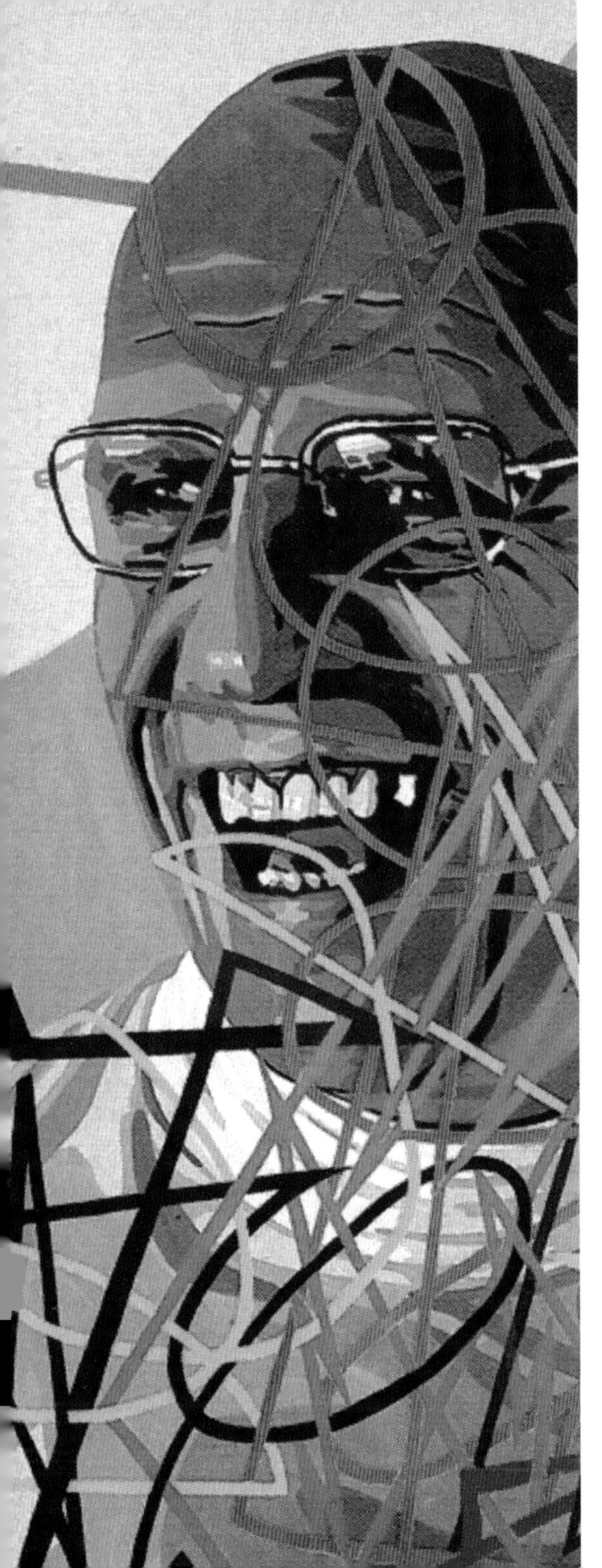

이는 지구의 운동이자 진동하는 우주의 운동이다. 이런 이유로, 또 어떻게 이 그림이 역동적인 실재인지가 드러나게 된다.

친구였던 제라르 프로망제는 나에게 그가 푸코의 사진 위에 이 그림을 그렸다는 것을 확인해 주었다. 프로망제는 푸코의 빠진 치아에 대해서는 기억하지 못했다. 하지만 조사 끝에 그는 이렇게 확인해 주었다. 푸코의 왼쪽 위 작은어금니 하나가 정말로 빠졌다고 말이다. 치과의사들에 따르면 제2소구치이다. 푸코의 웃음은 유명하다. 그의 웃음은 우레와 같았다고들 한다. 그의 친구였던 폴 벤느는 푸코의 "익살스러운 웃음의 굉장한 폭발"에 대해 말한 바 있다.(앞의 책, p. 204.) 니체에게서 웃음은 고통을 환희로 바꾼다는 사실, 웃음은 세계의 부정성과 니힐리즘에 저항하는 긍정적인 힘이라는 사실을 지적하지 않을 수 없다. "얼마나 많은 일들이 아직도 가능한가! 낭신의 시성 너머로 웃는 법을 배워라! 나는 웃음을 축성했다. 초인들이여, '그러니 웃는 법을 배워라!'" 니체는 『차라투스트라는 이렇게 말했다』(IV, 20, 「초인에 대하여」)에서 이렇게 쓰고 있다. 웃음, 그것은 인간이 사물들의 영원회귀와 발생한 모든 일의 불가피성을 깨달은 자의 지혜에 도달하는 것이다. 웃음, 그것은 모든 것이 반복된다는 것을 안다는 것을 증명해 주는 것이다. 웃음, 그것은 반복되는 것을 좋아한다는 것, 반복되는 것으로부터 웃음을 통해 표현된 기쁨을 드러내는 것이다. 푸코의 웃음은 니체적이며, 따라서 철학적이다.

하지만 이성의 간계인 푸코의 웃음은 우리에게 무엇을 보여 주는가? 빠진 하나의 치아, 치열의 빈틈, 입속의 구멍을 보여 준다. 그런데 입안의 이 구멍은 존재 속의 구멍이다. 그 입안의 구멍은 그것을 통해 푸코의 살이 패인 곳에 도달할 수 있는 새로운 구멍이다. 바로 이 새로운 구멍을 통해 수많은 관념이 태어난다.

훌륭한 니체주의자로서 미셸 푸코는 『즐거운

지식』 제2판의 '서문'에서 볼 수 있는 니체의 단언을 거부하지 않았다. 니체는 이 서문에서 모든 철학은 항상 자서전이라고 주장한다.

푸코에게는 일관성이 있다. 그로 하여금 그 자신의 고통과 괴로움, 아픔과 더불어 살아가게끔 해 준 일관성이 그것이다. 상처 입은 그의 몸, 그가 웃음 속에서 우리에게 드러내 보이는 상처 위로 열려 있는 그의 몸이 바로 그것이다.

그러므로 여러 명의 푸코가 있는 것이 사실이다. 하지만 푸코들은 결국 한 명의 푸코가 되었을 뿐이다.

입안의 이 구멍은
존재 속의 구멍이다.
입안의 구멍은,
그것을 통해
푸코의 살이 패인 곳에
도달할 수 있는
새로운 구멍이다.

---

1 Christian Fouchet(1911-1974): 프랑스 정치인 및 외교관.

2 파리10대학(Paris X)이다.

3 Alain Peyrefitte(1925-1999): 프랑스 정치인, 외교관으로 후일 아카데미 프랑세즈 회원이 된다.

4 Daniel Defert(1937-): 프랑스 사회학자로 푸코의 사후에 반에이즈협회를 창설.

5 Black Panther Party: 미국의 실존했던 정당이자 무장단체로 1966년에 흑백차별금지, 흑백평등 등을 추구하고, 사회운동을 조직하며 공권력 남용에 맞서 무장방어를 추구했다.

6 파리8대학을 가리킨다.

7 Bernard-Henri Lévy(1948-): BHL로 지칭되기도 하는 프랑스 철학자, 작가 및 지식인.

8 Jean Delay(1907-1987): 프랑스 정신의학자 및 신경의학자.

9 Herculine Barbin(1838-1868): 태어날 때는 여성이었지만, 의학적 검사 후에 남성으로 판명이 난 프랑스의 자웅동체자의 이름.

10 Corriere della serra: 밀라노에서 발행되는 이탈리아 최다 부수의 신문.

11 Edmond Maire(1931-2017): 프랑스 노동운동가로 1971년부터 1988년까지 CFDT 대표를 맡았다.

12 Paul Veyne(1930-2022): 프랑스 사학자.

13 Jean Barraqué(1928-1973): 프랑스 작곡가.

14 François Châtelet(1925-1985): 프랑스 철학자.

15 Pierre Hadot(1922-2010): 프랑스 고대사 전문가로 특히 신플라톤주의에 정통했다.

16 moraline: 니체에 의해 고안된 이 개념은 보수적이고 관계에 따르는 도덕을 비꼬기 위해 고안되었고, 'morale'에 붙은 어미 '-line'은 훌륭한 도덕을 낳는 상상의 치유적인 실체를 암시하기 위해 사용되었다.

17 Gérard Fromanger(1939-2021): 프랑스 화가.

18 La Mettrie(1709-1751): 프랑스 계몽주의 시대의 유물론 철학자로 사물의 존재 및 그에 내재하는 운동성만을 인정하고, 신의 존재, 신의 창조 사실, 신학 등을 부정하며, 심지어 관념론도 배격하는 이른바 '기계론'을 펴고 있다.

32

들뢰즈와 과타리의 주름

(1925–1995) (1930–1992)

과타리와 만나기 이전의 들뢰즈가 있다. 질 들뢰즈는 고등학교에 이어 대학에서 철학을 가르친 교육자였다. 그때 그는 위대한 철학자들에 대해 많은 책을 집필했다. 흄에 대한 『경험주의와 주관성』(1953)을 비롯하여, 『니체와 철학』(1962), 『칸트의 비판철학』(1963), 『프루스트와 기호들』(1964), 『니체』(1965), 『베르그송주의』(1966), 『자허 마조흐의 소개: 냉혹함과 잔인함』(1967), 들뢰즈의 박사 부논문인 『스피노자와 표현의 문제』(1968) 등등. 들뢰즈는 또한 그의 박사논문 『차이와 반복』(1968)과 저자 자신의 해설을 붙인 학술 연구 결과물인 『의미의 논리』(1969)도 출간했다.

들뢰즈와 만나기 이전의 과타리가 있다. 펠릭스 과타리는 루아르에셰르주 블루아시(市) 인근의 라보르드 정신병원에서 근무하던 자크 라캉으로부터 정신분석을 받은 적이 있는 정신분석가이다. 과타리는 극좌파와 동행하면서 마약 중독자들, 팔레스타인인들, 테러리즘에 연루된 이탈리아 정치 망명자들, 전파 자유 연맹과 자유 라디오 운동에 찬동했다. 과타리는 68년 5월 혁명 동안 활발하게 활동했으며, 그 자신이 '에코소피'[1]라고 부른 것을 위해 투쟁했다. 질 들뢰즈와 만나기 전에 과타리는 책을 출간한 적이 없었고, 몇 편의 논문을 썼다. 후일, 들뢰즈가 이 논문들을 편찬하고 서문을 붙여 『정신분석학과 횡단성』(1972)이라는 제목으로 출간했다. 과타리의 사망 후에 많은 미간행 텍스트들이 출간된다. 그중에 두꺼운 『안티오이디푸스를 위한 글들』(2004)은 『안티오이디푸스』라는 이 대저의 글쓰기가 얼마나 광범위한 연구였는지를 잘 보여 준다.

그리고 1969년에 만난 질 들뢰즈 & 펠릭스 과타리가 있다. 이들 친구 짝은 네 손, 두 머리, 두 몸을 지닌, 한 영혼 두 사람의 이름으로 『안티오이디푸스』(1972), 『카프카: 소수문학을 위하여』(1975), 『천 개의 고원』(1980), 『철학이란 무엇인가』(1991) 등을 집필한 철학적 키메라의 전례 없는 사례다. 이와 같은 이중 지성의 모험은 1969년부터 1992년까지 22년간 지속되었다. 1992년은 펠릭스 과타리가 62세의 나이로 너무 빨리 세상을

제라르 프로망제 작, 〈질(질 들뢰즈의 초상화)〉
개인 소장

제라르 프로망제 작, 〈펠릭스〈펠릭스 과타리의 초상화〉〉
개인 소장

떠난 해이다. 두 사람은 모든 사람에게 말을 놓고 지내면서도 서로에게는 항상 말을 높였다고 한다.

리옹대학에서 가르치고 결혼하여 가정을 두 번 꾸렸던 들뢰즈와 좌파 정신분석가와의 만남은 68년 5월 혁명을 용광로로 삼았다. 들뢰즈는 광인들에게 매료되었다. 하지만 그는 그들이 있는 장소를 무서워했으며, 심지어 그들을 보는 것을 견디지 못했다. 들뢰즈는 한 의사 친구 장피에르 뮈야르에게 부탁했고, 그는 들뢰즈를 과타리와 연결시켜 주었다. 여러 권의 저서를 쓴 철학 교수 들뢰즈는 광인들에게 이끌렸지만, 어떤 광인도 알지 못했다. 반면, 광인들을 매일 접하는 정신분석가 과타리는 책을 쓰고 싶었지만, 그러지 못하고 있었다. 세 명은 리무쟁[2]의 생 레오나르도 드 노볼라에 있는 집에서 만났다. 들뢰즈는 매년 3-4개월을 책을 쓰기 위해 이곳에서 보냈다. 골초였던 그는 한쪽 폐를 절제한 지 얼마 되지 않았다. 그는 술도 많이 마셨다. 들뢰즈와 과타리 사이에는 만나자마자 즉각 불꽃이 튀었다. 1969년의 일이었다. 들뢰즈는 중독에서 벗어나 철학사상 다시 볼 수 없는 모험 속으로 뛰어들었다. 둘이 함께 책을 구상하고, 사유하고, 쓰는 모험이었다. 또는 오히려 그러지 않았다고도 할 수 있다. 이런저런 사람들과 함께 그룹으로 구상하고, 사유하고, 토론된 책이었기 때문이다. 그중에는 화가 제라르 포르망제도 있었는데, 그들은 그와 함께 대형 증류기에서 연금술로 금을 얻어 내기도 했던 것이다.

들뢰즈는 방법을 제공했다. 의견 교환은 주로 편지로 이루어졌다. 과타리는 매일 아침 기상해서 그의 모든 생각을 써야 했다. 생각들이 솟구쳤다. 그는 하루 종일 그 생각들에 몰입했고, 대충 먹고, 오후가 끝날 무렵에나 진료소에서 나왔다. 그들은 매주 화요일 오후에 만났다. 들뢰즈는 과타리에게서 내용을 취해 거기에 형식을 부여했다. 정신분석가 과타리는 다이아몬드 원석을 발견했고, 철학자 들뢰즈는 그것을 연마했다고들 말한다. 1971년 12월 31일에 『안티오이디푸스』의 집필이 끝났다. 이 저서는 1972년 3월에 출간되었다.

『차이와 반복』에서 들뢰즈는 이렇게 쓰고 있다. "오래전부터 써왔던 방식으로 철학 책을 더 이상 쓸 수 없는 시대가 온다. '아! 낡은 스타일...' 새로운 철학적 표현 수단들의 탐구가 니체에 의해 시작되었다. 그것들은 오늘날 몇몇 다른 예술 분야의 쇄신과 함께 계속되어야 한다. 가령, 연극과 영화 분야에서 말이다."(p. 4.) 또한 현대 미술을 거기에 더할 수 있을 것이다.

들뢰즈 & 과타리를 읽으면서 우리는 실제로 그들과 동시대의 미학 작업들을 생각한다. 레이몽 앵스[3]의 찢긴 포스터, 장 팅겔리[4]의 기계 예술, 니키 드 생 팔[5]의 '나나들', 아르망[6]의 집적 미술, 플럭서스[7]의 다다이즘, 벵(Ben)[8]의 퍼포먼스 스타일의 표명, 보이스[9]의 행위 예술, 아웃사이더 아트[10]의 재료들, 이를테면 상자나 끈, 전깃줄, 모래, 찌꺼기, 쓰레기, 먼지, 타르 등...

들뢰즈는 다른 방식으로 글을 쓰고, 다른 방식으로 책을 구성하기를 바랐다. 하지만 그는 또한 책을 다른 방식으로 읽는 것도 바랐다. 『대담』에 들어 있는 「한 엄격한 비평가에게 보내는 편지」에서 들뢰즈는 다른 읽기 방식을 권유한다. 이 방식은 시니피앙과 시니피에 사이의 연관 관계를 찾는, 다시 말해 사물을 말하는 단어와 단어가 의미하는 사물 사이의 관계를 찾는 과거의 우둔한 방식이 아니다. 새로운 읽기 방식은 완전히 혁명적인 방식으로 "강도(intensité) 읽기"(p. 17), 하나의, 유일한, 고정되고 굳은, 불변의 의미 찾기를 거부하는 것 이외의 다른 것이 아니다. 또한 이 방법은 "설명할 것도, 이해할 것도, 해석할 것도 없는" 읽기의 논리 속에서 실천되는 것이다.(p. 17) 우리는 이와 같은 새로운 종류의 읽기가 필요한 텍스트의 난해함을 가늠해 볼 수 있다. 들뢰즈와 과타리의 고백에 의하면, 이런 텍스트에서 우리는 직접적인 방식으로 이해하거나 이해하지 않는다. 쓰기는 하나의 흐름이다. 만약 읽기가 이 흐름의 포착을 가능케 해 주지 못한다면, 그때에는 어쩔 수 없지만 심각한 것은 아니다...

이렇게 해서 라캉 또는 데리다와 같이 들뢰즈와 과타리는 고유의 어휘, 고유한 스타일 등을 이용하는 그들만의 언어를 창안해 낸다. 예컨대 베이컨 같은 화가나 불레즈 같은 작곡가에게 존재하는 고유한 스타일을 말이다. 실제로 그 영국 화가와 프랑스 작곡가는 들뢰즈의 사유의 대상이 되었던 두 사람이었다.

들뢰즈 & 과타리 두 철학자에게 성공을 안겨준 단어들과 표현들은 어떤 것들이었는가? 욕망하는 기계와 기관 없는 신체, 탈영토화와 노마디즘, 발화에서의 집단적 배치와 리좀, 매끄러운 공간과 홈 패인 공간, 내재성의 평면과 분열 분석,

욕망하는 기계와
기관 없는 신체,
탈영토화와 노마디즘,
발화에서의 집단적 배치와 리좀,
매끄러운 공간과 홈 패인 공간,
내재성의 평면과 분열 분석,
리토르넬로와 얼굴성,
카오스모스와 접기,
몰적과 분자적,
강도적 공간과 평면소,
카오이드와 주름...

리토르넬로[11]와 얼굴성, 카오스모스와 접기, 몰적과 분자적, 강도적 공간과 평면소, 카오이드와 주름... 총망라된 목록은 아니다... 왜냐하면 '막-주름 운동'과 같은 신조어(『차이와 반복』, p. 242), '이것임(hécessité)'과 같은 스콜라 철학 개념의 재활성화, '식별 불가능성의 영역'과 같은 표현들이 있다고 해도, 또한 어원적 의미에서 창조, 창조자, 창조적인 등과 무관하지 않은 시학적 쓰기의 배치 등도 고려해야 할 필요가 있기 때문이다.

신조어들을 통합하는 새로운 글쓰기에 대한 욕망, 설명 불가능하고 이해 불가능하며 해석 불가능한 새로운 글쓰기에 대한 욕망은 학문적 궁지에 빠질 수도 있고, 또 속임수에 빠질 가능성이 크다는 사실을 이해해야 한다.

들뢰즈 & 과타리에게서 빌린 한 줌의 개념들

을 가지고 유희하는 앵무새들이 빠질 수 있는 학문적 궁지가 있다. 그런데 이 개념들을 가지고 노는 것은 횡설수설로 인해 당황한 순진한 자들에게 강한 인상을 주기에 충분하다. 또한 바보로 여겨질까 봐 두려워 아무것도 이해하지 못했다는 것을 고백하지 못하는 앵무새들이 빠질 수 있는 학문적 궁지가 있다. 무리를 지어 다니는 개들의 궁지가 그것이다. 이 개들은 앵무새들이 떼를 지어 사냥하기 위한 모델로 소용될 수 있다는 것을 잘 알고 있다. 카멜레온들이 빠질 수 있는 학문적 궁지가 있다. 이 카멜레온들은 들뢰즈와 과타리에게 그들이 전혀 하지 않았던 말을 하도록 한다. 그런데 이 카멜레온들은 들뢰즈와 과타리에게 말을 하도록 하면서도, 그로 인해 이 두 사람을 곤란하게 만들지 않는다는 사실을 알지 못한다. 왜냐하면 들뢰즈와 과타리는 주의하여 이렇게 주장하고 있기 때문이다. 즉, 자신들의 책들은 일종의 연장통인데, 그 안에는 이론적이고 실천적인 유용성 이외의 다른 것에는 전혀 신경 쓰지 않고 사용할 수 있는 도구들이 있다고 말이다. 연장들이 유용하고, 작동하고, 기능하고, 수선하고, 고정시키고, 풀고, 절단하고, 자르고, 이용되는가? 그렇다면 좋다. 책은 약속을 지킨 것이다... 원형(matrice)을 존중하는 것은 중요하지 않다. 이 원형은 장악하기 위해, 삼키기 위해, 소화를 시키기 위해, 되풀이해서 말하기 위해, 운영하기 위해 만들어진 것이기 때문이다.

『안티오이디푸스』에 대해 무슨 말을 해 볼 수 있을까? 무엇보다도 이 책은 뛰어난 68세대의 책이다. 물론 이 책이 직접 68년 5월 혁명을 할 수는 없었다. 이 책이 68년 5월 혁명의 추이에 관심을 가졌고, 1972년 3월에 출간되었다는 단순한 이유 때문이다. 하지만 이 책은 68년 5월 혁명에 의해 완성되었다. 68년 5월 혁명의 이론적 뿌리를 찾고자 한다면, 마르쿠제와 르페브르, 드보르와 트로츠키, 모택동과 라이히, 프롬과 마르크스, 또는 훨씬 더 이전의 선구자들, 가령 푸리에와 로트레아몽, 랭보와 생 쥐스트 등으로 거슬러 올라가야 할 것이다. 하지만 68년 5월 혁명이 어떤 철학적 저작으로 이어졌는지를 알고자 한다면, 그것은 이론의 여지 없이 『안티오이디푸스』를 생각해야 할 것이다.

어떤 이유에서일까?

『안티오이디푸스』의 미국판에 쓴 서문에서 푸코는 이렇게 말한다. 이 책은 "윤리학 책, 프랑스에서 아주 오랜만에 쓰인 첫 번째 윤리학 책"이라고 말이다.(『말과 글』, III, p. 134.) 한 권의 윤리학 책은 한 권의 도덕책이 아니라는 사실을 지적하자. 윤리는 경기 규칙의 원칙에 대해 성찰하고, 도덕은 행위 활동의 원칙을 제정한다. 윤리는 도덕의 이론이다. 도덕은 윤리의 실천이다.

이 책은 어떻게 낡은 유대-기독교 도덕이 고전적 윤리와 도덕을 상당 부분 파괴시킨 68년 5월 혁명의 맹공에 무너진 바로 그 시대에 윤리학 책이라고 지칭될 수 있는가? 일신교적 '신'의 힘은 천 년 이상 남자가 여자에 대해, 아버지가 자식들에 대해, 남편이 아내에 대해, 사장이 노동자들에 대해, 교수가 학생들에 대해, 장교가 병사들에 대해, 목사가 신도들에 대해, 백인이 흑인에 대해, 이성애자가 동성애자에 대해, 기독교인이 나머지 비기독교인들에 대해, 서양이 나머지 세계에 대해 가지는 우월적 권위의 윤리적 도식을 제공해 주었다.

『안티오이디푸스』는 이 모든 유대-기독교적 장치를 분해하고, 이 쇠약해진 문명의 대척지점 또는 한계를 묻고 있다. 이 책은 가동된 전쟁 기계이다. 욕망을 억압하고 신경증적 신체를 만들어 낸 죄를 지은 '자본주의에 대항해', 소유주들을 없애지 못하고 단지 그들을 바꾸기만을 바라는 죄를 지은 '마르크스주의에 대항해', 가정을 꾸릴 것을 생각하고서 신체와 욕망, 쾌락을 억누르는 '기독교 가정에 대항해', 아버지-어머니-아이의 오이디푸스적 삼각형 구도로 세계를 해석하는 오류를 범한 '정신분석에 대항해', 문학과 글쓰기, 추론, 변증법, 성찰, 사유, 철학을 지배적인 담론에 종속시키는 오류를 범한 '고전적인 이성에 대항해' 가동된 전쟁 기계 말이다.

자본주의에 대항해 들뢰즈와 과타리는 '미시정치(micropolitique)'를 제안한다. 이 단어는 후에, 1977년에 출판된 『대화』에서 등장했다. 이 단어는 『안티오이디푸스』에서 '분열 분석'이라고 지칭된 저항정치와 유사하다. 『천 개의 고원』에서는 '미시정치'가 '분열 분석'을 대치한다. 미시정치는 무엇을 의미하는가? 파시즘은 일사불란한 체제가 아니고 다양하다. 그런 만큼 '미시파시즘들'이 존재(『천 개의 고원』, p. 262.)하는데, 거기에는 미시저항들로 응수해야 한다.

마르크스주의에 대항해 들뢰즈와 과타리는 이렇게 주장한다. 언젠가 혁명이 발생하면, 권력은 공격해야 할 국가 장치 속에 집중되어 있지 않고 도처에 있다고 말이다. 마르크스를 지지하는 자들에게는 권력은, 그것이 양식 있는 전위대로 조직된 프롤레타리아트의 손에 있을 때, 레닌에게서는 당의 손에 있을 때는 좋은 것이다. 하지만 권력이 자본의 주역들에게 탈취되어 있으면, 그것은 나쁘다. 자유주의자들인 들뢰즈 & 과타리는 한 사람의 다른 사람에 대한 종속뿐만 아니라 자기의 자기에 대한 종속이라고 생각하는 권력을 거부한다. 두 사람은 자의적 종속을, 즉—버려야 할 필요가 있는 수많은 소외시키는 과정인—주인에게 복종하고자 하는 욕구와 자신의 삶을 제3자에게 일임하고자 하는 욕구를 비난한다.

기독교적 가정에 대항해서 들뢰즈와 과타리는 '탈영토화'와 '재영토화'를 제시한다. 왜냐하면 부부와 가정은 인간들을 흐름이 더 이상 순환되지 않거나 악순환하는 영토에 붙잡아 두는 영토화이기 때문이다. 두 철학자의 사유는 생명론적이고, 역동적이고, 유동적이며 에너지론적이다. 이 사유는 삶의 도약(élan vital)과 창조적 에너지라는 베르그송의 논리 속에 기입된다. 이런 사유는 결코 유심론적이거나 관념론적이 아니고 유물론적 방식의 철학적 사유이다. 두 사람에게 유심론적 무의식은 메타심리학적이라기보다는 기계적이다.

프로이트적, 라캉적 정신분석에 대항해—그 당시 이 정신분석이 유행이었다—들뢰즈와 과타리는 기계적 무의식을 위해 프로이트적 무의식(이 무의식은 실제로 전 인류에게로 확장된 프로이트적 무의식이다)과 끝장을 볼 것을 제안한다. 이 기계적 무의식은 욕망하는 기계이다. 이것은 은유나 알레고리가 아니라 흐름의 장치이다. 들뢰즈와 과타리는 아르토에게서 '기관 없는 신체(corps sans organe: CsO로 표기한다)' 개념을 빌려온다. 이것은 정신분열 환자에 의해 실험된 신체이다. 또한 이것은 마조히스트나 마약 중독자에 의해 실험된 신체이기도 하다. 이것은 비인칭적이지만, 고유명사가 거기에서 구성된다. 이것은 체험된 신체의 한계이다. 들뢰즈와 과타리가 욕망하는 기계는 "스스로를 해치면서만 작동할 뿐이다."라고 쓸 수 있는 것은 무리가 아니다.

고전적 이성에 대항해서 『안티오이디푸스』는 정신분열자에게 구성적 역할을 부여한다. 들뢰즈와 과타리는 광기—신경증, 강박관념, 편집증, 정신분열증—를 새로운 패러다임으로 만든다. 우리는 데카르트의 방법과 칸트의 순수이성, 또는 헤겔의 변증법, 아니면 마르크스적 변증법적 유물론과는 멀리 떨어져 있다. 분열 분석의 맹렬한 공격에 무너지는 것은 서구 전체의 철학이다. 『안티오이디푸스』는 '반방법서설'이나 '순수비이성 비판', 아니면 헤겔을 패러디하면 '비논리학'을 닮게 된다.

『안티오이디푸스』라는 책의 표제 앞에는 부제(sous-titre)가 있는데, 사실 위에 붙은 제목(surtitre)이다. "자본주의와 분열 분석"이 그것이다. 『천 개의 고원』(1980)도 제목 앞에 같은 보조 제목이 있다. 따라서 이 책을 첫째 권의 논리적 속편으로 여길 수 있다. 제1권은 서점가에서 대성공을 거두었다. 제2권은 그만큼은 아니었다. 그것은 두 공모자의 정신이 만든 별난 백과사전이다. 실제로 이 책이 출간될 당시에 68세대 철학의 한 장을 넘긴 신철학자들이 주로 거론되고 있었다. 『안티오이디푸스』는 시의적절하게 출간되었다. 68세대의 사고에 내용과 형식을 부여하는 68년 5월 혁명의 종합으로서 말이다. 『천 개의 고원』은 다른 곳에서 발생한 역사에 비해 조금 늦게 출간되었다...

1977년 5월에, 들뢰즈는 단독으로 『신철학자들과 더 일반적인 문제에 대하여』라는 제목이 붙은 소책자에서 신철학자들—베르나르앙리 레비, 앙드레 글뤽스만과 몇몇 다른 철학자들—에 대해 혹독하지만 정확하게 몇 쪽을 쓰고 있다. 들뢰즈는 이 소책자에서 "철학자들" 세대의 도래를 지적한다. 물론 그는 그들을 한 작품의 저자들보다는 자유주의 권력에 지적인 보증을 제공하기 위해 매스미디어에서 활동하는 세속적인 댄디들의 모습으로 그리고 있다.

들뢰즈 & 과타리 짝은 『철학이란 무엇인가』(1991)를 계기로 다시 등장한다. 둘 모두 이 질문에 다음과 같은 주장으로 답한다. 철학자는 '개념'과 '개념적 인물들'을 창조하는 자이다. 이를테면 니체의 차라투스트라 같은 인물을 말이다. 문제를 이렇게 생각하는 것은 아주 학자연하는 태도, 상당히 독일적인 방식이다. 왜냐하면 몽테뉴는 개념도, 개념적 인물도 고안해 내지 않았는데, 그럼에도 그를 철학 공동체에서 제외시키려 들지 않을 것이기 때문이다. 반대로 장 발장과 자베르, 팡틴과 코제트, 마리우스와 가브로슈, 테나르디에 부부 같은 『레 미제라블』에 등장하는 개념적 인물들을 고안해 낸 빅토르 위고는 들뢰즈와 과타리에 의하면 철학서의 저자인 것이다. 우리는 철학과 철학자에 대한 이와 같은 축소된 정의의 한계가 무엇인지를 잘 알 수 있다.

들뢰즈 & 과타리라는 두 친구에 대한 교차 평전을 쓴 프랑수아 도스는 우리에게 다음의 사실을 가르쳐 준다. 즉, 두 사람의 이름으로 출판된 이 저서는 결국 질 들뢰즈 혼자 썼다는 사실이 그것이다. 과타리는 우울증에 시달렸다. 들뢰즈는 단독으로 출판할 수도 있었으나, 우정의 의무가 승리했다. 그는 두 사람의 이름으로 이 책을 출판했다.

펠릭스 과타리는 1992년 8월 29일에 심장마비로 세상을 떠났다. 질 들뢰즈는 1995년 11월 4일에 자기 집 창문 밖으로 몸을 던졌다. 그에게 지옥 같았던 호흡 부전으로 여러 해 동안 고통을 겪은 뒤였다.

화가 제라르 프로망제는 두 사상가의 친구였다. 그는 그들의 만남과 우정, 질 들뢰즈의 너그러운 마음, 펠릭스 과타리의 유쾌한 광기, 두 사람의 놀라운 우정을 이야기해 준다. 과타리의 무덤에서 그의 많은 애인들의 이름을 하나하나 호명하면서 추도사를 읽은 것도 제라르 프로망제였으며, 모든 사람이 구덩이에 집 열쇠와 반지, 그리고 "괴상한 것들"을 던졌다고 이야기해 준 것도 바로 그였다.

로랑 그렐사메르와의 인터뷰인 「울긋불긋한 프로망제」에서 프로망제는 들뢰즈가 이 초상화에 어떻게 임했는가를 설명해 주고 있다. 그가 들뢰즈를 그의 아틀리에로 오게 한 것은 들뢰즈 자신의 요청에 의한 것이었다. 들뢰즈는 십여 번 그곳을 방문했다. 한 번 만날 때마다 3-4시간 소용되었다. 들뢰즈는 이 작품에 대해 뭐가 뭔지 아무것도 모르겠다며, "바보 같은 질문을 던질" 준비를 하고 있다고 고백했다.(p. 115) 제라르 프로망제는 그에게 "바보 같은 답변"을 할 거라고 약속했다! 우리는 전혀 그렇지 않았을 것으로 생각

화가 제라르 프로망제는 두 사상가의 친구였다.

한다. 실제로 들뢰즈는 전혀 바보 같지 않은 질문을 던졌다. "왜 거기에 초록색을 넣었는가?" 프로망제의 답변은 이렇다. "저기, 전경에 있는 빨간색이 너무 외롭게 느껴졌기 때문일세. 보완적인 것이 필요하거든." 로랑 그렐사메르가 이렇게 언급한다. "들뢰즈의 사주를 받아 당신이 당신의 그림을 해체한 거로군요." 프로망제는 이에 동의한다. "그는 모든 것을 세세히 검토했어요. 볼트 하나하나, 나사 하나하나, 부품 하나하나를 말이에요. 그는 모든 것을 분해했어요. 피스톤, 실린더, 초크, 기화기, 밸브 등 모든 것을 말이에요. 그리고는 그는 이 모든 것을 바닥에 늘어놓았습니다. 그는 배우 기트리[12]처럼 이렇게 말했어요. '자, 제라르, 난, 난 이 모든 것을 재조립하지 못하네. 자네만이 이것을 움직일 수 있는 열쇠를 가졌네. 놀라운 것은 바로 그것이라네.' 갑자기 나는 그의 책들을 더 잘 읽게 되었습니다. 나는 이 그림을 '욕망하는 기계'로 보았어요. 그가 그 작동을 이해하기 위해 모터를 분해해 버린 하나의 기계 말입니다."(p. 115)

두 점의 초상화의 해체이든 아니면 분해이든, 그것은 들뢰즈와 과타리의 개념들과 더불어 이루어질 수 있다. 왜냐하면 두 초상화는 의심의 여지 없이 그만큼의 '탈주선'이기도 한 '역선(力線)'들로 구성되어 있기 때문이다. 각각의 탈주선은 '주름'이라고 말할 수 있다. 들뢰즈의 얼굴은 멋진 전류와 쉴 새 없이 진동하는 전기를 생산해 내는 상자 속의 수많은 전선처럼 주름들이 아주 혼잡스럽게 얽혀 있는 모습이다. 시선은 이 주름들 사이에 끼어 있다. 입의 주름 또한 주름들 속에서 이루어진 주름 접기이다. 하지만 스웨터, 셔츠의 깃, 모자, 그림의 배경색, 이 모든 것 또한 주름들의 일원론적 논리를 따르고 있다. 얼굴의 살과 모자의 천, 스웨터의 솜털, 일종의 열대 식물을 닮은 후경 등, 이 모든 것은 다양하게 변형된 하나의 동일한 재료이다. 들뢰즈는 일원론자, 다시 말해 기독교라는 대중적인 형태로 나타나는 플라톤주의의 가장 강력한 적인 것이다. 플라톤주의는 이원론, 관념론, 유심론, 금욕주의적 이데아이다. 반면, 들뢰즈주의는 일원론, 생기론, 범신론, 쾌락주의이다. 이 들뢰즈와 과타리의 초상화는 유일한 하나의 힘에 의해 일원론적이고, 에너지론적 역동성에 의해 생기론적이고, 유일한 '내재성의 평면'이라는 진리에 의해 범신론적이며, 두 사람의 시선에서 출발해서 조직되는 실존적 진동에 의해 쾌락주의적이다. 이 두 점의 그림은 심연에서 움직이는 것을 볼 수 있는 하얀 유충들처럼 꿈틀거리는 주름들이, 중심을 이루는 두 개의 눈동자 주위에 두 번 조직된다. 이 그림들에서 얘기되는 것은 바로 삶, 순수한 삶이다. 이 삶은 이 모든 색채의 과도한 일렁거림 밖에서는 굳어져 고정되어 있다. 하지만 색채는 간결하게 푸른색, 붉은색, 검정색, 노란색으로 이루어져 있다.

이 모든 것을 '얼굴성' 개념과 연결지을 수 있다. 『천 개의 고원』에서 들뢰즈와 과타리는 얼굴을 '0년', 달리 말해 그리스도 탄생 원년과 연결시킨다. 들뢰즈와 과타리에게는 실제로 얼굴의 탄생이 그리스도와 같은 시대이다. "얼굴, 그것은 곧 그리스도이다."(p. 216) 기독교화하는 것, 그것은 인간들에게 얼굴을 부여하는 것이다. 이 순간은 동시에 "백인의 역사적 발전"과 동시대적이다.(p. 223) 두 명의 철학자에 의하면, 바로 그리스도의 얼굴에서부터 다른 얼굴들에 대한 차별이 이루어졌는데, 이 얼굴들이 어느 정도 하얀색인지를 알기 위함이었다. 인종차별주의는 따라서 그리스도의 최초의 얼굴에 그 뿌리를 두고 있다.(p. 217)

따라서 얼굴들을 '탈-얼굴화(dé-visager)'해야 한다. 다시 말해 그것들을 '탈-영토화', '탈-풍경화'해야 한다. 요컨대 "얼굴을 해체해야 한다." 이것은 "주체성의 블랙홀에서 빠져나오기 위함이다."(p. 230)

이 두 그림은 이론의 여지 없이 두 개의 얼굴이다. 『천 개의 고원』에서 이런 부분을 읽을 수 있다. "얼굴은 구멍-표면, 구멍 뚫린 표면이라는 체계의 일부이다. 하지만 이 체계는 특히 (자기수용적인) 신체의 고유한 공동(空洞) 입체의 체계와 혼돈되어서는 안 된다. 머리는 신체에 포함되지만, 얼굴은 그렇지 않다. 얼굴은 하나의 표면이다. 길거나, 각지거나, 세모난 얼굴의 윤곽선들, 선들, 주름들처럼. 얼굴은 하나의 지도이다. 비록 하나의 입체 위에 붙어 있고 감겨 있더라도, 단지 구멍으로 존재하는 공동들을 둘러싸고 이것들과 인접해 있더라도 얼굴은 하나의 지도이다. 비록 인간의 것이라 할지라도 머리는 반드시 얼굴은 아니다. 머리가 더 이상 신체의 일부가 아닐 때, 머리가 더 이상 신체에 의해 코드화되지 않을 때, 머리가 더 이상 다차원적이고 다성적인 신체 코드를 갖지 않을 때, 머리를 포함해서 신체가 해독되어 '얼굴'이라 불리는 어떤 것에 의해 '덧코드화(surcodé)'되어야 할 때에만 얼굴이 나타난다. 이는 머리, 머리의 공동-입체의 모든 요소들이 얼굴화되어야 하는 것과 마찬가지이다."(p. 208)

제라르 프로망제는 부정하면서 긍정하거나 아니면 긍정하면서 부정한다. 그는 뚫어지게 얼굴을 쳐다보면서(dévisager) 생각하거나(envisager) 아니면 생각하면서 뚫어지게 얼굴을 쳐다본다. 그는 얼굴을 해체하면서 구성하며, 얼굴을 구성하면서 해체한다. 달리 말해 그는 불운과 유희하는 것처럼 변증법과 유희한다. 그리고 변증법만이 살아 있는 것을 표현할 수 있다. 그는 흐름, 약호화, 속도 뒤로 사라지길 원하는 두 주체성을 보여 준다. 그는 둘 모두 '들뢰즈 & 과타리'라는 제3 저자의 이름 속으로 사라지고 싶을 정도로까지 숨으려 했던 두 주체성을 보여 준다. 이 두 초상화는 들뢰즈적이다. 그것들의 분리된 결합과 결합된 분리 속에서조차도 그렇다. 이것은 진짜 듀오(duo)처럼 생각된 가짜 2장 접이 그림이다. 이것은 분리 속에서 결합된 다중성이다. 한 철학자의 철학을—여기에서는 두 철학자의 철학을—어떻게 더 잘 그려낼 수 있겠는가? 그들의 초상화들로 그들의 사유의 방식 중의 하나를 만들면서보다 말이다.

들뢰즈의 얼굴은
주름들의
혼란스러운 교차이고,
놀랄 만한 전기와
쉴 새 없이 진동하는
전기를 생산해 내는
상자 속의 수많은 전선처럼
얽혀 있다.

---

1 écosophie: 인간이 생태계의 꼭대기에 있는 것이 아니라 그 일부임을 강조하는 생태학 운동의 한 갈래로 '생태철학' 또는 '환경철학'으로 번역될 수 있으나 보통 원어를 음차해 사용한다.

2 Limousin: 프랑스 남서부의 지역 이름이다.

3 Raymond Hains(1926–2005): 프랑스 시각예술가로 신리얼리즘 주창자.

4 Jean Tinguely(1925–1991): 스위스 조각가 및 키네틱 예술가로 유명하며, 다다이즘을 20세기 후반까지 확장시켰다.

5 Niki de Saint Phalle(1930–2002): 프랑스 조각가 및 화가로 '나나'(여성)를 주제로 한 페미니즘적 성향의 조각으로 유명하다.

6 Arman(1928–2005): 프랑스 예술가로 사용된 물건들을 쌓아 이른바 '집적예술'을 창안함으로써 현대 기계문명을 비판했다.

7 Fluxus: 1960년대에 형성된 국제적인 전위예술가 집단으로, 이 명칭은 미국의 리투아니아계 예술가인 조지 마치우나스가 사용한 '플럭서스'('흐름', '변화', '움직임'을 뜻하는 라틴어 단어)에서 유래했다.

8 Ben Vautier(1935–): 이탈리아계 프랑스 예술가로 플럭서스를 이끌었고, 토털 아트(Total art), 자유 형상(Libre figuration) 운동을 주도했다.

9 Joseph Beuys(1921–1986): 독일 예술가로서 조각가, 설치미술가, 행위예술가로 이른바 '사회 조각'이라는 개념을 창안했다.

10 art brut: 정제되지 않은 순수한 예술이라는 의미로, 정규 미술 교육을 받지 않은 정신장애인, 재소자, 어린이 등의 그림에서 나타나는 다듬어지지 않은 형태의 미술을 지칭하며, 장 뒤뷔페에 의해 창안되었다.

11 ritornello: 들뢰즈가 『천 개의 고원』을 통해 창조한 고유한 개념으로, 원래 음악에서 독주와 합주가 반복되는 음악 형식을 의미한다. 들뢰즈에게서 이 개념은 언제나 차이를 동반하는 반복으로 차이의 끊임없는 생성, 차이들의 무한 회귀를 의미하는 니체의 영원회귀와도 무관하지 않다. 또한 들뢰즈에게서 이 개념은 기존의 역사철학 전통에서 벗어나 내재성의 장인 지구 위의 생성을 포착하려는 지리철학의 방법과도 무관하지 않다.

12 Sacha Guitry(1885–1957): 러시아계 프랑스 극작가, 배우 및 영화감독. "기트리처럼"이라는 표현은 '점잖고 우아하게'의 의미를 가진 것으로 보인다.

33

데리다의 고양이

(1930-2004)

발레리오 아다미가 그의 친구였던 자크 데리다의 초상화를 그렸을 때, 두 사람은 모두 데리다가 췌장암으로 곧 죽을 것이라는 사실을 알고 있었다.

먼저 이 그림 속에 있는 것들 전체에 대한 묘사, 그것들에 대한 단순한 열거로 시작해 보자. 데리다는 그림의 전경에 있다. 그의 오른쪽으로, 따라서 감상자의 관점에서 그의 왼쪽으로 고양이가 있다. 고양이는 감상자가 보는 방향을 보고 있다. 고양이의 머리는 전경과 후경을 연결해 주고 있다. 데리다의 오른손은 그 앞에 펼쳐 있는 종이 밖까지 나와 있는 것처럼 보이는 만년필을 쥐고 있다. 그의 왼쪽으로는 두 줄로 정리된 아홉 권의 책이 그의 왼쪽 팔과 손을 가리고 있다. 데리다는 나무로 된 등받침이 있는 의자에 앉아 있다. 그 양쪽 끝에는 둥근 모양으로 조각이 되어 있다. 데리다는 깃이 열린 셔츠와 어두운 색 양복을 입고 있다. 소매 끝에는 조그마한 둥근 단추를 볼 수 있다. 그리고 대각선으로 왼쪽 어깨 위에도 단추 같은 것이 있다.

데리다의 뒤쪽, 즉 그림 후경의 1/3 부분 위쪽과 2/3 되는 부분 사이에는 이중의 장식이 있다. 왼쪽에는 빈 방의 모서리가, 그리고 오른쪽에는 죽은 나무 두 그루가 있다. 가운데는 자크 데리다의 얼굴—연기가 나지 않는 파이프를 물고 있다. 파이프에는 불씨가 없다—, 그의 얼굴 세 개가 있다. 가볍게, 연달아 이동된 세 개의 얼굴은 하나인 것처럼 보인다. 하지만 세 개의 눈이 있다.

데리다 위로, '제3의 후경'에는 원호가 그의 머리를 감싸고 있다. 오른쪽 가장자리 2/3 부분과 위쪽 1/3이 만나는 지점에 언덕과 산의 풍경이 있다. 고양이의 머리 위로는 다리 하나만 보이는 탁자의 1/4이 보인다. 탁자 위에는 십자가가 그려져 있다. 하나의 대각선이 이 그림의 맨 위쪽에 그어져 직각삼각형의 형태를 이룬다. 이 삼각형의 빗변 위에서 데리다라는 이름을 읽을 수 있다. 여느 그림에서와 같이 아다미가 붓글씨체로 쓴 것이다. 데리다의 이름 첫 자는 점 하나에 의해 성과 분리되어 있다.

수직으로 놓인, 같은 크기의 세 개의 수평 지대(bandes)로 나뉜 사각형 모양의 색조는 가을 분위기 아니면 겨울 분위기이다. 고양이와 죽은 나무들의 밤색. 옷과 데생, 그리고 붓글씨체로 된

발레리오 아다미 작, 〈데리다〉
개인 소장

J. Derrida

고유명사의 검정색. 빈 방바닥의 어두운 초록색. 그림의 주요 부분을 차지하는 데리다의 얼굴과 선영(線影)의 터치에서 동일계 색의 차갑고 푸른 빛이 도는 회색. 의자의 일부, 탁자 모서리, 서명이 기입된 삼각형의 안쪽 등 여기저기에 있는 노란색. 거의 창백하고 차가운 노란색과 함께 더 이상 따듯해지지 않는 가을의 마지막 불꽃 및 겨울의 시작을 알리는 색깔. 이 모든 것을 담고 있는 이 초상화는 색채적으로 슈베르트의 〈겨울 여행〉을 보여 주는 알레고리적 초상화이다. 이 그림에는 아다미의 서명이 없다. 백색의 현상학을 위한 것이다.

이 초상화는 한 고양이—어떤 고양이, 그 고양이—의 시선 아래에서 펼쳐진다. 아다미는 그의 수수께끼 같은 그림들에서 많은 동물을 그렸다. 사유하는 자에게 동물은 수수께끼 중의 수수께끼이다. 게다가 데리다는 그의 저작들을 철학적 동물들로 가득 채웠다. 『글쓰기와 차이』와 『여백』에서의 개미, 고슴도치, 누에, 거미, 벌, 뱀, 『늑대인 인간의 납골어』에서의 늑대, 『에프롱』에서의 니체의 말, 『회화 속의 진리』에서의 칸트의 말, 『조종』에서의 황소, 돼지, 당나귀 등과 더불어 스페인의 말, 『오토비오그라피』에서 차라투스트라의 반려동물인 독수리와 뱀, 『마르크스의 유령』에서의 두더지, 『우정의 정치학』에서의 플로리앙[1]의 토끼와 칸트의 검은 원숭이, 『할례 고백』에서의 제비와 같은 새들, 그리고 『시네퐁주』에서의 시인의 새우와 굴 등등. 또한 당연히 해면동물. 왜냐하면 『따라서 동물인 나』에서 데리다가 작성한 목록의 참고자료는 분명 아다미를 가리키기 때문이다. 데리다는 또한 『회화 속의 진리』에서 "'+ R'의 물고기"[2]에 대해 쓰고 있다. 그러면서 그는 Ichtus, Isch, Ischa의 'Ich'와 '나(je)'에 대해 유희하고 있다.[3] 또한 데리다는 키아즘(교착어법)에 따라 '키메라(Chi-mère)'와 더불어 '키(Ki)'[4]에서 교차하는 '생선 + 'R''에 대해 쓰고 있다. 『조종』에서 데리다는 '키메라'를 해체하는데,[5] 이 작품에는 두 개의 난(欄)[6] 위를 암컷 독수리[7]가 날고 있다. 이 짧은 언급에서도 우리는 벌써 하나의 스타일, 하나의 방법을 본다. 그것이 바로 데리다라는 서명이다. 우리는 데리다의 사상을 요약하지 않을 것이다. 왜냐하면 그의 사유는 달아나고 또 모든 구축을 해체해 버리기 때문이다.

데리다의 마지막 저서의 제목은 『따라서 동물인 나』이다. 이 저서는 실제로 고양이—작은 암컷 고양이—에 대한 의식적(儀式的)인 환기로 시작된다. 고양이의 이름은 모른다. 비록 장뤽 낭시가 『제목 이상. 자크 데리다. 아다미의 초상화에 대하여』에서 그 이름을 루크레티우스(Lucrèce)라고 밝히고 있지만 말이다.

데리다는 고양이가 은유도, 알레고리도, 상징도, 스타일의 문채(figure)도, 수사학의 문채도 아니라고 주의해서 쓰고 있다. 그가 말하고 있는 고양이는 실제로 존재했다. 고양이의 이야기는 데리다가 직접 들려준 이야기이다. 매일 아침 데리다가 샤워를 할 때, '고양이-작은 암컷 고양이'가 욕조까지 그를 따라오곤 했다. 그리고 이 고양이는 매번 데리다의 벌거벗은 몸 앞에 있다가 가곤 했다. 그로부터 가장 성공한 해체적인 문체의 책으로 이어진 데리다의 사색이 결과한다.

도대체 도망간 고양이의 머릿속에서 무슨 일이 일어날까? 또 데리다의 머릿속에서는? 고양이는 벌거벗은 데리다를 본다. 데리다 역시 벌거벗은 고양이를 본다. 하지만 고양이는 털이 난 그 자신의 벌거벗은 모습을 그냥 보는 데 반해, 그 역시 털이 난, 즉 피부를 가진 데리다는 그 자신을 다르게 파악한다. 고양이 루크레티우스는 데리다의 불편함을 포착하는가? 그리고 그것이 고양이의 도주를 정당화시키는가? 어쨌든 데리다가 그의 고양이에 의해 벌거벗은 채로 보이는 것을 보는 것은 사실이다. 이때 수치심에 대한 긴 성찰이 시작된다. 수치심에 대한 수치심, 부끄러움, 동물성, 인간의 동물성 또는 동물의 동물성에 대한 성찰이 그것이다. 물론 고양이의 일화가 정확히 이런 방식으로 얘기되지 않았다. 하지만 동물과 호모 사피엔스 사피엔스 사이의 경계선을 그을 수 있는가의 여부에 대한 성찰이 데리다의 정신에 깃들여 있었던 것이다.

데리다는 욕실에서 이루어진 이와 같은 만남의 '불편함'에 대해 말한다. 그리고 사색에 열중한 나머지 그는 이 상황을 더 잘 규정하기 위해 신조어를 만들어 낸다. 'animalséance'가 그것이다. 이 단어는 '동물(animal)'과 '회기(séance)'의 결합어, 또는 '동물(animal)'과 '불편함(malséance)'의 결합어이다. 동물, 회기, 불편함, 이 단어들은 모두 부끄러움, 수치심, 어쩌면 인간의 벌거벗음의 상태를 의식하고 있는 벌거벗은 동물 앞에서 벌거벗은 동물로서의 자의식 주위를 맴돈다. 수치심을 수치스러워하는 데리다의 수치심이다. 그는 이렇게 묻고 있다. 그 자신이 벌거벗음의 의미를 잃어버렸는가? 그와는 반대로 이와 같은 특정한 상황에서 그 의미를 되찾았는가?

데리다는 이렇게 쓰고 있다. "동물이 거기, 내 앞에, 거기 내 옆에, 거기 내 뒤에 있다. 내가 그의 뒤를 따른다. 그리고 이 동물이 내 앞에 있기에, 나는 이 동물의 뒤에 있다. 이 동물이 나를 에워싼다. 그리고 분명 '내-앞-거기에-있는-이-존재'는 그 자신을 바라보도록 방치할 수 있다. 철학은 어쩌면 이 사실을 망각한다. 철학은 심지어 계산된 망각일 수 있다. 동물은 나를 바라볼 수 있다. 동물은 나에 대해 그의 관점을 갖는다. 절대 타자의 관점이다. 그 어떤 것도 동물의 시선 밑에서 내 자신을 벌거벗은 것으로 바라보고 있는 순간만큼 나에게 이웃이나 가까운 사람의 절대적 이타성을 더 깊게 생각하도록 하는 것은 없다."

여기서는 『따라서 동물인 나』에서 동물, 특히 자신의 고양이에 대해 자크 데리다가 한 사색에 대해 자세히 해설을 할 시간이 없다. 하지만

"그 어떤 것도
동물의 시선 밑에서
내 자신을 벌거벗은 것으로
바라보고 있는 순간만큼
나에게
이웃이나 가까운 사람의
절대적 이타성을 더 깊게
생각하도록 하는 것은 없다."

또 다른 신조어 'animot(동물말)'에 대해서는 설명이 필요하다. 이 신조어는 동물을 인정하지 않기 위한 목적으로 고안된 것이다. 이 신조어는 너무 애매하고 너무 일반적이어서 그 어떤 것과도 상응하지 않는다. 이 신조어는 짚신벌레와 고래, 진드기와 코끼리, 해면동물과 침팬지, 원생동물과... 인간—보통 동물의 목록에서 자신을 제외하는—을 모두 포함하기 때문이다. 하지만 고양이, 그림 속의 고양이는 우리에게 이 단어를 요구한다.

이 고양이, 따라서 한 마리의 고양이, 자크 데리다의 고양이, 발레리오 아다미의 고양이, 고양이라는 관념, 이 모든 것은 이 고양이와 함께 사는 사람의 가장 큰 행복을 위해 현실에 나타난 고양이이다. 해체의 철학자 데리다는 이중의 의미를 가지고 유희하면서 '따라서 동물인 나'라고 말할 수 있을 것이다. 첫 번째 의미는 '나인 고양이'이다. 여기서는 동사가 '이다(être)'이다. 두 번째 의미는 '내가 따라가는 동물'이다. 여기서 동사는

그들은
지금 여기에 있는
세계의 시간성을 위해
예술 작품의 시간성을 떠난다.
달리 말해 그들은
시간 속으로의
추락을 위해
영원성을 내버린다.

'따라가다(suivre)'이다. 또는 두 가지 의미 모두이다. 왜냐하면 특히 고양이와 관련될 경우, 우리는 '따라가면서 존재'하기 때문이다. 게다가 이 고양이가 지금 소개하고 있는 성찰의 주체인 데리다의 고양이인 경우에는 더욱 그렇다.

이 단계에서 그림으로 돌아가 보자. 제목은 〈고양이를 데리고 있는 철학자의 초상화〉 또는 〈고양이를 데리고 있는 자크 데리다의 초상화〉가 될 수도 있었을 것이다. 어쩌면 〈철학자를 데리고 있는 고양이의 초상화〉 또는 〈자크 데리다를 데리고 있는 고양이의 초상화〉가 될 수도 있었을 것이다. 왜냐하면 이 고양이는 존재론적으로 그림의 구도에 기여하고 있기 때문이다. 고양이의 머리는 데리다의 얼굴을 마주 보고 있는 한 '얼굴'을 구성한다. 고양이는 액사 안으로 들어와 있지만, 몸통은 밖에, 여백에, 액자 밖에 두고 있다. 데리다의 모습이 반신상으로, 위대한 사람들을 찬양하는 고대의 방식으로 드러나 보이는 것과 마찬가지이다. 즉, 반신상으로, 다리도 없고, 성기도 보이지 않으며, 발도 없이 몸통으로 드러나 보인다. 고양이는 목 부분이 잘려 있고, 데리다는 토르소, 곧 상반신이다. 고양이의 몸통과 데리다의 성기, 아니면 고양이의 성기와 데리다의 몸통. 둘 다 머리가 잘려 죽어 있다...

따라서 이 초상화 속에서 고양이는 철학하는 (아마도) 동물의, 자기가 한 마리의 동물이라는 것을 (확실히) 알고 있는 인간 철학자의 수수께끼를 보여 준다. 하지만 또한 그림을 그린 제3자, 즉 발레리오 아다미와 그려진 작품을 보고 있는 제3자(독자들, 나)의 수수께끼 역시 말해 주고 있다. 왜냐하면 옆모습에 불과하지만 우리 쪽을 바라보고 있는, 바라보고 있는 우리에게 시선을 주고 있는 이 '고양이의 하나밖에 없는 눈'은, '데리다의 세 개의 눈'과 관계를 맺고 있기 때문이다(이 세 개의 눈에 대해서는 곧 살펴볼 것이다.) 그러니까 네 개의 눈이 '감상자의 두 눈'의 방향을 바라보고 있는 것이다.

이와 같은 세밀한 시각적 기하학을 통해 그림의 공간에서 하나의 삼각형이 형성된다. 첫 번째 각은 고양이의 눈이다. 두 번째 각은 데리다의 눈이다. 세 번째 각은 그림 밖에, 그림 앞에 있는 각이다. 이 각은 감상자의 시선이다. 이 구도에는 감상자가 포함되어 있다. 감상자가 그림 안으로 들어가 그려진 이미지의 세계를 통합시키거나, 아니면 고양이와 데리다가 그림에서 나와 현실 속으로 다시 되돌아가거나이다. 그들은 지금 여기에 있는 세계의 시간성을 위해 예술 작품의 시간성을 떠난다. 달리 말해 그들은 시간 속으로의 추락을 위해 영원성을 내버린다.

그렇게 해서 특별한 방정식이 성립한다. 고양이와 데리다, 그리고 제3자 사이의 방정식이다. 데리다는 화가나 제3자를 바라본다. 고양이도 같은 것을, 같은 방향으로 바라본다. 이번에 그것은 더 이상 자기를 바라보는 고양이를 바라보는 자, 바라보면서 자기가 바라보이고 있다는 것을 아는 자가 아니라, 감상자—감상자들 중 첫 번째 사람은 화가이다—를 바라보는 고양이와 데리다, 고양이가 된 데리다, 데리다가 된 고양이이다. 이와 같은 시선의 유희는 데리다와 루크레티우스의 공모—털이 난 루크레티우스, 그렇지 않은 데리다—를 수립한다. 둘은 나란히, 함께, 같이 모여, 공모하면서 영원을 위해 모여 있다. 한편은 다른 편의 진리를 말하지만, 말하는 자가 누구인지 우리는 실제로 모른다. 언제나 그렇듯이 고양이들과는...

『따라서 동물인 나』에서 데리다는 "시인들과 철학자들의 (...) 고양이 가족"에 대해 말하면서 다음과 같은 이름들, 보들레르 & 릴케, 부버 & 루이스 캐롤을 나열한다. 데리다 그 자신의 고양이는 이들 가족에 "아직 속하지 않는다"라고 말하면서, 그러면서 다시 "우리도 거기에 가까워지고 있다"고 심술궂게 말하면서 말이다. 사실이다. 그래서 발레리오 아다미는 이 초상화에서 데리다 & 루크레티우스의 쌍을 만들고 있는 것이다. 마치 과거에 있었던 여러 쌍들처럼 말이다. 예컨대 몽테뉴 & 그의 이름 없는 고양이, 아폴리네르 & 피프, 발튀스 & 미추, 베르비 도르빌리 & 데모네트, 라 퐁텐 & 미네트, 미슐레 & 플리통, 위고 & 가브로슈, 클레 & 뱅보, 위스망스 & 비블로, 콜레트 & 미추, 말로 & 에쉬플륌, 말라르메 & 네즈 그리고 릴리트, 셀린 & 베베르, 뷔르그 & 칼리스... 놀랍게도 이 목록에서 철학자들은 거의 발견되지 않는다...

데리다가 우리에게 말해 주는 것은, 인간과 동물 사이에는 '본성의 차이'가 있는 것이 아니라 '정도의 차이'만이 있다는 것이다. 모든 유물론자들이 이런 주장을 한다. 또한 비정형적인 철학자들도 그렇다. 가령, 몽테뉴의 『수상록』의 한 부분인 「레이몽 스봉을 위한 변론」에서 볼 수 있는 동물에 대한 숭고한 문구가 그 좋은 예이다.

이같은 주장은 기독교에 대해 전쟁을 선포하는 것이라 할 만하다. 기독교는 인간과 동물의 본성이 근본적으로 다르다는 반대 주장 위에 세계관을 구축했다. 인간은 영혼을 소유한 반면 동물은 그렇지 않다. 그로부터 위계질서, 동물에 대한 인간의 우월성이 결과한다. 또한 그렇기 때문에 동물 착취, 주인을 위해 노예처럼 봉사하기, 살육, 고기의 소비 등이 정당화된다. 데리다와 그의 고양이를 나란히(côte à côte, 어원적 의미에서 한편의 갈비뼈는 다른 편의 갈비뼈와 가까이 있다) 내걺으로써, 데리다와 그의 고양이는 제3자에게 자신들이 같은 동물임을 말해 주고 있는 것이다.

데리다의 얼굴은 두 부분으로 구성되어 있는 것처럼 보인다. 한 부분에서, 파이프를 물고 있는 아래턱은 고정되어 있는 것처럼 보이고 아랫입술이 이 부분의 위쪽 경계를 이룬다. 다른 부분은 약간 어긋난 세 개의 가면으로 구성되어 있다. 윗입술은 이 부분의 아래 가장자리를 형성한다. 예컨대 카르파초[8]의 고전적 그림은 작품 속에 여러 시기를 연결해 같은 시간대에 그리는 방법을 이용했다. 한 화폭의 하나의 구도 속에 동일한 인간이 요람 속의 갓난아이와 어린아이, 청소년, 청년, 성년, 장년, 늙어 가는 사람, 노인, 죽어 가는 사람, 관 속에 죽어서 분해되어 있는 사람처럼 보이게 그려질 수 있다. 물론 뼈는 시간에 의해 분해되지 않은 상태로 그려진다.

발레리오 아다미는 움직이고 있고 움직였던, 하지만 움직임 속에서 움직이지 않는 얼굴의 윗부분을 보여 준다. 역설적으로 같은 얼굴에 세 가지 상태가 겹쳐져 운동의 효과를 낳는다. 모든 것이 고정된 그림 속에 들어 있다. 에티엔 쥘 마레[9]의 동체사진처럼, 데리다의 얼굴을 세 번의 상이한 시간에 세 번 찍었다. 그리고 동일한 회화적 손길로 이것을 한 순간으로, 즉 초상화의 순간으로 융합시킨 것이다. 마지막 위치는 얼굴이 나타나는 위치이다. 따라서 첫 번째 얼굴은 겹치기에 의해 가장 많이 숨겨진 상태로, 이렇게 말해도 좋다면,

존재의 약속을 말해 주고,
지적인 현현을 포함해
모든 현현의 숫자…
따라서 자궁의 숫자,
정자의 숫자,
좋은 소식을 알려주는 숫자…
결국
삶의 기호이자
완성의 징표, 실현의 기호…

가장 뒤쪽에 있다. 그 결과 미끄러짐이 그림의 왼쪽에서 오른쪽으로, 또는 시점을 바꾸면 데리다의 오른쪽에서 왼쪽으로, 또는 더 객관적으로 말하면 고양이 쪽에서 책들 쪽으로 이루어지고 있다. 철학자의 영혼은 왼쪽으로 움직인다…

이와 같은 미학적 처리는 존재론적인 처리이기도 하며, 부드러운 몸짓을 재현한다. 머리의 기울임은 몸통 위에 'i'의 점처럼 놓인 머리의 군대식 뻣뻣함을 버리는 부드러운 몸짓과 같다. 얼굴에서 겹침은 사인파의 효과를 낳는다. 왼쪽 눈 및 가운데 눈과 더불어 상승하는 곡선이, 이어 가운데 눈 및 오른쪽 눈과 더불어 하강하는 반대 곡선이 그것이다. 따라서 그 결과는 세 개의 눈을 제시하는데, 그중 하나가 가운데 눈이다. 세 개의 시선(고양이, 데리다, 제3자)은 철학자의 세 개의 눈과 일치한다.

발레리오 아다미는 인도를 좋아했다. 그렇다면 데리다의 눈을 바라보는 시바[10]의 세 번째 눈을 생각하지 않을 수 있겠는가? 태양을 위한 오른쪽 눈, 달을 위한 왼쪽 눈, 따라서 남자와 여자, 그리고 가운데 눈, 세 번째 눈. 이 세 번째 눈은 인식의 눈으로 니체적인 의미에서 초인이 구비해야 할 기관이다. 현실 세계의 비극적 특성을 보았던 자의 눈, 그것을 아는 자, 거기에 동의하는 자의 눈으로 초인성(超人性)의 표시인 것이다. 정면에 있는 눈은 불을 위한 눈, 따라서 철학자라는 이름에 걸맞은 데리다가 지닌 눈, 그가 참고 견디는 빛을 위한 눈이다. 세 번째 눈은 혜안에 상응한다. 그 누구도 이 눈이 해체의 철학자 데리다의 두드러진 기호들 중 하나라는 것을 의심할 수 없을 것이다.

뾰쪽하고 꽉 다문 입에는 파이프가 물려 있다. 대부분의 사진에서 파이프를 물고 있는 데리다의 모습을 볼 수 있다. 예컨대 사회과학 고등연구원에서 세미나 수업을 하는 계단식 강의실에서까지 말이다. 카를루스 프레이르[11]는 그곳에서 강단에 오르기 2분 전에 파이프를 물고 있는 데리다의 모습을 사진으로 찍은 적이 있다. 그것도 '절대 금연'이라고 쓰인 큰 팻말 아래에서…『마가진 리테레르』[12] 특별호를 위해 프레이르가 찍은 사진에도 파이프를 물고 있는 일종의 정물 사진이 들어 있다. 해포석 파이프, 히드 뿌리 파이프, 가죽으로 된 파이프 케이스, 그리고 이런 문구가 있다. "데리다가 애연가라는 것을 보여 주는 파이프 수집."

파이프 담배를 피우는 의식(儀式), 정성스레 파이프의 담배통을 정확하게 채우는 일의 복잡함, 너무 많이도 너무 적게도 아니고 적절히 채우기, 너무 빨리도 너무 느리게도 아니고 천천히 피우기, 불을 너무 세게 하지도 않기, 침을 고이게 하지도 않기, 이 모든 것은 실제 사용 기술을 전제로 한다. 파이프들 중 하나의 선택, 그것의 재료, 그것의 연수(年數), 파이프 재층의 질, 이것들은 서예나 화도(華道),[13] 다도(茶道) 같은 일본인들의 의식에 비길 만하다. 아주 섬세한 뉘앙스의 예술,

'아주 사소한 것'을 다루는 기술, 아주 세밀한 화장(火葬)의 종교에 속하기도 한다.

데리다의 파이프에는 연기가 없다. 파이프의 담배통에는 작은 불씨도 없고, 붉은 빛이 도는 백열도 없다. 색채 터치는? 고양이와 죽은 나무와 비슷한 밤색, 나머지는 회색빛이 도는 푸른색. 그림의 다른 곳을 차지하고 있는 색과 같다. 차가운 파이프, 불이 없는 담배통, 불이 꺼진 파이프. 자크 데리다는 이 세계를 더 이상 태우지 못한다. 그는 그 자신에 의해 소진되었다. 겨울 여행의 결과로...

그림의 오른쪽 아래에 발레리오 아다미는 아홉 권의 책을 그렸다... 책등으로 권수를 세어 판단하면 그렇다. 왜냐하면 가끔 세워 놓은 노트들을 모아 놓은 모습이 책처럼 보여 확실하고 정확한 셈을 방해할 수 있기 때문이다... 아홉 권의 책에는 제목이 없다. 어떤 책인지를 확인할 수 있는 것은 아무것도 없다. 다른 사람의 책일까? 데리다의 책일까? 데리다에게 자신의 책을 쓰도록 도와주고, 또 그의 해체주의적 기계를 작동시키는 것을 도와준 제3자의 책일까?

'9', 이것은 정확히 그리스 신화에 나오는 무사(Muse)들의 숫자이다. 따라서 아홉 권의 책은 데리다 전집의 아날로공이 아니다. 그의 저서는 백 권을 훨씬 상회한다. 또한 아홉 권의 책은 자기의 책을 쓰면서 그가 참고했던 책들의 아날로공도 아니다. 하지만 굳이 아홉 권을 선정한다면, 하이데거의 『존재와 시간』, 후설의 『현상학의 이념』, 조이스의 『율리시스』, 레비나스의 『존재와 다르게 또는 본질 너머』, 클로소프스키의 『그처럼 치명적인 욕망』, 바타유의 『내적 체험』, 블랑쇼의 『무한 대담』, 자베스의 『질문의 책』, 파울 첼란의 『스트레토』[14]... 등이다. 프로이트의 『꿈의 과학』, 루소의 『언어의 기원』, 칸트의 『판단력 비판』은 제외된다...

아홉 무사와 같은, 따라서 아홉 권의 책. 왜냐

차가운 파이프,
불이 없는 담배통,
불이 꺼진 파이프.
자크 데리다는
이 세계를 더 이상
태우지 못한다.
그는 그 자신에 의해
소진되었다.

하면 데리다가 이 모든 무사를 유혹했고, 숭배했으며, 찬양했기 때문이다. 그리고 그의 전집에서 그 무사들을 찬양했다. 하나만 제외하고. 그것이 어떤 무사인지는 곧 알게 될 것이다. 1. '칼리오페와 우아함'. 우아함의 최고봉에 이르는 재주, 매혹적인 언어, 달콤한 문장, 유혹적인 단어, 시 애호가로서 더할 나위 없이 서정적인 산문 등과 같은 재주를 데리다에게 돌리는 것을 누가 거절하겠는가? 2. '클레이오와 역사'. 어떻게 데리다에게서 항상 현실에 대한 성향이 나타난다는 사실을 부인할 수 있겠는가? 『다른 곶』에서 유럽은 형성 중이거나 그렇지 않다. 맨해튼의 테러 이후의 세계의 정세, 『9·11 이후의 '개념'』을 보라. 『철학에 대한 권리에 관하여』에서 다뤄진, 철학 교육의 문제, 『마르크스의 유령』에서 다뤄진, 자유주의가 모든 곳에서 적수 없는 승리를 거두는 동안 마르크스를 다시 읽어야 할 필요성의 제기 등. 3. '에라토와 연애시'. 사랑에 빛을 지는 기쁨과 고통. 이것은 데리다의 전집에서 숫자화되고 암

호화된 방식으로 개인적인, 하지만 풍부하고 복잡하게 뒤얽힌 일련의 페이지를 구성한다. 4. '에우테르페와 음악'. 데리다의 글로 된 저작에서 음악가들에 대해서는 상대적으로 침묵을 지키고 있다. 비록 그의 저술의 출판인 미셸 들로름[15]이 나에게 데리다와 나눴던 인도 음악이나 바로크 음악에 대한 대화를 알려 주었음에도 그렇다. 하지만 데리다의 탈무드적인 아라베스크 장식을 위해 미국의 미니멀리스트들—라 몽트 영,[16] 스티브 라이히,[17] 필립 글래스,[18] 존 아담스[19]—의 반복적인 음악 아니면 라가[20]를 생각하게 하는 산문에서 분명 음악에 대한 생각을 드러내고 있다. 5. '멜포메네와 비극'. 역사에 대한 데리다의 성찰은 고통과 죽음으로 천을 짜는 비극에 대한 성찰로 읽힐 수 있다. 이와 같은 성찰은 하이데거에 대한 성찰, 즉 '하이데거와 문제'라는 절묘한 부제목이 붙은 『정신에 대해서』에 반영되어 있다. 6. '폴리힘니아와 서정시'. 여기서도 나는 또 칼리오페에 대한 항목과 『조종』을 지적하고자 한다. 1970년대의 미학적 형식주의에 바쳐진 이 기념비적 저서를 말이다. 크노의 『시(詩) 100조(兆) 편』과 마찬가지로 슈톡하우젠[21]에게서 많이 나타나는 모험성을 유희하면서 말이다. 7. '탈레이아와 희극'. 아마도 지구상의 이곳저곳을 돌아다니며 데리다가 했던 수많은 대담 중 다음이 좋은 예가 될 것이다. 〈정신, 타자의 발명〉, 이 대담에서 데리다는 데리다가 되는 역할, 즉 속이고, 피하고, 제거하고, 배제하는 놀이를 하고 있다. 또한 그 자신이 주인공이었던 영화들에서 철학을 조롱하는 것이 정말로 철학하는 것이라는 사실을 안다. 가령, 사파 파티[22]의 〈데리다의 다른 곳〉 또는 키르비 딕[23]과 지에링 코프만[24]의 〈데리다〉가 그것이다. 8. '테르프시코레와 춤'. 춤의 동작에 대한 데리다의 사색과 『아카이브 병(病)』을 보라. 9. '우라니아와 천문학'. 내가 틀리지 않는다면, 데리다가 이 무사를 경배한 적이 있다고는 생각하지 않는다…

이것이 바로 숫자 '9'의 의미에 대한 가능한 모든 모습이다. 또한 의식적이든 아니든 발레리오 아다미는 두 번에 걸쳐 의미를 부여하면서 이 숫자를 그림 속에 분명하게 기입하고 또 기입하고 있다. 데리다가 앉아 있는 의자 등받이의 조각된 작품은 실제로 이상하게 두 개의 작은 원을 닮았는데, 그 안에 숫자 '9'가 분명히 새겨져 있다. 데리다의 가슴에는 이렇듯 두 번에 걸쳐 기입된 숫자 '9'와 세 번째로 이 숫자를 의미하는 아홉 권의 책으로 만들어진 '삼각형'이 있다. 그런데 이 삼각형이 있는 곳은 바로 데리다의 심장이다. 이 장소는 그의 뛰어난 정신적, 감성적, 도덕적, 감정적, 지적 장소이다. 여기서 심장, 그것은 곧 영혼, 모든 진앙의 중심이다.

『카발라』의 유대 신비 전통에서 숫자 '9'는 자기 성찰과 영성, 은신처, 영적 탐구에 상응한다. 9개월 동안의 배태 기간은 완결된 한 권의 저서의 집필에 필요한 시간을 환기시키고, 존재의 약속을 말해 주고, 지적인 현현을 포함해 모든 현현의 숫자가 된다. 따라서 자궁의 숫자, 정자의 숫자, 좋은 소식을 알려주는 숫자, 여기서는 철학적인 이 숫자는 결국 삶의 기호이자 완성의 징표, 실현의 기호이다. 이처럼 책들과 연결되어 있고, 또 그의 책들—그가 쓰거나 읽은 책들—과 연결되어 있는 데리다에게 숫자 '9'는 결국 그의 재능을 발휘해 영감을 받고 찬양한 무사들을 의미한다고 할 수 있다.

그림의 위쪽 세 번째 수평 지대 부분, 즉 고양이의 머리와 데리다의 머리(고양이-데리다와 데리다-고양이의 머리)를 덮고 있는 가상의 하늘에는 하나의 원호가 중간을 가로질러 그의 머리 위에 자리하고 있다. 이것은 후광의 한 조각이나 가톨릭적 성스러움의 기호라고 할 수 있는 원의 한 조각이 아니다(데리다의 신화학 속에서 기독교적 기호와 상관관계가 있는 뭔가를 찾으려는 것은 모순이다). 오히려 하늘에서 떨어지거나 아니면 위쪽에서 내려온 키파[25]처럼 보인다.

『할례 고백』을 읽거나 다시 읽으면, 자크 데리다가 어느 정도까지 완벽한 유대인이었는가를 충분히 알 수 있다. 그리고 그가 그 자신의 존재 자체를 일궈 가면서 평생 유대인성을 얼마나 내세웠는지를 알 수 있다. 국기에 대한 경례의 금지에 대한 트라우마에 가까운 경험—보통 반에서 일등을 한 학생이 하도록 되어 있다. 그가 유대인이 아니라는 조건에서 말이다—, 이등을 한 학생에게 이와 같은 민족주의 시늉에 자기 차례를 넘겨줘야만 했던 일,[26] 유대인이라는 이유로 고등학교에서 제적된 일, 공직에서 쫓겨난 유대인 선생님들에 의해 진행된 비정규적인 수업을 들었던 일, 이 모든 것이 데리다의 어린 시절과 청소년 시절, 따라서 성인이 될 때까지 영향을 주었던 것들이다.

어원이 보여 주듯이 '키파'는 궁륭, 둥근 천장, 둥근 지붕, 둥근 회랑에서 왔다. 이 빵모자는 아론[27]의 관과 그의 아들들의 두건을 가리키는데, 후일 그것을 쓴 자는 자기 위에, 자기 머리 위에 지배하는 '어떤 것'의 존재를 인정한다는 것을 의미하게 된다. 경건주의자였던 칸트의 가슴에 고요한 별이 빛나는 하늘 역시 유대인의 영혼을 즐겁게 한다. 그것은 모든 것을 보듬고, 그 자신의 창조물인 이 세계를 내려다보는 신을 상기시키는 하나의 수단인 것이다.

데리다는 어떤 곳에 있든 '살아 있는 동안에' 신, 즉 이스라엘의 신이나 다른 신, 스피노자의 신이나 부정 신학의 신, 이삭이나 다른 철학자들의 신에 대한 신앙을 보인 적이 없다. 반대로 '일단 죽자', 살아 있었음에도 죽음을 연출하면서, 따라서 죽었지만 마지막으로 살아 있으면서(최후의 데리다적 역설이다), 데리다는 다른 사람이 자기의 무덤 앞에서 하나의 텍스트를 읽어 줄 것을 바랐다. 실제로 그의 아들이 그것을 읽었다. 그리고 친구들은 다음 말을 들을 수 있었다. "나는 여러분들을 축복합니다. 나는 여러분들을 사랑합니다. 내가 있는 곳에서 나는 여러분들에게 미소를 보냅니다." 내가 무덤 저편의 이 말을 해설하는 것은 어울리지 않는다. 이 말을 전하고, 그리고 각자가 이 말에서 이해할 수 있는 것을 이해해 보라고 권유하는 것에서 그치고자 한다.

이 마지막 말과 데리다의 친구였던 엘렌 식수[28]의 저서 『주장하다』에서 발췌한 한 문장을 교차시켜 보자. 식수는 데리다와 함께 라스파유 대로에 있을 때 나눴던 대화에서 사용된 단어를 전한다. "프랑스 국적을 가진 반(半)-유대인, 유대-마란[29]인 우리들." 반-유대인임과 동시에 유대-마란이 될 가능성 사이의 기묘한 충돌이다. 한편의 어떤 비유대적 1/2(반-유대인의 '반')이 중복되는 다른 편(유대-마란)의 비유대적인 다른 1/2과 일치할까? 한 명의 '마란'은 여전히 유대적 존재의 방식으로 정의되기 마련이다.

마란, 그렇다. 어쩌면 자크 데리다는 마란이었다. 하지만 그의 방식으로... 마란은 강제로 개종한 유대인을 지칭한다. 이 유대인은 겉으로는 개종한 종교의 계율에 복종한다. 하지만 마음속으로는 비밀리에 유대인의 예식이나 의식(儀式)을 지키면서 원래 신앙에 묶여 있다. 강제로 개종한(비시 정부를 경험했던 프랑스, 또 여전히 비시 정부의 성격을 버리지 못할 수도 있는 프랑스에 의해)[30] 자크 데리다가 개종한 종교의 계율에 복종하는 '척할' 수 있으며, '마음속으로' 그 자신의 유대 존재 속에 끈질기게 머물 수 있었을까? 아마도 그랬을 것이다. 다만 다음 두 가지 사실을 제외해야 할 것이다. 마란이기 위해서는 비밀을 지키는 일이 필요하다는 사실과, 『할례 고백』에서 그 자신이 더 이상 마란이지 않기에 충분할 정도로 이 비밀을 일소해 버렸다는 사실이 그것이다... 하지만 그는 마란이 되는 그의 방식 속에서 데리다가 되는 자크 데리다의 방식 속에 있었던 것이다![31] 게다가 그가 달리 어떻게 할 수 있었을까?

이런 점에서 아다미가 그린 데리다의 초상화

에서 왼쪽 팔과 손의 부재에 해당하는 어떤 의미를 찾아내야 할 필요가 있을까? 이 숨겨진 손은 9권의 책이 가리고 있는 숨겨진 텍스트들을 쓰게 될 것이다. 하지만 쓰이게 될 것은 은현(隱現) 잉크로 쓰이게 될 것이다. 다시 말해 비의적인 글쓰기의 비밀스러운 방식으로 말이다. 고대의 전통에서 플라톤과 같은 몇몇 철학자들은 자신들의 가르침을 두 부분으로 나눴다는 것을 우리는 알고 있다. 모두를 위한 공개적인 부분과 엘리트에 속하는 자들, 즉 선별되고 선택된, 일종의 선민들을 위한 비의적인 부분이 그것이다. 플라톤은 그 지식을 이들에게 종종 구두로 설파했다. 새어 나가는 것을 막기 위함이었다... 데리다주의자들은 이렇듯 데리다가 왼손으로 쓴 저작들의 비밀 내용을 독점한 자들일까? 이 사실을 믿어야 한다면, 그가 있는 곳에서 다음과 같은 가설을 검토하는 그의 모습이 떠오른다. "철학자는 우리를 보고, 우리를 바라보고, 우리를 축성하고, 우리에게 미소를 짓는다."

이 그림에 들어 있는 끝에서 두 번째 수수께끼. 작품의 왼쪽 1/3 윗부분에 있는 탁자 위의 십자가가 그것이다. 노란색 탁자 하나, 즉 여러 모서리 중에서 하나만 보이는 탁자. 그림의 왼쪽 가장자리에서 모난 부분과 다리가 보이는 탁자. 그 위에 십자가가 있다. 이 십자가는 아다미를 인용하는 데리다를 인용하는 아다미의 인용일 수 있다. 두 복사(服事)와 흡사한 자들이 미장아빔[32] 형태로 이 십자가에 들어 있다. 실제로 데리다가 아다미에게 헌정한 텍스트는 '+R'이라는 제목이 붙어 있다.[33] 이 '+R'에서 데리다는 키아즘, 즉 교착어법에 대해 설명하고, 그리스어 알파벳 'chi'[34]를 가지고 그것을 형상화하고 있다. 자크 데리다에 의하면 이것은 "산종(散種)을 보여 주는 주제의 그림"이다. 그런데 이 'chi'에 해당하는 'X'는 일종의 유연한 십자가이다.

데리다는 아다미의 데생에서 '효과+R'에 대해 주목하게끔 한다. 이것이 의미하는 바는, 『조종』에서 'gl'과 같은 방식으로[35] '+R'을 이용해야 할 필요가 있다는 것이다. 또한 동음이의어, 언어의 인접성, 새로운 의미론적 조합이 되는 음성적인 횡설수설에 대해 유희하는 자유 연상의 메커니즘을 따라가면서 그림 속으로 들어가고, 불법 침입을 통해 끼어들고, 의미의 탈것이 된 음악 덕분에 그림 안으로 파고들 필요가 있다는 것이다. 따라서 '+'는 데리다의 '반(反)방법의 방법'을 내포한다. 이렇듯 탁자 위의 십자가를 통해 친구들의 추억을 소환할 수 있고, 또한 데리다 자신의 건강이 좋았던 시기인 1975년을 구현했을 수도 있다.

여기서 기독교적인 십자가는 일단 제쳐 두자. 스테인드글라스 위에 그려진, 묵상을 유도하는 가톨릭 성인들의 후광만큼이나 어울리지 않는 십자가를 말이다. 기독교적인 참고자료는 데리다보다는 오히려 복음주의 신학에 의해 오염된 주석을 가리킨다. 그보다는 데리다 자신의 참고자료 쪽으로, 아다미와 데리다의 우정의 계보학적 순간 쪽을 보자. 나는 『조종』을 생각한다. 그러니까 헤겔을 생각한다. 왜냐하면 헤겔에게도 십자가가 존재하기 때문이다. 이 십자가는 줄여서 '자연법과 국가학 개요'라는 부제를 달고 있는 헤겔의 『법철학 강요』의 서문에 있다.

철학의 임무를 규정하기 위해 헤겔은 이렇게 쓴다. "이성을 현재의 십자가 속 장미처럼 인식하고 그것을 향유하는 것, 바로 그것이 현실과 화해하는 합리적인 통찰이다. 이 화해는, 철학이 다음과 같은 자들에게 가져다주는 화해이다. 즉, 실재적인 것 내부에서 주관적인 자유도 있고 또 유지하고자 하는 내적 요구가 나타나는 자들, 그리고 이 자유를 특수하고 우연적인 것 속이 아닌 즉자적이고 대자적인 것 속에 위치시키는 자들이 그들이다."

어쩌면 데리다는 십자가가 있는 이 탁자 위에

서 그의 책들을 집필했을 것이다. 두 개의 선이 교차하는 곳에 점이 있다. 티투스 리비우스가 말한 것처럼 '카르도(남북방향)'와 '데쿠마누스(동서방향)'가 교차하는 그 점—로마인들에게는 이 점이 하나의 도시의 건설, 따라서 하나의 세계의 건설, 그리고 이 도시의 광장을 결정했다—말이다. 이 점이 바로 '현재의 십자가'이다. 헤겔은 이 십자가를 향유할 것을 권유한다. 데리다는 이 계획이 실현되도록 모든 노력을 경주했다. 헤겔은 현실적인 것이 이성적이라는 것을 알았다. 그는 이성적인 것은 이념에 일치하는 것이라는 사실, 그리고 이념, 개념 또는 이성은 신을 가리키는 명사를 만든다는 것을 알았다... 『조종』의 방식으로 헤겔주의자가 된 데리다, 이것은 분명 그의 마란적인 진리를 의미한다...

필립 본느피스[36]는 수수께끼 같은 제목의 멋진 책을 출간했다. 『직각삼각형의 몇몇 특징에 대하여』이다. 실제로 기요틴, 그 유명한 직각삼각형의 칼날과 문학과의 관계에 대한 성찰이 이 책의 주제이다. 나는 이 그림에 대한 분석의 마지막 구간으로 접어들면서 이 책을 생각했다. 키파 위로 이 그림의 1/3 윗부분의 왼쪽 위의 각, 다시 말해 작품의 오른쪽 위 가장자리는—그 위에 데리다의 이름이 있다. 그의 이름의 첫 글자와 점, 성(姓) 전체가 발레리오 아다미의 "모난 글씨체"(데리다, 『회화 속의 진리』) 속에 있다—두 개의 변(직각삼각형에서 직각에 인접한 두 변)을 이루고 있기 때문이다. 그리고 이 노란 삼각형 안에 데리다의 이름이 있다. 마치 도마 위 식칼의 날처럼, 막 떨어지려는 기요틴의 칼날을 닮았다.

다모클레스의 칼[37]과 같이 이 강철 칼날은 모든 것을 위협하는 것처럼 보인다. 철학자의 머리와 고양이의 머리, 책, 쓰는 손, 팔, 파이프(불이 꺼졌다), 피가 흐르는 커튼을. 연극이 끝났다. 막이 내렸다. 모든 것이 멈췄다. 초상화는, 침묵어린 운명의 고양이, 전집의 서명인 '고유 명사', 그

불길한 삼각 측량,
계속되는 이 마지막 겨울 여행...
죽음의 기호인
후경에 있는
마른 두 그루의 나무.

리고 사형집행인의 도끼처럼 위협하는 '죽음'이라는 세 기호에 의해 행해진다. 불길한 삼각 측량, 계속되는 이 마지막 겨울 여행...

죽음의 기호인 후경에 있는 마른 두 그루의 나무. 자크 데리다, 그는 알고 있다. 아다미 역시 그것을 모르지 않는다. 자크 데리다는 그의 인생의 말년의 겨울을 살고 있다는 사실을. 생명이 빠져나간 두 그루터기가 그것을 말해 준다. 하늘을 향해 침묵 속에서 외치고 있는 나뭇가지들도 마찬가지이다. 자크 데리다의 삶, 인간 & 철학자, 사랑하는 사람 & 교수, 친구 & 작가, 사상가 & 시인, 유대인 & 예술가, 여행가 & 지식인, 가정의 아버지 & 남편, 독자 & 연설가. 엘비아르[38]의 어린 유대인 & 지구를 누빈 강연자, 이 삶은 따라서 곧 멈추게 될 것이다. 74번의 겨울, 그중에서 마지막 겨울이 이 그림에 그려져 있다.

물론 이 두 그루의 나무는 '생명의 나무'와 '지식의 나무'를 상기시킨다. 데리다가 가장 영감을 받은 정원사의 방식으로 그의 시대에 심었던 두 그루의 나무인 것이다. 여기, 두 그루의 나무는 죽어, 메마르고 말라붙어 수액이 빈 채, 달과 계절과 밤과 태양의 열기에 민감한 정액이 떠나 버렸다. 생명이 있었다. 오! 얼마나 오래갈 것인가! 학문이 있었다. 오! 마찬가지로 얼마나 오래갈 것인가! 하지만 이 큰 떡갈나무에게 결정적인 벼락

이 떨어질 시간이 왔다. 자크 데리다는 2004년 10월 9일 세상을 떠났다. 유례없이 철학적이었던 20세기도 그와 함께 막을 내렸다.

---

1 Jean-Pierre Claris de Florian(1755-1794): 프랑스 시인, 소설가 및 우화 작가.

2 『회화 속의 진리』의 두 번째 부분의 제목이 바로 '+R(par dessus le marché: 덤으로)'이다. 이 부분에서 데리다는 아다미의 그림 〈『조종』을 따르는 그리기 공부〉라는 제목의 그림을 해설하고 있다. 이 그림에서 '물고기'는 신의 상징이다. '+R'에서 '+'는 철자 't'를 의미하기도 하고, 더한다는 의미의 '플러스'의 의미도 있다. 따라서 '+R'은 'tr'로 읽을 수도 있다. 그런데 'tr'은 주로 변화, 바뀜과 무관하지 않다. 데리다는 '+R의 물고기'를 통해 뭔가가 '신', 즉 '저자'(여기서는 '화가')에 더해진다는 의미와 '바뀐다'는 의미(여기서 데리다는 아다미의 그림에 'Ich'라고 서명하면서 자기 그림으로 삼고 있다)를 가지고 특유의 유희를 하고 있다.

3 'Ichtus'는 히브리 전통에서 신, 구원자를 가리키며, 생선에 의해 상징된다. 구약 성서의 창세기에서 'Isch'는 '남자'를, 'Ischa'는 '여자'를 가리킨다. 히브리 전통에서 'Ich'는 말을 하기 시작한 순간의 '아담'을 지칭하는 다른 이름이다. 그런데 이 단어는 독일어에서 '나(Ich)'를 가리키기도 한다. 데리다는 이와 같은 단어들로 『회화 속의 진리』에서 아다미가 그린 그림을 해설하면서 유희를 하고 있다. 아다미가 '생선'을 주제로 그린 그림에서 '물고기'를 데리다 자신, 곧 '나(Ich)'라고 생각하는 것이 그 예이다.

4 『회화 속의 진리』, 『조종』 등에서 데리다는 'Ki'(또는 'Chi')를 종종 다루고 있다. 원래 'Ki(또는 Chi)'는 그리스어 22번째 철자('χ')에 해당하며, 로마자 'x'에 해당하는 알파벳으로 발음이 '크(x)' 또는 '키(chi)'이다. 그리스어 철자 'χ'가 형태상 두 요소가 교차하는 모습인 것에 주의하면서 데리다는 이 철자를 그 자신의 고유한 키아즘, 곧 교착어법의 유희를 위한 유용한 도구로 삼고 있다. 데리다의 초상화에 있는 탁자 위에 그려진 '십자가'도 역시 이 'chi'와 무관하지 않다.

5 『조종』(Galilée, 1974, pp. 216-218)에서 데리다는 장 주네의 어머니(mère)에 대해 다루면서, 주네를 버린 잔인한 어머니의 모습과 당연히 자식에 대해 자상하고 부드러운 태도를 보여 주어야 했을 어머니의 모습을 교차시키고 있다. 'chi-mère'는 원래 그리스 로마 신화에 나오는 괴물로 머리와 다리는 사자, 몸통과 사자의 목 근처에 있는 머리는 염소(또는 산양), 꼬리는 뱀(또는 이무기, 용)으로 되어 있다. 인간과 가축을 마구 잡아먹는 괴물로 여겨져 영웅 벨레로폰에게 살해당했다.

6 『조종』은 보통 책과는 달리 한 쪽에 세로로 2-4개의 난(欄)을 두고 있는 특이한 배열로 편집, 구성되어 있다.

7 『조종』에서 데리다는 주네의 어머니를 '키메라'(프랑스어 발음은 '쉬메르(chimère)'이나, 데리다에게서는 '키(Ki 또는 Chi)'로 발음된다. 주 4를 참고할 것.)와 연계시켜 다루면서 '암컷독수리'에 대한 논의를 하고 있다. 이 암컷독수리도 역시 부드럽고 사나운 두 모습, 곧 양가적인 의미를 가진 것으로 해석되고 있다.

8 Vittore Carpaccio(1465-1525/1526): 이탈리아 베네치아 유파에 속한 화가.

9 Étienne-Jules Marey(1830-1904): 프랑스 과학자, 생리학자로 움직임을 관찰하는 연구를 진행하고자 '동체사진법(chronophotographie)', 즉 하나의 이미지를 12프레임으로 나눠 연속 촬영하는 기술을 발명했다.

10 Shiva: 힌두교의 최고신으로 파괴의 신이다. 보통 갠지스강이 흘러내리는 머리에 3개의 눈을 가지고 있다.

11 Carlos Freire(1945-): 브라질 출신의 사진작가.

12 Magazine littéraire: 1960년에 창간된 프랑스 문학 월간지로, 2017년부터 『르 누보 마가진 리테레르(Le Nouveau Magazine littéraire)』로 개칭되었다.

13 ikebana(いけばな): 일본의 전통적인 꽃꽂이 예술을 지칭하는 단어로 흔히 카도오(かどう)라고도 한다.

14 『죽음의 푸가』, 『찬미가』와 더불어 파울 첼란의 가장 유명한 장시 중의 하나.

15 Michel Delorme: 데리다의 저작을 주로 출판한 갈릴레(Galilée) 출판사를 1971년에 세운 창업자.

16 La Monte Young(1935-): 미국 음악가, 작곡가로 미니멀리즘 음악의 대표적 인물.

17 Steve Reich(1936-): 1960년대 미니멀리즘 음악의 발전에 기여한 미국 작곡가, 음악가.

18 Philip Glass(1937-): 20세기 후반에 가장 영향력이 있는 것으로 여겨지는 미국의 작곡가, 피아니스트로 미니멀리즘 음악의 대표적 인물.

19 John Adams(1947-): 미니멀리즘 음악을 대표하는 미국의 작곡가 및 지휘자.

20 Ragas: 인도의 고전 음악에서 쓰이는 음계.

21 Karlheinz Stockhausen(1928-2007): 독일 작곡가로 프랑스의 피에르 불레즈와 더불어 현대 음악의 2대 지도자 중 한 명으로 자리를 굳혔다.

22 Safaa Fathy(1958-): 이집트 시인 및 기록영화 제작자.

23 Kirby Dick(1952-): 미국 영화감독 및 기록영화 제작자.

24 Ziering Kofman(1962-): 미국 영화제작자 및 영화감독.

25 유대인들이 쓰는 빵모자로 '둥근 지붕' 등을 의미하는 히브리어 'kippah'에서 유래.

26 데리다가 초등학교 시절에 단지 유대인이라는 이유로 국기 게양식에 참여하지 못한 사건을 가리킨다. 이 행사에는 반에서 일등을 한 학생이 참여하는데, 데리다는 그 당시에 일등을 하고서도 이등을 한 학생에게 양보를 해야 했다.

27 Aaron: 히브리인 최초의 대사제로 모세의 형으로, 말을 잘했기 때문에 말을 잘 못하는 모세를 대신해 이집트의 파라오에게 하느님의 명령을 전한 인물.

28 Hélène Cixous(1937-): 프랑스 페미니스트 작가, 철학자.

29 마란(marrane): 가톨릭 신자로 개종한 유대인.

30 2차 세계 대전 당시 독일의 침략하에서 페탱을 수반으로 하는 비시 정부에서 유대인 탄압이 있었고, 종전 이후에도 유대인에 대한 차별이 완전히 사라지지 않았음을 의미하는 것으로 보인다.

31 데리다가 마란으로 강제 개종을 하고, 겉으로 새로운 종교의 규칙을 따르는 척했지만, 속으로는 유대교의 의식, 전통을 지키는 유대인으로 남아 있었다는, 다시 말해 데리다 특유의 해체적인 방식으로 마란-유대인의 역할을 수행했다는 것을 말하는 것으로 보인다.

32 '미장아빔(mise en abyme, 심연 두기)'이란 '소설 속의 소설', '이야기 속의 이야기', '극중극'처럼 하나의 작품 안에 똑같은 내용이나 형태가 반복적으로 들어 있는 장치를 의미한다. 여기서는 아다미가 그린 그림의 '십자가(十)' 속에 데리다와 아다미의 모습이 반복되어 포개져 놓여 있다는 의미로 사용된 것으로 보인다.

33 이 텍스트는 『회화 속의 진리』에 포함되어 있다.

34 주 7을 참고할 것.

35 이 책의 프랑스어 제목은 "Glas"이다. 이 단어의 의미는 "죽음을 알리는 종소리", 즉 '조종(弔鐘)'이다. 데리다에 따르면, 이 제목은 서구의 모든 담화와 진리는 '차연'으로 인해 존재하지 않는다는 사실을 알리는 종소리라는 뜻을 함축하고 있다. 또 다른 의미는 소쉬르의 주장과 관련된다. 소쉬르는 이 단어를 완전한 의성어로 여겼다. 하지만 데리다는 이를 부정하기 위해 'gl'이라는 소리가 수많은 단어와 결합되어 다양한 뜻으로 변화되는 것을 증명한다. 그렇게 함으로써 데리다는 'gl'이라는 소리만이 지니고 있는 고유한 의미, 곧 고정되고 유일한 진리가 없다는 것을 드러내고자 한다. 여기에 더해 데리다는 'gl'이 다른 철자와 결합하는 방식이 의미적, 논리적 필연성에 의한 연합이 아니라, 단순하고 우연적으로 발생한 의미 없는 음의 감염의 결과라고 본다. 이것은 철학에서 말하는 의미, 논리의 필연성을 문제삼는 것이다. 데리다는 결국 'gl'을 통해 서구 형이상학적 진리를 해체하고 있다고 할 수 있다. 『회화 속의 진리』에서는, 앞의 주 2에서 지적한 바와 같이, "+R"에서 '+'를 't'로 여기면서 'tr'과 관련이 있는 단어들에 대한 유희를 하고 있다.

36 Philippe Bonnefis(1939-2013): 프랑스 문학비평가 및 문헌학자.

37 다모클레스(Damoclès)는 BC 4세기 전반 시칠리아 시라쿠사의 참주 디오니시오스 2세의 측근이었던 인물이다. 어느 날 디오니시오스는 다모클레스를 연회에 초대해 한 올의 말총에 매달린 칼 아래에 앉혔다. 참주의 권좌가 "언제 떨어져 내릴지 모르는 칼 밑에 있는 것처럼 항상 위기와 불안 속에 유지되고 있다"는 것을 가르쳐 주기 위함이었다. 위기일발의 상황을 강조할 때 "다모클레스의 칼(épée de Damoclès)"이라는 표현을 사용한다.

38 El-Biar: 알제리 알제 시에 속한 코뮌 중 하나로, 데리다의 고향이다.

수정(修整)의 상상 박물관

결 론

1. 모욕당한 얼굴

그림에서 '수정(repentir)'은 비도덕적(amoral)이다. 반도덕적(immoral)인 것이 아니라 비도덕적이다. 달리 말하자면 그림을 고치는 행위는 도덕의 외부에 놓여 있다. 분명, 이 단어의 계보학은 도덕과 관련되어 있다.[1] 사람들은 잘못, 죄, 실수 등을 뉘우친다. 해 버린 말이나 하지 못한 말을 후회한다. 사람들은 일어났던 일을 돌아보고는 후회한다.

화가가 자신의 그림을 끝냈다고 생각했음에도 다시 손을 볼 때, '수정'이 있다고 말한다. 화가는 그림이 끝났다고 생각하지만 아직 끝나지 않았다. 그림에 뭔가가 빠진 것이 있다... 세부적인 어떤 것, 뭔지 모르는 것이나 아주 사소한 것이 말이다. 일반적으로 말하듯이 끝내고, 마치고, 완성하는 데 뭔가가 빠진 것이다... 더하고 명확히 하고 지우는 한 번의 붓질. 이런 붓질의 효과, 두터운 물감 층, 덧칠, 색감을 부각시키기, 색 수정, 터치. 그러면 끝난 것처럼 보였던 그림이 이번에는 정말로 끝나게 된다.

나의 수정은 이런저런 텍스트에 대한 것이 아니다. 정해진 시간에 일을 끝내고 다른 일로 넘어가야 한다. 사실, 수정하면 더 나아질 수 있을 것이다. 하자면 끝없이, 더 나아질 수 있을 것이지만. 마침표를 찍어야 한다. 그리고 다른 일로 옮겨가야 한다. 어떤 작품도 완벽하지 않다. 불완전함도 한 작품의 정체성의 일부이다.

여기에서의 수정은 갤러리[2]에서 빠진 것들에 대한 것이다. 플로티노스가 빠진 서양 철학사, 또는 포르피리오스나 이암블리코스 같은 고대 신플라톤주의의 대표 철학자의 누락. 이것은 구멍이다... 어떤 철학자들은 지나치게 많이 그려졌다. 아우구스티누스나 토마스 아퀴나스가 얼마나 많이 성상화로 남겨졌는지를 지적한 바 있다. 하지만 그보다 더 당연한 것은 없다. 왜냐하면 그들은 사도 전승의 로마 가톨릭 교회의 영웅들이었기 때문이다. 이 교회는 그들을 여러 각도에서 보여줄 이유가 있었다. 신자들을 교화시키는 일이 중요했던 것이다. 성상화는 다른 방법들을 통해 지속된 호교론이다. 천 년 이상 지속된 기독교 이데올로기의 독점적인 지배는 많은 그림들을 축적할 시간을 주었다. 우선 프레스코화를, 그다음에는 유화를 말이다. 다른 표현 매체들에 대해서는 말하지 않겠다.

다른 종교 철학자들의 부재도 의미를 갖는다. 『탈무드』나 『쿠란』을 바탕으로 유대-기독교에 대해 물으면서 다른 신학적, 철학적, 영성적, 도상적 세계를 열었던 이븐 루시드와 이븐 시나,[3] 그리고 마이모니데스[4]를 형상화하는 일은 금지되었는데, 그 결과 그들의 초상화는 많이 남아 있지 않다.

그런데 이븐 루시드의 초상화가 그려진 경우는 그의 삶과 저작에 대한 형상화이기보다는 오히려 서양의 기독교 철학자들을 돋보이게 하기 위한 형상화였다. 예컨대 루이지 무시니의 〈마르실리오 피치노의 정원〉에서 이븐 루시드는 신중한 제자로 묘사되었다. 그는 이 그림에서 플라톤주의에 대한 강의를 듣기 위해 거기에 있는 것처럼 보인다. 자신을 버리고자 서양 학교에 갔던 것이다. 현대식으로 말하자면 '통합'이다.

전체적인 모습을 보면 이븐 루시드는 모욕을

당하는 자세를 하고 있음을 알 수 있다. 그는 토마스 아퀴나스의 발아래에 쓰러져 있다...

이 모습은 분명 서양 철학사의 한 순간을 보여주지만 나는 불편함을 느꼈다... 나는 처음에는 이 순간을 이 책에서 제외시켰다. 그 후, 이 책을 끝마쳤을 때 한 발 물러나서 보니 이 작품이 빠졌다고 생각했다. 나는 그에 대한 한 장(章)—그 제목은 '이븐 루시드의 터번'일 수도 있었을 것이다—을 쓰려 했었다. 하지만 이 그림 때문에 거북해져 다시 옆으로 제쳐 놓았다. 그런데 지금은 그 거북스러움 때문에 거북스럽다. 나는 이 작품을 내걸고 싶다. 고촐리[5]의 작품을 보자. 이 그림은 무엇을 말해 주는가? 이 작품은 수직적인 세 단계로 구축되었다. 이것은 그만큼의 위계질서화된 층위를 이룬다. 우리는 이 그림에서 플라톤의 『국가』의 세 계급을, 따라서 조르주 뒤메질이 정립한 '삼기능성(trifonctionnalité)'[6] 가설의 세 계급을 재발견한다.

반구형 유리 용기 속에 있는 것처럼 보이는 윗부분에 천상의 세계가 있는데, 이곳에도 격자 형태처럼 또 다른 삼기능성이 나타나고 있다. 꼭대기에는 만물의 지배자인 그리스도가 태양 원판 속에서 토마스 아퀴나스의 글에 동의를 표하고 있다. 그 밑으로 선지자 모세와 13번째 사도인 바오로가 있고, 더 밑으로 복음사가(福音史家) 4명—마가, 마태, 누가, 요한—이 있다. 플라톤의 『국가』의 논리로 보면, 그곳은 절대 권력의 상상적인 공간, 즉 철인-왕의 공간이다.

화폭의 중앙에는 토마스 아퀴나스가 후광에 둘러싸여, 따라서 신의 성유로 축복을 받아 위엄 있는 모습으로 앉아 있다. 플라톤에 따르면 이 공간은 전사들의 공간으로, 아랫부분에서 우글거리는 하인들로부터 기인할 수 있는 욕망들로부터 그들 위의 철인-왕을 보호하는 곳이다.

토마스 아퀴나스는 그의 스승들 사이에 앉아 있다. 오른쪽에는 플라톤이, 왼쪽에는 아리스토텔레스가 있다. 토마스 아퀴나스가 들고 있는 성서는 『잠언』(8장 7절) 부분이 펼쳐져 있는데, 그

베노초 고촐리 작, 〈플라톤과 아리스토텔레스 사이에서 성 토마스 아퀴나스가 이븐 루시드에게 거둔 승리〉
루브르 박물관

의 『대이교도대전』에 나오는 다음과 같은 텍스트를 읽을 수 있다.

Veritatem meditabitur guttur meum
et labia mea detestabuntur impium

이 문장의 의미는 이렇다.

내 입은 진리를 말하며,
내 입술은 불경을 저주한다.

많은 빛이 『잠언』에서 나와 철학자들에게로 향함과 동시에 그들에게서도 빛이 발산된다. 이 철학자들은 복음서에서 자양분을 제공받고, 또 그 복음서에 다시 자양분을 제공한다. 플라톤과 아리스토텔레스, 그리고 토마스 아퀴나스에 의해 짓밟힌 이븐 루시드는 모욕을 당하는 노예처럼 바닥에 쓰러져 있다. 그는 터번을 쓰고 있고, 회색 수염이 덥수룩하다. 둘 다 이슬람교도를 의미한다. 그는 손에 『아리스토텔레스의 첫 저작에 대한 주석』을 들고 있다.

지오바니 디 파올로 작, 〈성 토마스 아퀴나스가 이븐 루시드를 꼼짝 못 하게 하다〉
생 루이 미술박물관, 미국

물론, 이 그림에서 말해지는 것은 신학 분쟁이다. 하지만 또한 패배자에 대한 지배와 모욕의 형태로 무대화된 기독교와 이슬람교 사이의 관계도 말해지고 있다. 나는 이 분쟁을 곧 다루겠다.

화가는 아랫부분, 즉 평민들이 있는 부분에 한 회합을 그리고 있다. 역사의 이런저런 개별적인 순간을 제시하는 다양한 해석이 가능하다. 어느 교황인지에 대해서는 단언할 수 없다. 하지만 이 회합이 사도 전승의 로마 가톨릭 교회 수장들의 회합이라는 것은 확실하게 말할 수 있다.

이 회합에서 성직자들을 볼 수 있는데, 그들 중 지위가 가장 높은 사람이 교황이고, 다른 사람들은 성직자들이다. 삼층관을 쓴 교황 주위에 두건을 쓴 추기경들과 주교들이 있다. 수도사들은 하얀 옷을 입고 있는데, 그들은 도미니크수도회 수사들이다. 네 명이 감상자에게 등을 돌리고 앉아 있는데, 그중 왼쪽의 한 명은 터번을 쓰고 있고, 나머지 셋은 기독교식 작은 두건을 쓰고 있다. 이 작품 속에는 약 십여 권의 책이 있다. 교황은 한 권을 무릎 위에 놓고 손가락으로 한 행을 가리키고 있다. 따라서 어떤 책에 기록된 한 교리가 토론의 쟁점인 것으로 보인다.

어떤 교리가 쟁점이 되고 있을까? 선택의 여지가 있다. 이븐 루시드는 아리스토텔레스 주석의 대가였다. 그 철학자에게서 이븐 루시드는 가톨릭교회에 몹시 거슬리는 몇몇 가르침을 끌어냈다. 하나의 예만 들어 보자. '세계의 기원'에 관한 것이다. 신플라톤주의자들을 따라 이븐 루시드는 이렇게 주장했다. 즉, 세계는 신으로부터 비롯되는 영원한 발산이라고 말이다. 따라서 세계는 신의 영속적이고 역동적인 산물인 것이다. 하지만 공식적인 기독교는 이런 해석을 따를 수가 없었다. 왜냐하면 기독교는 이 세계가 있는 그대로 단번에 영원히 안정된 방식으로 창조되었다고 믿기 때문이다.

하지만 또 다른 여러 가지 불일치점들을 지적할 수도 있을 것이다. 『영혼론』이라는 제목이 붙은 아리스토텔레스의 저서를 해석하면서 이븐 루시드는 다음과 같은 결론을 맺는다. 즉, 몸과 분리되어 있지만 물질적이라고 지칭되는 수동지성이 존재하고, 모든 인간의 합리적인 영혼을 아우르는 단 하나의 능동지성이 존재한다는 것이 그것이다. 곧 '지성단일성론(monopsychisme)'이다. 반면, 토마스 아퀴나스가 보기에 지성은 몸과 분리되지 않으며, 또 지성은 다수이다. 즉, 지구상의 인간의 수만큼 서로 다른 지성들이 존재한다. 후일 '이중 진리'[7]라고 지칭될 문제에 대해서도 잠시 주의를 기울일 필요가 있을 것 같다. 철학은 종교가 가르치는 어떤 것과 반대되는 것으로 밝혀지는 것을 가르칠 수 있다. 하지만 종교가 가르치는 어떤 것은 거짓일 수도 있고, 또 그것과 반대되는 것이 거짓이 아닐 수 있다. 예컨대 능동지성과 인간 지성의 존재 문제에 대해 토마스 아퀴나스는 이렇게 주장한다. "이성에 따르면, 나는 모두를 위해 소용되는 단 하나의 지성이 있을 뿐이라고 결론 내릴 수밖에 없다. 신앙에 따르면, 나는 그와 반대되는 주장을 강하게 지지한다." 어떤 이들은 이렇게 말할 것이다. 이븐 루시드는 철학자의 이성과 신자의 신앙을 서로 대립시켰다고 말이다. 이런 주장은 그의 사상의 핵심이 아니지만, 이븐 루시드주의에는 속한다.

베노초 고촐리는 루시드주의의 한 순간을 그렸다. 능동지성, 세계의 흐름 또는 이중 진리의 문제라는 것은 중요하지 않다. 이븐 루시드에 대한 소송을 진행하는 것은 가톨릭교회 전체이다. 이를테면 제일 위로 교황, 그 옆에 추기경들과 주교들, 다른 품급의 수도사들, 대학교수들, 다른 성직자들이 있는 것이다. 그들 중 이 그림의 아랫부분에 터번을 쓰고 작품의 아래쪽 중앙 끝에 앉아 등을 보이고 있는 자가 바로 이븐 루시드라고 상상할 수 있다.

이븐 루시드가 바닥에 엎드려 있는 사람으로 묘사된 중앙 부분 왼쪽에서 이와 같은 라틴어 구절들, 즉 Vere hic est lvme ecclesie(여기에 진정으로 교회의 빛이 있다.)와 오른쪽으로 Hic adinvenit omnem viam discipline(여기에서 그는 정신적 지도로 향하는 길들을 발견한다.)를 읽을 수 있다.

토마스 아퀴나스는 이븐 루시드와 맞서 싸웠다. 그의 『이븐 루시드주의자들에 대한 지성의 단일성론』(1269년경)과 『세계의 영원성론』(1290)이 두 사람의 그 싸움을 증명해 준다. 이 교회 그림은 그 싸움의 승자를 보여 준다. 토마스 아퀴나스는 1323년 성인품에 올랐고 귀족이 되었다. 이 싸움으로 토마스 아퀴나스는 신과 가장 가까운 자리를 차지하게 되는 반면, 이븐 루시드는 원죄를 지은 뱀처럼 바닥을 기고 있다.

나는 이 그림을 다시 내걸었다. 즉, 제자리에 갖다 놓았다. 왜냐하면 이 싸움의 종결에 대한 이 그림의 예술적 처리로 인해 충격을 받았기 때문이었다. 여기서 기독교는 거만하고, 잘난 체하고, 거드름 피우는 것으로 보일 뿐만 아니라, 특히 아리스토텔레스의 이론의 한 부분을 교회가 생각했던 것과는 다르게 해석하는 것에 그친 이븐 루시드를 무시하고 짓밟는 것으로 보이기 때문이다.

이 작품은 다음과 같은 사실을 보여 준다. 즉, 기독교가 힘과 권력을 가지고 있는 동안 불복종의 문제를, 심지어는 지적으로 가장 예민한 문제들까지도 오직 모욕과 비굴함의 방식으로만 해결했다는 사실이 그것이다. 파충류, 도마뱀, 유충, 원시 동물처럼 바닥을 기어야만 했던 이븐 루시드는 그림에서 '바닥보다 더 아래에' 아랍인, 이슬람교도가 있다고 말하는 것처럼 형상화되어 있다.

틀림없이 현대적 해석들을 야기할 수 있는 정치적 의견들을 이 책에 넣지 않기 위해 나는 이 그림을 다소 의식적으로 제외시켰던 것 같다.

하지만 나는 이 그림을 다시 내거는 모험을 감

행했다. 그렇다. 기독교인들의 일반적인 생각이 아랍인이자 이슬람 철학자 이븐 루시드를 이처럼 모욕적인 자세로 회화 속에 재현시키고 있는 것이다. 오르카냐,[8] 부팔마코,[9] 트라이니,[10] 가디,[11] 보나이우토[12] 스타일의 트레첸토[13]를 생각해 보라… 기독교가 권력의 정점에 있었을 때, 어떤 정신 상태에서 이슬람교도들을 장악했는지를 말해 주며, 기독교가 쇠퇴할 때 어떻게 가치의 전도에 직면하는지도 말해 준다. 이번에는 토마스 아퀴나스가 바닥에서 먼지를 마실 때, 이븐 루시드가 위엄 있게 앉아 있을 수도 있는 것이다…

2. 생각할 거리가 없는 얼굴들

또 다른 수정은 다음과 같은 초상화들에 해당된다.(물론 그 반대의 증거가 있는 경우는 제외했다.) 초상화로 그려진 철학자의 이론을 파악하고 설명할 수 있도록 해 준 디테일과 아날로공에 대한 나의 이론의 적용을 허락하지 않았던 초상화들이 그것이다. 나는 위엄 있는 초상화들과 마주하고 있었지만, 이 초상화의 그 어떤 부분도 철학적 독법의 단서를 제공해 주지 않았다! 따라서 철학적 초상화들보다는 오히려 백색의 초상화, 중성적 초상화, 이를테면 철학적으로 무의미한 초상화들에 관한 문제였다.

예컨대 앨런 램지가 그린 루소의 초상화는 데이비드 흄의 초상화를 그대로 본뜬 것으로 생각되었다. 램지는 영국 철학자 흄의 사상의 애호가였다. 당대의 부르주아지를 그렸던 램지는 조지 3세의 공식 화가로 유명해졌다. 실제로 그랬지만 그는 조금은 철학자로서의 명성을 누리기도 했다. 그는 그림올 많이 그렸는데, 당대의 주요 인물들도 몇몇 그렸다. 그의 그림에서는 얼굴과 흉상뿐 아니라, 특히 의복이 두드러졌다.

우리는 '루소가 쓰고 있는 둥근 모피 모자'가 얼마나 '루소 풍의 모피 모자'가 될 수 있는지를 알고 있다. 왜냐하면 이 모자는 그에게서 이 세상 사람들과 구별되고자 하는 의지, 자기 자신에 대해 주의(그렇게 원했으면서도 그는 그 주의를 비판한다)를 환기시키려는 욕망, 이국적이고 기괴한 어떤 속성의 선택에 의한 문명과 문화에 대한 그 거부, 그의 질병과 그 질병이 그의 몸에, 따라서 그의 행동과 사유에 미친 영향을 보여 주기 때문이다.

하지만 흄의 부티 나는 의상, 예컨대 비단 조끼는 어떻게 '흄 풍의 조끼'가 될 수 있는가? 흄을 상업과 사치스러운 생활, 그리고 무역이 개인의 자유와 국가의 부를 보장해 줄 것을 주장하는 자유주의자로 만드는 바로 그 정치적인 부분에 대해 논의해 볼 수 있을지는 모르겠다. 하지만 여기서 나의 독법은 아마도 다른 철학자들에게서보다 더 터무니없을 것이다. 왜냐하면 흄의 회의주의적 사유—이 사유는 고인이 된 클레망 로세[14]의 마음을 사로잡았는데, 이 사유는 실존과 진리, 그리고 현실의 사실성 등을 회의한다—가 비단 조끼 속에서 허우적대고 있었기 때문이다…

나는 흄을 제외시킨 이유를 제시하고 있지만, 내가 그것에 반대되는 논거들을 제시할 수 있다는 생각, 그렇게 되면 흄이 이 책의 갤러리로 들어올 수도 있었을 것이라는 생각이 머리를 스친다…

이 책에서 다뤄진 33인의 저자의 전집들은 나에게 비교적 친숙하다. 하지만 내가 별로 읽지 않았거나 아니면 건성으로 읽었던 데이비드 흄의 경우는 그렇지 않다. 이제 기억이 나는데, 그의 저작을 읽은 것은 교수자격시험 때 영어 시험을 위해서였다. 지금 이 부분을 쓰면서 나는 아마도 이 수정의 이유를 발견하는 것 같다. 어쩌면 다른 개정판을 위한 것일지도 모르겠다…

요제프 칼 슈틸러[15]가 그린 요제프 셸링[16]의 초상화에도 문제가 있다. 이 철학자도 내가 잘 모르는 철학자이다. 다만, 다음과 같은 일은 가능하다. 즉, 내가 전집을 읽었든 아니면 주저를 읽었든 내가 언급한 다른 철학자들과는 달리 그들의 저작에 대한 얕은 지식으로 인해 (따라서 내가 발견하지 못하는) 어떤 실마리를 통해 그들의 저작에로 들어가지 못했을 수도 있다.

셸링에 대하여. 목 둘레에 보이는 자주색 외투의 넓은 깃은 어쩌면 내가 그것을 바탕으로 모든 이야기를 펼칠 수 있는 아날로공으로 기능할 수도 있을 것이다. 실로 그는 어떤 제국의 황제인가? 그려진 사람은 헤겔을 따라서 종교와 신화를 연구하는 독일 관념론의 상징적인 철학자보다는 오히려 명예로운 칭호(뮌헨 학술원 부회장 및 회장, 같은 시의 예술원 종신 사무총장, 바이에른의 선제후 막시밀리언 3세를 계승하는 황태자의 가정교사, 프랑스 학술원 교신회원)를 많이 가진 사람이다. 그는 또한 1841년에 귀족이 된 사람이다. 그에게서 철학적 그림의 소재를 찾는 것은 어려운 일이다.

앨런 램지 작, 〈데이비드 흄의 초상화〉
스코틀랜드 국립갤러리, 에든버러

크리스토프 베른하르트 프랑케[17]가 그린 라이프니츠의 초상화에 대해서도 같은 지적을 할 수 있다. 풍성하게 늘어져 출렁거리는 가발을 볼 수 있는 이 바로크풍의 초상화는 그 초상화의 설명과 관련하여 내게 '라이프니츠와 바로크'라는 부제가 붙은 『주름』을 출판한 질 들뢰즈를 소환시킨다. 그 모습은 철학자 라이프니츠보다는 당대의 정치에서 주요 역할로 칭송받았던 외교관과 관련이 있는 것 같다. 여기서 라이프니츠는 모나드론이나 미적분을 발명했던 사상가보다는 외교관으로서의 위엄을 보이고 있다.

내가 3기(troisème cycle) 박사학위 논문을 쓸 때 아리아드네의 실타래가 되었기에 더 잘 아는 헤겔에 대해서도 마찬가지로 나는 이야기를 풀어나갈 실마리를 포착할 수 없었다. 야코프 슐레진저[18]가 그린 헤겔의 초상화(1831)는 나에게 이야깃거리를 제공해 주지 않았다. 마치 여우의 털처럼 모피에 싸인 깃? 하얀 천으로 된 불룩한 장식 주름 속에 묶인 넥타이? 이 모든 것 중 어느 것도 내게 아날로공을 떼 내어 다룰 여지를 주지 않았다. 프란체스코 솔리메나[19]가 그린 비코의 초상화도 마찬가지이다.

테오도르 샤세리오[20]가 그린 토크빌의 초상화에 대해서도 같은 지적을 할 수 있다. 이 그림에서 『구제도와 프랑스 혁명』의 저자 토크빌은 벽에 쇠시리가 있는 부르주아풍 살롱의 한 의자 뒤에 서 있다. 이 그림에서 그 어떤 것도 이야기를 쓸 수 있도록 아날로공을 주지 않는다.

이를테면 라이프니츠와 비코, 흄, 헤겔, 셸링, 토크빌에 대해 화가들은 그들의 얼굴을 재현했지만 생각거리를 제공해 주지 않는 것 같다. '나에게만' 주지 않는 것인지도 모른다. 나 이외의 다른 사람들은 어쩌면 모든 자물쇠를 열 수 있는 열쇠처럼 기능을 수행하는 디테일을 찾을 수 있을지도 모른다.

3. 보이지 않는 얼굴들

내가 한 가장 가슴 아픈 수정은 에피쿠로스와 루크레티우스에 대한 것이다.

라파엘로의 『아테네 학당』에서 에피쿠로스를 묘사한 것으로 여겨지는 한 인물 이외에―이 점에 대해서는 이미 지적했다―, 그를 그린 어떤 초상화도 존재하지 않는다는 것을 알게 되었을 때 나는 먼저 자료 조사가 부족했다고 생각했다. 그래서 나는 친구인 철학자 브뤼노 피코와 나의 다른 동조자들에게 도움을 간청했다. 아마도 그들은 여기저기 지방에 있는 잘 알려지지 않았지만 종종 걸작이 발견되곤 하는 박물관에서나 아니면 세계의 대형 박물관의 소장품들 속에서 이념사와 사상사와 철학사, 따라서 역사에서 아주 중요하게 평가되는 어떤 한 철학자에 대해 그다지 좋지 않은 솜씨로 그려진 하찮기까지 한 한 작품을 찾아내 줄 수 있을지 모르기 때문이다.

마찬가지로 나는 아우구스티누스나 토마스 아퀴나스에 대해서는 과다한 그림이 존재하는 반면, 위에서 언급한 것처럼 어떤 철학자들에 대해서는 경악할 정도로 그림이 없다는 사실을 이미 지적한 바 있다. 이것은 다음과 같은 사실, 즉 그림은 유명한 사람들을 주문자들의 관점에 따라 기념한다는 사실을 설명해 준다. 오늘날 무신론자 철학자의 최초의 저작으로 알려진 『유언』(1729)을 쓴 멜리에 사제[21]의 초상화를 주문하려고 화가를 찾는 교황을 상상하는 것은 어려운 일이다.

그림은 비싸다. 비용을 지불해야 한다. 지불 수단을 가진 자들만이 비용을 지불할 수 있다. '팔리스의 진리'이다. 따라서 초상화로 그려진 사상가들이 주문자의 이데올로기와 일치할 수 있다는 사실은 놀라운 일이 아니다. 옛날에는 교황과 주교, 추기경뿐만 아니라 왕과 황제, 왕자, 귀족들이 그 주문자들이었고, 이어서 부유한 부르주아들과 현대 자본주의의 네덜란드 상인들, 그리고 눈에 띄는 사회적 표지 및 투자와 투기의 대상을 탐내는 세계화된 자본주의의 백만장자들이 그들이었다.

따라서 에피쿠로스의 초상화는 존재하지 않는다... 나의 친구 브뤼노 피코가 다음과 같은 말로 그 소재를 알려준 하나의 초상화를 제외하면 말이다. "자네, 에피쿠로스에 대한 그림을 찾는다고 했지? 내가 아는 한, 찾아보아도 전혀 가망이 없을 걸세. 하지만 운명의 장난이라고나 할까. 자네가 그것을 안다면 아마 미소를 지을 걸세. 자네의 노르망디 출신 이웃인 1959년생 올리비에 드 리바즈라는 아마추어 화가가 〈M.O.의 초상화. 에피쿠로스의 정원〉을 그렸다네."

그런데 사실 M.O.는 바로 나다. 유감스럽게도... 왜냐하면 이 초상화는 나를 부분적으로 달걀이나 엉덩이 모습, 어쨌든 사람들이 가지고 싶어 하지 않을 그런 얼굴로 만들어 놓고 있기 때문이다... 크고 둥글고 부어 오른 머리, 뇌도 없고 눈도 없는, 따라서 시선도 없는 머리이다. 뇌를 제거해 버린 얼굴, 따라서 지성적 능력도 말 한 마디 이치에 맞게 할 능력도 없는 한 철학자, 얼굴만큼 넓은 황소의 목, 머리카락 대신에 하얀색으로 그려진 암탉의 솜털 같은 털, 입술이 뾰족한 작은

라파엘로의 〈아테네 학당〉에서 에피쿠로스를 재현했다고 여겨지는 디테일
라파엘로의 방, 바티칸

입, 꽃은 없고 가시만 있는 장미덩굴 화관의 시작 부분. 별다른 착오 없이, 머리 없는 이 괴물로 보아 성인의 초상화가 아니라는 것을 알 수 있다...

"이 세상의 영광은 이렇게 지나가 버린다!
(Sic transit gloria mundi!)"

올리비에 드 리바즈 작, 〈M.O.의 초상화. 에피쿠로스의 정원〉

---

1 프랑스어 단어 'repentir'는 '그림을 수정하다'라는 의미 외에도 죄나 잘못을 '회개하다', '후회하다', '뉘우친다' 등의 의미를 가지고 있다.

2 이 책에서 다룬 33명의 철학자들과 관련해서 내걸린 그림 전체를 가리킨다.

3 Avicenne(980-1037): 페르시아 제국의 철학자이자 중세 최고 의학자 중 한 명.

4 Maïmonide(1138-1204): 고대 유대 철학자이자 의사로, 중세에 가장 큰 영향을 준 토라 연구자.

5 Benozzo Gozzoli(1421-1497): 이탈리아 르네상스 시대의 화가.

6 프랑스 문헌학자이자 신화학자 뒤메질(Georges Dumézil, 1898-1986)이 내세운 가설로 인도유럽인들의 고대 사회, 종교, 신화에 나오는 삼신일체를 성직자, 전사, 평민(농, 상, 공업 종사자) 계급으로 해석하는 것.

7 계시를 통해 주어진 '신앙의 진리'와 경험을 통해 얻은 '이성의 진리'가 서로 다를 때 어떤 진리를 인정해야 하는가? 중세에서는 신앙의 진리를 인정하고 이성의 진리를 거부했다. 이븐 루시드와 토마스 아퀴나스는 모두 신앙의 진리를 진리로 인정했다. 하지만 이븐 루시드는 이성의 진리가 더 확실하다고 보고, 신앙의 진리는 우의적 표현으로 간주했다. 반면, 토마스 아퀴나스는 계시된 신앙의 진리가 이성의 진리보다 더 확실하다고 보았다.

8 Orcagna(1308-1368): 이탈리아 화가, 조각가, 건축가로 14세기 중엽 피렌체에서 가장 영향력이 큰 인물.

9 Buonamico Bufalmaco(1262-1340): 이탈리아 르네상스 시대의 화가.

10 Francesco Traini(1321-1365): 이탈리아 르네상스 시대의 화가.

11 Taddeo Gaddi(1300-1366): 이탈리아 르네상스 시대의 화가.

12 Andrea di Bonaiuto(1343-1379): 이탈리아 르네상스 시대의 화가.

13 Trecento: 음악에서 14세기 피렌체 등을 중심으로 유행한 다성 세속 노래를 중심으로 한 이탈리아 아르스 노바(Ars nova)의 흐름을 지칭하기도 하나, 여기서는 이탈리아 르네상스의 전기에 해당하는 14세기 미술을 가리킨다.

14 Clément Rosset(1939-2018): 프랑스 철학자.

15 Joseph Karl Stieler(1781-1858): 베토벤의 초상화로 유명한 독일 화가.

16 Joseph Schelling(1775-1854): 독일 철학자로 독일 관념론의 완성자로 여겨진다.

17 Christoph Bernhard Francke(1665-1670): 독일 장교이자 바로크 스타일의 초상화가.

18 Jakob Schlesinger(1792-1855): 독일 화가.

19 Francesco Solimena(1657-1747): 이탈리아 바로크 시대의 화가.

20 Théodore Chassériau(1819-1856): 프랑스 낭만주의 시대의 화가.

21 Meslier(1664-1729): 프랑스 계몽주의 시대의 성직자.

역자 후기

레오나르도 다 빈치에 따르면, 그림은 '정신적인 것(cosa mentale)'이다. 지적인 것, 또는 지성적인 것이라는 말일 것이다. 그렇다면 그림을 그리는 화가에게도 '정신적인 것'이며, 그 그림을 감상하는 사람에게도 '정신적인 것'일 것이다. 그러니 그림은 곧 화가와 감상자의 두 정신, 또는 두 지성이 만나 정신적으로 교류하며 교감하는 장(場)일 것이다.

화가는 기호나 알레고리, 상징 등의 이미지를 이용하여 자신의 '정신적인 것'을 표현한다면, 감상자는 거꾸로 화가의 그것들을 언어로 해석해 낼 것이다. 생각 또한 언어를 통해서 이루어지기에, 그림을 보면서 뭔가를 생각하는 것 역시 결국에는 언어를 통해 해석하는 일이다.

그런데 그림은 일반적으로 표현 공간이 제한적이어서 최소의 이미지로 최대의 의미 효과를 발휘하도록 해야 할 것이다. 다시 말해 가스를 압축하듯, 표현하고자 하는 바를 최소한의 이미지로 압축할 필요가 있는 것이다. 그 압축된 이미지는 단 하나의 오브제, 즉 사물의 이미지일 수도 있다. 압축가스에서 많은 양의 가스가 흘러나오듯, 압축된 이미지에서 수많은 언어가 생성되어 흘러나온다.

미셸 옹프레(Michel Onfray)의 이 책은 서양 철학사에서 각 시대를 대표하는 유명한 철학자들의 초상화나 철학자들을 소재로 한 그림들, 즉 철학적 그림에 대한 해석을 담고 있다.

철학적 그림을 그리는 화가들은 분명 자신이 그리는 그 철학자에 대해 많은 것을, 이를테면 그 철학자의 중심 사상을 충분히 그리고 정확히 이해할 필요가 있을 것이다. 그 이해는 다다익선(多多益善)이며 정확성은 정곡(正鵠)을 찔러야 할 것이다. 물론 철학 사상에 대한 이해는 필요조건에 불과하다. 필요충분조건을 만족시키려면 자신이 정확히 이해한 그 사상을 압축된 이미지로, 다시 말해 그 철학자의 철학 사상을 총체적으로 가장 잘 드러내는 압축된 이미지로 변환시킬 필요가 있다.

하지만 설령 화가가 자신이 그리는 철학자의 사상을 충분히 그리고 정확히 이해하여 그것을 압축된 이미지로, 심지어는 하나의 오브제로 묘사할지라도, 이번에는 감상자의 차례가 남았다. 감상자가 그 그림을 통해 아무것도 이해할 수 없다면 그 그림은 쌍방향의 소통이 잘 이루어지고 있다고 말할 수 없다. 그 그림을 매개로 하여 두 정신이 교감을 잘 이루고 있다고 말할 수 없다. 그렇다면 감상자도 자신이 감상하는 그림 속의 그 철학자의 사상을 잘 이해하고 있을 필요가 있다. 그러므로 감상자가 그 철학자에 대해 아는 것이 없으면 그 그림 앞에서 까막눈이 되는 것이다. 적어도 그 그림을 통해 그 속에 표현된 철학자의 사상을 이해하고 화가와 공감하는 차원에서는 말이다. 문학도 그렇지만 그림을 비롯한 예술 작품의 이해와 관련해서는 '아는 만큼 보인다'는 말이 어느 정도 이해가 된다. 따라서 역설적으로 그림은 '정신적인 것'이라는 말도 이해가 된다.

그렇다면 그림 속의 철학자에 대해 별로 아는 것이 없는 감상자는 그 그림을 보면서 무엇을 알 수 있을까? 그 철학자의 사상의 이해 이전에 감상자의 정신 속에서 일어나는 자유로운 생각들에

만족해도 되지 않을까?

아무튼 이 책에서는 철학자를 소재로 한 그림들 속의 '디테일'들을 철학자인 저자 자신이 철학적으로 해석하고 있다. 저자가 그 철학자들에 대해 아는 만큼 보고 있다고 말할 수 있다.

우리는 이 책을 읽으면서 이미지들을 해석하는 저자의 지적 활동에 쾌감을 느끼기도 한다. 어떻게 보면 숨은 그림 찾기에서 마지막에 그림을 애써 찾아냈을 때의 그 쾌감과도 비슷하다.

검은 글씨를 통해 철학 사상을 접하는 것도 매력 있는 일이지만, 그림을 통해 그것을 접하는 것도 나름대로 매력이 크다. 무엇보다 접근성이 좋다. 그림은 표현 수단 덕에 언어보다 시각성과 서정성이 높으며, 그런 만큼 딱딱하게 느껴지는 철학 사상에 접근하기에 언어보다는 부담감이 덜하고 또 수월하기 때문이다...

게다가 이 책은 그림을 통한 철학자들의 사상의 해석에만 그치지 않는다. 이 책의 저자에게 더 중요한 것은 철학의 대중화이며, 따라서 이 책은 당연히 대중 독자에게 유익한 메시지를 전하려 노력한다. 그 메시지는 다름 아닌 삶에 대한 지혜이다. 저자는 이 책에서 그동안 철학자들에 대해 잘못 이해된 것들을 '수정'하기도 하면서 그들이 전하는 유익한 메시지, 곧 지혜를 올바로 전하고자 애쓴다. 그 지혜의 진미를 향유해 보는 것 또한 이 책을 읽으면서 얻는 즐거움일 것이다!...

이 책은 2019년 알뱅 미셸(Albin Michel) 출판사에서 출간한 *Le crocodile d'Aristote: Une histoire de la philosophie par la peinture*를 우리말로 옮긴 것이다.

이 책의 저자인 미셸 옹프레는 프랑스 철학자이자 작가로 무신론자, 쾌락주의자, 무정부주의적 자유주의자, 니체주의자 등으로 알려져 있다. 강단철학이나 사회의 보수화를 유발하는 순응주의, 독단주의 등에 맞선 반항의 철학자로 소개되는 그는 철학의 대중화와 삶의 개선을 화두로 문제적이고 논쟁적인 100여 권의 저서를 출간했다. 그중 『원숭이는 왜 철학 교사가 될 수 없을까』, 『철학자의 뱃속』, 『우상의 추락』, 『철학자의 여행법』, 『무신학의 탄생』, 『바로크의 자유사상가들』, 『사회적 행복주의』, 『프리드리히 니체』 등이 우리말로 번역되었다.

이 책의 앞부분은 김중현이, 그리고 뒷부분은 변광배가 번역했으며 여러 차례 원고를 바꿔 읽으며 용어와 표현들을 전체적으로 통일시키고자 했다. 그럼에도 수많은 철학자들의 고유한 개념과 용어들의 번역에서 자칫 잘못을 범한 경우도 없지 않을 것이다. 독자 여러분의 따뜻한 질정이 있기를 바란다.

끝으로 코로나-19로 인해 어려운 출판 여건에서도 이 책의 출간을 맡아 주신 서광사 이숙 대표님과 이 책의 출간 과정에서 교정과 교열을 맡아 수고해 주신 편집부에 감사의 말씀을 전해 드린다.

2022. 11.
변광배, 김중현

인용문 출처

서론

Livre de Tobie, 6,8, in *La Sainte Bible*, tr. abbé Crampon, Paris, Desclée, Lefebvre, 1904.

Livre de Tobie, 11,2, in *La Sainte Bible*, tr. M. de Genoude, Paris, Méquignon fils aîné, 1821-1824.

1. 피타고라스의 물고기

Diogène Laërce, *Vies et doctrines des philosophes illustres*, livre VIII, tr. Robert Genaille, Paris, Garnier Frères, 1933.

Plutarque, *Œuvres morales*, t. III, trad. Ricard, Paris, Lefebvre éditeur, 1844.

2. 아낙사고라스의 기름등잔

Diogène Laërce, *Vies et doctrines des philosophes illustres*, livre II, *op. cit*.

Anaxagore de Clazomènes, *Fragments*, in Jean Voilquin, *Les Penseurs grecs avant Socrate*, de Thalès *de Milet à Prodicos*, Paris, Garnier Frères, 1964.

Plutarque, *Vies des hommes illustres*, t. I, tr. Alexis Pierron, Paris, Charpentier, 1843.

3. 데모크리토스의 지구의(儀)

Diogène Laërce, *Vies et doctrines des philosophes illustres*, livre IX, *op. cit*.

4. 크산티페의 물 항아리

Diogène Laërce, *Vies et doctrines des philosophes illustres*, livre II, *op. cit*.

5. 소크라테스의 독배

Platon, *Phédon*, in *Œuvres de Platon*, tr. Victor Cousin, Paris, Hachette, 1896.

Diogène Laërce, *Vies et doctrines des philosophes illustres*, livre II, *op. cit*.

Platon, *Phédon*, tr. Monique Dixsaut, Paris, Flammarion, 1991.

7. 디오게네스의 등불

Diogène Laërce, *Vies et doctrines des philosophes illustres*, livre VI, *op. cit*.

8. 프로타고라스의 나뭇단

Aulu-Gelle, *Œuvres complètes*, tr. E. de Chaumont, F. Flambart et E. Buisson, revue par J.-P. Charpentier et F. Blanchet, Paris, Garnier frères, 1863.

9. 아리스토텔레스의 악어

Diogène Laërce, *Vies et doctrines des philosophes illustres*, livre V, *op. cit*.

Aristote, *Histoire des animaux*, tr. Pierre Pellegrin, Paris, Garnier-Flammarion, 2017.

11. 세네카의 랜싯

Tacite, *Annales*, in *Œuvres complètes*, tr. J. L. Burnouf, Paris, L. Hachette, 1859.

13. 아우구스티누스의 조가비

Henri-Irénée Marrou, "Saint Augustin et l'ange. Une légende médiévale", in : *Christiana tempora. Mélanges d'histoire, d'archéologie, d'épigraphie et de patristique*, Rome, École Française de Rome, 1978, p. 401-413.

Saint Augustin, *De la Trinité*, in *Œuvres*, tr. P. Agaësse, Paris, Desclée de Brouwer, 1955.

16. 에라스무스의 반지

Jean Levesque de Burigny, *Vie d'Érasme*, t. II, Paris, chez De Bure l'aîné, 1757.

17. 몽테뉴의 류트

Michel de Montaigne, *Essais*, texte établi par l'abbé Musart, Lyon, Perisse Frères, 1847.

18. 마키아벨리의 장갑

Diderot et d'Alembert, *Encyclopédie, ou Dictionnaire raisonné des sciences, des arts et des métiers*, t. 9, Paris, Briasson, 1765.

Nicolas Machiavel, *Le Prince*, in *Œuvres complètes*, t. 3, tr. Jean-Vincent Périès, Paris, Michaud, 1825.

보론

Patrick Boucheron, *Léonard et Machiavel*, Paris, Verdier, 2013.

Léonard de Vinci, *Carnets*, tr. Louise Servicen, Gallimard, 1942.

19. 데카르트의 손

René Descartes, *Méditations métaphysiques*, in *Œuvres*, tome I, Levrault, 1824.

René Descartes, *Cogitationes privatae*, in *Œuvres*, tome X, publiées par Charles Adam et Paul Tannery, Paris, J. Vrin, 1957.

20. 파스칼의 종이말이

Blaise Pascal, *Mémorial*, in *Œuvres de Pascal, Discours sur la vie et les ouvrages de Pascal*, t. 1, La Haye, Detune, 1779.

Blaise Pascal, *Pensées*, in *Œuvres complètes de Blaise Pascal*, t. 1, Paris, Hachette, 1871.

21. 디드로의 실내복

Denis Diderot, in *Œuvres complètes de Diderot*, t. XI, Paris, Garnier Frères, 1875-1877.

Denis Diderot, *Correspondance générale*, in *Œuvres complètes de Diderot*, t. XIX, *op. cit*.

Denis Diderot, *Regrets sur ma vieille robe de chambre ou avis à ceux qui ont plus de goût que de fortune*, in *Œuvres complètes de Diderot*, t. XIX, *op. cit*.

22. 볼테르의 펜

G.W.F. Hegel, *Leçons sur la philosophie de l'histoire*, tr. Gilles Marmasse, Paris, Vrin, 2004.

23. 루소의 모피 모자

Jean-Jacques Rousseau, *Émile*, in *Œuvres complètes*, t. II, Paris, chez Alexandre Houssiaux, 1852.

Jean-Jacques Rousseau, *Discours sur les sciences et les arts*, in *Œuvres complètes*, t. I, *op. cit*.

Jean-Jacques Rousseau, *Confessions*, in *Œuvres complètes*, t. I, *op. cit*.

Jean-Jacques Rousseau, *Correspondance complète*, Oxford, The Voltaire Foundation, 1978.

Jean-Jacques Rousseau, *Rousseau juge de Jean-Jacques*, in *Œuvres complètes*, t. 4, Paris, Furne, 1886.

Maximilien de Robespierre, *Œuvres*, éd. Albert Laponneraye, Paris, chez l'éditeur, 1840.

24. 칸트의 식탁

Emmanuel Kant, *Critique de la raison pratique*, in *Œuvres philosophiques*, t. II, tr. Fernand Alquié (dir.), Paris, Gallimard, Bibliothèque de la Pléiade, 1980.

Emmanuel Kant, *Critique de la faculté de juger, raison pratique*, in *Œuvres philosophiques*, t. II, op. cit.

Emmanuel Kant, *De l'empire de l'esprit sur les sentiments maladifs par la seule volonté de les maîtriser*, in

Anthropologie, tr. Joseph Tissot, Librairie Ladrange, 1863 (p. 447-473).

Emmanuel Kant, *Doctrine de la vertu, in Principes métaphysiques de la morale*, tr. Tissot, Paris, Librairie de Ladrange, 1837.

Ehregott Andreas Christoph Wasianski, "Emmanuel Kant dans ses dernières années", in E. Borowski, R.B. Jachmann, E.A. Wasianski, *Kant intime*, tr. Jean Mistler, Paris, B. Grasset, 1985.

Reinhold Bernardt Jachmann, in E. Borowski, R.B. Jachmann, E.A. Wasianski, *Kant intime*, *op. cit*.

27. 프루동의 작업복

Pierre-Joseph Proudhon, *Correspondance de P.-J. Proudhon*, t. II, Paris, A. Lacroix et Cie, 1875.

Pierre-Joseph Proudhon, *Qu'est-ce que la propriété? Ou Recherche sur le principe du droit et du gouvernement. Premier mémoire*, Paris, Garnier-Flammarion, 1966.

Pierre-Joseph Proudhon, *Correspondance de P.-J. Proudhon*, t. III, *op. cit*.

28. 마르크스의 찻잔

Pierre-Joseph Proudhon, *Carnets (1847-1851)*, Paris, Les Presses du réel, 2005.

G.W.F. Hegel, *Correspondance*, t. I, tr. Jean Carrère, Paris, Gallimard, 1990.

Karl Marx, *Critique du programme du parti ouvrier allemand*, in *Œuvres*, t. I, Paris, Gallimard, Bibliothèque de la Pléiade, 1963.

Karl Marx, *Manifeste communiste*, in *Œuvres*, t. I, *op. cit*.

29. 프로이트의 낚시 바늘

Sigmund Freud, *Études sur l'hystérie*, in *Œuvres complètes*, tr. P. Cotet (dir.), t. III, Paris, PUF, 1988.

Sigmund Freud, *La Technique psychanalytique*, Paris, PUF, 2013.

Sigmund Freud, *L'Interprétation du rêve*, in *Œuvres complètes*, t. IV, *op. cit*.

Sigmund Freud, *Psychopathologie de la vie quotidienne*, in *Œuvres complètes*, t. V, *op. cit*.

Ernest Jones, *La Vie et l'Œuvre de Sigmund Freud*, t. I, tr. Liliane Flournoy, Paris, PUF, 1969.

Sigmund Freud, Ludwig Binswanger, *Correspondance 1908-1938*, tr. R. Menahem et M. Strauss, Paris, Calmann-Lévy, 1995.

Sandor Ferenczi, *Journal clinique (janvier-octobre 1932)*, trad. Coq Héron, Paris, Payot, 1985.

Sigmund Freud, "L'analyse avec fin et l'analyse sans fin", in *Résultats, idées, problèmes, Œuvres complètes*, t. II, *op. cit*.

Sigmund Freud, *La Science des rêves*, in *Œuvres complètes*, t. IV, *op. cit*.

Sigmund Freud, *L'Intérêt de la psychanalyse*, tr. Paul-Laurent Assoun, Paris, Retz, 1980.

Sigmund Freud, *Abrégé de psychanalyse*, tr. Anne Berman, Paris, PUF, 1997.

Sigmund Freud, *Pour introduire le narcissisme*, in *Œuvres complètes*, t. XII, *op. cit*.

Sigmund Freud, *Métapsychologie*, in *Œuvres complètes*, t. XIII, *op. cit*.

Sigmund Freud, *Malaise dans la civilisation*, in *Œuvres complètes*, t. XVIII, *op. cit*.

30. 사르트르의 눈

Jean-Paul Sartre, *Les Mots*, in *Les Mots et autres écrits autobiographiques*, Paris, Gallimard, Bibliothèque de la Pléiade, 2010.

Jean-Paul Sartre, *L'existentialisme est un humanisme*, Paris, Gallimard, Folio, 1996.

31. 푸코의 치아

Michel Foucault, *Les Mots et les Choses*, in *Œuvres*, t. I, Paris, Gallimard, Bibliothèque de la Pléiade, 2015.

Paul Veyne, *Foucault, sa pensée, sa personne*, Paris, Albin Michel, 2008.

Frédéric Nietzsche, *Ainsi parlait Zarathoustra*, tr. André Albert, Paris, Mercure de France, 1898.

32. 들뢰즈, 과타리의 주름

Gilles Deleuze, *Différence et répétition*, Paris, PUF, 2013.

Gilles Deleuze, *Lettre à un critique sévère*, in *Pourparlers (1972-1990)*, Paris, Éditions de Minuit, 2003.

Michel Foucault, *Dits et écrits*, t. III, Paris, Gallimard, 1994.

Laurent Greilsamer, *Fromanger de toutes les couleurs*, Paris, Gallimard, 2018.

Gilles Deleuze, Félix Guattari, *Mille plateaux*, Éditions de Minuit, 1980.

33. 데리다의 고양이

Jacques Derrida, *L'animal que donc je suis*, Paris, Galilée, 2006.

Philippe Bonnefis, *Sur quelques propriétés des triangles rectangles*, Paris, Galilée, 2008.

Hélène Cixous, *Insister. À Jacques Derrida*, Paris, Galilée, 2006.

저작권